Auf einem Weg üben

WEG A

grundlegender Weg (G)

WEG B

mittlerer Weg (M)

WEG C

erweiterter Weg (E)

Geht euren passenden Weg durch das Kapitel.

Lerninseln

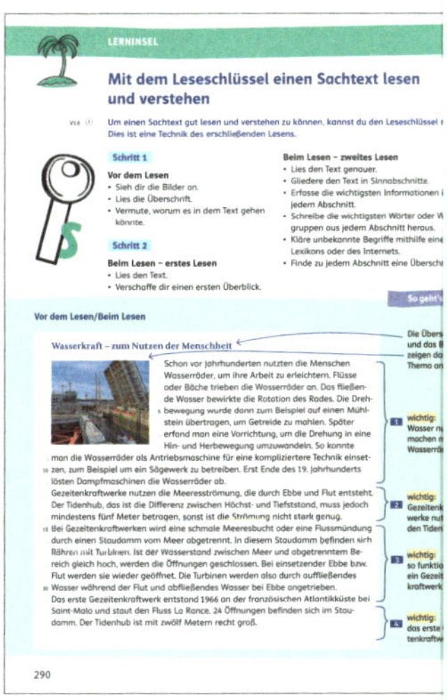
LERNINSEL

Mit dem Leseschlüssel einen Sachtext lesen und verstehen

Hier könnt ihr nachschlagen, wenn euch etwas unklar ist. So geht's-Beispiele zeigen euch, wie ihr euer Wissen anwendet.

Mit dem Leseschlüssel einen erzählenden Text lesen und verstehen

Um lange literarische Texte gut lesen und verstehen zu können, kannst du folgende Technik nutzen.

Vor dem Lesen
- Sieh dir die **Bilder** an.
- Lies die **Überschrift**.
- **Vermute**, worum es in dem Text gehen könnte.

Beim Lesen
- **Lies** den Text.
- Notiere **unbekannte Begriffe** und kläre sie.
- Formuliere **W-Fragen** zum Text.
- **Lies** den Text ein weiteres Mal.
- Markiere die Textstellen, die **Antworten auf die W-Fragen** geben.

W0323453

Nach dem Lesen
- Beantworte die **W-Fragen**.
- **Fasse** den Inhalt **zusammen**.
- **Prüfe**, ob deine Vermutungen zutreffend waren.

Seite 294

Mit dem Leseschlüssel einen Sachtext lesen und verstehen

Um einen Sachtext gut lesen und verstehen zu können, kannst du folgende Technik nutzen.

Vor dem Lesen
- Sieh dir die **Bilder** an.
- Lies die **Überschrift**.
- **Vermute**, worum es in dem Text gehen könnte.

Beim Lesen – erstes Lesen
- **Lies** den Text.
- Verschaffe dir einen ersten **Überblick**.

Beim Lesen – zweites Lesen
- **Lies** den Text genauer.
- **Gliedere** den Text in Sinnabschnitte.
- Erfasse die **wichtigsten Informationen** in jedem Abschnitt.
- Schreibe die **wichtigsten Wörter oder Wortgruppen** aus jedem Abschnitt heraus.
- Kläre **unbekannte Begriffe** mithilfe eines Lexikons oder des Internets.
- Finde zu jedem Abschnitt eine **Überschrift**.

Nach dem Lesen
- **Fasse** den Inhalt **zusammen**.
- **Prüfe**, ob deine Vermutungen zutreffend waren.

Seite 290

1. Auflage 1 6 5 4 3 2 1 | 29 28 27 26 25

Alle Drucke dieser Auflage sind unverändert und können im Unterricht nebeneinander verwendet werden.
Die letzte Zahl bezeichnet das Jahr des Druckes.

Autorinnen und Autoren: Benny Alze, Petra Breuer-Küppers, Ann-Katrin Gans, Nicole Janicki, Sylvie Kurutz, Franziska Maaß, Pauline Majumder, Sabine Meier-Schulz, Kirsten Müller, Manon Sander, Christa Schürmann, Wanda Rohse, Christiane Vatter-Wittl, Claudia Wendler
Unter Verwendung von Materialien von: Thomas Bickelhaupt, Martina Blatt, Heike Henniger, Andreas Zdrallek

Entstanden in Zusammenarbeit mit dem Projektteam des Verlages.

Gestaltung: normaldesign GbR, Schwäbisch Gmünd
Umschlaggestaltung: normaldesign GbR, Schwäbisch Gmünd
Titelbilder: Getty Images RF, München (Travelpix Ltd), stock.adobe.com, Dublin (fStop)
Satz: Fotosatz Buck, Kumhausen/Hachelstuhl
Reproduktion: Meyle+Müller GmbH+Co. KG, Pforzheim
Druck: PASSAVIA Druckservice GmbH & Co. KG, Passau

Printed in Germany

ISBN 978-3-12-314513-1

9 783123 145131

Deutsch kombi plus 7

Differenzierende Ausgabe

mit Medien

Erarbeitet von:
Benny Alze
Petra Breuer-Küppers
Ann-Katrin Gans
Nicole Janicki
Sylvie Kurutz
Franziska Maaß
Pauline Majumder
Sabine Meier-Schulz
Kirsten Müller
Manon Sander
Christa Schürmann
Wanda Rohse
Christiane Vatter-Wittl
Claudia Wendler

Ernst Klett Verlag
Stuttgart · Leipzig · Dortmund

Inhalt

Sprechen und Zuhören

1

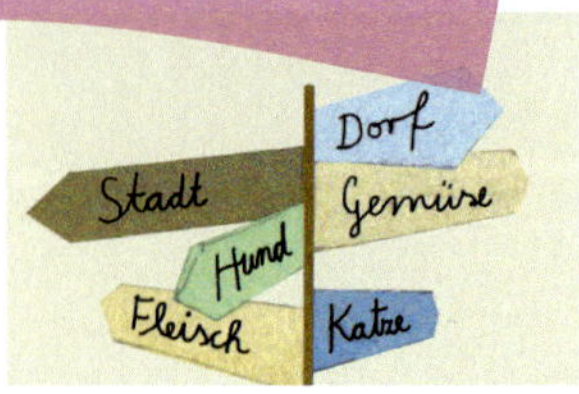

Dafür oder dagegen?

2

Eine Theateraufführung entsteht

3

Auf dem Weg zum Beruf

Schreiben

4

Trendsport – wir sind dabei!

• Texten Informationen zielgerichtet entnehmen, ordnen und darstellen • informierende Schreibformen beherrschen und nutzen • eigene und fremde Berichte untersuchen und überarbeiten

5

Ich bin ich – du bist du

• Gedichte erschließen, weiterschreiben und Parallelgedichte schreiben • aus der Sicht einer literarischen Figur schreiben • einen Romanausschnitt weiterschreiben

6

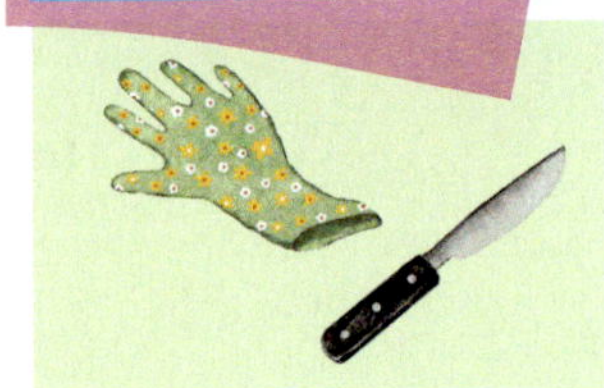

Finde den Täter

• wesentliche Merkmale einer Textsorte erfassen (Kriminalgeschichte) • nach Impulsen (Bilder, Stichwörter) eigene Kriminalgeschichten schreiben

7

Lesen und Medien

Schaurige Abenteuer

• eine Inhaltsangabe schreiben • wesentliche Merkmale einer Textsorte erfassen (Ballade)

8

Bücher und Filme

9

Gewaltige Natur – Naturgewalten

MK 10

Faszinierendes aus anderen Ländern

MK 11

Lass dich unterhalten!

Sprache

12 Grammatik

13

Rechtschreibung

Rechtschreibrahmen Phonem-Graphem-Zuordnung → dass/das; Groß- und Kleinschreibung → Großschreibung von Titeln, Feier- und Gedenktagen, Kleinschreibung von Nomen, die nicht Kern einer Nominalgruppe im Satz sind, Wichtige Varianten (E): Feste Verbindungen aus Adjektiv – Nomen; Getrennt- und Zusammenschreibung → Zusammenschreibung aufgrund von Wortbildung, Getrenntschreibung von Wortgruppen, Wichtige Varianten: Verb – Verb, Strategie: Merklisten anlegen; Bindestrichschreibung → Wichtige Varianten: Verdeutlichung der Komponenten; Zeichensetzung (satzinterne Zeichen) → Komma bei Einschüben, Komma bei Appositionen, Wichtige Varianten: Fakultatives Komma bei formelhaften, uneingeleiteten Nebensätzen, Strategie: Satz grammatisch untersuchen

14

Sprachbetrachtung

Lerninseln

Anhang

1 Dafür oder dagegen?

Diskutieren und argumentieren

1 Seht euch das Bild **A** an und schreibt die Gegensatzpaare auf. Formuliert zu den Gegensatzpaaren Fragen, z. B. *Würdest du lieber in einem Dorf oder in einer Stadt wohnen?*

2 Wählt nun in Kleingruppen eine Frage aus Aufgabe 1 aus. Tauscht euch darüber aus. Äußert eure Meinungen und begründet sie. → Sprachtipp

Wenn ihr eine Meinung zu etwas habt, dann wollt ihr sie auch äußern und begründen. Dafür benötigt ihr Informationen. In einer Diskussion könnt ihr euren Standpunkt mit Argumenten nachvollziehbar vertreten.

Das lernt ihr jetzt:
- **Standpunkte erarbeiten und begründen**
- **Argumente finden und formulieren**
- **Diskussionen durchführen und leiten**
- **Sprache und Verhalten untersuchen**
- **Standardsprache und Jugendsprache unterscheiden**

B

3 Findet jetzt Themen, über die ihr gern diskutieren möchtet. Wendet die **Think-Pair-Share-Methode** wie in Bild **B** an. Geht dabei so vor:
- Jeder überlegt sich, worüber er sich zuletzt geärgert hat, z. B. *Es gab letzte Woche nur Fleischgerichte in der Mensa.*
- Dann notiert jeder die zwei ärgerlichsten Dinge auf einem Zettel.
- Jeder sucht sich eine Partnerin oder einen Partner. Wählt aus euren „Ärgernissen“ zwei aus. Notiert dann Entscheidungsfragen dazu, z. B. *Soll es zu jedem Mittagessen ein vegetarisches Essen geben?*
- Jedes Tandem sucht sich ein anderes Tandem. Wählt dann aus den vier „Ärgernissen“ zwei aus.
- Jede Vierergruppe präsentiert ihre Themen der Klasse. Danach wird in der Klasse per Handzeichen das Thema ausgewählt, das zuerst diskutiert werden soll.
- Schreibt die anderen Themen an die Tafel. Ihr könnt sie später diskutieren.

yes – no
igen – nem
ja – geen
sí – no
da – nu
oui – non

C

Sprachtipp
- Ich bin der Meinung, dass …
- Ich würde lieber …, weil …
- Ich habe … lieber, da …
- Ich finde, dass …
- Mir gefällt …, weil …
- Ich bin gegen …, denn …

4 Ihr entscheidet etwas mit „ja“ oder „nein“. Lest die Wörter in verschiedenen Sprachen in **C**. Nennt die Sprachen und ergänzt in euren Sprachen.

Schule ohne Noten?

Einen Standpunkt erarbeiten

Zu vielen Themen hast du eine Meinung, die du in Gesprächen und Diskussionen mitteilen willst. Damit aber aus deiner spontanen Meinung, deinem „Bauchgefühl“, ein richtiger Standpunkt wird, musst du Vor- und Nachteile abwägen.

○ **1** Lies den folgenden Text.

Für viele Schülerinnen und Schüler sind Schulnoten und Zeugnisse ein Gräuel. Die ständige Jagd nach guten Noten führt bei ihnen nicht selten zu Stress, Unwohlsein und Ängsten. Schlechte Noten können zur Ausgrenzung in der Klasse führen und bringen oft Ärger mit den Eltern. „Schulnoten sind eine Vorbereitung auf das Leben in unserer Leistungsgesellschaft“, ist wohl das am häufigsten geäußerte Argument bei Befürwortern von Schulnoten. Außerdem könne man durch Noten besser einschätzen, wo man stehe, und sich dadurch zum Lernen motivieren. Gegner sehen Schulnoten als zu einseitig an, weil sie die Leistungen der Schülerinnen und Schüler nur auf Noten reduzieren. Dabei werden die Lernfortschritte des Einzelnen oder andere Leistungen, z. B. gutes Sozialverhalten, nicht berücksichtigt.

○ **2** Entscheidet euch spontan, ob ihr für oder gegen Schulnoten seid. Ermittelt in der Klasse mit Handzeichen, wie viele Schülerinnen und Schüler für Noten und wie viele dagegen sind. Notiert die Zahlen an der Tafel.

○ **3** Lies die Standpunkte der Schülerinnen und Schüler.

Ich finde, mit Noten werden unsere Leistungen gerecht beurteilt.

Lisa

Durch Noten vergleicht man sich und sieht die anderen als Konkurrenten. Das gefällt mir nicht.

Josua

Jenny

Ich finde, Noten spornen mich zu mehr Leistung an und bereiten auf das Leben vor.

Ausführliche Rückmeldungen wären besser als Noten, da man dabei mehr über sich erfährt und Tipps zum Verbessern bekommt.

Kübra

Max

Es ist schlecht, dass ohne Noten die Leistungen nicht verglichen werden können.

Yusuf

Mir gefällt nicht, dass es immer nur um Leistung in den Schulfächern geht, soziales Engagement oder andere Fähigkeiten zählen gar nicht.

4 Übernimm die folgende Tabelle und trage die Standpunkte aus den Sprechblasen ein.
Diskussionsthema: Schulnoten – Ja oder nein?

Name	dafür	dagegen	Standpunkt
Lisa	*x*		*Leistungen werden gerecht beurteilt*
...	...	...	...

5 Erarbeite dir nun einen eigenen Standpunkt zum Thema. Gehe so vor:
- Überlege, was aus deiner Sicht für und was gegen Schulnoten spricht. Übernimm die Tabelle und notiere deine Überlegungen.

Was spricht dafür?	Was spricht dagegen?
...	...

- Lies deine Begründungen für oder gegen Schulnoten durch und nummeriere sie nach Wichtigkeit.
- Vergleiche deine Begründungen. Wäge ab, welche Gründe wichtiger sind. Entscheide, ob du für oder gegen Noten bist.
- Schreibe deinen Standpunkt zum Thema auf und formuliere deine Begründung dazu.

Tipp
Der Text und die Sprechblasen auf Seite 12 helfen, Begründungen zu formulieren.

6 Tauscht im Tandem die Texte zu euren Standpunkten aus. Besprecht, ob es euch gelungen ist, euren Standpunkt überzeugend zu begründen.

7 Führt in der Klasse eine zweite Abstimmung zum Thema durch. Vergleicht eure Ergebnisse mit den Zahlen aus Aufgabe 2. Falls ihr jetzt ein anderes Ergebnis erreicht, besprecht, was es für Gründe dafür geben könnte.

Arbeitstechnik

Einen Standpunkt erarbeiten

Wenn du in Diskussionen zu einem Thema deine Meinung äußern willst, dann kannst du dir vorher einen **Standpunkt** erarbeiten.

1. Überlege, was **für die Sache** spricht. Mache dir Notizen.
2. Überlege, was **gegen die Sache** spricht. Mache dir Notizen.
3. Lies deine Notizen durch und sortiere sie nach ihrer **Wichtigkeit**.
4. **Vergleiche** deine Gründe und **wäge ab**. Entscheide, ob du dafür oder dagegen bist.
5. Formuliere deinen **Standpunkt** und **begründe** ihn.

Ich bin dafür, du bist dagegen

Eine Argumentation erarbeiten

Du hast dir zum Thema „Schulnoten“ einen Standpunkt erarbeitet. Damit du ihn in Diskussionen überzeugend vortragen kannst, musst du ihn mit Argumenten begründen, die durch Beispiele gestützt werden.

○ **1** Lies den Dialog zwischen der Mutter eines Schülers und einem Lehrer.

Mutter Ich bin der Überzeugung, dass es besser wäre, wenn es in der Schule keine Noten gäbe, weil Noten oftmals gar nicht die individuellen[1] Fähigkeiten der Kinder und Jugendlichen berücksichtigen.

Lehrer Also Frau Lang, ich kann Ihnen da nicht zustimmen. Zensuren sind wirklich sehr wichtig. Aus meiner langjährigen Praxis kann ich Ihnen sagen, dass Noten in aller Regel eine motivierende Wirkung entfalten: Erfolgreiches Arbeiten wird damit im Sinne eines „Weiter so!“ bestärkt.

Mutter Herr Stade, da muss ich aber widersprechen. Viele Jugendliche sind dem Leistungsdruck nicht gewachsen. Gerade jetzt, ab der 7. Klasse, wird der Druck, gute Noten zu haben, immer stärker. Die Schülerinnen und Schüler müssen sich ja bald um eine Ausbildungsstelle bewerben und nicht selten entscheiden die Noten, wer die Lehrstelle bekommt und wer leer ausgeht.

Lehrer Das kann ich natürlich verstehen, aber ohne Noten ist Leistung einfach nicht messbar und man kann die Leistungen der Schüler und Schülerinnen untereinander nicht vergleichen.

1 individuell: persönlich

◒ **2** In dem Dialog findest du Standpunkte für und gegen Schulnoten. Übernimm die Tabelle von Seite 13 aus Aufgabe 4 und trage die Standpunkte mit ihren Begründungen ein.

◒ **3** Eine gute Argumentation besteht aus einer Meinung (Behauptung), Argumenten (Begründungen) und Beispielen (Erläuterungen). Ordnet im Tandem die Aussagen auf Seite 15 passend einander zu und schreibt sie in die Tabelle.

Meinung	Argument	Beispiel
Das Notensystem ist ungerecht.	*... Schülerinnen und Schüler werden unterschiedlich bewertet.*	*In unserer Klasse hat ein Lehrer einer guten Schülerin die bessere Note gegeben, obwohl sie auch nicht mehr wusste als ich.*
Ich bin für Schulnoten.	...	...

Meinungen: *Das Notensystem ist ungerecht. – Ich bin für Schulnoten. – Ich bin dagegen, dass es in der Schule Noten gibt. – Noten sind eigentlich gerecht.*

Argumente: *Man kann seine Leistungen besser einordnen. – Schülerinnen und Schüler werden unterschiedlich bewertet. – Man wird für Arbeit belohnt. – Eine gute Note bekommen zu müssen, verursacht Stress und Ängste.*

Beispiele: *Ich kann unter Druck nicht klar denken. – In unserer Klasse hat ein Lehrer einer guten Schülerin die bessere Note gegeben, obwohl sie auch nicht mehr wusste als ich. – Ich habe dann immer Lust, für das Fach mehr zu tun. – Ich weiß, in welchem Fach ich was tun muss.*

4 Schreibe die Meinungen, Argumente und Beispiele aus der Tabelle in ganzen Sätzen auf, z. B. *Das Notensystem ist ungerecht, weil Schülerinnen und Schüler unterschiedlich bewertet werden. In unserer Klasse hat ein Lehrer einer guten Schülerin die bessere Note gegeben, obwohl sie auch nicht mehr wusste als ich.*

5 Formuliere eine eigene Argumentation zum Thema „Schulnoten". Gehe so vor:
- Notiere deine Meinung und Argumente, die deine Meinung begründen.
- Suche passende Beispiele, die deine Argumente stützen. Schreibe sie auf.

Tipp
Verwende deine Ergebnisse aus Aufgabe 5 von Seite 13.

Sprachtipp
- Ich bin dafür, weil … / Ich bin dagegen, weil …
- Ich bin für/gegen …, da …
- Ich bin der Meinung, dass …, denn …
- Ich finde/denke/meine, dass …, weil …
- Für mich ist wichtig, dass …, weil …

6 Tragt einander im Tandem eure Argumentationen vor. Prüft, ob sie Meinung, Argumente und Beispiele enthalten und überzeugend sind.

Arbeitstechnik

V01

Eine Argumentation erarbeiten

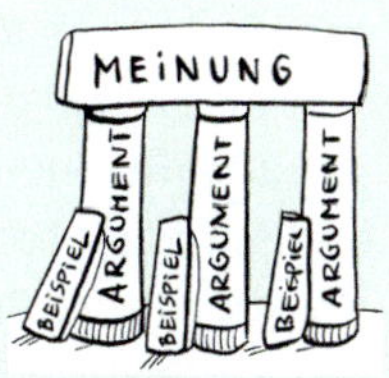

Willst du jemanden von deiner Meinung überzeugen, musst du gute Argumente formulieren und Beispiele finden, die deine Argumente stützen.
1. Formuliere deine **Meinung** (Behauptung) kurz.
2. Suche **Argumente**, die deine Meinung begründen. Notiere sie.
3. Finde **Beispiele** (Erläuterungen) aus deiner Erfahrung und deinem Wissen, die die Argumente stützen.

Meinung (Behauptung)	**Argument** (Begründung)	**Beispiel** (Erläuterung)
Ein Handy ist für mich wichtig,	weil ich dann erreichbar bin,	dann muss sich keiner sorgen.

Lerninsel
Seite 306/307

Lasst uns diskutieren!

Eine Diskussion durchführen

Ihr habt schon häufig Diskussionen und Streitgespräche geführt. Manchmal geht es wild zu und man kommt zu keinem Ergebnis. Damit eine Diskussion zum Ziel führt, ist es wichtig, Gesprächsregeln einzuhalten, aber auch überzeugend zu argumentieren.

1 Bevor ihr nun eine Diskussion durchführt, solltet ihr euch in der Klasse auf Regeln dafür einigen. Lest die folgenden Stichwörter durch. Übernehmt die Regeln, die ihr beachten wollt, und findet zusätzlich eigene Regeln. Schreibt eure Regeln auf ein Plakat, das ihr in der Klasse aufhängt.

aufmerksam zuhören | gegen andere Meinungen schimpfen

beim Thema bleiben | einen Text vorlesen | ausreden lassen

laut werden, wenn niemand zuhört | eigene Meinung begründen

andere unterbrechen, wenn sie zu lange reden

2 Bereitet nun in der Klasse eine Diskussion zum Thema „Schulnoten – Ja oder Nein?“ vor. Geht dabei so vor:
- Wählt eine Diskussionsleiterin oder einen Diskussionsleiter.
- Legt fest, wer die Diskussion beobachten soll.
- Bildet zwei Gruppen, die gegensätzliche Meinungen vertreten sollen. Eine Gruppe ist für Schulnoten, die andere dagegen. Wählt für jede Gruppe eine Sprecherin oder einen Sprecher.

Tipp
Verwendet eure Argumentationen von Seite 15.

3 **Diskussionsgruppen:**
- Bereitet die Diskussion vor, indem ihr eure Meinung formuliert und alle Argumente und Erläuterungen dafür sammelt. Ihr könnt eure Argumente auf Karteikarten notieren.

Meinung
Wir sind für Schulnoten.

Argumente — *... weil/denn ...*
Beispiele — *... zum Beispiel ...*

- Überlegt euch auch, was ihr auf mögliche Argumente der anderen Gruppe antworten würdet.

4 Lest im Tandem die Möglichkeiten, wie man sich auf Argumente anderer beziehen kann. Ordnet sie nach: Zustimmung und Ablehnung.

Ich gebe dir recht … / In diesem Punkt muss ich dir widersprechen … / Dagegen spricht aber … / Ich schließe mich dir an … / Ich sehe das ähnlich … / Ich kann dir nicht zustimmen …

Standpunkt vertreten
Seite 306

5 **Diskussionsleiterin oder Diskussionsleiter:**
Sammelt in der Klasse die Aufgaben der Diskussionsleitung in einem Cluster.

6 **Beobachterinnen und Beobachter:**
Beobachtet die Diskussion und gebt dann ein Feedback zu folgenden Fragen:
- Welche Gruppe konnte ihre Argumente überzeugender vorbringen?
- Wurden die Meinungen ausreichend begründet und mit Beispielen belegt?
- Wurden alle aufgestellten Gesprächsregeln eingehalten?

Feedback
Seite 327

MK **7** Führt jetzt eure Diskussion zum Thema „Schulnoten – Ja oder Nein?“ durch. Nehmt die Diskussion mit einem Handy oder einer Kamera auf. Geht so vor:
- Nach der Eröffnung durch die Diskussionsleitung formuliert die Sprecherin oder der Sprecher einer Gruppe die Meinung und das wichtigste Argument der Gruppe.
- Anschließend reagiert die Sprecherin oder der Sprecher der anderen Gruppe auf dieses Argument und teilt die Meinung sowie das wichtigste Argument der eigenen Gruppe mit.
- Danach beteiligen sich alle anderen Teilnehmenden an der Diskussion.
- Wenn alle Argumente ausgetauscht wurden, beendet die Diskussionsleitung die Diskussion, indem sie das Ergebnis zusammenfasst.

8 Wertet in der Klasse mithilfe eurer Aufnahme und des Feedbacks der Beobachtenden die Diskussion aus. Beurteilt auch die Diskussionsleitung.

! Merke

Eine Diskussion leiten

Wenn man eine Diskussion leitet, muss man:
- die **Diskussion eröffnen** → Teilnehmende begrüßen, Thema und Ziel nennen.
- darauf **achten**, dass alle Diskussionsteilnehmerinnen und -teilnehmer **beim Thema bleiben**.
- darauf **achten**, dass die **Diskussion vorankommt** (z. B. Wiederholungen vermeiden).
- darauf **achten**, dass alle die **Diskussionsregeln einhalten**.
- dafür **sorgen**, dass die Gruppe zu einem **Diskussionsergebnis** kommt.
- während der Diskussion den Sprecherinnen und Sprechern **das Wort erteilen**.
- die **Diskussion beenden** → das Ergebnis zusammenfassen.

Lerninsel
Seite 306

Sprachlicher Umgang miteinander

Ob in einer Diskussion mit anderen oder in einem Gespräch zu zweit, es ist nicht nur wichtig, was gesagt wird, sondern auch, wie es gesagt wird.

1 Seht euch im Tandem die Bilder an und lest die Sprechblasen. Beschreibt die Situationen, die auf den Bildern dargestellt sind. Klärt, was die Personen erreichen möchten und wie sie das mitteilen.

Ey, komm mir nicht so, du weißt ganz genau, was ich meine!

Ich freu mich total!

Hey, das ist ja super.

Hör uns gefälligst zu, wenn wir mit dir reden!

Mit euch kann man gar nicht reden.

2 Spielt im Tandem die Szenen nach. Achtet auf Mimik und Gestik.

3 Probiert jetzt im Tandem aus, wie ihr die Situationen mithilfe von Mimik, Gestik und verschiedenen Lautstärken verändern könnt.

4 Formuliert im Tandem die Aussagen der Personen in den Bildern 1 und 3 so, dass sie höflich und freundlich sind.

5 Überarbeitet im Tandem die Szenen 1 und 3. Übt die Szenen. Verwendet eure höflichen Aussagen und die passende Mimik, Gestik und Lautstärke.

MK

Feedback → Seite 327

6 Bildet Kleingruppen und spielt einander die Szenen vor. Nehmt sie mit einem Handy oder einer Kamera auf. Gebt euch ein Feedback, ob ihr die Situationen freundlich und höflich gestaltet habt.

7 Tauscht euch in der Klasse darüber aus, wie ihr miteinander sprecht und umgeht. Klärt, wie ihr euch den Umgang untereinander wünscht.

Mimik, Gestik und Lautstärke beeinflussen nicht allein den Verlauf eines Gesprächs oder einer Diskussion. Wichtig ist auch, sich passend zur Situation und zu den Gesprächsteilnehmerinnen und -teilnehmern zu verhalten.

8 Lies die Dialoge. Ordne sie der „Jugendsprache“ und der „Standardsprache“ zu.

Murat Frau Schneider, ich fände es viel besser, wenn wir im Unterricht die Lehrer auch duzen dürften. Dann hätten viele Schüler und ihre Lehrer bestimmt auch ein besseres Verhältnis und es gäbe dadurch weniger Stress.

Frau Schneider Murat, das ist vielleicht richtig, aber als Lehrer muss man seine Schüler benoten und da ist ein zu enger Kontakt manchmal auch nicht hilfreich.

Jan Ey, Alter, kommste heute Abend mit ins Kino? Läuft ’n endgeiler Streifen.

Lucas Auf keinsten! Muss noch für die Mathearbeit üben. Aber lass uns morgen mal mit den anderen ’ne Runde zocken.

9 Klärt im Tandem, wer in den Dialogen in welcher Situation miteinander spricht.

10 Formuliere den zweiten Dialog in Alltagssprache um. Schreibe ihn auf und markiere alle Wörter und Wortgruppen, die du verändert hast.

Tipp
Alltagssprache verwendet man beim privaten Sprechen.

11 Bildet Kleingruppen und tragt Wörter und Wortgruppen aus der Jugendsprache zusammen. Schreibt sie auf und übersetzt sie dann in die Standardsprache.

12 Besprecht in der Klasse, in welchen Situationen und mit welchen Personen ihr die Standardsprache, die Alltagssprache und die Jugendsprache verwendet.

! Merke

Adressatengerechtes Sprechen

Wenn man mit jemandem spricht, passt man sich der Situation und der Person an. Das nennt man **adressatengerechtes Sprechen**. Man unterscheidet:

Standardsprache: Ist eine einheitliche und verbindliche Sprachform, wie sie in der Öffentlichkeit geschrieben und gesprochen wird (z. B. in den Medien). Eine besondere Form ist die **Bildungssprache** im Unterricht.

Alltagssprache: Ist die Sprache, die man beim privaten Sprechen innerhalb der Familie oder unter Freunden verwendet. Eine besondere Form ist die **Jugendsprache**.

Jugendsprache: Ist die Sprache, die Jugendliche untereinander verwenden. Diese Sprache verändert sich sehr schnell und kann – je nach Gruppe und Region – sehr unterschiedlich sein. → Begriffe für „gut“: nice, hammer, krass, stabil, mega …

START **Drei Wege – ein Ziel!** Finde deinen Weg mit diesem Einschätzungstest: **D01**

A
B
C

Unterricht ab 10 Uhr?

D02 Differenzierung Fördern

Mündlich und schriftlich argumentieren

Kein Gähnen in der ersten Stunde, kein Hetzen, um früh noch rechtzeitig zur Schule zu kommen. Schulbeginn nicht schon morgens 8 Uhr, sondern erst um 10 Uhr? Was die einen begeistert, ist für die anderen gar nicht so gut.

1 Führt in der Gruppe eine Umfrage zum Thema „Schulbeginn ab 10 Uhr – Ja oder Nein?“ durch. Ermittelt per Handzeichen, wie viele Schülerinnen und Schüler dafür und wie viele dagegen sind. Notiert die Zahlen.

Standpunkt → Seite 13

2 Erarbeite dir zum Thema einen eigenen Standpunkt. Übernimm die Tabelle und notiere deine Überlegungen.

Was spricht dafür?	Was spricht dagegen?
…	…

3 Schreibe deine Meinung zum Thema auf und formuliere deine Begründung dazu, z. B. *Ich bin für/gegen einen Schulbeginn ab 10 Uhr, weil …*

4 Lies die folgenden Argumentationen. Schreibe sie ab und markiere Meinung, Argument und Beispiel, z. B.

A Ein später Schulanfang ist besser, weil man dann entspannter in der Schule ankommt. Ich könnte in aller Ruhe frühstücken und mich im Bad fertig machen.

A *Ein späterer Schulanfang ist besser (Meinung), weil man dann entspannter in der Schule ankommt (Argument). Ich könnte in aller Ruhe frühstücken und mich im Bad fertig machen (Beispiel).*

B *Ein späterer Schulbeginn ist schlecht, denn viele Menschen sind morgens fit und können gut arbeiten, zum Beispiel ich. Je später es wird, desto schwerer fällt es mir, mich zu konzentrieren.*

C *Ich bin für einen Schulbeginn ab 10, weil man dann im Unterricht richtig munter ist und gut mitarbeiten kann. Ich bin gern abends lange auf und früh morgens oft noch müde.*

D *Meiner Ansicht nach ist ein späterer Schulbeginn nicht so gut, weil alle anderen Schulen früher beginnen. Dann habe ich gar keine Möglichkeit mehr, mit meinen Freunden zu spielen.*

5 Bildet zwei Diskussionsgruppen, eine Gruppe ist für einen späteren Unterrichtsbeginn, eine ist dagegen. Sammelt in jeder Gruppe mithilfe der **Placemat-Methode** Argumente. Geht so vor:
- Bildet innerhalb der Diskussionsgruppe Vierergruppen.
- Nehmt euch jeweils ein großes Blatt Papier und unterteilt es wie auf der Abbildung.
- Dann schreibt jeder in sein Feld sein wichtigstes Argument.
- Reicht dann das Blatt weiter, sodass alle vier Teilnehmenden alles gelesen haben.
- Tauscht euch über alle Argumente aus und legt fest, welche die wichtigsten Argumente sind. Schreibt diese in die Mitte des Blattes.

Placement → Seite 328

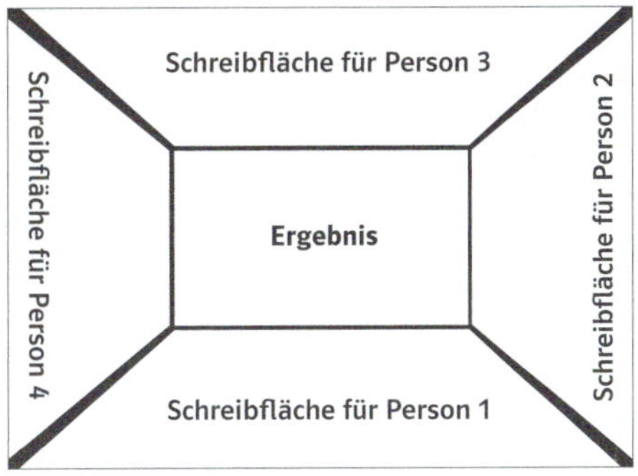

Tipp
Notiert eure Argumente mit den Erläuterungen auf Karteikarten.

6 Bereitet in den Diskussionsgruppen eine Argumentation vor, indem ihr alle Argumente zusammenfasst und Beispiele dazu notiert, z. B. *Wir sind für einen späteren Schulbeginn, weil das mehrere Vorteile hat. 1. Wir sind ausgeschlafener, weil …*

Argumentation → Seite 15

7 Legt fest, wer die Diskussion leitet und wer sie beobachtet.

MK **8** Führt die Diskussion durch. Nehmt sie mit dem Handy oder der Kamera auf. Tauscht dabei eure Argumente aus und belegt sie mit Beispielen.

Diskussion leiten → Seite 17

9 Lasst euch von der Beobachtergruppe ein Feedback geben. Klärt, welche Diskussionsgruppe am überzeugendsten war. Haltet euer Ergebnis schriftlich fest.

Feedback → Seite 327

10 Vergleicht euer Ergebnis mit der Umfrage aus Aufgabe 1. Tauscht euch darüber aus.

MK **11** Schreibt eine E-Mail an die Schulleiterin. Versucht, sie von einem späteren Unterrichtsbeginn zu überzeugen.

schriftliche Argumentation → Seite 307

E-MAIL

Sehr geehrte Frau Miladi,
als eine Gruppe der 7d wenden wir uns mit einer Bitte an Sie. In einer längeren Diskussion sind wir zu dem Ergebnis gekommen, dass wir uns einen späteren Unterrichtsbeginn, nämlich ab 10 Uhr, wünschen. Der Hauptgrund dafür …

12 Bereitet euch auf die Präsentation eurer Ergebnisse vor, indem ihr euch noch einmal die Argumente für und gegen einen Schulbeginn ab 10 Uhr anseht. Wählt zwei E-Mails für die Präsentation aus.

Das etwas andere Unterrichtsfach

Mündlich und schriftlich argumentieren

D03 Differenzierung

Viele Schülerinnen und Schüler engagieren sich in ihrer Freizeit oder nach dem Schulabschluss auf sozialem Gebiet. Sie unterstützen andere beim Lernen, setzen sich für den Umweltschutz ein oder helfen in Altenheimen und Kindergärten. Wie wäre es, wenn es das Unterrichtsfach Soziales Engagement gäbe, so wie Mathematik oder Deutsch?

1 Besprecht in der Gruppe, was man im Unterrichtsfach Soziales Engagement lernen würde. Macht euch Notizen.

2 Führt in der Gruppe eine Umfrage zum Thema „Soziales Engagement als Unterrichtsfach – Ja oder Nein?“ durch. Notiert das Ergebnis.

Standpunkt → Seite 13

3 Erarbeite dir zum Thema einen eigenen Standpunkt. Schreibe auf, was dafür und was dagegen spricht.

4 Schreibe deine Meinung zum Thema auf und begründe sie.

5 Lest die Diskussion zwischen mehreren Schülerinnen und Schülern. Ergänzt im Tandem die fehlenden Meinungen, Argumente und Beispiele.

Jonas Ich fände es gut, wenn das Fach Soziales Engagement eingeführt wird, da lernt man viel mehr für das spätere Leben als bei Mathematik.

Azra Ich bin dagegen, weil ich mir gar nichts darunter vorstellen kann.

Marie Man kann sich besser entscheiden, ob man einen sozialen Beruf erlernen will.

Leon Ich bin auch dafür, weil ich mich in den meisten Unterrichtsstunden langweile.

Katha Ich fände das toll.

Michail Ich bin dagegen, weil ich für solche Sachen noch zu jung bin.

Tarik Soziales Engagement gehört in die Freizeit!

6 Schreibe die vollständigen Argumentationen zu den Sätzen in Aufgabe 5 auf. Kennzeichne Meinung, Argument und Beispiel.

7 Bildet zwei Diskussionsgruppen, eine ist für das Unterrichtsfach Soziales Engagement, die andere ist dagegen. Sammelt in jeder Gruppe mithilfe eines **Schreibgesprächs** Argumente. Geht so vor:
- Nehmt einen großen Bogen Papier. Es darf nicht gesprochen werden.
- Eine Schülerin oder ein Schüler beginnt und notiert ein Argument.
- Das Papier wird weitergegeben, der Nächste in der Reihe reagiert auf das vorher Geschriebene. Dann schreibt er ein weiteres Argument auf.
- Das Papier wird so lange weitergegeben, bis alle ihre Meinungen zu den Argumenten und ihre eigenen Argumente aufgeschrieben haben.

Schreibgespräch → Seite 328
Argumentation → Seite 15

8 Tauscht euch über euer Schreibgespräch aus. Legt fest, welche die wichtigsten Argumente sind. Notiert Beispiele dazu.

9 Bereitet eine Diskussion zum Thema vor. Legt fest, wer die Diskussion leitet und wer sie beobachtet.

Diskussion leiten → Seite 17

MK **10** Führt die Diskussion durch. Nehmt sie mit dem Handy oder der Kamera auf. Tauscht dabei Argumente aus und belegt sie mit Beispielen.

11 Lasst euch von den Beobachterinnen und Beobachtern ein Feedback geben. Klärt, welche Diskussionsgruppe am überzeugendsten war. Haltet euer Ergebnis schriftlich fest. Vergleicht es mit dem Ergebnis aus Aufgabe 2.

Feedback → Seite 327

12 Schreibe jetzt einen Brief an die Schulleitung. Vertritt darin die Haltung der Gruppe und setze dich für das neue Unterrichtsfach Soziales Engagement ein oder argumentiere dagegen.

schriftliche Argumentation → Seite 307

Zum Vorschlag, das Unterrichtsfach „Soziales Engagement" einzuführen	Betreff
Sehr geehrte/r …	Anredeformel
Wir haben in der Gruppe über den Vorschlag … *Wir möchten unsere Meinung …*	Einleitung (Anlass des Briefes)
Wir finden, dass … *Ein wichtiges Argument dafür/dagegen ist, dass …* *Aus diesem Grund …* *Man muss dabei beachten …*	Hauptteil (Meinung/ Argumente/ Beispiele)
Daraus ergibt sich … *Aus diesen Gründen …*	Schluss (Zusammenfassung)
Mit freundlichen …	Grußformel

13 Bereitet die Präsentation eurer Ergebnisse vor. Wählt zwei überzeugende Briefe aus Aufgabe 12 dafür aus.

Moderne Schule

D04 Differenzierung

Mündlich und schriftlich argumentieren

Für viele Schülerinnen und Schüler ist der Umgang mit digitalen Medien so selbstverständlich wie lesen oder schreiben. Viele Schulen haben sogenannte „Tablet-Klassen". Darin wird, soweit es geht, auf Bücher und Schreibmaterial verzichtet. Schreiben, rechnen, recherchieren – für alles wird das Tablet genutzt.

1 Führt in der Gruppe eine Umfrage zum Thema „Tablet-Klasse – Ja oder Nein?" durch. Notiert das Ergebnis.

Standpunkt → Seite 13

2 Erarbeite dir einen eigenen Standpunkt zum Thema. Notiere, was für und was gegen Tablet-Klassen spricht.

3 Schreibe deine Meinung auf und begründe sie.

4 Bildet zwei Diskussionsgruppen, die eine ist für Tablet-Klassen, die andere dagegen.

5 Erarbeitet in jeder Gruppe mithilfe der **Think-Pair-Share-Methode** eine Argumentation. Geht so vor:

Think-Pair-Share → Seite 329

Argumentation → Seite 15

1. Think: ich | 2. Pair: du | 3. Share: wir

- Jeder überlegt sich allein Argumente und Beispiele und schreibt sie auf.
- Tauscht euch dann im Tandem über eure Argumente und Beispiele aus. Vergleicht und ergänzt.
- Stellt einander in der Gruppe eure Argumente und Beispiele vor.
- Legt in der Gruppe fest, welche die wichtigsten Argumente sind. Notiert sie und ergänzt die Beispiele.

6 Bereitet nun eine Talkshow vor, in der ihr das Thema „Für oder gegen Tablet-Klassen“ diskutiert. Geht so vor:

- Wählt eine Moderatorin oder einen Moderator.
- Legt vier Personen fest, welche sich an der Diskussion beteiligen. Dabei sollten jeweils zwei Personen die Gruppen für oder gegen Tablet-Klassen vertreten.
- Die restlichen Schülerinnen und Schüler können als Zuschauende Fragen an die Teilnehmenden stellen. Außerdem sollen sie die Diskussion beobachten und später einschätzen.

Diskussion leiten
→ Seite 17

MK **7** Spielt eure Talkshow. Nehmt sie mit dem Handy oder der Kamera auf. Tauscht Argumente und Beispiele aus und geht auf eure Vorredner und das Publikum ein.

8 Lasst euch im Anschluss von den Zuschauerinnen und Zuschauern ein Feedback geben. Klärt, welche Gruppe die überzeugenderen Argumente hatte und welche Teilnehmenden am besten auf die Fragen der Zuschauenden reagiert haben.

Feedback
→ Seite 327

9 Haltet das Ergebnis eurer Diskussionsrunde schriftlich fest und vergleicht es mit dem Ergebnis von Aufgabe 1.

10 Lies die folgenden Sätze aus einer Studie über das Lernen in Tablet-Klassen.

> Bei einer Lehrerbefragung gaben drei von vier Lehrkräften an, dass die Tabletnutzung zum Kopieren von Materialien aus dem Internet verleite. Jeder zweite war überzeugt, dass es eine negative Wirkung auf die Schreibfertigkeiten gibt und die Kommunikation unter den Schülern leide. Viele Lehrkräfte sehen zudem ein Problem durch das Ablenkungspotenzial.

11 Setzt euch im Tandem mit dem Text in Aufgabe 10 auseinander und formuliert gemeinsam eine schriftliche Stellungnahme dazu. Bestätigt die Aussagen oder lehnt sie ab und begründet eure Meinung. Verwendet Argumente aus eurer Diskussionsrunde.

schriftliche Argumentation
→ Seite 307

12 Bereitet die Präsentation eurer Ergebnisse vor. Wählt eine bestätigende und eine ablehnende Stellungnahme dafür aus.

Präsentiert eure Ergebnisse

Ihr habt Diskussionen zu verschiedenen Themen geführt, dabei eure Argumente dafür oder dagegen ausgetauscht. Anschließend habt ihr eure Meinung schriftlich festgehalten. Nun könnt ihr eure Ergebnisse präsentieren und in der Klasse weiterdiskutieren.

1 Information

○ Informiert die Klasse über das strittige Thema, das ihr diskutiert habt. Nennt die Methode, mit der ihr die Argumente in der Gruppe gesammelt habt.

2 Präsentation

◒ Stellt eure Methoden vor. Präsentiert dann die Ergebnisse eurer Diskussionen. Benennt alle Argumente, die ihr für die Sache und alle, die ihr gegen die Sache gefunden habt.

- A Beschreibt die Placemat-Methode. Lest dann die beiden E-Mails an die Schulleiterin vor.
- B Beschreibt das Schreibgespräch. Lest dann die beiden Briefe an die Schulleitung vor.
- C Beschreibt die Think-Pair-Share-Methode. Lest dann die bestätigende und die ablehnende Stellungnahme vor.

3 Fragerunde

○ Stellt Fragen zu den vorgelesenen E-Mails, Briefen und Stellungnahmen. Lasst euch die Fragen von der jeweiligen Gruppe beantworten, z. B.

- A Wie viele Personen aus eurer Gruppe waren für einen Unterrichtsbeginn ab 10 Uhr und wie viele waren dagegen?
- B Was genau könnte man in dem Fach Soziales Engagement lernen?
- C Habt ihr selbst schon im Unterricht mit Tablets gearbeitet? Wenn ja, wie war das?

4 Diskussion

◒ Wählt ein Thema aus Weg A, B oder C. Führt eine Diskussion in der Klasse zu dieser strittigen Frage durch.

5 Feedback

● Wertet die Präsentationen gemeinsam aus. Gebt einander ein Feedback. Orientiert euch an den folgenden Fragen:

- ☑ Habt ihr ausreichend Informationen über die Methode und das Thema erhalten?
- ☑ Waren die Argumentationen überzeugend?
- ☑ Wurden eure Fragen gut beantwortet?
- ☑ Wurde gut präsentiert (laut, deutlich, zusammenhängend gesprochen, Blickkontakt …)?

Überprüfe dich selbst

1 Ordne jedem Thema eine Meinung, das richtige Argument und das passende Beispiel zu.

A wöchentliche Klimademo

B neues Schulfach „Umwelt- und Naturschutz“

1 In der Schule sollte das Fach „Umwelt- und Naturschutz“ eingeführt werden.

2 Schülerinnen und Schüler sollte es erlaubt werden, während der Schule an einer Demonstration für mehr Klimaschutz teilnehmen zu dürfen.

3 Der Schulunterricht muss Themen behandeln, die für die Zukunft der Gesellschaft wichtig sind.

4 Ohne einen Protest auf der Straße bekommt niemand etwas von dem Problem des Klimawandels mit.

5 Auch viele andere Unterrichtsfächer nehmen bereits aktuelle Themen, wie zum Beispiel die Mediennutzung, auf.

6 Die Medien berichten oft von Demonstrationen für mehr Klimaschutz, weil viele Menschen in den Städten unterwegs sind.

2 Wähle ein Thema aus und schreibe eine Argumentation. Verwende dabei mindestens ein weiteres, eigenes Argument mit Beispiel.

3 Stelle dir vor, du leitest eine Diskussion zum Thema „Mülltrennung“ in deiner Klasse. Nach deiner Einführung ruft ein Mitschüler, ohne sich zu melden, folgende Sätze. Nenne die Gesprächsregeln, gegen die der Schüler verstößt.

Ist mir doch total egal, wo mein Müll hinfliegt. Nervt mich nicht dauernd mit eurem blöden Gelaber! Lasst uns doch mal über etwas Lustiges reden!

4 Verfasse als Diskussionsteilnehmerin oder -teilnehmer eine Antwort auf den Einwurf des Schülers, in der du für die Wichtigkeit des Themas argumentierst.

D05 Lösungen

Das kannst du jetzt:
- einen Standpunkt erarbeiten und begründen
- deine Meinung und Argumentation durch Beispiele stützen
- an Diskussionen teilnehmen und diese leiten

2 Eine Theateraufführung entsteht

Einen szenischen Text erschließen und aufführen

A

B

C

D

E

F

1 Beschreibt die Bilder A–F.

2 Tauscht euch zu folgenden Fragen aus:
- Wart ihr schon einmal im Theater? Hat es euch dort gefallen?
- Welche Formen des Theaters, z. B. Puppentheater, Pantomime, kennt ihr? Was gefällt euch am besten?
- Würdet ihr selbst gern auf einer Bühne stehen und in einem Stück mitspielen? Welche Rolle würdet ihr gern spielen?

Vorhang auf! Ihr habt bereits Erzähltexte szenisch dargestellt, euch dafür in Figuren hineinversetzt und Szenen nachgespielt. Hier könnt ihr ein Jugendtheaterstück im Ganzen lesen und es in einer richtigen Theatervorführung vorspielen.

Das lernt ihr jetzt:
- einen szenischen Text lesen, untersuchen und verstehen
- einen szenischen Text für eine Aufführung vorbereiten
- eine Theateraufführung vorbereiten und veranstalten

G

H
- Dialog
- Requisiten
- Monolog
- Rolle
- Inszenierung
- Regieanweisungen
- Szene

I
- Gegenstände, die bei der Theateraufführung auf der Bühne verwendet werden
- Hinweise für Aufführungen, z. B. Ortsangaben oder Angaben, wie die Figuren sprechen oder sich bewegen sollen
- Abschnitt in einem Theaterstück
- Gespräch zwischen zwei oder mehreren Figuren
- Vorbereiten der Aufführungen eines Theaterstücks
- Rede einer einzelnen Figur
- Figur, die ein Schauspieler gestaltet und darstellt

3 Überlegt, welche Menschen man am Theater braucht, um eine gelungene Vorstellung zeigen zu können. Erstellt ein Cluster wie in G dazu.

4 Kennt ihr die folgenden Begriffe aus der Theaterwelt in H? Ordnet sie den passenden Erklärungen in I zu.

„An der Arche um acht“ von Ulrich Hub

Einen szenischen Text lesen

Die Geschichte der Arche Noah steht in der Bibel. Gott schickt eine große Sintflut über die Erde. Er warnt Noah vor der Flut und beauftragt ihn, ein Schiff zu bauen, auf dem Noah seine Familie und zwei Tiere von jeder Tierart vor der Flut retten soll. Ulrich Hub greift in seinem Theaterstück diese Geschichte auf.

Was bisher passiert ist:
Zu Beginn des Stücks streiten sich drei Pinguine über Gott und die Welt. Einer der Pinguine geht ab. Eine Taube kommt, berichtet den beiden Pinguinen von der Sintflut und übergibt ihnen zwei Fahrkarten mit der Verabredung „An der Arche um acht!“.

Tipp
Ihr könnt auch das gesamte Stück lesen.
Lerninsel
Seite 298/299

1 Lies die folgenden Szenen des Theaterstückes „An der Arche um acht“.

Erster Akt[1], Dritte Szene

Zweiter Da haben wir noch einmal Glück gehabt.
Erster Glück?
Zweiter Wenn wir nicht zufällig dieser Taube begegnet wären, müssten wir ertrinken.
Erster Das war kein Glück, sondern Gottes Wille. Wir wurden ausgewählt. Aus allen Pinguinen. Weil wir die Besten sind.
Zweiter Reiner Zufall. Wenn hier zwei andere Pinguine gestanden hätten, hätten sie eben diese Tickets bekommen.
Erster Das ist kein Zufall. Wir waren immer brav. Vor allem ich. Wir sind die Besten. Vor allem ich. Deshalb haben wir Tickets für die Arche Noah bekommen.
Zweiter Was passiert mit dem dritten Pinguin?
Erster Früher oder später wird er es schon merken.
Zweiter Was?
Erster Na ja –
Zweiter Dass er ertrinkt?
Erster Das hast *du* jetzt gesagt.
Zweiter Ich kann ihn nicht zurücklassen.
Erster Hast du nicht gehört, was die Taube gesagt hat? Von jeder Tierart dürfen nur zwei Exemplare an Bord.
Zweiter Willst du etwa seelenruhig zusehen, wie unser Freund ertrinkt?
Erster Nein. Ich werde nicht zusehen. Wenn er ertrinkt, sind wir nämlich schon weit weg. Auf dieser Arche Noah. Schau mich nicht so komisch an. Diese Sintflut ist nicht meine Idee. Fang lieber an zu packen.
Zweiter Wir sollten heimlich einen dritten Pinguin an Bord nehmen.
Erster Wenn das herauskommt, fliegen wir von der Arche Noah. Dann überlebt kein einziger Pinguin. Wir haben die Verantwortung für die gesamte Gattung Pinguin. Verstehst du?
Zweiter Wenigstens will ich mich noch von ihm verabschieden.
Erster Er wird nicht begeistert sein, uns zu sehen. Bestimmt ist er noch beleidigt.

1 **Akt**: größerer Abschnitt eines Theaterstücks

Vierte Szene

Das Wasser steht schon kniehoch. Der dritte Pinguin steht unter einem Regenschirm. Die beiden anderen Pinguine kommen. Jeder von ihnen trägt einen Koffer.

Erster Er sieht uns nicht.
Zweiter Er hat uns gesehen.
Erster Er sieht uns nicht.
Zweiter Er hat uns gesehen.
Erster Er hat uns nicht gesehen!!
Zweiter Jetzt hat er uns gesehen.
Erster Er ist immer noch beleidigt.
Dritter Wollt ihr nicht unter meinen Regenschirm kommen?
Zweiter Sehr freundlich, aber –
Erster So viel Zeit haben wir leider nicht.
Dritter Wollt ihr verreisen?
Erster Wie kommst du auf diesen Gedanken?
Dritter Wegen dieser Koffer.
Zweiter Welche Koffer –
Erster Ach, diese Koffer –
Zweiter Wir waren nur zufällig in der Nähe –
Erster Da dachten wir –
Zweiter Wir schauen mal vorbei.
Erster Genau.
Dritter Es regnet.
Zweiter Stimmt.
Dritter Das Wasser steht schon kniehoch.
Erster Das ist uns noch gar nicht aufgefallen.
Zweiter Aber jetzt –
Erster Wo du es sagst.
Dritter Es sieht so aus, als würde dieser Regen überhaupt nicht mehr aufhören.
Erster Das hört schon wieder auf.
Zweiter Davon bin ich überzeugt.
Dritter Kommt lieber unter meinen Schirm. Ihr holt euch noch eine Erkältung.

Die beiden Pinguine waten durch das Wasser zum dritten Pinguin und stellen sich unter den Regenschirm.

Dritter Wir Pinguine müssen zusammenhalten. Wenn drei Pinguine im Regen stehen, aber nur ein Pinguin einen Regenschirm hat, ist es selbstverständlich, dass er den beiden anderen Pinguinen einen Platz unter seinem Regenschirm anbietet.
Zweiter Das hast du aber schön gesagt –
Dritter Ihr habt Tränen in den Augen.
Zweiter Das sind Regentropfen.
Erster Wir wollten nur mal kurz vorbeischauen.
Die beiden Pinguine umarmen den dritten Pinguin. [...]

Der erste Pinguin schlägt dem dritten auf den Kopf, er verliert das Bewusstsein, der zweite Pinguin läuft schnell davon und kommt mit einem großen Koffer zurück. Beide stopfen den dritten Pinguin hinein.

Fünfte Szene

Gangway zur Arche. Die Taube im gelben Ölmantel brüllt in ein Megaphon[2].

Taube Letzter Aufruf für alle fehlenden Passagiere. Die beiden Pinguine werden dringend gebeten, sich an der Arche Noah einzufinden.

Die beiden Pinguine kommen außer Atem und tragen einen schweren Koffer.

Taube Endlich! Wo habt ihr die ganze Zeit gesteckt? Ihr seid die Letzten. Alle anderen Tiere sind längst an Bord. Selbst die beiden Schildkröten waren schneller als ihr. Noah wollte schon ohne euch abfahren. Diesen Koffer wollt ihr hoffentlich nicht an Bord nehmen. Ich habe gesagt: Nur Handgepäck.

Zweiter Von diesem Koffer können wir uns unmöglich trennen.

Taube Was ist in diesem Koffer?

Erster Nichts Besonderes.

Zweiter Nur Luft.

Taube Warum ist er dann so schwer?

Erster Es handelt sich eben –

Zweiter Um dicke Luft.

Taube Sehr verdächtig. Ich habe strikte Anweisung von Noah, jeden verdächtigen Koffer zu kontrollieren. Aufmachen.

Zweiter Warum?

Taube Ich muss mich vergewissern, dass ihr keine verbotenen Gegenstände an Bord schmuggelt.

Zweiter Und wer ist Noah?

Taube Noah hat die Arche gebaut. Los. Macht diesen Koffer auf.

Erster Das ist ein sehr großes Schiff.

Taube Die Arche Noah ist aus Tannenholz gemacht und verfügt über drei Stockwerke. Dieser Koffer riecht nach Fisch. Versucht ihr etwa heimlich Fischbrötchen an Bord zu schmuggeln?

Zweiter Das sind wir.

Erster Wir riechen nach Fisch.

Taube Der Verzehr mitgebrachter Speisen und Getränke ist an Bord nicht gestattet. An Bord gibt es einen kleinen Kiosk. Macht endlich diesen Koffer auf!

Erster Wir sind Pinguine.

Zweiter Man kann uns vertrauen.

Taube Das haben die Klapperschlangen auch gesagt, und was finde ich in ihren Handtaschen? Ein Kartenspiel!

Zweiter Unerhört.

Erster Wir haben kein Kartenspiel in diesem Koffer.

Taube Jede Art von Glücksspiel ist auf der Arche verboten.

Zweiter Ich frage mich, wie Schlangen eigentlich Karten spielen können?

Taube Ich öffne jetzt selbst diesen Koffer. Ich warne euch. Wenn ich darin etwas anderes vorfinde als Luft, dürft ihr nicht auf die Arche und müsst ertrinken. Dann gibt es in Zukunft eben keine Pinguine mehr. Mir ist das egal. Ich sehe schon, ihr zittert. Das habe ich mir gedacht. Ihr habt mir nicht die Wahrheit gesagt.

Es blitzt.

Zweiter In diesem Koffer –

Erster Befindet sich ein –

Zweiter Aber nur ein ganz kleiner –

Erster Wir haben es einfach nicht übers Herz gebracht –

Es donnert.

2 Megaphon: trichterförmiges Gerät, das akustische Signale verstärkt

Taube Huch. Was steht ihr hier rum und quatscht? Trödelt nicht so lange. Schnell an Bord. Die Sintflut –

Die Pinguine wuchten den Koffer die Gangway hinauf.

Taube *blickt sich ein letztes Mal um* Komisch. Irgendwie hab ich das dumpfe Gefühl, ich hätte etwas vergessen. Etwas ganz Wichtiges.

Die Taube macht die Tür der Arche zu.

Was passiert weiter:
Die Sintflut beginnt und die Arche legt ab. Auf dem Schiff tummeln sich viele Tiere in einem großen Durcheinander. Die Taube kümmert sich um alles und sorgt für Ruhe. Der dritte Pinguin kann aus dem Koffer, muss aber immer wieder vor der Taube versteckt werden. Als sie ihn entdeckt, gibt er sich als Gott aus. Plötzlich:

Zweiter Akt, Vierte Szene

Die Taube erscheint. Sie hat einen Zweig im Schnabel.

Erster Endlich.

Zweiter Die Taube.

Dritter Was hat sie da im Schnabel?

Taube Ha hi hei Höhei –

Erster Was?

Taube Has his hein Höhlheig!

Zweiter Habt ihr etwas verstanden?

Dritter Kein Wort.

Die Taube nimmt den Zweig aus dem Schnabel.

Taube Das ist ein Ölzweig[3], ihr Trottel!

Erster Wenn man eine weiße Taube sieht –

Zweiter Mit einem Ölzweig im Schnabel –

Dritter Bedeutet das bestimmt nichts Gutes.

Taube Dieser Ölzweig bedeutet –

Dritter *leise* Jetzt setzt es Prügel.

Taube Es hat zu regnen aufgehört. Noah hat zu mir gesagt: Los, flieg los und schau, ob irgendwo Land ist. Endlich habe ich diesen Ölzweig gefunden. Die Flut ist vorbei. Das Wasser ist gesunken. Die Erde ist wieder trocken.

Erster Wir können an Land?

Taube Worauf wartet ihr noch? Alle Tiere sind schon längst von Bord gegangen. Ihr seid wie üblich die Letzten. Selbst die Schildkröten sind schneller als ihr. Marsch. Trödelt nicht. Alle Tiere müssen in Zweierreihen von der Arche hinuntermarschieren.

Dritter Aber ich bin ein dritter Pinguin.

Zweiter Wo ist eigentlich die zweite Taube?

Taube Was für eine zweite –

Erster Wenn alle Tiere in Zweierreihen von Bord gehen müssen –

Taube *schreit auf* Jetzt weiß ich es! Ich hatte schon die ganze Zeit das dumpfe Gefühl, irgendwas vergessen zu haben. Einen Partner. Ich habe vergessen, eine zweite Taube an Bord zu nehmen. An alle anderen Tiere habe ich gedacht. Nur einen Partner für mich habe ich vergessen. Noah wird mir den Kopf abreißen, wenn ich ohne Partner die Gangway hinuntermarschiere. Was soll ich nur machen?

Zweiter Uns fehlt eine Taube. Aber wir haben einen Pinguin zu viel an Bord.

Taube Ja, und?

Zweiter Versteht ihr nicht?

Pause.

3 Ölzweig: Zweig von einem Olivenbaum

Dritter Ich verstehe.

Erster Ich auch.

Taube Dann könnt ihr es mir sicher erklären.

Dritter Leider nein.

Erster Ich habe nur so getan, als würde ich verstehen.

Dritter Ich habe auch keine Ahnung.

Zweiter Ich erkläre es euch. Es ist ganz einfach. Das wird keiner merken. Hört gut zu. Wir brauchen dazu nur Folgendes –

Fünfte Szene

Helligkeit. Vogelgezwitscher. Der erste und der zweite Pinguin stehen oben an der Gangway. Noah steht neben der Arche. Man sieht von ihm nur seine beiden Filzpantoffeln und den langen weißen Bart, der bis auf den Boden reicht.

Alter Mann Willkommen in der neuen Welt, aber zieht vorher eure Schuhe aus.

Zweiter Wir haben keine Schuhe an.

Alter Mann Ihr hinterlasst überall schwarze Spuren. Seht ihr das nicht?

Dritter Ach, das ist nur Teer[4].

Zweiter Das geht leicht wieder raus.

Alter Mann Zieht lieber Hausschuhe an.

Zwei Paar Pantoffeln liegen bereit.

Alter Mann Seid ihr die Letzten?

Zweiter Es fehlen noch zwei.

Dritter Da kommen sie schon.

Die Taube führt den ersten Pinguin die Gangway[5] hinunter. Er ist als weiße Taube verkleidet und hat einen Schleier über dem Kopf.

Alter Mann Was ist denn das?

Dritter Die beiden haben sich an Bord kennen gelernt.

Zweiter Es war Liebe auf den ersten Blick.

Taube Ja, ja –

Zweiter Sie konnten kaum die Finger voneinander lassen.

Erster Vielmehr die Flügel.

Taube Schon gut –

Dritter Deshalb haben wir sie lieber verheiratet.

Alter Mann Hoffentlich vermehrt ihr euch rasch.

Taube Mal sehen.

Dritter Ich bin gespannt, was das für Kinder gibt.

Taube *schreit* Ich habe gesagt, es reicht –

Zweiter Der Bräutigam ist ein bisschen nervös.

Alter Mann Dabei hat er eine so schöne Braut.

Der verkleidete Pinguin gurrt[6] verlegen.

Alter Mann Eigentlich sehen sich diese beiden Tauben nicht besonders ähnlich.

Dritter Ich kann keinen Unterschied erkennen.

Zweiter Man kann sie kaum auseinanderhalten.

Alter Mann Aber diese Taube ist doch viel größer.

Zweiter Das ist ganz normal.

Dritter Bei den Tauben sind die Weibchen immer einen Kopf größer.

Die beiden Pinguine wollen das Brautpaar rasch abführen.

Zweiter Nochmals danke für die Tickets.

Dritter Wir werden diese Reise in bester Erinnerung behalten.

4 Teer: dunkles, zähflüssiges Gemisch

5 Gangway: Brücke oder Treppe zum Betreten/Verlassen eines Flugzeugs oder Schiffes

6 gurren: Laut, den z.B. Tauben machen

Zweiter Die Verpflegung an Bord war abwechslungsreich.
Dritter Das Unterhaltungsprogramm ließ keinerlei Wünsche offen.
Erster *mit hoher Stimme* Selten habe ich mich so gut amüsiert wie auf der Arche Noah.
Alter Mann Einen Augenblick noch.
Zweiter *leise* Jetzt ist alles aus –
Dritter *leise* Wir sind verloren –
Alter Mann *zur Taube* Ich habe noch keine Gelegenheit gehabt, mich bei dir zu bedanken. Ich weiß, was du geleistet hast. Die Ameise hat ihren Partner wiedergefunden. Die Giraffen sind wieder wohlauf. Die Löwen haben friedlich neben den Antilopen geschlafen. Kein Tier auf der Arche hat ein anderes Tier aufgegessen. Das grenzt fast an ein Wunder. Das ist nur deinem unermüdlichen Einsatz zu verdanken. Aber warum hast du diese Pinguine an Bord genommen? Pinguine können doch schwimmen.
Taube *zu den Pinguinen* Ihr könnt – wie bitte?
Die drei Pinguine schauen sich verdutzt an.
Erster Stimmt.
Zweiter Daran haben wir –
Dritter In der Aufregung nicht gedacht –
Erster Wir können ja schwimmen!
Zweiter *zischt* Du kannst nicht schwimmen, du bist doch eine Taube.
Erster *mit hoher Stimme* Das hatte ich vergessen.
Zweiter Es war schließlich Weltuntergang –
Dritter Da vergisst man schon –
Zweiter Die eine oder andere Kleinigkeit.
Alter Mann Es hat mich gefreut, eure Bekanntschaft gemacht zu haben.
Dritter Hoffentlich sehen wir uns bald wieder.
Zweiter Spätestens bei der nächsten Sintflut.
Taube Bloß nicht – [...]

2 Setzt euch in Fünfergruppen zusammen, vergebt die Rollen (drei Pinguine, Taube, Alter Mann) und lest das Stück mit verteilten Rollen.

Tipp
Beachtet die Regieanweisungen.

3 Tauscht euch in der Gruppe zu folgenden Fragen aus:
- Worum geht es in dem Stück?
- Welche Situationen fandet ihr lustig, welche haben euch zum Nachdenken angeregt? Begründet.

4 Beantworte die folgenden Fragen, mache dir Notizen und ergänze die entsprechenden Textstellen.
- Welches Problem haben die beiden Pinguine? Wie hättest du dich verhalten? (1. Akt, 3. Szene)
- Wie lösen die Pinguine ihr Problem? (1. Akt, 4. Szene)
- Wie gelingt es den beiden Pinguinen, den Koffer an der Taube vorbei zu schmuggeln? (1. Akt, 5. Szene)
- Welche Nachricht bringt die Taube? (2. Akt, 4. Szene)
- Was hat die Taube vergessen? Wie wird ihr Problem gelöst? (2. Akt, 4. Szene)
- Was bemerkt der Alte Mann, als er die Pinguine sieht? (2. Akt, 5. Szene)

Der Inhalt und die Figuren

Einen szenischen Text erschließen

1 Seht euch das Foto von einer Aufführung des Stücks „An der Arche um acht" am Deutschen Schauspielhaus Hamburg an. Um welche Szene handelt es sich? Beschreibt im Tandem die Figuren, die Kostüme und das Bühnenbild.

2 Ulrich Hub hat in seinem Stück ernste Themen wie Freundschaft und Verantwortung in einer sehr humorvollen Art behandelt. Was findet ihr an dem Stück komisch und zum Lachen? Tauscht euch dazu in der Klasse aus.

Tipp
Komik entsteht, wenn etwas passiert, was man nicht erwartet hat, wenn übertrieben wird oder wenn eine Figur das Gegenteil von dem sagt, was sie denkt.

3 Notiert euch Textstellen, die ihr lustig und komisch findet. Erklärt einander im Tandem, warum sie so wirken.

4 Bildet fünf Gruppen und teilt die Szenen des Stücks in der Klasse auf. Jede Gruppe notiert zu ihrer Szene die wichtigsten Informationen. Übernehmt den folgenden Szenenplan und füllt ihn aus.

Szenen	Inhalt/Handlung	Figuren	Ort
1. Akt, 3. Szene	• *die beiden Pinguine überlegen, warum gerade sie für die Arche Noah ausgewählt wurden* • *der zweite Pinguin fragt, was aus dem dritten Pinguin wird* • …	*erster und zweiter Pinguin*	*unbestimmt*
1. Akt, 4. Szene	…	…	…

5 Jede Gruppe fasst in der Klasse ihre Szene zusammen und erzählt die Szene des Theaterstücks nach.

6 Besprecht in der Klasse, wie ihr euch eure Aufführung der Szenen aus dem Stück „An der Arche um acht“ vorstellt. Klärt folgende Fragen:
- Wollt ihr einzelne Szenen spielen oder das gesamte Stück?
- Wann, wo und vor welchem Publikum wollt ihr das Stück aufführen?
- Wollt ihr noch weitere Rollen, z. B. andere Tiere auf der Arche, ergänzen?

7 Bildet fünf Gruppen und vergebt die Figuren: drei Pinguine, eine Taube, ein Alter Mann (Noah). Untersucht und beschreibt mithilfe der Szenen von Seite 30 bis 35 die Figuren. Legt jeweils eine Rollenkarte an.

Erster Pinguin

Beispiel: *Aussehen: ...* *Sprechweise: ...*
Auftreten: ... *Eigenschaften: ...*

Tipp
Notiert, wie ihr euch die Figuren vorstellt.

8 Stellt in der Klasse eure Figur mithilfe der Rollenkarte vor. Gebt einander ein Feedback.

Feedback
→ Seite 327

9 In welchem Verhältnis stehen die fünf Figuren zueinander? Stellt die Beziehungen an der Tafel grafisch dar. Benennt die Konflikte.

Tipp
Lest noch einmal euren Szenenplan durch.

10 Veranstaltet jetzt ein Casting, um die Rollen für euer Theaterstück zu besetzen. Bereitet das Casting vor. Geht so vor:
- Legt fest, wer Regie führt bzw. das Casting und später die Proben leitet. Diese Spielleiterin oder dieser Spielleiter unterstützt die Schauspielerinnen und Schauspieler durch konkrete Hinweise zu ihren Darstellungen.
- Die Darstellerinnen und Darsteller üben eine kleine Pantomime zum Stück ein, z. B. sich wie ein Pinguin oder eine Taube bewegen, einen schweren Koffer transportieren …
- Die Darstellerinnen und Darsteller wählen außerdem jeweils eine Rolle, die zu ihnen passt, aus dem Stück aus. Sie suchen sich einen kleinen Textabschnitt zu dieser Rolle und lernen ihn auswendig.

Rollen spielen
→ Seite 328

11 Spielt der Klasse eure eingeübten Pantomimen und Textabschnitte vor. Dabei lesen die Spielleiterin oder der Spielleiter die weiteren Rollen in den Textabschnitten.

Tipp
Ihr könnt auch zu zweit oder zu dritt euren Textabschnitt vortragen.

12 Gebt anschließend den Darstellerinnen und Darstellern ein Feedback. Besprecht, ob die Sprechweise und Körpersprache die Eigenschaften der Figuren und ihre Beziehungen zueinander deutlich gemacht haben.

13 Beratet, wer welche Rolle übernehmen könnte, und verteilt die Rollen.

Eine Theateraufführung vorbereiten

1 Lest die Aufgaben der Arbeitsgruppen **A**, **B**, **C**, **D**, **E** und **F**. Entscheidet euch für eine Gruppe und bereitet die Aufführung vor.

Rollen spielen
Seite 328

A Ihr wollt das Stück spielen (**Darstellerinnen/Darsteller**):
- Lest den Text noch einmal genau durch. Jeder achtet dabei besonders auf seine Textteile.
- Versetzt euch in die jeweilige Rolle und legt mit der Spielleitung fest, wie die Figuren sprechen und sich bewegen sollen.
- Übt den Text und setzt Körperhaltung, Mimik und Gestik ein.
- Probt mit Partnern. Achtet auf die Stichwörter der Partnerin oder des Partners, sie geben euren Einsatz an.

B Ihr wollt Masken und Kostüme herstellen (**Maskenbildnerin/Maskenbildner und Kostümbildnerin/Kostümbildner**):
- Besprecht mit den Darstellerinnen, Darstellern und der Spielleitung, wie die Kostüme aussehen sollen, z.B. für die Pinguine schwarze Hose und weißes T-Shirt …
- Stellt Masken oder Halbmasken her und/oder schminkt die Gesichter. Versucht, die Eigenschaften der Figuren in ihrem Aussehen deutlich zu machen.

C Ihr wollt das Bühnenbild gestalten (**Bühnenbildnerin/Bühnenbildner**):
- Klärt, wo die Aufführung stattfinden soll.
- Markiert eine Spielfläche und trennt sie nach hinten mit Stellwänden oder einem Vorhang ab.
- Ordnet Stuhlreihen für das Publikum in einem Halbkreis um die Spielfläche an.
- Lest im Szenenplan (Seite 36, Aufgabe 4) nach, wo sich die Szenen abspielen, und fertigt Skizzen für das jeweilige Bühnenbild an, z.B. für die Arche.
- Setzt die Skizzen in den richtigen Abmessungen um.

D Ihr wollt Requisiten herstellen oder bereitstellen (**Requisiteurin/Requisiteur**):
- Legt fest, welche Requisiten benötigt werden.
- Überlegt, wie ihr sie herstellt oder woher ihr sie besorgen könnt, z.B. einen großen Koffer …

E Ihr wollt euch um Beleuchtung und Musik kümmern (**Beleuchterin/Beleuchter und Tontechnikerin/Tontechniker**):

- Überlegt, wie ihr mit Beleuchtung und Musik die Wirkung und Stimmung der einzelnen Szenen unterstützen könnt.
- Notiert im Szenenplan, wann ihr welche Beleuchtung einsetzen wollt, z. B. Grundlicht[1] oder Effektlicht[2].
- Notiert im Szenenplan, wann ihr welche Musik einsetzen wollt, z. B. am Anfang oder Ende der Szenen.
- Besorgt die nötige technische Ausstattung.

1 Grundlicht: beleuchtet die Spielfläche gleichmäßig

2 Effektlicht (Spots): beleuchtet eine eng begrenzte Spielfläche oder einen einzelnen Darsteller

F Ihr wollt die Vorbereitungen durch Beratung unterstützen (**Beraterin/Berater und Souffleuse/Souffleur**):

- Nehmt an den Besprechungen der einzelnen Gruppen teil, unterstützt sie durch Ratschläge und Hinweise. Notiert alle Entscheidungen im Szenenplan.
- Bringt die einzelnen Gruppen zusammen, z. B. Requisite und Bühnenbild, damit sie ihre Arbeiten aufeinander abstimmen.
- Als Souffleuse oder Souffleur nimmt man an allen Proben teil, liest den Text mit und spricht den Text vor, falls eine Darstellerin oder ein Darsteller nicht weiterweiß.
- Während der Aufführung sitzt die Souffleuse oder der Souffleur verdeckt neben der Bühne, liest den Text mit und flüstert den Text, wenn nötig, vor.

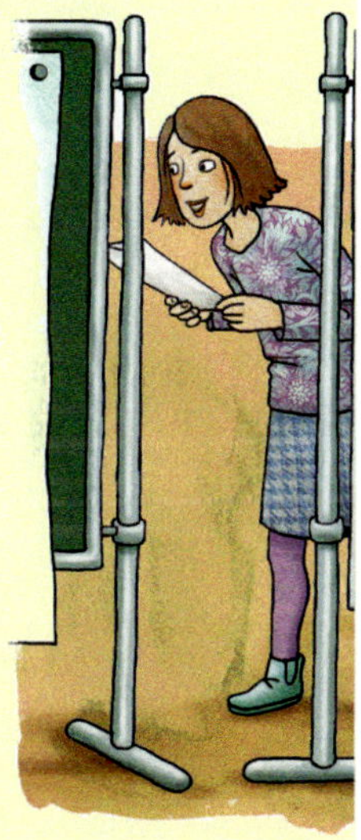

○ **2** Bevor ihr mit den Proben beginnt, treffen sich alle Gruppen, erläutern ihre Ergebnisse und diskutieren darüber. Die Spielleitung moderiert die Besprechung.

○ **3** Wenn sich Änderungen aus der Besprechung ergeben haben, dann setzt sie um.

◒ **4** Probt eure Aufführung auf der Bühne so oft wie möglich. Ihr könnt dabei schon Masken, Kostüme, Requisiten, Beleuchtung und Musik einsetzen. Besprecht immer wieder, was noch zu verbessern ist, und setzt es um.

◒ **5** Führt nun euer Stück vor anderen Klassen oder euren Familien und Freunden auf.

START **Drei Wege – ein Ziel!** Finde deinen Weg mit diesem Einschätzungstest: **D06**

A

B

C

Singende Pinguine

D07 Differenzierung Fördern

Ausschnitte aus einem szenischen Text erschließen

Im ganzen Stück „An der Arche um acht" wird die dramatische Handlung durch sieben Lieder oder Songs unterbrochen. Einige Male singen die Pinguine, aber auch die Taube trägt ein Lied vor.

1 Seht euch in der Gruppe noch einmal den Text der 4. Szene im 1. Akt (Seite 31) an. Tauscht euch über den Inhalt der Szene aus.

2 In dem Text (1. Akt, 4. Szene) steht zwischen Zeile **41** und **42** ein Auslassungszeichen. Dort erscheint im Originalstück ein Lied. Lies dieses Lied.

Pinguin im Regen

Die beiden anderen Pinguine *singen*
Kein Pinguin
lässt einen anderen Pinguin
im Regen stehen –
Dritter *singt*
Regen stehen –
Regen stehen.
Die beiden anderen Pinguine *singen*
Wir wollen niemals
auseinandergehen –
Alle *singen*
Niemals lässt ein Pinguin
einen anderen Pinguin
im Regen stehen –
Regen stehen –
Regen stehen.
Dritter Wir sind die besten Freunde
auf der Welt –

3 Verteilt die Rollen in der Gruppe und tragt das Lied vor. Ihr könnt es wie ein Gedicht lesen, rappen oder zu einer Melodie singen.

Tipp
Achtet z. B. auf Wiederholungen, Reim und die Satzlänge.

4 Tauscht euch in der Gruppe darüber aus, wie das Lied auf euch wirkt und was euch an der Sprache auffällt.

5 Besprecht dann in der Gruppe, worum es in dem Lied geht. Gebt den Inhalt wieder und erklärt den Zusammenhang zur Handlung davor (4. Szene).

6 Nach dem gemeinsamen Lied schlägt der erste Pinguin den dritten Pinguin bewusstlos und steckt ihn in einen Koffer. Wie passt das zusammen? Schreibe einen kurzen Text dazu, nutze deine Ergebnisse aus Aufgabe 5.

7 Lies den Inhalt vom Beginn des 2. Aktes.

Die Pinguine sitzen in ihrem Quartier auf der Arche, essen Kekse und sind so langsam von der Reise genervt. Sie erinnern sich an ihre Heimat, beginnen zu singen und wild zu tanzen. Die Taube kommt und beschwert sich über den Lärm. Sie ist völlig überarbeitet, muss sich um alle Tiere kümmern und bekommt keine Hilfe, auch Noah kümmert sich nicht. Dass ein dritter Pinguin im Raum ist, fällt ihr nicht richtig auf. Sie verlässt den Raum, kommt aber irritiert zurück, weil sie wohl doch den dritten Pinguin gesehen hat. Dieser kann sich aber noch schnell im Koffer verstecken. Die beiden Pinguine trösten die Taube und zeigen Verständnis für ihre schwierige und anstrengende Aufgabe.

8 Die Taube singt im Anschluss, in der 2. Szene des 2. Aktes, folgendes Lied. Lest einander das Lied im Tandem vor.

Reise ins Glück

Rezitativ[1] und Arie[2]

Taube Endlich!
Endlich!
Endlich versteht mich jemand.
Niemand weiß, wie es in mir aussieht.
Jede Hoffnung habe ich verloren.
Regen ohne Unterlass.
Seit vierzig Tagen
Fährt die Arche
Unter schweren Wolken
Durchs dunkle Gewässer.
Aber wohin?
Wohin?
Nimmt das niemals ein Ende?
Ich dachte, das ist eine Reise ins Glück.
Jetzt fürcht' ich, wir kommen niemals
zurück.

1 Rezitativ: Sprechgesang
2 Arie: Opernlied, das eine Person allein vorträgt

9 Beschreibt im Tandem die Gefühle und Gedanken, die die Taube in ihrem Lied vermittelt.

10 Seht euch in der Gruppe noch einmal beide Lieder an. Welche Funktion haben sie an der jeweiligen Textstelle? Wählt aus den Möglichkeiten aus. Begründet eure Wahl.

- unterbricht das Geschehen
- wiederholt das vorher Gesagte
- kommentiert das Geschehen
- fasst das Geschehen zusammen
- gibt die Gedanken der Figuren wieder

Tipp
Es sind auch mehrere Funktionen möglich.

11 Lest die folgende Zusammenfassung des 2. Aktes, 4. Szene. Schreibt im Tandem ein Lied oder ein Gedicht dazu.

Die Pinguine erfahren von der Taube, dass das Wasser gesunken ist und alle Tiere die Arche zu zweit verlassen. Der dritte Pinguin weist darauf hin, das ihm ein Partner fehlt und auch der Taube fällt endlich auf, was sie vergessen hat: eine zweite Taube. Da kommt dem zweiten Pinguin eine Idee, die er den anderen erklärt.

Tipp
Schreibt aus der Sicht der Taube.

12 Tragt eure Lieder oder Gedichte in der Gruppe vor und wählt die beiden gelungensten für die Präsentation in der Klasse aus.

13 Bereitet in der Gruppe außerdem die Präsentation eurer Arbeitsergebnisse zu den beiden Liedern aus „An der Arche um acht“ vor.

Eine kleine Geschichte

D08 Differenzierung

Einen szenischen und einen epischen Text vergleichen

Das Jugendtheaterstück „An der Arche um acht“ schrieb Ulrich Hub als Auftrag für das Staatstheater in Karlsruhe. 2006 wurde es dort zuerst aufgeführt. Anschließend schrieb der Autor eine Hörspielfassung für den Hessischen Rundfunk und 2007 entstand aus dem Theaterstück ein Kinderbuch als Erzählung, also eine Prosafassung.

1 Tragt in der Gruppe euer Wissen über Theaterstücke, Erzählungen und Hörspiele zusammen. Erzählt von den Werken, die ihr kennt, und besprecht, welche Unterschiede es zwischen den Textarten gibt.

2 Lies nun den Text aus dem Stück „An der Arche um acht“ von Seite 30 (1. Akt, 3. Szene) noch einmal. Mache dir beim Lesen Notizen zum Inhalt.

Tipp
Denkt daran, wer die Geschichte erzählen soll.

3 Ihr sollt diesen szenischen Text von Seite 30 in einen erzählenden Text umschreiben. Tauscht euch in der Gruppe darüber aus, was ihr dabei beachten müsst.

4 Schreibe deinen erzählenden Text zum Ausschnitt auf Seite 30.

Feedback
Seite 327

5 Lest im Tandem eure Texte aus Aufgabe 4 vor. Gebt einander ein Feedback zu folgenden Fragen:
- Ist die Stimmung richtig wiedergeben worden?
- Stimmte die Handlung mit der im Ausschnitt überein?
- Haben sich die Figuren wie im Ausschnitt verhalten?
- Wurden die Dialoge in der richtigen Form umgesetzt?
- Gab es durchgängig eine Erzählerin oder einen Erzähler?
- Wurde in der Er-/Sie-Form geschrieben?

6 Lies den folgenden Ausschnitt aus dem Kinderbuch „An der Arche um Acht“, der die Szene von Seite 30 erzählerisch wiedergibt.

Währenddessen denkt der andere Pinguin: „Da haben wir noch einmal Glück gehabt. Wenn wir nicht zufällig dieser Taube begegnet wären, müssten wir jetzt ertrinken. Wie doch alles im Leben vom Zufall abhängt. Hätten hier zwei andere Pinguine gestanden, hätten sie eben diese Tickets bekommen und wir beide müssten jämmerlich ertrinken wie zum Beispiel –“ Schlagartig hört der Pinguin zu packen auf. Ein schreckliches Bild steht ihm vor Augen. „Was passiert jetzt mit unserem kleinen Pinguin?“, fragt er laut.

Keine Antwort. Beide Pinguine starren in den Regen und sehen, wie das Wasser immer höher steigt. Endlich sagt der eine achselzuckend: „Früher oder später wird er es schon merken.“

„Was?“

„Na ja –“

„Dass er ertrinkt?“

„Das hast du jetzt gesagt“, antwortet er mit einem vorwurfsvollen Blick. „Willst du etwa seelenruhig zusehen, wie unser Freund ertrinkt?“

„Nein, ich werde nicht zusehen, weil ich nämlich schon weit weg bin, wenn er ertrinkt, und zwar auf dieser Arche Noah. Jetzt schau mich nicht so komisch an, diese Sintflut war schließlich nicht meine Idee!“ Und ohne etwas in seinen Koffer gepackt zu haben, wirft er den Deckel mit einem Knall zu und sagt: „Fang endlich an zu packen.“

Der andere Pinguin blickt in seinen Koffer und überlegt, was man auf einer Arche am nötigsten braucht. „Wir sollten unseren kleinen Pinguin einpacken und heimlich an Bord schmuggeln.“

„Bist du verrückt? Wenn das herauskommt, fliegen wir in hohem Bogen von der Arche, dann überlebt kein einziger Pinguin. Wir beide“ – und bei diesen Worten scheppert seine Stimme wie eine kleine Trompete – „wir haben die Verantwortung für die gesamte Gattung Pinguin, verstehst du?“

Das mit der Gattung und der Verantwortung leuchtet dem anderen Pinguin ein. Betrübt schließt der den Deckel seines Koffers, ohne etwas eingepackt zu haben, und murmelt: „Wenigstens will ich ihn ein letztes Mal sehen.“

„Von mir aus“, grummelt der eine Pinguin. „Aber er wird nicht begeistert sein, uns zu sehen. Wie ich ihn kenne, ist er bestimmt noch beleidigt.“

7 Vergleicht im Tandem den Ausschnitt aus dem Kinderbuch mit euren Fassungen aus Aufgabe 4. Was habt ihr bei euren Geschichten anders gemacht?

8 Lest nun noch einmal den Ausschnitt aus dem Jugendtheaterstück von Seite 30 und vergleicht ihn mit dem Text aus Aufgabe 6. Nennt im Tandem Unterschiede und Gemeinsamkeiten.

Tipp
Legt beide Schulbücher mit Seite 30 und dieser Seite nebeneinander.

9 Vergleicht in der Gruppe die Merkmale von szenischen und erzählenden Texten. Legt eine Tabelle dazu an und füllt sie aus. Nutzt eure Ergebnisse aus Aufgabe 8 und auch die anderen Ausschnitte auf den Seiten 31 bis 35.

Kriterien	szenische Texte (Theaterstücke)	erzählende Texte (Kinderbuch)
Aufbau/Struktur	*Akte, Szenen*	...
sprachliche Form	*Dialog, ...*	...
Erzählerin oder Erzähler	...	...
Beschreibung der Situation	...	...
Ausdruck von Gedanken und Gefühlen	...	...

10 Lest eure Geschichten aus Aufgabe 4 in der Gruppe vor und wählt die beiden gelungensten für die Präsentation in der Klasse aus.

11 Bereitet in der Gruppe außerdem eure Arbeitsergebnisse zum Vergleich von szenischen und erzählenden Texten für die Präsentation vor.

Sintflut, Glaube und Gott

Ausschnitte aus einem szenischen Text erschließen

D09 Differenzierung

Das Stück „An der Arche um acht" thematisiert die biblische Erzählung zur Arche Noah und der Sintflut. Es geht es um die Frage nach der Existenz Gottes, sein Wesen und seine Erscheinungsformen.

1 Was wisst ihr über die Arche Noah und die Sintflut? Tauscht euch in der Gruppe darüber aus und tragt euer Wissen in einem Cluster zusammen.

Lerninsel Seite 298/299

2 Lies die folgenden Ausschnitte aus dem Theaterstück. Lege dazu und zu den Ausschnitten auf den Seiten 30 bis 35 eine Inhaltsübersicht an.

Erster Akt, Zweite Szene

[...] **Zweiter** Ich habe Gott noch nie gesehen.

Erster Fang jetzt nicht auch noch an –

Zweiter Und ich kenne niemanden, der Gott je gesehen hat.

Erster Du weißt genau, dass es ihn gibt.

Zweiter Gelegentlich sollte Gott sich bemerkbar machen.

Erster Er beobachtet uns. Jede Sekunde. Sogar jetzt. In diesem Augenblick. Spürst du das nicht?

Zweiter Das bildest du dir nur ein.

Erster Schau mal in den Himmel.

Zweiter Sieht nach Regen aus –

Erster Hinter diesen Wolken spaziert der liebe Gott vorbei und beobachtet uns genau.

Zweiter Unsinn. Gott kann uns überhaupt nicht sehen. Die dunklen Wolken hindern ihn am Sehen, wenn er am Himmelsrand spazieren geht.

Die Taube erscheint. Sie ist erschöpft und zerrupft.

Taube Habt ihr einen Moment Zeit, um über Gott zu sprechen, fein, hört gut zu, ich bringe eine Nachricht von Gott, er hat gesagt – Was riecht hier so nach Fisch? [...] Gott hat gesagt, es sei ein Fehler gewesen, die Menschen gemacht zu haben und – [...] Auch die Tiere gehen Gott auf die Nerven. Alles muss man ihnen dreimal sagen. Jedes Tier will das Größte sein. Deshalb hat Gott gesagt: Ich lasse eine gewaltige Sintflut über die Erde hereinbrechen. Die Flüsse und Meere werden immer höher steigen und über die Ufer treten, bis alles im Wasser verschwunden ist. Das Wasser wird über die Häuser steigen, über die höchsten Baumwipfel, und auch die Gipfel der höchsten Berge werden in der Flut versinken. Am Ende wird die ganze Erde mit Wasser überschwemmt sein. So. Fertig. Jetzt wissen alle Tiere Bescheid. Ihr seid die letzten gewesen.

Die Taube lässt sich erschöpft auf den Boden sinken.

Erster Aber das bedeutet –

Zweiter Das Ende der Welt.

Taube Genau das ist Gottes Absicht. Er will die ganze Welt auslöschen und anschließend noch einmal von vorne anfangen. [...]

Zweiter Akt, Fünfte Szene

[...] **Alter Mann** Es wird nie wieder eine Sintflut geben.

Dritter Ehrlich?

Alter Mann Das hat Gott hoch und heilig versprochen.

Erster *mit hoher Stimme* Wir können aber nicht versprechen, immer brav zu sein.

Dritter Jedenfalls werden wir es versuchen.

Alter Mann Gott weiß, dass die Menschen sich nicht verändern werden. Ebenso wenig die Tiere. Es wird immer Streit geben. Er wird sie so nehmen wie sie sind. Und er wird niemanden mehr bestrafen. [...]

Zweiter Akt, Sechste Szene

Das Licht wird immer heller.

Erster Gott?

Alter Mann Dreht euch ruhig um.

Taube *gähnt* So etwas Herrliches habe ich noch nie gesehen.

Das Licht schimmert in allen Regenbogenfarben.

Alter Mann Ich habe euch schon gesagt, dass Gott versprochen hat, nie wieder jemanden zu bestrafen. Was immer auch die Menschen machen werden und die Tiere. Damit er das niemals vergisst, hat er ein Zeichen an den Himmel gesetzt. [...]

Epilog[1]

Die großen Füße des alten Mannes sind verschwunden. Die Taube schläft immer noch. [...]

Zweiter Wenn ihr streitet, gibt es gleich wieder eine Sintflut.

Dritter Gott hat hoch und heilig versprochen, nie wieder eine Sintflut zu schicken.

Erster Vielleicht gibt es Gott gar nicht.

Dritter Das sagst ausgerechnet du?

Der dritte Pinguin versetzt dem ersten Pinguin einen Tritt.

Dritter Und die Sintflut?

Zweiter Es hat einfach nur besonders lange geregnet.

Dritter Natürlich gibt es Gott.

Erster Es gibt keinen Gott.

Beide Pinguine prügeln sich.

Zweiter Hört sofort auf.

Dritter Es gibt einen Gott.

Erster Es gibt keinen Gott. [...]

Zweiter Wenn es keinen Gott gibt, warum reden wir dann pausenlos über ihn?

Erster Damit wir uns nicht so allein fühlen – [...]

1 Epilog: Nachspiel am Ende eines Theaterstücks

3 Untersucht jetzt die Ausschnitte in Aufgabe 2. Klärt, was über Gott und die Sintflut gesagt wird. Tauscht euch in der Gruppe darüber aus und beantwortet die Fragen.
- Aus welchen Gründen hat Gott eine Sintflut geschickt?
- Welche Bedeutung hat der Regenbogen nach der Sintflut?
- Wie sehen die Figuren Gott und welches Verhältnis haben sie zu ihm?

4 Schreibe in einem Text darüber, welches Bild von Gott in den Textausschnitten in Aufgabe 2 vermittelt wird.

5 Lest eure Texte aus Aufgabe 4 in der Gruppe vor und wählt die beiden gelungensten für die Präsentation in der Klasse aus.

6 Bereitet in der Gruppe außerdem eure Arbeitsergebnisse zu den Textausschnitten auf diesen Seiten vor.

A
B
C

ZIEL

Präsentiert eure Ergebnisse

Ihr habt weitere Textausschnitte und einen erzählenden Text zum Jugendtheaterstück „An der Arche um acht“ gelesen und untersucht. Jetzt könnt ihr diese Inhalte und eure Arbeitsergebnisse in der Klasse vorstellen.

1 Information

○ Informiert die Klasse darüber, mit welchen Ausschnitten aus dem Stück ihr euch beschäftigt habt und welche Arbeitsaufträge damit verbunden waren.

2 Präsentation

◒ **A** Tragt eure Lieder oder Gedichte vor. Stellt dann die Lieder, ihren inhaltlichen Zusammenhang und ihre Funktion vor.

B Lest eure ausgewählten Geschichten zur Szene vor. Informiert dann über den Unterschied zwischen szenischen und erzählenden Texten.

C Lest eure Text zum Gottesbild vor. Informiert dann, was außerdem über Gott, die Sintflut und die Haltung der Figuren zu Gott im Text mitgeteilt wird.

3 Fragerunde

○ Stellt Fragen zu den Liedern, Geschichten und Inhalten, die präsentiert wurden. Lasst euch die Fragen von der jeweiligen Gruppe beantworten, z. B.

A Welche Art von Filmen oder Theaterstücken kennt ihr, in denen gesprochener Text und Gesang verbunden sind?

B Worauf musstet ihr besonders achten, als ihr den szenischen Text in einen erzählenden Text umgeschrieben habt?

C Welche Rolle spielt der Alte Mann im Stück?

4 Diskussion

◒ Besprecht und diskutiert gemeinsam weitere Fragestellungen.

A Wie wirkt es auf euch, wenn in einem Theaterstück gesprochener Text von Gesang unterbrochen wird?

B Was hat stärker auf euch gewirkt, der szenische oder der erzählende Text?

C Ist euch das vermittelte Bild von Gott vertraut? Kennt ihr andere?

5 Feedback

● Wertet eure Geschichten gemeinsam aus. Gebt einander ein Feedback mit der „sprechenden Hand“ oder orientiert euch an folgenden Fragen:

- ☑ Habt ihr die Zusammenhänge der Ausschnitte zum gesamten Stück verstanden?
- ☑ Wurden die Arbeitsergebnisse verständlich präsentiert?
- ☑ Wurden eure Fragen gut beantwortet?
- ☑ Wurde gut präsentiert (laut, deutlich, zusammenhängend gesprochen, Blickkontakt …)?

Überprüfe dich selbst

○ **1** Lies den Text mehrmals. Sprich den Vater und den Sohn in verschiedenen Stimmen.

KATRIN LANGE

Freund Till, genannt Eulenspiegel (Ausschnitt)

Till Eulenspiegel ist eine Narrenfigur aus der deutschen Literatur des Mittelalters. Der berühmte Spaßmacher ist in dieser Szene noch ein ängstlicher Junge, der mit seinem Vater Claus durch die Gegend zieht und mit Kunststücken Geld verdient.

Claus [...] Jetzt einen Augenblick Geduld und dann die Attraktion: zwei Vogelmenschen! Gehen durch Luft! Über den Fluss! Von einem bis zum andern Ufer!

(Sie spannen das Seil.)

Till *(leise)* Papa.

Claus Ja?

Till Warum über den Fluss – die Strömung ist so stark!

Claus Was kümmerts uns – wir sind drüber, in der Luft!

Till Wenn aber einer abstürzt.

Claus Du nicht, ich nicht.

Till Oder das Seil reißt.

Claus Das Seil reißt nicht.

Till Papa – ich hab Angst! Ich bin das erste Mal so hoch!

Claus Du bist ein Vogelmensch – ein Vogelmensch wie ich. Sieh: Ich hab Federn! Flügel! Du auch! *(Er spielt einen Vogel.)*

Till Papa – ich glaub dir glatt, dass du ein Vogel bist ...

Claus *(lacht)* Das sollst du – die Zuschauer glauben es dann auch. Rauf jetzt aufs Seil.

Till Papa – ich hab trotzdem Angst.

Claus Ich auch. Jedes Mal. Das gehört zum Beruf. Wir sind Gaukler[1] [...] Schweben!

Till Nie mit beiden Beinen fest auf dem Boden stehen!

Claus *(ein Echo)* ... nie fest auf dem Boden stehen ...

Till Und wenn die Leut über meine Späße lachen, scheint die Sonne, auch wenns regnet!

Claus *(ein Echo)* Die Sonne scheint. *Pause.*

Till Also ich geh rauf. Du bist ja da.

1 der Gaukler: jemand, der auf dem Jahrmarkt Kunststücke vorführt

◒ **2** Gib in eigenen Worten wieder, was in der Szene passiert. Beschreibe kurz, welche Gefühle die beiden Figuren gegenüber dem Kunststück haben.

◒ **3** Nenne Merkmale szenischer Texte, die in dem Ausschnitt erkennbar sind.

◒ **4** Bereite den Text für ein szenisches Spiel vor. Lege jeweils Körperhaltung, Mimik, Gestik und Sprechweise fest. Notiere alles in einer Tabelle mit Zeilenangaben.

D10 Lösungen

Das kannst du jetzt:
- einen szenischen Text untersuchen und verstehen
- die Aufführung eines szenischen Texts vorbereiten
- an der Aufführung eines szenischen Texts teilnehmen

3 Auf dem Weg zum Beruf

Berufe erkunden und beschreiben

A

1 Ordnet den Bildern **A–E** die Berufsbezeichnungen in **F** zu.

2 Welche Berufe davon findet ihr interessant und warum? Tauscht euch darüber aus.

3 Bildet Gruppen und verteilt die dargestellten Berufe **A–E**. Sammelt Informationen über die Tätigkeiten, die in diesen Berufen ausgeübt werden. Macht euch Notizen und stellt dann die Berufe vor.

Es gibt viele Berufe, die ihr kennt. Hier könnt ihr weitere Berufe entdecken und erfahren, welche Aufgaben damit verbunden sind und was man können muss. Außerdem sollt ihr überlegen, was ihr gern macht und worin eure eigenen Stärken liegen.

Das lernt ihr jetzt:
- Informationen zu verschiedenen Berufen sammeln
- Berufe erkunden und vorstellen
- sich mit Berufsplanung beschäftigen
- eigene Interessen und Fähigkeiten erkennen

B

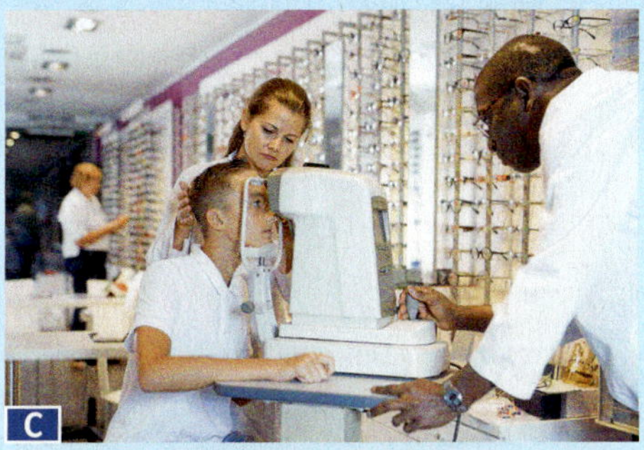
C

D

E

F Tischler/-in | Optiker/-in | Verkäufer/-in | Bademeister/-in | Bestatter/-in

G reaktionsschnell | handwerklich | geschickt | mitfühlend | höflich | kreativ | flexibel | exakt | kräftig | mutig | strukturiert | kontaktfreudig | sorgfältig

4 Nennt Eigenschaften und Fähigkeiten, die man haben sollte, um die Berufe **A–E** auszuüben. Nutzt Material **G**.

5 Spielt in der Klasse **Beruferaten**.
- Jeder denkt sich zwei Berufe aus und schreibt sie auf Karteikarten.
- Legt diese verdeckt auf einen Stapel.
- Bildet zwei Gruppen. Abwechselnd zieht eine Person aus jeder Gruppe eine Karte und erklärt den Beruf (Tätigkeiten), ohne ihn zu nennen.
- Versucht, den Beruf zu erraten.

6 Tauscht euch zu euren eigenen Berufswünschen aus. Besprecht, was ihr gut können müsst und wie ihr den Beruf erlernen könnt.

Was bin ich?

Informationen zu einem Beruf sammeln

Bevor du dich für einen Beruf entscheidest, solltest du dich darüber informieren, was du können musst und was dich in diesem Beruf erwartet. Um viele verschiedene Berufe kennenzulernen, könnt ihr in der Klasse eine Berufekartei anlegen. Wer einen interessanten Beruf gefunden hat, schreibt die Informationen dazu auf eine Karteikarte und legt sie im Karteikasten ab.

○ **1** Sieh dir die folgenden Bilder an. Notiere, um welchen Beruf es sich handelt und welche Tätigkeiten ausgeführt werden.

A

B

C

D

○ **2** Lies die Aussagen aus einem Interview. Notiere Arbeitsorte und Arbeitszeiten.

Koch: *Begonnen habe ich bei einer Catering[1]-Firma, dann habe ich für ein paar Jahre in der Küche eines Pflegeheims gearbeitet und jetzt bin ich seit einiger Zeit in einem Hotelrestaurant tätig.* A

Koch: *Ich habe keine Arbeitswoche von Montag bis Freitag. Gerade Samstag, Sonntag und an Feiertagen kommen die meisten Gäste, daher muss ich mich mit meinen Kollegen abstimmen, damit jeder auch freie Abende hat.* B

1 Catering: Verpflegung, Bewirtung

3 Welche Fähigkeiten werden für den Beruf in Aufgabe 1 benötigt? Besprecht euch im Tandem und macht euch dazu Notizen.

Interview
Seite 327

MK **4** Sammelt im Tandem weitere Informationen zu diesem Beruf. Wählt dazu **A** oder **B**. Übernehmt anschließend die Karteikarte und füllt sie aus.

A Führt ein Interview mit einer Köchin oder einem Koch und befragt sie/ihn zu ihrer/seiner Arbeit.

B Recherchiert weitere Informationen zu dem Beruf im Internet.

Berufsbezeichnung:

Arbeitsorte: …	*Arbeitszeiten: …*
Tätigkeiten: …	*nötige Fähigkeiten: …*
Arbeitsmittel/-geräte: …	*Kontakt zu Menschen: …*
geforderter Schulabschluss: …	*Art der Ausbildung: …*
Dauer der Ausbildung: …	*Ausbildungsvergütung[1]: …*

1 Vergütung: Bezahlung

5 Wähle nun einen Beruf aus, der dich besonders interessiert. Informiere dich über diesen Beruf, mache dir Notizen und erstelle für eure Berufekartei eine Karteikarte.

6 Bildet Fünfergruppen und stellt einander eure Berufe aus Aufgabe 5 vor. Tauscht euch darüber aus, was euch an den Berufen gefällt und was nicht.

Arbeitstechnik

Informationen zu einem Beruf auf einer Berufekarte sammeln

1. **Wähle** einen Beruf aus.
2. Notiere auf einer Karteikarte die folgenden Stichworte:
   - **Berufsbezeichnung**
   - **Arbeitsorte** und **Arbeitszeiten**
   - **Tätigkeiten** und **geforderte Fähigkeiten**
   - **Arbeitsmittel/Arbeitsgeräte**
   - **Kontakt zu Menschen**
   - **geforderter Schulabschluss**
   - **Art der Ausbildung** (z. B. dual) und **Dauer der Ausbildung**
   - **Ausbildungsvergütung**
3. **Sammle Informationen** zu diesen Stichworten. Nutze verschiedene Informationsquellen:
   - **Frage** Menschen, die diesen Beruf ausüben.
   - **Beobachte** diese Menschen bei der Arbeit.
   - Suche **Texte** in Büchern, Zeitungen oder Zeitschriften, die sich mit dem Beruf beschäftigen.
   - Suche im **Internet** nach Informationen über den Beruf.
4. **Fülle** deine Berufekarte **aus**.

Berufetag

Informationen zu Berufen sammeln

1 Führt in der Klasse eine Umfrage zum Thema Berufe durch. Jeder schreibt seinen Wunschberuf auf einen Zettel und notiert dazu, ob er ein Junge oder ein Mädchen ist. Wertet die Ergebnisse in einer Tabelle aus.

Mädchen	Jungen
1 ...	*1 ...*
2 ...	*2 ...*

2 Seht euch im Tandem die folgenden Statistiken an. Klärt, welche Berufe Männer und Frauen am häufigsten und welche sie am seltensten ausüben.

Diagramm
→ Seite 293

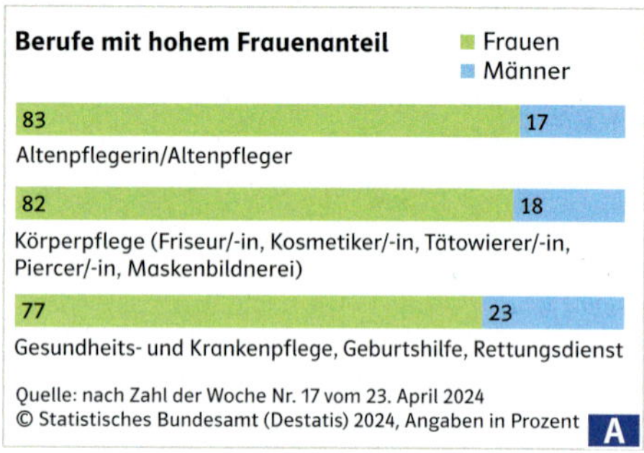

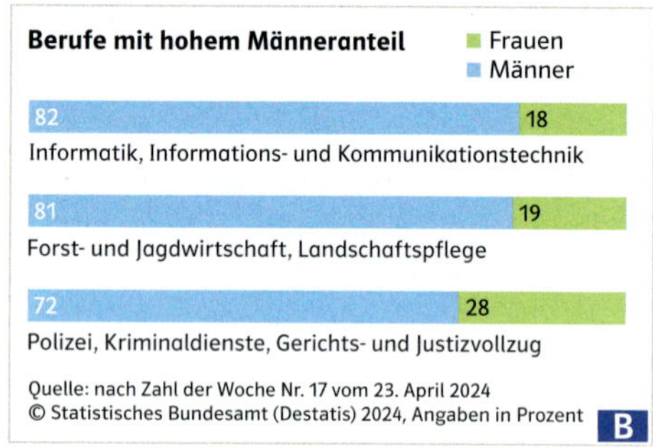

3 Vergleicht jetzt die Ergebnisse eurer Klassenumfrage mit den Statistiken aus Aufgabe 2.

4 Warum arbeiten nur wenige Männer in Berufen der Alten-, Körper- und Gesundheitspflege? Und warum sind nur wenige Frauen Informatikerinnen? Diskutiert in der Klasse und findet mögliche Gründe dafür.

5 In jedem Jahr finden Aktionstage zur Berufsorientierung statt, der Girls' Day und der Boys' Day. Lies den für dich passenden Text.

Girls'Day – Mädchen-Zukunftstag

Der Girls' Day ist ein bundesweiter Orientierungstag zur Berufs- und Studienorientierung von Mädchen. Er findet jährlich statt. An diesem Aktionstag lernen Mädchen Berufe oder Studienfächer kennen, in denen der Frauenanteil unter 40 Prozent liegt. Das Angebot gibt es für Mädchen ab der Klasse 5. In ganz Deutschland stellen Betriebe, Unternehmen und Hochschulen verschiedene Ausbildungsberufe und

Jungen-Zukunftstag – Boys'Day

Jungen und junge Männer haben vielfältige Interessen und Stärken. Geht es aber um ihre Berufswahl, entscheiden sie sich oft für Berufe wie Kfz-Mechatroniker oder Industriemechaniker – Berufe, die traditionell oft von Männern gewählt werden. Natürlich sind das interessante Berufe, aber es gibt noch so viel mehr. Ob mit Hauptschulabschluss, einer Ausbildung, dem Abi oder Studium – es gibt jede Menge Berufsfelder, in denen männliche

Studiengänge in IT[1], Handwerk, Naturwissenschaften und Technik vor. Die Schülerinnen können Frauen kennenlernen, die in Führungspositionen in Wirtschaft und Politik tätig sind und als Vorbilder fungieren. Obwohl junge Frauen in Deutschland über eine besonders gute Schulbildung verfügen, wählt mehr als die Hälfte der Mädchen aus nur zehn verschiedenen Ausbildungsberufen im dualen System[2] – darunter ist kein einziger naturwissenschaftlich- technischer Beruf. Das ist vor allem ein Problem für die Betriebe im technischen und techniknahen Bereich, denen damit qualifizierter Nachwuchs fehlt.

Der Girls' Day bietet deshalb allen Mädchen so viel mehr Chancen für die berufliche Zukunft!

Fachkräfte und Bezugspersonen gesucht werden und sehr erwünscht sind, z. B. im Bereich Soziales, Gesundheit, Pflege und Erziehung. Auch Berufe aus dem Dienstleistungsbereich und weitere Berufsfelder, in denen Männer unterrepräsentiert[3] sind, können Jungen am Boys' Day kennenlernen. Neben der Berufserkundung können die Schüler am Boys' Day auch an pädagogischen Workshops teilnehmen.

Hier geht es z. B. um männliche Rollenbilder, Berufs- und Lebensplanung und die Vielfalt von Lebensentwürfen. Für die Erweiterung ihrer sozialen Kompetenzen können sie am Boys' Day außerdem ihre Team- und Konfliktfähigkeit stärken.

1 IT: Informationstechnik

2 duales System: Ausbildung an zwei Lernorten: Berufsschule und Betrieb

3 unterrepräsentiert: wenig vertreten

6 Wähle die passenden Fragen und beantworte sie schriftlich.

- Was ist der Girls' Day?
- Welche Berufe sollen Mädchen kennenlernen?
- Wo können sich die Mädchen über diese Berufe informieren?
- In welchen Berufen arbeiten Frauen seltener?
- Was ist der Boys' Day?
- Für welche Berufe interessieren sich Jungen vor allem?
- In welchen Berufen werden Männer gesucht?
- Was können Jungen am Boys' Day erkunden und erleben?

7 Diskutiert in der Klasse die folgenden Fragen:

- Würdet ihr an einem Girls' Day oder Boys' Day teilnehmen?
- Welche Berufe würdet ihr gern kennenlernen?
- Welche Berufe würdet ihr niemals wählen und warum nicht?

Interessen und Fähigkeiten erkennen

Jeder Mensch hat Hobbys und Interessen. Wenn du dich später für einen Beruf entscheidest, dann solltest du wissen, was du gern machst und was du gut kannst. Aber auch, was dir nicht gefällt und wozu du weniger geeignet bist. Zum Beispiel: Wer nicht lange stillsitzen kann, für den kommt ein Beruf im Büro sicherlich nicht in Frage.

○ **1** Hier sind die Hobbys und Interessen einer Schülerin und eines Schülers dargestellt. Sieh dir die Bilder an, übernimm die Tabelle und notiere die Hobbys und Interessen.

Hobbys und Interessen	Tätigkeiten und Fähigkeiten
Computerspiele …	…
…	…

○ **2** Ordnet im Tandem die folgenden Tätigkeiten und Fähigkeiten den Hobbys und Interessen zu. Schreibt sie in die Tabelle.

am Computer arbeiten | Holz bearbeiten | im Team arbeiten

kreativ sein | Kundinnen und Kunden beraten | technisch interessiert

Produkte entwickeln | andere überzeugen | Pflanzen pflegen

handwerklich geschickt | kontaktfreudig | Bücher empfehlen

◒ **3** Schreibe nun deine eigenen Hobbys und Interessen in die Tabelle. Ergänze passende Tätigkeiten und Fähigkeiten.

○ **4** Findet mithilfe der **Kugellager-Methode** heraus, wer in der Klasse ähnliche Interessen und Fähigkeiten hat. Geht so vor:

Kugellager → Seite 327

- Bildet einen Innen- und einen Außenkreis. Die Personen in beiden Kreisen sitzen sich gegenüber und schauen sich an.
- Die Personen, die sich gegenübersitzen, sprechen miteinander und vergleichen ihre Hobbys und Interessen.
- Nach einer Minute rutscht die Person im Innenkreis einen Platz weiter.

◒ **5** Bildet Gruppen mit gleichen oder ähnlichen Hobbys und Interessen. Besprecht, welche Berufe zu euren Hobbys passen und ob ihr die Berufe ausüben möchtet. Erstellt gemeinsam eine Übersicht zu passenden Berufen.

6 Präsentiert in der Klasse eure Übersichten. Nennt Hobbys und Interessen und die möglichen Berufe. Prüft dann, ob die Berufe passend gewählt sind.

7 Schätze nun deine Stärken und Schwächen ein. Übernimm die Tabelle und trage die entsprechenden Smileys ein. Knicke danach die rechte Spalte um und lasse dich von einer Partnerin oder einem Partner einschätzen.

	So sehen mich andere:	So sehe ich mich:
Meine Stärken und Schwächen in der Schule:	☺ 😐 ☹	☺ 😐 ☹
Deutsch, schreiben, lesen, erzählen ...		
Englisch/Französisch, verstehen, reden ...		
Mathematik, rechnen, kombinieren ...		
Naturwissenschaften (Physik, Bio, Chemie)		
Informatik		
Gesellschaftswissenschaften (Erdkunde, Geschichte, Politik)		
Musik/Kunst		
Sport		
So arbeite ich in der Schule:		
Ich halte mich an Regeln und Absprachen.		
Ich bin pünktlich.		
Meine Arbeitsmaterialien sind immer in Ordnung.		
Ich finde eigene Wege, um Aufgaben zu lösen.		
Ich arbeite selbstständig und brauche kaum Anleitungen.		
Mein Arbeitsplatz ist übersichtlich und ordentlich.		
So gehe ich mit meinen Mitschülerinnen und Mitschülern um:		
Mit anderen arbeite ich gern und gut zusammen.		
Ich unterstütze die, die Hilfe brauchen.		
Ich bin höflich und respektiere andere und ihre Meinung.		
Bei Streitigkeiten versuche ich eine Lösung zu finden.		

8 Vergleicht im Tandem die Ergebnisse eurer Tabellen. Tauscht euch dazu aus, welche Bewertung übereinstimmt und welche nicht.

START **Drei Wege – ein Ziel!** Finde deinen Weg mit diesem Einschätzungstest: **D11**

A
B
C

Landschaft gestalten

Informationen zu einem Beruf sammeln und vorstellen

D12 Differenzierung Fördern

○ **1** Lies die folgenden Sätze und sieh dir die Bilder an.

Gärtnerin/Gärtner für Garten- und Landschaftsbau
Gärtnerinnen und Gärtner verschönern unser Lebensumfeld:

A

Sie arbeiten an verschiedenen Stellen in unserer Umgebung:

B

C

D

Auch folgende Aufgaben gehören dazu:

E

F

G

Bei jedem Wetter arbeiten Gärtnerinnen und Gärtner im Freien.
Sie müssen häufig anstrengende körperliche Arbeiten verrichten:

H

I

J

Die Ausbildung dauert drei Jahre. Ein Schulabschluss wird nicht vorausgesetzt, aber meistens werden Bewerber mit Mittlerem Bildungsabschluss oder Hauptschulabschluss genommen.

○ **2** Notiere mithilfe der Bilder und Texte aus Aufgabe 1 Informationen zum Beruf der Gärtnerin oder des Gärtners für Garten- und Landschaftsbau.

3 Klärt im Tandem, welche Fähigkeiten man braucht, um Gärtnerin oder Gärtner zu werden.

MK **4** Lege zum Beruf der Gärtnerin oder des Gärtners für Garten- und Landschaftsbau eine Berufekarte an. Recherchiere fehlende Informationen, z. B. zur Ausbildungsvergütung, im Internet.

Berufekarte → Seite 51

Internetrecherche → Seite 300

Berufsbezeichnung:

Arbeitsorte: ... *Arbeitszeiten: ...*
Arbeitsmittel/Arbeitsgeräte: ... *Tätigkeiten: ...*

5 Prüft im Tandem eure Berufekarten. Führt dazu ein Interview durch. Stellt einander abwechselnd Fragen und beantwortet sie mithilfe der Berufekarte, z. B. *Welche Tätigkeiten übt eine Gärtnerin oder ein Gärtner aus? ...*
Wie lange dauert die Ausbildung? ...

Interview → Seite 327

6 Gebt einander im Tandem ein Feedback zu euren Berufekarten und überarbeitet sie, wenn nötig.

○ **7** Jetzt kannst du dich als Gartenplanerin oder Gartenplaner ausprobieren: Zeichne oder beschreibe deinen Wunschgarten.

○ **8** Seht euch in der Gruppe die Bilder und Beschreibungen zu den Wunschgärten an. Tauscht euch dazu aus.

9 Gärtnerinnen und Gärtner müssen sich mit Pflanzenarten gut auskennen. Klärt in der Gruppe den Unterschied zwischen Nutzpflanzen und Zierpflanzen. Nennt für jede Pflanzengruppe Beispiele.

● **10** Kannst du dir vorstellen Gärtnerin oder Gärtner zu werden? Formuliere deine Meinung schriftlich und begründe sie.

MK **11** Gestaltet in der Gruppe mit allen Informationen ein Plakat zum Beruf der Gärtnerin und des Gärtners für Garten- und Landschaftsbau. Arbeitet am Computer und verwendet Bildmaterial.

12 Wählt zwei Personen aus, die der Klasse mithilfe des Plakats den Beruf der Gärtnerin oder des Gärtners vorstellen.

Irgendwas mit Medien

D13 Differenzierung

Informationen zu einem Beruf sammeln und vorstellen

Für viele Jugendliche ist die Arbeit im Medienbereich der absolute Traumjob. Oft beschäftigen sie sich in ihrer Freizeit mit Medien und möchten dann das Hobby zum Beruf machen.

1 Der Medienbereich lässt sich in folgende Teilbereiche einteilen. Ordnet im Tandem die untenstehenden Berufe den Teilbereichen zu.

Technik | Inhalt | Management | Design

Grafikdesigner/-in – Medienfachwirt/-in – Fotomedienfachmann/-frau – Entwickler/-in von digitalen Medien – Redaktionsassistent/-in – Medienkaufmann/-frau – Mediengestalter/-in – Moderator/-in – Computeranimator/-in

Internetrecherche → Seite 300

2 Wähle einen Beruf aus einem Teilbereich aus und sammle Informationen über ihn im Internet. Mache dir Notizen dazu.

3 Im folgenden Interview fehlen die Fragen. Lies die Antworten durch.

Interviewerin … ?

Tanja Heinze Guten Tag. Ja, ich arbeite schon seit vier Jahren als Mediengestalterin.

Interviewerin … ?

Tanja Heinze Ganz genau heißt das Berufsbild: Mediengestalterin oder Mediengestalter Digital und Print der Fachrichtung Gestaltung und Technik.

Interviewerin … ?

Tanja Heinze Ich gestalte Poster, Flyer, Broschüren, Animationen und auch kleine Filmclips für unterschiedliche Anlässe.

Interviewerin … ?

Tanja Heinze Ja, das ist viel Arbeit, aber ich arbeite natürlich nicht allein, sondern in einer Medienagentur. Jobs gibt es aber auch in Verlagen, in Werbeagenturen, bei Herstellern von Online-Medien und in Fotolaboren.

Interviewerin … ?

Tanja Heinze In erster Linie ist es ein „Bürojob“. Man sitzt viel am Computer und arbeitet mit spezieller Software. Oft ist es aber auch notwendig, Fotos, Hör- oder Filmclips zu entwickeln. In diesem Fall muss man mit einem Foto- oder Tonstudio zusammenarbeiten oder selbst eine Kamera in die Hand nehmen. Entwürfe müssen begutachtet und mit den Kunden abgestimmt werden.

Interviewerin … ?
Tanja Heinze Auf jeden Fall sollte man kreativ sein und gestalterische Fähigkeiten sind ebenfalls wichtig. Dass man mit Texten und Bildern gut umgehen kann, wird vorausgesetzt, ebenso wie ein Verständnis für Technik. Wenn man sich von der Konkurrenz abheben möchte, ist es auch immer von Vorteil, aktuelle Trends, kulturelle Ereignisse und technische Neuerungen im Auge zu behalten.
Interviewerin … ?
Tanja Heinze Ja, man sollte schon wissen, welche Stecker an welche Stelle beim Computer gehören. Kenntnisse der gängigen Text- und Bildverarbeitungsprogramme sind ebenfalls erforderlich.
Interviewerin … ?
Tanja Heinze In diesem Beruf wird ein Realschulabschluss oder ein höherer Abschluss gerne gesehen, die Ausbildung dauert drei Jahre.
Interviewerin …
Tanja Heinze Gern geschehen. Auf Wiedersehen.

4 Formuliere Fragen, die die Interviewerin gestellt haben könnte. Schreibe sie auf. Frage z. B. nach der Berufsbezeichnung, den Tätigkeiten, den Arbeitsmitteln und den technischen Kenntnissen.

Interview → Seite 327

MK **5** Lest das komplette Interview im Tandem mit verteilten Rollen vor. Nehmt es mit dem Handy oder einer Kamera auf.

6 Lege zum Beruf der Mediengestalterin oder des Mediengestalters eine Berufekarte an. Recherchiere die fehlenden Informationen im Internet.

Berufekarte → Seite 51

7 Gebt einander im Tandem ein Feedback zu euren Berufekarten und überarbeitet sie, wenn nötig.

Feedback → Seite 327

8 Sieh dir jetzt noch einmal deine Informationen zu einem Medienberuf aus Aufgabe 2 an. Erstelle auch zu diesem Beruf eine Berufekarte.

9 Stellt eure ausgewählten Berufe aus Aufgabe 8 in der Gruppe vor. Tauscht euch in der Gruppe darüber aus, ob ihr diese Berufe ausüben möchtet.

MK **10** Gestaltet in der Gruppe mit allen Informationen ein Plakat zum Beruf der Mediengestalterin und des Mediengestalters. Arbeitet am Computer und verwendet Bildmaterial.

11 Wählt zwei Personen aus, die der Klasse mithilfe des Plakats den Beruf der Mediengestalterin und des Mediengestalters vorstellen.

A
B
C

ZIEL

Präsentiert eure Ergebnisse

Ihr habt verschiedene Berufe und Berufsfelder untersucht, Berufekarten dazu angelegt und Plakate für die Präsentation gestaltet. Nun könnt ihr Berufe mithilfe der Plakate in der Klasse vorstellen.

1 Information

○ Nennt die Berufe, die ihr untersucht habt und präsentieren möchtet.

2 Präsentation

◒ Präsentiert eure Plakate und lasst die Berufe und Berufsfelder von den ausgewählten Schülerinnen und Schülern vorstellen.

3 Fragerunde

○ Stellt Fragen zu den vorgestellten Berufen. Lasst euch die Fragen von der jeweiligen Gruppe beantworten, z. B.

- A Welche Vorteile seht ihr bei dem Beruf der Gärtnerin oder des Gärtners?
- B Welche weiteren Berufe kann man im Medienbereich erlernen?
- C Welche einzelnen Tätigkeiten müssen Physiotherapeutinnen und Physiotherapeuten im Sportbereich ausüben?

4 Diskussion

◒ Besprecht und diskutiert gemeinsam weitere Fragestellungen.

- A Was würdet ihr als Gärtnerinnen und Gärtner in eurer Stadt oder eurem Ort verändern? Wo könntet ihr z. B. einen Park oder eine Grünanlage anlegen?
- B Was versteht ihr unter Kreativität? Wie zeigt sie sich in Medienberufen?
- C Wer ist für den Beruf der Physiotherapeutin oder des Physiotherapeuten besser geeignet? Frauen oder Männer? Oder ist es egal?

5 Feedback

● Wertet die Plakate und Präsentationen gemeinsam aus. Gebt einander ein Feedback. Orientiert euch an folgenden Fragen:

- ☑ Sind die Plakate übersichtlich gestaltet und enthalten sie die wesentlichen Informationen?
- ☑ Waren die Informationen ausreichend oder haben euch wichtige Informationen gefehlt?
- ☑ Wurden die Berufe so vorgestellt, dass sie Interesse bei euch geweckt haben?
- ☑ Wurden eure Fragen gut beantwortet?
- ☑ Wurde gut präsentiert (laut, deutlich, zusammenhängend gesprochen, Blickkontakt …)?

Überprüfe dich selbst

○ **1** Sieh dir die Fotos an. Nenne die Berufe, die abgebildet sind.

A

B

C

D

◒ **2** Wähle einen Beruf aus Aufgabe 1 aus. Beschreibe die Tätigkeiten in diesem Beruf. Recherchiere auch im Internet oder frage jemanden, der diesen Beruf ausübt.

◒ **3** Beschreibe das folgende Diagramm.

Bruttoverdienst in verschiedenen Berufen

*Bruttoentgelt: Gehalt vor dem Abzug von Steuern und anderen Abgaben; nach dem Abzug spricht man vom Nettoeinkommen.

Quelle: nach Entgeltatlas Bundesagentur für Arbeit Bruttoverdienst.
Unter https://web.arbeitsagentur.de/entgeltatlas/beruf/9907 (Zugriff 05.11.2024, bearb.)

D15 Lösungen

Das kannst du jetzt:

- verschiedene Berufe erkunden
- Tätigkeit verschiedener Berufe beschreiben
- den eigenen Berufswunsch vorstellen und begründen
- ein Diagramm zu Berufen beschreiben

4 Trendsport – wir sind dabei!

Von Ereignissen sachlich berichten

A

1 Kennt ihr die Sportarten auf den Bildern **A–D**? Beschreibt, was die Personen tun und welche Sportgeräte sie verwenden.

2 Ordnet die Sportarten **1–4** den Bildern **A–D** zu.

3 Untersucht nun weitere Trendsportarten. Sammelt in Kleingruppen zu je einer Trendsportart Informationen im Internet. Stellt anschließend die Sportarten in der Klasse vor.

Wer? Wie? Was? – Mit den Antworten auf W-Fragen könnt ihr unter anderem von Reisen, euren Hobbys oder aktuellen Ereignissen berichten. Detailgenaue Berichte werden aber auch benötigt, wenn ihr als Zeugen bei einem Unfall oder bei einem Verbrechen aussagen müsst.

Das lernt ihr jetzt:
- Informationen für einen Bericht sammeln
- einen sachlichen Bericht über ein Ereignis schreiben
- einen Bericht untersuchen und überarbeiten

B

C

D

1 Ultimate Frisbee 2 Spikeball

3 Aerial Yoga 4 Bouldern

4 Berichtet in der Klasse von euren Sportaktivitäten. Nennt die Sportart und berichtet, wo und wann ihr Sport getrieben habt und wie das Training ablief.

5 Diskutiert, welche eurer Sportarten im Trend liegen und welche nicht. Besprecht dann, was Trendsportarten von den traditionellen Sportarten unterscheidet. Klärt, warum die Trendsportarten häufig englische Namen haben.

6 Spielt **Sportarten raten**.
Teilt die Klasse in zwei Gruppen, die sich gegenüberstehen.
- Jede Gruppe einigt sich auf fünf Sportarten. Nehmt dabei auch weniger bekannte Sportarten.
- Eine Gruppe beginnt und spielt der anderen Gruppe ihre Sportart als Pantomime vor.
- Die andere Gruppe soll die Sportart erraten.
- Danach werden die Rollen getauscht.

Willkommen zu unserem Sportfest

Einen Bericht schreiben

○ **1** Lies die Informationen und Äußerungen zum Sportfest der Fischer-Schule.

... das war echt beeindruckend: Alle Schülerinnen und Schüler und die Lehrkräfte haben total begeistert die verschiedenen Sportarten ausprobiert! Sogar der Hausmeister war nicht zu bremsen ...

Das andere Sportfest – Trendsportarten ausprobieren
Die Fischer-Schule veranstaltet am Samstag von 9 bis 16 Uhr in der Sporthalle und auf dem Sportplatz ein Sportfest, bei dem verschiedene Trendsportarten ausprobiert werden können. Alle Interessierten sind herzlich eingeladen …

Ich bin hier Sportlehrer und habe mich für dieses Sportfest stark gemacht. Die meisten Schülerinnen und Schüler treiben zu wenig Sport, hoffentlich konnten wir sie für die neuen und coolen Sportarten begeistern.

Als Mutter finde ich es sehr gut, dass die Kinder auch mal andere Sportarten als Fußball, Handball und Basketball gezeigt bekommen. Vielleicht fangen jetzt einige an, sich mehr zu bewegen und mal etwas Neues auszuprobieren.

Programm

9:00 Uhr	Begrüßung und Eröffnung durch den Schulleiter
9:15 Uhr – 10:00 Uhr	Vorstellung der Trendsportarten durch erfahrene Sportlerinnen und Sportler und erste Einweisung in den Ablauf
10:00 Uhr – 10:30 Uhr	Testläufe in den einzelnen Sportarten
10:30 Uhr – 14:00 Uhr	Wettkämpfe
ab 15:30 Uhr	Streetsoccer-Duell Lernende gegen Lehrkräfte

Ich als Schulleiter freue mich sehr darüber, dass das Wetter so gut mitgespielt hat und alle ihren Spaß hatten.

Das wäre toll, wenn wir beim nächsten Sportfest auch wieder Trendsportarten ausprobieren könnten.

MK **2** Ihr sollt nun für die Homepage der Fischer-Schule einen Bericht über das Sportfest schreiben. Klärt zuerst im Tandem, für wen ihr den Bericht schreibt und welchen Zweck der Bericht hat.

3 Beantwortet dann gemeinsam die W-Fragen mithilfe der Informationen von Seite 66. Macht euch Notizen.

Wann? Wo? Wer? Was? ? Wie? Warum? Welche Folgen?

4 Seht euch die folgenden Verbformen im Tandem an. Nennt die Zeitformen und erläutert, welche Zeitform man für Berichte verwendet und warum.

Zeitformen
→ Seite 206

sie veranstalten – sie veranstalteten / er probiert aus – er probierte aus / es findet statt – es fand statt / sie beginnen – sie begannen

5 Schreibe jetzt einen sachlichen Bericht über das Sportfest. Gehe so vor:
- Schreibe eine Überschrift, die zum Inhalt deines Berichts passt.
- Formuliere einen Einleitungssatz, in dem du die Antworten auf die Fragen Was? Wer? Wann? und Wo? gibst.
- Schreibe dann über die Geschehnisse in der richtigen Reihenfolge.
- Beantworte auch die Frage: Warum hat das Ereignis stattgefunden?
- Formuliere abschließend die Folgen, die das Ereignis hatte.

Tipp
Denke beim Schreiben deines Berichts immer daran, wer ihn lesen soll und wofür er gedacht ist.

Arbeitstechnik

V02

Einen Bericht schreiben

In einem Bericht schreibst du **sachlich über Ereignisse** und informierst kurz darüber, was geschehen ist. Gehe so vor:

1. Ordne die Informationen mithilfe der **W-Fragen** (Was? Wer? Wann? Wo? Wie? Warum? Welche Folgen?). Notiere die Antworten.
2. Finde eine passende **Überschrift** für deinen Bericht.
3. Schreibe einen **Einleitungssatz**, der die Fragen Was? Wer? Wann? und Wo? beantwortet.
4. Berichte in der **richtigen Reihenfolge** über die Geschehnisse (Was ist geschehen? Wie ist es passiert? und Warum?).
5. Schreibe auf, welche **Folgen** das Ereignis hatte.

Beachte auch, dass du im **Präteritum** (bei Ereignissen davor im Plusquamperfekt) schreibst. Lasse alle Meinungen, Vermutungen und persönlichen Eindrücke weg.

Das gehört nicht hinein

Berichte untersuchen und überarbeiten

○ **1** Lies die folgenden Ausschnitte aus drei Berichten über das Sportfest.

A

Glückliche Sieger auf dem Schulsportfest
Am vergangenen Samstag fand bei herrlich sonnigem Wetter in der Sporthalle und auf dem Sportplatz hinter dem riesigen Gebäude der Fischer-Schule von 10:00 bis 16:00 Uhr das alljährliche Sportfest statt. Alle Schülerinnen und Schüler und die Lehrkräfte haben die neuesten und beliebtesten Trendsportarten ausprobiert. Und dass wirklich alle mitmachten, unterstreicht Nisa, eine Schülerin, noch einmal: „Sogar der Hausmeister war nicht zu bremsen …". Nach der kurzen Begrüßung und Eröffnung durch den Schulleiter um 9 Uhr erfolgten ab 9:15 Uhr die ausführliche Vorstellung der neuesten Trendsportarten durch erfahrene Sportlerinnen und Sportler und eine erste Einweisung in den Ablauf. Ab 10:00 Uhr durften alle, die ungeduldig auf den Tribünen saßen, Testläufe in den einzelnen, für sie völlig fremden Sportarten, durchführen. (…)

B

Bericht über das Sportfest der Fischer-Schule
„Die meisten Schülerinnen und Schüler treiben zu wenig Sport, hoffentlich konnten wir sie für die neuen und coolen Sportarten begeistern." Um dieses Ziel zu erreichen, veranstaltete unsere Schule am Samstag ein Sportfest. Dort konnten von 10:00 bis 10:30 Uhr die neuen Trendsportarten ausprobiert werden. Zum Abschluss fand ein Streetsoccer-Duell zwischen Schülerinnen und Schülern und Lehrkräften statt. Dazwischen wurden Wettkämpfe in den einzelnen Trendsportarten durchgeführt. (…)

C

Das Schulsportfest der Fischer-Schule
Am Samstag findet das Schulsportfest in der Sporthalle und auf dem Sportplatz der Fischer-Schule von 9:00 bis 16:00 statt. Hier hatten alle Schülerinnen und Schüler und die Lehrkräfte die Gelegenheit, die neuesten Trendsportarten kennenzulernen. Diese sollen helfen, die Schülerinnen und Schüler wieder für Sport zu begeistern. Wie der Sportlehrer anmerkt, sei dies besonders wichtig, da die meisten Schülerinnen und Schüler zu wenig Sport treiben. Das Sportfest beginnt um 9:00 Uhr mit einer Begrüßung durch den Schulleiter. Von 9:15 bis 10:00 werden die Trendsportarten vorgestellt. Nach einer zusätzlichen Einweisung in den Ablauf beginnen um 10:00 die Testläufe in den einzelnen Sportarten, die bis 10:30 Uhr dauern. Anschließend beginnen die Wettkämpfe, die um 14:00 Uhr abgeschlossen sind. Ab 15:30 Uhr gibt es ein Streetsoccer-Duell. (…)

◒ **2** Prüft im Tandem die Ausschnitte mithilfe folgender Fragen:

- Wurde die Überschrift passend zum Text gewählt?
- Wurde von den Ereignissen in der richtigen Reihenfolge berichtet?
- Wurden alle W-Fragen beantwortet?
- Wurde in der richtigen Zeitform geschrieben?
- Wurden persönliche Eindrücke und Meinungen weggelassen?

3 Übernimm die Tabelle und notiere die Ergebnisse aus Aufgabe 2.

Text	Frage	Antwort
A	*passende Überschrift?*	*nein → Text handelt nicht von Siegern*
	...	...
B	...	...

4 Besprecht in der Gruppe, was man beachten muss, wenn man einen sachlichen Bericht schreiben möchte. Legt dazu eine Checkliste an. Sie hilft euch, eure Berichte zu überprüfen.

Tipp
Beachtet dabei die Arbeitstechnik auf Seite 67.

5 Übertragt die Checkliste in die folgende Tabelle. Ergänzt im Tandem zu jedem Punkt Verbesserungsvorschläge.

Checkliste

Einen Bericht überprüfen

- ☑ passende Überschrift
- ☑ richtige Reihenfolge
- ☑ ...

Checkliste	Verbesserungsvorschläge
passende Überschrift?	*Lies den Bericht noch einmal und finde eine Überschrift, die zum Inhalt passt.*
richtige Reihenfolge?	*Überlege, was zuerst, was danach und was am Ende geschehen ist. Lege einen Plan an.*
...	...

6 Tauscht jetzt eure Berichte aus Aufgabe 5 von Seite 67 im Tandem, überprüft sie mithilfe der Checkliste und schreibt Verbesserungsvorschläge an den Rand.

7 Überarbeite nun deinen Bericht mithilfe der Verbesserungsvorschläge. Überprüfe und korrigiere anschließend deinen Text nach folgenden Kriterien.

Rechtschreibung | Zeichensetzung | Wortwiederholungen | grammatische Endungen

überarbeiten
→ Seite 324

Tipp
Nutze Rechtschreibstrategien und Proben, z. B. die Ersatzprobe.

Rechtschreibstrategien
→ Seite 320–324

START **Drei Wege – ein Ziel!** Finde deinen Weg mit diesem Einschätzungstest: **D16**

A B C

Entscheidung an der Fahrradwippe

Einen Bericht schreiben und überarbeiten

D17 Differenzierung Fördern

1 Seht euch die Bilder an und beschreibt einander im Tandem, was hier passiert ist.

2 Ordne die folgenden Stichworte 1–4 den passenden Bildern A–D zu.

rechter Ellenbogen, linkes Knie aufgeschlagen – Vorderrad verbogen – Nico gewinnt **1**

Max und Nico – Fahrrad-Parkour – Sportplatz – Samstag, 18.07.20…, 15 Uhr **2**

Startschuss – rasantes Tempo – Max knapp vor Nico **3**

Max zu schnell auf Fahrradwippe – verliert Gleichgewicht – Sturz von Wippe **4**

3 Bringt die folgenden W-Fragen in die richtige Reihenfolge. Beantwortet sie im Tandem und macht euch Notizen. Berichtet einander dann von dem Unfall.

Welche Folgen? Wann? Was? Warum? Wo? Wie? Wer?

4 Übernimm das Formular für die Versicherung, die für das kaputte Rad zahlen soll. Notiere die Angaben zur verletzten Person mithilfe deiner Notizen aus Aufgabe 3.

Tipp
Denke dir die fehlenden Angaben aus.

Unfallmeldung an die Versicherung	
Angaben zur verletzten Person	
Name:	Vorname:
Geburtsdatum:	Straße:
Postleitzahl, Wohnort:	
Ausgeübter Beruf:	
Erreichbarkeit (Telefon/E-Mail):	

5 Die Versicherung benötigt einen genauen Bericht darüber, wie der Unfall abgelaufen ist. Ergänze die Unfallmeldung, indem du einen sachlichen Bericht über den Unfall schreibst. Verwende dazu die Bildergeschichte und die Notizen aus Aufgabe 3.

Tipp
Schreibe aus Max' Perspektive.

Angaben zum Unfallgeschehen
Datum/Uhrzeit:
Unfallort:
Unfallhergang/Ablauf des Unfalls in Berichtform: *Der Fahrradunfall ereignete sich bei einem Wettrennen. An der Fahrradwippe ...*

Bericht
→ Seite 67

6 Überprüfe, ob dein Bericht die folgenden Informationen enthält.

Sportplatz Tresenwald | Fahrrad-Parkour | Samstag, 18.07.20...

15 Uhr | Fahrradwippe | Gleichgewicht verloren | Sturz

rechter Ellenbogen und linkes Knie verletzt | verbogenes Vorderrad

7 Tauscht eure Berichte im Tandem aus. Überprüft sie mithilfe eurer Checkliste von Seite 69. Notiert Verbesserungsvorschläge am Rand.

8 Überarbeite jetzt deinen Bericht mithilfe der Verbesserungsvorschläge. Überprüfe außerdem deine Rechtschreibung, die grammatischen Endungen, Wortwiederholungen und die Zeichensetzung.

überarbeiten
→ Seite 324

9 Lest in der Gruppe eure Berichte vor. Wählt zwei gelungene Berichte für die Präsentation in der Klasse aus.

10 Überlegt euch in der Gruppe weitere Hindernisse für einen Fahrrad-Parkour. Notiert oder zeichnet sie für die Präsentation.

Volle Konzentration beim Parkour

D18 Differenzierung

Einen Bericht schreiben und überarbeiten

Während des Sportfests können die Schülerinnen und Schüler auch Parkour ausprobieren. Dabei überwindet man im Lauf mit Sprüngen verschiedene Hindernisse auf einer Wegstrecke. Nur der eigene Körper wird eingesetzt, andere Hilfsmittel gibt es nicht.

MK ○ **1** Lies die E-Mail von Antonia an ihren Freund Milan.

Von: Antonia Scheer
An: Milan Petkow
Betreff: Obercool

Senden

Hi Milan,

du glaubst nicht, was ich am Samstagmorgen alles erlebt habe! Auf dem Sportfest in meiner Schule konnten wir voll coole Trendsportarten ausprobieren. Super war, dass auch Parkour dabei war. Du weißt doch, wie genial ich das finde und wie gern ich das schon immer mal machen wollte. Ab 11 ging es los und ich bin sofort hingestürmt und habe mich beim Parkour angestellt. Ich war echt aufgeregt und konnte es kaum erwarten, endlich loszulegen. Auf dem Schulhof war ein Hindernis-Parkour aufgebaut, der ganz harmlos und leicht aussah. Hatte ich jedenfalls gedacht. Nachdem uns der Trainer ein paar Tipps gegeben hatte, bin ich auf das erste Hindernis zugelaufen. Zuerst musste ich über mehrere Bänke springen. Glaub mir, das war echt filmreif von mir, denn die Bänke waren aufeinandergestapelt. Aber ich bin da ganz locker drüber! Danach wurde es mir aber schon ein bisschen mulmig, denn als Nächstes musste ich über eine Mauer auf ein Treppengeländer springen. Aber ich wollte ja nicht als Weichei vor den anderen dastehen. Also habe ich einfach Gas gegeben und bin echt lässig über die Mauer hinweg auf das Treppengeländer gesprungen. Das Beste war aber, dass man am Schluss noch einen Rückwärtssalto an der Wand ausprobieren konnte. Da war ich sofort dabei! Aber ohne Hilfe durch die beiden Trainer durfte ich den Rückwärtssalto nicht machen. Also: Ich Anlauf genommen und auf die Wand und die beiden zugerannt. Das ist ein irres Gefühl, wenn du beim Anlaufnehmen die Wand auf dich zukommen siehst. Aber du kennst mich ja! Volle Konzentration und schon hatte ich den Rückwärtssalto ganz elegant hingelegt. Von wegen Hilfe – ich bin einfach ein Naturtalent. Deswegen habe ich mich auch gleich für den Parkour-Workshop am nächsten Wochenende eingetragen. Komm doch mit – zusammen wären wir bestimmt das Dream-Team!

Bis bald, Antonia

○ **2** Suche in Antonias E-Mail alle Ausdrücke von persönlichen Gefühlen, Eindrücken und Meinungen. Schreibe die betreffenden Zeilenzahlen dazu heraus.

MK 3 Vergleicht eure Ergebnisse aus Aufgabe 2 im Tandem. Tauscht euch über die Unterschiede zwischen einem Brief oder einer E-Mail und einem Bericht aus. Legt eine Tabelle dazu an.

Textart	Gemeinsamkeiten	Unterschiede
Brief/E-Mail	...	...
Bericht	...	...

4 Beantworte nun die W-Fragen zum Parkour auf dem Sportfest. Nutze dafür die Abbildung und die Informationen in der E-Mail. Mache dir Notizen.

Warum? Wie? Welche Folgen? Wann? Wer? Was? Wo?

5 Schreibe nun mithilfe deiner Notizen einen sachlichen Bericht über das Parkour-Erlebnis von Antonia.

Bericht
→ Seite 67

6 Tauscht eure Berichte im Tandem aus. Überprüft sie mithilfe eurer Checkliste von Seite 69. Notiert Verbesserungsvorschläge am Rand.

7 Überarbeite jetzt deinen Bericht mithilfe der Verbesserungsvorschläge. Überprüfe außerdem deinen Text nach folgenden Kriterien.

überarbeiten
→ Seite 324

Rechtschreibung Zeichensetzung Wortwiederholungen

grammatische Endungen

8 Lest in der Gruppe eure Berichte vor. Wählt zwei gelungene Berichte für die Präsentation in der Klasse aus.

9 Entwickelt einen eigenen Parkour, den ihr der Klasse bei der Präsentation vorstellt. Skizziert den Aufbau und zeichnet die Hindernisse hinein.

Inlineskating zu zweit

D19 Differenzierung

Einen Bericht schreiben und überarbeiten

○ **1** Lies die folgenden Ausschnitte aus verschiedenen Erlebniserzählungen.

Jasmina und ich waren startklar: Wir setzten unsere Helme auf und legten die Knie-, Hand- und Ellenbogenschoner an. **A**

Robin und ich fanden die Idee super! So konnte man den anderen mal zeigen, wer es wirklich richtig drauf hat! **B**

Jetzt hatten wir wegen des doofen Gullys den schönen Vorsprung verloren. Ich war echt sauer. **C**

Meine Sportkollegen und ich, wir hatten uns etwas Besonderes für das Sportfest am Samstag ausgedacht: einen Duo-Inlineskating-Wettkampf für alle Klassen rund um das Schulgelände. **D**

Kurz vor dem Ziel drehte sich Jasmina immer wieder nach mir um und feuerte mich an, noch schneller zu fahren. Da habe ich alles gegeben. **E**

Ich fuhr zusammen mit Jasmina. So ganz glücklich war ich nicht darüber, denn sie ist manchmal sehr hektisch und draufgängerisch. Da kann schon mal was passieren. **F**

Super! Ich bin so glücklich! Robin und ich haben ganz knapp gewonnen und können an dem Inlineskating-Workshop teilnehmen. **G**

Als Sportlehrerin möchte ich die Kinder motivieren, mehr Sport zu treiben und Inlineskates zu fahren. Daher gab es als Preis die Teilnahme an einem Inlineskating-Workshop zu gewinnen. **H**

Jasmina fuhr über einen Gully und kam ins Straucheln. Sie ruderte wild mit den Armen und versuchte, das Gleichgewicht zu halten. Zum Glück ist sie nicht gestürzt und ist sofort weitergefahren. Ich versuchte, schnell an sie heranzufahren und habe sie auch eingeholt. **I**

Ich sah, wie eine Schülerin plötzlich auf die Straße fuhr. Ich rief ihr zu, wieder auf den Bürgersteig zu kommen, aber sie hörte mich nicht. **J**

Auf dem Bürgersteig konnte man nicht so gut fahren. Also fuhr ich auf der Straße an den geparkten Autos vorbei. **K**

Jasmina ist so schnell gefahren, dass ich kaum mithalten konnte. Dabei hatten wir einen guten Vorsprung und hätten uns Zeit lassen können. **L**

2 Übernimm die Tabelle und ordne die Textausschnitte aus Aufgabe 1 zu.

Jasmina	Robin	Sportlehrerin Frau Münster
B, …	*A, …*	*D, …*

3 Untersucht in der Gruppe den Ablauf der Ereignisse. Schreibt die Buchstaben vor den Textausschnitten in der richtigen Reihenfolge auf. Beginnt mit **D**.

4 Überlegt im Tandem, wie sich der Inlineskating-Wettkampf für Robin und Jasmina abgespielt hat. Notiert den genauen Ablauf in einem Flussdiagramm.

Tipp
Denke dir die fehlenden Zeitangaben selbst aus.

Zeit	*Ereignis*
10:45 Uhr	*vor dem Start: Helme und Schoner anlegen*
	↓
11:00 Uhr	*…*

Merke

Das Flussdiagramm

Mithilfe eines **Flussdiagramms** kann man **Abläufe oder Ketten von Ereignissen und Vorgängen** darstellen. Man schreibt die Ereignisse oder Vorgänge unter- oder nebeneinander und verbindet sie mit **Pfeilen**.
Wenn Ereignisse gleichzeitig stattfinden, stellt man das mit **Verzweigungen** dar.

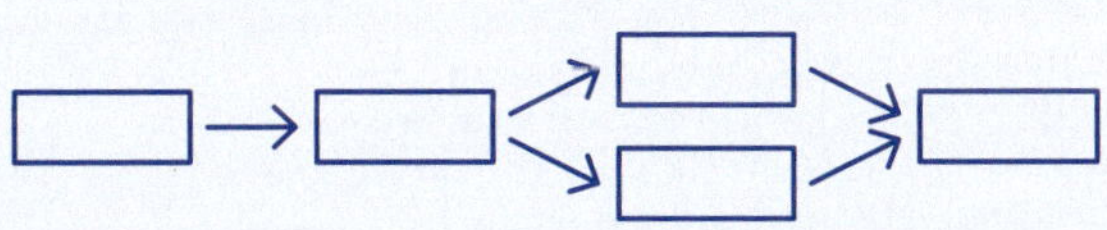

5 Schreibe nun einen sachlichen Bericht über den Inlineskating-Wettkampf. Nutze dazu die Abbildung auf Seite 74, die Textausschnitte und das Flussdiagramm.

Bericht
→ Seite 67

6 Tauscht eure Berichte im Tandem aus. Überprüft sie mithilfe eurer Checkliste von Seite 69. Notiert Verbesserungsvorschläge am Rand.

7 Überarbeite jetzt deinen Bericht mithilfe der Verbesserungsvorschläge.

überarbeiten
→ Seite 324

Tipp
Überprüfe auch die Rechtschreibung und Zeichensetzung.

8 Lest in der Gruppe eure Berichte vor. Wählt zwei gelungene Berichte für die Präsentation in der Klasse aus.

9 Bereitet in der Gruppe einen Wettkampf im Inlineskaten vor. Entwerft Aufbau und Ablauf. Klärt die organisatorischen Aufgaben.

A
B
C

ZIEL

Präsentiert eure Ergebnisse

Ihr habt verschiedene Trendsportarten kennengelernt und Berichte über die Ereignisse anlässlich eines Schulsportfestes geschrieben. Stellt nun die Sportarten und eure Berichte der Klasse vor.

1 Information

○ Informiert die Klasse in einem Satz, zu welcher Trendsportart und welchem Ereignis ihr einen Bericht geschrieben habt.

2 Präsentation

◒ Lest eure ausgewählten Berichte vor und präsentiert eure eigenen Ideen zu den Trendsportarten.

A Beschreibt die Hindernisse, die ihr euch für einen Fahrrad-Parkour ausgedacht habt.

B Beschreibt den Aufbau und die Hindernisse eures eigenen Parkours.

C Beschreibt Ablauf, Aufbau und Organisation des Inlineskating-Wettkampfs so, wie ihr ihn geplant habt.

3 Fragerunde

○ Stellt Fragen zu den Trendsportarten und dem Ablauf beim Sportfest. Lasst euch die Fragen von der jeweiligen Gruppe beantworten, z. B.

A Wie hätte der Unfall von Max auf der Fahrradwippe verhindert werden können?

B Wie kann man Stürze beim Parkour verhindern?

C Wie und nach welchen Kriterien kann man beim Duo-Inlineskating Wettkampfpaare auswählen?

4 Diskussion

◒ Stellt euch vor, ihr würdet an eurer Schule ein Trendsportarten-Sportfest veranstalten. Besprecht und diskutiert gemeinsam folgende Fragen.

- Welche Trendsportarten würdet ihr gern ausprobieren?
- Woran müsst ihr bei der Vorbereitung des Sportfestes denken?
- Wie sollte der Ablauf des Sportfestes sein?

5 Feedback

● Wertet die Präsentationen gemeinsam aus. Gebt einander ein Feedback. Orientiert euch an folgenden Fragen:

☑ War der Bericht vollständig und wurden alle W-Fragen beantwortet?
☑ Wurde die zeitliche Reihenfolge eingehalten?
☑ Wurden alle sprachlichen Regeln zum Verfassen eines Berichtes eingehalten?
☑ Wurde der Bericht angemessen vorgelesen (laut, deutlich, „wie in den Nachrichten")?

Überprüfe dich selbst

○ **1** Ordne den Fotos die passende Bezeichnung der Trendsportarten zu.

A

B

C

D

1 Slacklining **2** Stand-Up-Paddling **3** Trailrunning **4** Waveboarding

◒ **2** Wähle eine Trendsportart aus Aufgabe 1 aus. Du sollst sie beim Tag der offenen Tür deines Sportvereins vorstellen. Informiere dich bei Freunden oder im Internet über die Sportart und notiere dir Stichpunkte dazu.

◒ **3** Bei der Veranstaltung kommt es an deiner Station zu einem Unfall. Was könnten die Umstände gewesen sein? Denke dir den Unfall aus und lege eine Übersicht über den Ablauf des Geschehens an.

◒ **4** Verfasse jetzt für die Zeitung deines Sportvereins einen vollständigen Bericht zu dem Unfall.

D20 Lösungen

Das kannst du jetzt:
- Trendsportarten erkunden
- sachliche Berichte schreiben
- sachliche Berichte untersuchen, korrigieren und überarbeiten

5 Ich bin ich – du bist du

Gedichte und Geschichten schreiben

A

1 Beschreibt die Situationen auf den Bildern **A–D**.

2 Findet zu jedem Bild die beiden passenden Aussagen **1–4**. Entscheidet, welcher Satz eurer Meinung nach besser passt. Tauscht euch darüber aus und begründet eure Wahl.

3 Warum werden Situationen so unterschiedlich eingeschätzt? Diskutiert darüber und findet Gründe dafür.

Ihr habt euch beim Lesen bestimmt schon einmal ein anderes Ende gewünscht, das euch besser gefallen würde. Wenn ihr Geschichten und Gedichte lest und euch in die Handlung und Figuren einfühlt, könnt ihr die Texte selbst weiterschreiben. So könnt ihr eurer Kreativität freien Lauf lassen und eine Geschichte ganz nach euren Wünschen gestalten.

Das lernt ihr jetzt:
- Gedichte erschließen und Gedichte schreiben
- Geschichten erschließen und weiterschreiben
- sich in literarische Figuren hineinversetzen
- aus der Sicht einer Romanfigur schreiben

B

C

1 *Das sind wirklich gute Freunde.* *Ich glaube, der fühlt sich bedrängt.*

2 *Die kriegt doch nie ein Wort raus.* *Der geht's heute nicht gut.*

3 *Guck mal, diese Angeber!* *Ganz schön mutig!*

4 *Ich glaube, der lässt sie gleich fallen.* *Die machen das richtig gut.*

D

4 Wählt eine Person aus den Bildern und versetzt euch in sie hinein. Beschreibt die Situation aus der Sicht dieser Person. Formuliert in der Ich-Form.

5 Jetzt soll jeder zu seiner Person aus Aufgabe 4 eine **Wörter-Collage** anfertigen. Geht so vor:
- Sucht aus den Überschriften von Zeitungen oder Zeitschriften Wörter, die diese Person beschreiben.
- Fügt sie zu einer Collage zusammen.
- Hängt eure Collagen im Klassenzimmer auf.
- Lasst raten, zu welcher Person auf den Bildern die Collage gehört.

Was ich alles bin

Gedichte erschließen und schreiben

○ **1** Lies den Anfang des Gedichts „Gedicht vom Ich“ von Fredrik Vahle.

FREDRIK VAHLE

Gedicht vom Ich

Ich bin ich,
na klar, oder nicht?
Ich bin ich,
kann jeder Mensch sagen.
Aber wer oder was
ist denn nun ein „Ich“?
Schon bin ich mittendrin im Fragen. –

◒ **2** Sammle Wörter oder kurze Sätze, die dein „Ich“ beschreiben, z. B.
Ich mag Reis mit Kirschen, bin ziemlich wild, tierlieb …

○ **3** Stellt die Ich-Sammlungen einander im Tandem vor.

○ **4** Lies die Fortsetzung des Gedichts.

Du bist mit allem dein Ich, was du tust,
wie du gehst, wie du atmest, wachst oder ruhst,
wie du hörst, wie du siehst, wie du riechst,
wie du schmeckst und dir nach dem Essen die Lippen leckst.
Dein Ich brauchst du gar nicht gesondert zu suchen.
Das ist philosophischer Käsekuchen[1].
Du bist, was du bist in diesem Leben.
Dich kann's auf der ganzen weiten Welt
so, wie du bist, nur einmal geben.

1 philosophischer Käsekuchen: Blödsinn

◒ **5** Überlegt im Tandem, was außerdem noch zum „Ich“ gehört. Formuliert Beispiele zum Gedicht, z. B. *du gehst hektisch oder bleibst gern stehen …*

○ **6** Tauscht euch über eure Beispiele aus Aufgabe 5 in der Gruppe aus.

◒ **7** Formuliere mithilfe der Vorgaben ein Elfchen. Gehe so vor:
- Wähle die Formulierungen, die zu dir passen, oder erfinde eigene.
- Schreibe die vierte Zeile so, dass sie aus vier Wörtern besteht.
- Finde ein abschließendes Wort für die fünfte Zeile.

Tipp
Erinnere dich: Ein Elfchen besteht aus elf Wörtern, die auf fünf Zeilen verteilt werden.

Ich
als Tochter/als Sohn/bei Opa/im Klassenraum/im Traum …
bin ein wenig/bin oft genug/bin immer wieder …
erfreut über … / sauer auf … / überrascht von … / genervt von …
…

8 Lies das Gedicht „Ich“ von Hans Manz. Suche dir drei Wörter aus, die du ungewöhnlich findest, und notiere sie.

HANS MANZ
Ich

Ich: Träumerisch, träge,
schlafmützig, faul.
Und *ich*: Ruhelos, neugierig,
hellwach, betriebsam.
Und *ich*: Kleingläubig, feige,
zweiflerisch, hasenherzig.
Und *ich*: Unverblümt, frech,
tapfer, gar mutig.
Und *ich*: Mitfühlend, zärtlich,
hilfsbereit, beschützend.
Und *ich*: Launisch, gleichgültig,
einsilbig, eigenbrötlerisch. –
Erst wir alle zusammen sind *ich*.

9 Klärt im Tandem die Bedeutung der drei Wörter aus Aufgabe 8. Nennt Situationen und Empfindungen, die diese Wörter verständlich machen.

Tipp
Ihr könnt dafür auch das Wörterbuch oder das Internet nutzen.

10 Untersucht im Tandem das Gedicht. Beschreibt die sprachlichen Besonderheiten.

Lerninsel
→ Seite 297

11 Was bedeutet der letzte Satz des Gedichts? Notiere dafür eine eigene Formulierung. Tauscht euch dann im Tandem darüber aus.

12 Legt in der Gruppe ein ABC-Darium an, in dem ihr Eigenschaften notiert, die eine Person beschreiben können. Orientiert euch an dem Gedicht.

Tipp
A – albern
B – bärtig
...

13 Schreibe mithilfe der Wörter aus Aufgabe 12 ein Parallelgedicht zu dem Gedicht von Hans Manz. Gehe so vor:
- Übernimm die unterstrichenen Formulierungen aus dem Gedicht.
- Ergänze Eigenschaften, die zu deiner Person passen.

14 Veranstaltet in der Klasse einen Rundgang und präsentiert dabei eure Elfchen und eure Parallelgedichte. Gebt einander ein Feedback.

Feedback
→ Seite 327

! Merke

Parallelgedichte

Ein **Parallelgedicht** ist eine neue Fassung eines vorhandenen Gedichts. Die **Form** des Gedichts wird **beibehalten**, aber **Textstellen** werden **ausgetauscht**.

Ich: Träumerisch, träge,
schlafmützig, faul.
→ Ich: Sportlich, zappelig,
mutig, abenteuerlustig.

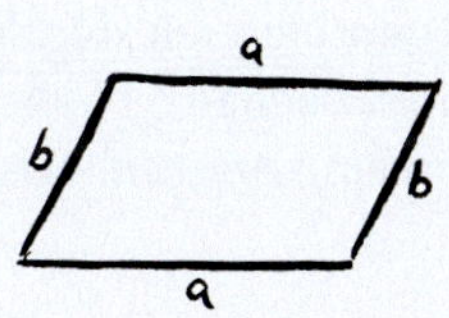

Lerninsel
→ Seite 310

Und wie sind die anderen?

Ein Gedicht und einen Romanausschnitt erschließen

1 Lest im Tandem das Gedicht „Du und ich“ von Karlhans Frank vor. Wechselt euch ab und ergänzt die folgenden Reimwörter.

lachst | dann | sind | machst | bringt | kann | singt

mag | blind | trag

KARLHANS FRANK

Du und ich

Du bist anders als ich, ich bin anders als du.
Gehen wir aufeinander zu,
schauen uns an, erzählen uns ____,
was du gut kannst, was ich nicht ____,
was ich so treibe, was du so ____,
worüber du weinst, worüber du ____,
ob du Angst spürst bei Nacht, welche Sorgen ich ____,
welche Wünsche du hast, welche Farben ich ____,
was traurig dich stimmt, was Freude mir ____,
wie wer was bei euch kocht, wer was wie bei uns ____ ...
Und plötzlich erkennen wir – waren wir ____? –
dass wir innen uns äußerst ähnlich ____

2 Beantworte die Fragen zum Gedicht. Mache dir Notizen.
- Von wem wird in dem Gedicht gesprochen?
- Was muss man tun, um jemanden besser kennenzulernen?
- Worüber erzählen sich die beiden Figuren etwas?
- Was bedeuten die beiden letzten Verse des Gedichts?

3 Besprecht eure Ergebnisse aus Aufgabe 2 in der Gruppe.

Parallelgedichte → Seite 81

4 Schreibt im Tandem ein Parallelgedicht. Formuliert die im Gedicht unterstrichenen Textstellen neu. Ihr könnt die folgenden Reimwörter verwenden, z. B. *..., welchen Saft ich trinke, welchen Pudding du isst, woran ich gern denke, was du niemals vergisst ...*

essen/vergessen – verzeihen/leihen – verehren/begehren – freuen/bereuen – erblicken/schicken – aufregen/überlegen – teilen/beeilen – bleiben/schreiben – schwimmen/erklimmen – bringen/springen – verzagen/beklagen – gleichen/erreichen – ...

Feedback → Seite 327

5 Lest eure Parallelgedichte in der Gruppe vor. Gebt euch ein Feedback.

6 Lies die folgende Einleitung und einen Ausschnitt aus dem Roman „Hüter der Erinnerung“ der Autorin Lois Lowry. Versetze dich dabei in die Figur des Jonas.

Der zwölfjährige Jonas lebt in einer Gemeinschaft, die vor sehr langer Zeit alle Gefühle und Erinnerungen aus ihrer Welt ausgeschlossen hat. Die Menschen sollen so keine Verletzungen mehr erfahren. Alle haben eine Arbeit, eine Wohnung, eine Familie und genug zu essen. Aber es ist eine Welt ohne Farben, ohne Tiere, ohne Musik und ohne wirkliche Gefühle. Ein einziger Mensch dieser Gemeinschaft hat alle Gefühle und Erinnerungen übernommen, die schönen und die schrecklichen. Er wird Hüter der Erinnerungen genannt und bei wichtigen Entscheidungen fragt man ihn nach seinem Rat. Auf der jährlich stattfindenden Versammlung sollen die Zwölfjährigen ihre zukünftigen Berufe erhalten und dieses Mal soll auch ein neuer Hüter bestimmt werden.

Lois Lowry

Hüter der Erinnerung

Inzwischen hatten alle Zwölfer in der Reihe vor ihm ihre Berufsschildchen bekommen. [...]
Jonas bereitete sich innerlich darauf vor aufzuspringen, sobald der Applaus enden und die Chefälteste das nächste Blatt in die Hand nehmen würde, um den nächsten Zwölfer auf die Bühne zu rufen. Das würde er sein. Jetzt, da er gleich an der Reihe war, war Jonas erstaunlich ruhig. Er holte tief Luft und strich sich über das Haar.
„Nummer zwanzig“, hörte er ihre Stimme laut und deutlich. „Pierre.“
Sie haben mich übersprungen, dachte Jonas bestürzt. Hatte er sich verhört? Nein. Ein Raunen ging durch das Publikum und Jonas sah, dass die ganze Gemeinschaft bemerkt hatte, dass die Chefälteste von achtzehn zu zwanzig gesprungen war und eine Nummer übergangen hatte. [...]

> **Tipp**
> Wenn dich die Geschichte vom „Hüter der Erinnerung“ mehr interessiert, dann lies das gesamte Buch oder sieh dir den gleichnamigen Film von 2014 an.

7 Stelle dir vor, du wärst Jonas. Wie würdest du dich in dieser Situation fühlen? Schreibe deine Gedanken dazu im Präsens auf, z. B. *Ich weiß nicht, wo ich hinsehen soll. Was ist denn jetzt passiert? Warum ...*

8 Lies, wie es weitergeht, und versetze dich wieder in Jonas hinein.

Mit fester, ruhiger Stimme verkündete die Chefälteste: „Jonas ist dazu ausersehen worden, unser nächster Hüter der Erinnerungen zu werden.“ [...]
Sie wandte sich um und verließ die Bühne, ließ ihn einfach allein dort stehen, vor den vielen Reihen der Zuschauer, die nun begannen, seinen Namen zu sprechen. „Jonas.“ Zuerst war es nur ein Flüstern, leise, kaum hörbar. „Jonas. Jonas.“ Dann wurde es lauter, schneller. *„Jonas. Jonas. Jonas.“*
Mit dieser Litanei[1], das wusste Jonas, nahm die Gemeinschaft seine Wahl an, akzeptierte ihn in seiner neuen Rolle, verlieh ihr Leben, genau wie sie es bei dem Säugling Caleb auch getan hatte.
Sein Herz füllte sich mit Dankbarkeit und Stolz.
Aber gleichzeitig hatte er auch Angst. [...]

1 **Litanei**: hier: monotones Hersagen

9 Schreibe auch zu dieser Situation deine Gedanken als Jonas auf.

10 Lest eure Texte einander im Tandem vor. Besprecht, wie ihr euch in den beiden Situationen verhalten würdet.

Und jetzt erzählst du

Eine Geschichte weiterschreiben

Lerninsel
Seite 294

○ **1** Lies einen weiteren Ausschnitt aus dem Roman „Hüter der Erinnerung“ der Autorin Lois Lowry.

Der Anbau war ein unauffälliges Gebäude mit einer ebenso unauffälligen Tür. Jonas wollte schon zum schweren Türknopf greifen, da bemerkte er den Summer an der Wand. Er drückte darauf. „Ja?“ Die Stimme kam über die kleine Sprechanlage über dem Summer. „Ich bin's, hm, Jonas. Ich bin der neue ... ich meine ...“ „Tritt ein.“ Ein leises Klicken und die Tür war jetzt offen.
Die Eingangshalle war recht klein. Es stand nur ein Pult darin, an dem eine weibliche Angestellte über einigen Papieren saß. [...]
Sie lächelte, drückte auf einen Knopf und er hörte ein Klicken, das die Tür zu ihrer Linken entriegelte. „Du kannst gleich hineingehen“, sagte sie. Dann bemerkte sie seine Bestürzung und begriff auch, woher sie rührte. Keine Tür in der Gemeinschaft war je verschlossen, nie. [...] Jonas eilte durch die besagte Tür und stand dann in einem gemütlich eingerichteten Raum, nicht viel anders möbliert als die Zimmer zu Hause. In der ganzen Gemeinschaft gab es Standardmöbel [...].
Die Wände dieses Raumes hier bestanden nur aus Bücherregalen, die bis zur Decke reichten und die mit Büchern vollgestellt waren. Es mussten Hunderte, vielleicht sogar Tausende sein und manche der Buchrücken waren mit glänzenden Buchstaben verziert. [...] Er hatte jedoch nur eine Sekunde Zeit, sich umzublicken, denn er bemerkte, dass ein Mann auf einem Stuhl neben dem Tisch saß und ihn beobachtete. Hastig machte er einen Schritt vorwärts, stand vor dem Mann, verbeugte sich und sagte: „Ich bin Jonas.“ „Ich weiß. Willkommen, Hüter der Erinnerungen.“ [...]
Der Mann blickte ihn nachdenklich und schweigend an. In seinem Blick lag eine Mischung aus Interesse, Neugier, Besorgnis und vielleicht auch etwas Sympathie. Endlich antwortete er. „Ab heute, ab diesem Moment, bist du der neue Hüter der Erinnerungen, zumindest für mich. Ich bin lange genug der Hüter der Erinnerungen gewesen. Eine sehr, sehr lange Zeit. Das siehst du doch ein, nicht wahr?“ Jonas nickte. Das Gesicht des Mannes war sehr faltig und seine Augen wirkten müde, obwohl sie wegen ihrer ungewöhnlichen hellen Farbe sehr intensiv blickten. Dunkle Schatten lagen um diese Augen. [...]
Nach einer Weile sprach er weiter. „In einfachen Worten gesagt“, sagte er, „obwohl es in Wirklichkeit nicht ganz so einfach sein wird, besteht meine Aufgabe darin, dir alle Erinnerungen zu übermitteln, die ich in mir trage. Erinnerungen an unsere Vergangenheit. [...]
Es sind die Erinnerungen der ganzen Welt“, erklärte er seufzend. [...]

○ **2** Schreibe die Informationen aus dem Text auf, die vom Leben in der Gemeinschaft und vom ehemaligen Hüter der Erinnerungen berichten, z. B. *keine Tür verschlossen, Standardmöbel ...*

◒ **3** Schreibt die erste Begegnung zwischen Jonas und dem alten Hüter aus beider Sicht. Legt im Tandem fest, wer aus der Sicht von Jonas und wer aus der Sicht des alten Hüters schreibt. Formuliert in der Ich-Form und im Präsens, z. B.
*als **Jonas**: Ich finde den alten Mann sehr nett. Sein Haus ...*
*als **alter Hüter**: Der Junge gefällt mir. Ich glaube, dass er ...*

4 Lest einander im Tandem eure Ich-Texte vor. Tauscht euch darüber aus. Besprecht, ob ihr die richtige Erzählform und den „richtigen Ton“ getroffen habt.

5 Lies die folgenden Fragen und ordne sie den beiden Figuren zu. Notiere dann mögliche Antworten.
- Warum dürfen die Türen abgeschlossen sein?
- Meinst du nicht, dass ich das lange genug gemacht habe?
- Ist das nicht gegen die Regeln der Gemeinschaft?
- Wer darf die Bücher lesen?
- Bist du bereit, die Erinnerungen aufzunehmen?
- Sind es wirklich Erinnerungen der ganzen Welt?

6 Besprecht im Tandem, wie die Geschichte nach dem Ausschnitt auf Seite 84 weitergehen könnte. Nutzt eure Antworten aus Aufgabe 5.

7 Schreibt im Tandem die Geschichte weiter. Verwendet die Fragen und Antworten aus Aufgabe 5 und formuliert einen Dialog zwischen Jonas und dem alten Hüter. Wechselt euch beim Formulieren ab. Achtet darauf,
- dass ihr in der Er-Form schreibt. Ihr könnt so beginnen, z. B. *Jonas schaute den alten Mann mit großen Augen an und meinte: „Ich bin sehr überrascht.“ …*
- dass die Gefühle, Wahrnehmungen und Gedanken der Figuren deutlich werden, z. B. *Der alte Mann schaute ihn freundlich an.*
- dass ihr passende Begleitsätze bei der wörtlichen Rede wählt, z. B. *Jonas fragte zögernd: „…“*
- dass die Inhalte eures Dialogs zum Romanausschnitt passen, z. B. *Jonas war nicht sicher, ob er die Bücher erwähnen durfte.*

Texte fortsetzen → Seite 310

8 Lest eure Fortsetzungen in der Klasse vor. Gebt einander ein Feedback.

Feedback → Seite 327

Merke

Erzählformen

Eine Geschichte kann man in der **Ich-Form** oder in der **Er/Sie-Form** erzählen.

In der **Ich-Form** übernimmt man die Sicht einer Figur. Man erzählt, was diese Figur erlebt, was sie denkt oder was sie fühlt.
→ Ich hatte Herzklopfen, als ich eintrat.

Bei der **Er/Sie-Form** beschreibt man als Erzählerin oder Erzähler, was geschieht, was die Figuren denken, wahrnehmen, fühlen und sagen. Die oder der Erzählende ist nicht am Geschehen beteiligt. → Er war sehr aufgeregt, als er eintrat.

Lerninsel → Seite 295

START **Drei Wege – ein Ziel!** Finde deinen Weg mit diesem Einschätzungstest: **D21**

A B C

Seelen

Literarische Texte weiterschreiben

D22 Differenzierung Fördern

1 Lies das Gedicht „Sieben Seelen" von Roswitha Fröhlich.

ROSWITHA FRÖHLICH
Sieben Seelen

Ich will euch erzählen
von meinen sieben Seelen.
Die erste ist fleißig, die zweite ist faul,
die dritte will reden, die vierte hält's Maul,
die fünfte ist feige, die sechste hat Mut,
die siebente mahnt sie: Nun vertragt euch mal gut!
Meine sieben Seelen sind so verschieden wie du und ich.
Und doch ergeben sie zusammen: mich.

2 Besprecht im Tandem, was über das „Ich" gesagt wird. Schreibt die Eigenschaften der „sieben Seelen" auf und ergänzt Situationen, z.B. *Die erste ist fleißig. Sie lernt für Tests …*

Tipp
Denke dir weitere „Seelen" zu deiner Person aus.

3 Welche der „sieben Seelen" passt zu dir? Denke dir zu deinen „Seelen" Situationen aus. Schreibe sie auf, z.B. *Zu mir passt die dritte Seele. Ich rede oft und viel mit meinen Freunden.*

4 Vergleicht und besprecht in der Gruppe die Aussagen zu euren „Seelen".

5 Lies den Ausschnitt aus dem Gedicht „Wir passen zusammen" von Jürg Schubiger.

JÜRG SCHUBIGER
Wir passen zusammen

Wie Hänsel und Gretel,
wie Haus und Hof,
wie Dick und Doof,
wie gib und nimm,
wie Struppi und Tim,
wie Strom und Boot,
wie Wurst und Brot, […]

Lerninsel
Seite 310

6 Untersucht im Tandem das Gedicht. Schreibt es abwechselnd entsprechend weiter. Sammelt dazu Reimwörter, die Paare bilden, z.B.
Messer/Gabel → *wie Messer und Gabel*
Tiere/Fabel → *wie Tiere und Fabel …*

Tipp
Gestaltet das Plakat mit Farbe und Bildern.

7 Lest in der Gruppe eure ergänzten Verse vor. Schreibt dann die lustigsten Verse auf Karten. Gestaltet damit ein Plakat.

Auf den Seiten 83 und 84 habt ihr bereits Ausschnitte aus dem Roman „Hüter der Erinnerung" der Autorin Lois Lowry gelesen. Hier findet ihr eine Fortsetzung.

8 Lies, wie Jonas die erste Erinnerung übertragen wird. Versuche dich in Jonas hineinzudenken.

Anfangs spürte Jonas gar nichts. Er spürte nur die leichte Berührung der Hände des alten Mannes auf seinem Rücken.

Im Raum herrschte absolute Stille und für einen Augenblick befürchtete Jonas, er würde sich jetzt gleich, am ersten Tag seiner Ausbildung, bis auf die Knochen blamieren und einfach einschlafen.

Dann fröstelte ihn. Die Hände auf seinem Rücken fühlten sich mit einem Mal kalt an. Als er einatmete, stelle er fest, dass sich auch die Luft verändert hatte, denn sein Atem war ebenfalls kalt. [...]

Plötzlich spürte er ein ganz neues Gefühl: Nadelstiche? Nein, denn sie waren sachte und verursachten keine Schmerzen. Ein zartes, kaltes, federleichtes Prickeln breitete sich über seinen ganzen Körper und sein Gesicht aus. Er streckte noch mal die Zunge heraus und fing damit eines der kalten Pünktchen auf. Fast unmittelbar darauf verschwand es, aber dafür kam ein anderes und noch ein anderes. [...]

Und er konnte *sehen*, obwohl seine Augen geschlossen waren. Er sah einen hellen, wirbelnden Schwall von Kristallen in der Luft, die ihn umgab, und er konnte sehen, wie sie sich wie ein kühles Fell auf seinem Handrücken sammelten. [...] Er war irgendwo hoch oben. Der Boden war dick mit dem pelzigen Schnee bedeckt und er saß etwas oberhalb auf einem harten, flachen Gegenstand. *Schlitten* kam ihm plötzlich in den Sinn. [...]

Dann begann der Schlitten, auf dem er saß, sich in dem Schneefall zu bewegen, und Jonas begriff, dass er *den Berg hinunterfuhr*. Keine Stimme gab ihm irgendeine Erklärung mit. Die Erfahrung sprach für sich. [...]

9 Stellt euch vor, ihr wärt Jonas. Erzählt im Tandem abwechselnd, was ihr gerade erlebt habt. Verwendet die Ich-Form, z. B. *Ich lag dort ziemlich aufgeregt ...*

Erzählformen → Seite 85

10 Schreibt im Tandem den Romanausschnitt weiter. Geht dabei so vor:

Texte fortsetzen → Seite 310

- Lest die Fragen, die Jonas dem alten Hüter im Anschluss stellen könnte. Schreibt sie auf und beantwortet sie, z. B.
  Jonas: Warum wurden Ihre Hände so kalt? – alter Hüter: Genau kann ich das nicht erklären, ...

  Warum wurden Ihre Hände so kalt?
  Woher kommen die Erinnerungen?
  Wieso sehe und spüre ich alles so genau?
  Wie fühlen sich traurige Erinnerungen an?
  Kann man das Fühlen der Erinnerung abstellen?

- Schreibt mithilfe eurer Fragen und Antworten einen Dialog zwischen Jonas und dem alten Hüter. Schreibt damit die Geschichte weiter, nutzt die Er-Form. Ihr könnt so beginnen, z. B. *Der alte Mann lächelte und sagte: „..."*
- Formuliert zu den Figuren passende Gefühle, Wahrnehmungen und Gedanken.

11 Lest in der Gruppe eure Fortsetzungen vor. Wählt zwei oder drei Personen aus, die den Romanausschnitt sowie ihre Fortsetzungen in der Klasse vortragen werden.

Wunder

D23 Differenzierung

Literarische Texte weiterschreiben

1 Lies das Gedicht „Wunder des Alltags“ von Hans Manz.

HANS MANZ
Wunder des Alltags

Manchmal, da habe ich eine Angst.
Manchmal, da habe ich einen Zorn.
Manchmal, da habe ich eine Wut.

Manchmal, da habe ich keine Freude.
Manchmal, da habe ich kein Vertrauen.
Manchmal, da habe ich keinen Mut.

Aber manchmal,
da kommt plötzlich jemand
und fragt mich: „Komm du, geht’s dir nicht gut?“

2 Tauscht euch im Tandem dazu aus, wie es dem „Ich“ im Gedicht geht.

3 Lies noch einmal die Überschrift und die letzte Strophe des Gedichts. Wie könnten beide gemeint sein? Schreibe dazu drei bis vier Sätze auf.

Lerninsel → Seite 297

4 Untersucht im Tandem den Aufbau des Gedichts.

5 Notiere Wörter, die man anstelle des „Manchmal“ und der Gefühle im Gedicht schreiben könnte, z. B. *Montags, da habe ich …*

Parallelgedicht → Seite 81

6 Schreibe jetzt ein Parallelgedicht. Passe die letzte Strophe an deinen Text an, z. B. *Aber Sonntags, da …*

7 Lest eure Gedichte in der Gruppe vor und tauscht euch darüber aus. Prüft z. B., ob der Aufbau beibehalten wurde.

MK

8 Verteilt die beiden E-Mail-Anfänge im Tandem. Schreibt die E-Mails zu Ende.

A
E-MAIL
Du, wir verstehen uns doch sonst so gut. Warum hast du das gemacht?
Ich wollte in deine Mannschaft, aber du hast mich einfach nicht beachtet …

B
E-MAIL
Hi, ich bin ziemlich sauer, du sagst, du wärst mein Freund/meine Freundin, und dann lässt du mich die ganze Pause …

9 Tauscht eure E-Mails im Tandem aus und antwortet jeweils darauf. Zeigt dabei Verständnis für die Situation des anderen. Lest euch anschließend die Antworten vor.

Auf den Seiten 83 und 84 habt ihr bereits Ausschnitte aus dem Roman „Hüter der Erinnerung“ der Autorin Lois Lowry gelesen. Hier findet ihr eine Fortsetzung.

○ **10** Lies, wie Jonas eine Erinnerung übertragen wird. Versuche dich in Jonas hineinzuversetzen.

Dieses Mal wurden die Hände nicht kalt, sondern sie fühlten sich im Gegenteil auf seinem Rücken sehr warm an. Sein Körper wurde feucht. Die Wärme breitete sich aus, zuerst über seine Schultern, dann über seinen Nacken, auf seinen Wangen. Er spürte sie auch an den Stellen, wo er noch bekleidet war: ein angenehmes, ganzheitliches Gefühl; und als er sich dieses Mal mit der Zunge über die Lippen fuhr, war die Luft heiß und schwer. Er bewegte sich nicht. Es gab keinen Schlitten. Seine Körperhaltung veränderte sich nicht. Er war einfach allein, irgendwo im Freien, lag auf dem Boden und die Wärme kam von weit oben. Es war nicht so aufregend wie die Fahrt durch den Schnee, aber es war angenehm und beruhigend.
Plötzlich begriff er das Wort dafür – *Sonnenschein*. Er begriff, dass er vom Himmel kam. Plötzlich war es vorbei. „Sonnenschein“, sagte er laut und öffnete die Augen. „Gut, du hast das Wort gefunden. Das macht mir die Sache wesentlich leichter. Ich muss nicht so viel erklären.“ „Und er kam vom Himmel.“ „Stimmt“, sagte der Alte lächelnd. „Genau so war es früher.“ „Vor der *Gleichheit*. Vor der Klimakontrolle“, ergänzte Jonas. [...]
Er schloss die Augen, wartete und spürte erneut die Hände auf dem Rücken. Dann kam die Wärme wieder [...] Sein wirkliches Bewusstsein wusste zwar, dass höchstens ein oder zwei Minuten vergingen, aber sein anderes Bewusstsein, das die Erinnerung empfing, spürte, wie die Stunden vergingen, während er in der Sonne lag. Seine Haut begann zu stechen und zu brennen. Unruhig bewegte er einen Arm, winkelte ihn an und spürte einen stechenden Schmerz in der Armbeuge. „Aua“, sagte er laut und rutschte auf dem Bett herum. „Auuu!“ sagte er dann, zuckte unter der Bewegung zusammen, und als er beim Sprechen den Mund bewegte, tat ihm das Gesicht weh.
Er wusste, dass es dafür ein Wort geben musste, aber vor lauter Schmerzen konnte er es nicht finden. [...]

11 Stellt euch vor, ihr wärt Jonas. Erzählt im Tandem abwechselnd das Erlebnis aus dessen Sicht. Verwendet die Ich-Form, z. B. *Ich fühlte die Hände ...*

Erzählformen
→ Seite 85

12 Schreibt im Tandem den Romanausschnitt weiter. Geht dabei so vor:
- Formuliert Fragen, die Jonas dem alten Hüter im Anschluss stellen könnte. Schreibt sie mit den Antworten des Hüters auf, z. B. *Wo kam diese Wärme her? ...*
- Schreibt die Geschichte in der Er-Form weiter, indem ihr einen Dialog zwischen den beiden Figuren formuliert. Verwendet eure Fragen und Antworten.

Texte fortsetzen
→ Seite 310

13 Prüft im Tandem, ob in euren Fortsetzungen die Gefühle, Wahrnehmungen und Gedanken der Figuren deutlich werden, die Redebegleitsätze passend gewählt sind und sich der Dialog auf den Romanausschnitt bezieht.

14 Lest in der Gruppe eure Fortsetzungen vor. Wählt zwei oder drei Personen aus, die den Romanausschnitt sowie ihre Fortsetzungen in der Klasse vortragen werden.

Brücken

Literarische Texte weiterschreiben

D24 Differenzierung

1 Lies das unvollständige Gedicht „Eine Brücke aus Vertrauen“ von Josef Reding.

JOSEF REDING
Eine Brücke aus Vertrauen

Eine Brücke lasst uns bauen
von hier bis an des Himmels Rand,
eine Brücke aus Vertrauen,
jedem Menschen, jedem Land!

Wie stark soll unsere Brücke sein?
Sie soll alle Menschen tragen,
alle Menschen, die es wagen,
...
So stark soll unsere Brücke sein!

Wie breit soll unsere Brücke sein?
Dass Hand in Hand ...
dass man ...
dass man ...
So breit soll unsere Brücke sein!

...
So lang soll unsere Brücke sein.

Lerninsel → Seite 297

2 Untersucht im Tandem Inhalt und Aufbau des Gedichts.

3 Überlegt im Tandem, wie die Strophen ergänzt werden könnten und welches Thema die letzte Strophe haben soll. Macht euch Notizen.

4 Schreibe jetzt dein Gedicht auf.

5 Lest einander im Tandem die Gedichte vor und tauscht euch dazu aus.

6 Lies den folgenden Text. Schreibe dann einen Tagebucheintrag. Notiere deine Gedanken zu der Situation.

> Am frühen Morgen geht eine junge Frau/ein junger Mann auf die Ampel zu und bleibt stehen. Die Ampel ist durch einen Defekt ausgefallen. Mehrere Personen beobachten, dass diese Person blind ist, und nehmen jetzt auch den weißen langen Stock wahr. Ohne Unterbrechung fahren die Autos vorüber, keines hält. Da ...

7 Präsentiert und besprecht in der Gruppe eure Tagebucheinträge.

Auf den Seiten 83 und 84 habt ihr bereits Ausschnitte aus dem Roman „Hüter der Erinnerung“ der Autorin Lois Lowry gelesen. Hier findet ihr eine Fortsetzung.

8 Lies, wie Jonas eine Erinnerung übertragen wird. Versuche dich in Jonas hineinzudenken.

Diese Erinnerung begann fast genauso wie letztes Mal, nur dass der Berg dieses Mal anders war, steiler, und dass der Schnee nicht so dicht fiel. Es war auch kälter, wie Jonas bald feststellte. Als er wartend oben auf dem Berg saß, sah er, dass der Schnee zu seinen Füßen nicht so dick und weich war wie zuvor, sondern hart und sogar mit einer bläulichen Eisschicht überzogen. Als sich der Schlitten in Fahrt setzte, grinste Jonas voller Vorfreude über die unerwartete atemberaubende Abfahrt durch die kühle, erfrischende Luft. Doch dieses Mal konnten sich die Kufen nicht in die krustige Eisschicht eingraben wie damals an dem weichen Abhang. Sie rutschten zur Seite und der Schlitten gewann beängstigend an Schnelligkeit. Jonas zog an dem Seil, versuchte zu lenken, aber der steile Abhang und das Tempo, das er mittlerweile erreicht hatte, ließen ihm keine Kontrollmöglichkeit. Er verspürte nicht mehr das unbändige Gefühl der Freiheit wie letztes Mal, sondern eine wachsende Angst und Ohnmacht, da sein Schlitten unkontrolliert nach unten raste. Plötzlich rutschte der Schlitten seitlich, wirbelte herum und prallte gegen ein Hindernis. Jonas wurde durch die Luft geschleudert und fiel krachend zu Boden. Er hörte das Knacken eines Knochens und er konnte sein verdrehtes Bein nicht mehr bewegen. Sein Gesicht scheuerte auf der harten Eisfläche entlang, und als er endlich zum Halten kam, lag er regungslos und schockiert da und spürte zuerst nichts anderes als eine grenzenlose Angst. Dann kam die erste Welle des Schmerzes. Er keuchte. Es war, als wäre ihm ein Beil ins Fleisch gedrungen und hätte mit seinem scharfen Blatt jede Nervenbahn einzeln durchtrennt. [...] Da er sich endlich wieder bewegen konnte, wiegte er seinen Körper vorsichtig hin und her und holte ein paarmal tief Luft, um die Erinnerung an die unerträglichen Schmerzen zu verscheuchen. Verwundert saß er da und starrte auf sein Bein, das ungebrochen und völlig heil unter ihm lag. Die brutalen Schmerzen waren zwar etwas abgeklungen, doch sie hallten noch in ihm nach und auch sein Gesicht fühlte sich noch wund an. [...]

9 Erzählt euch im Tandem das Erlebnis von Jonas aus dessen Sicht. Verwendet die Ich-Form.

Erzählformen
Seite 85

10 Schreibe den Romanausschnitt weiter. Gehe dabei so vor:
- Schreibe Fragen auf, die Jonas stellen könnte, und notiere dazu mögliche Antworten des alten Hüters.
- Schreibe die Geschichte in der Er-Form weiter, indem du einen Dialog zwischen den beiden Figuren formulierst.
- Achte darauf, dass die Gefühle, Wahrnehmungen und Gedanken der Figuren deutlich werden. Nutze passende Redebegleitsätze.

Texte fortsetzen
Seite 310

11 Lest in der Gruppe eure Fortsetzungen vor. Wählt zwei oder drei Personen aus, die den Romanausschnitt sowie ihre Fortsetzungen in der Klasse vortragen werden.

A
B
C

ZIEL

Präsentiert eure Ergebnisse

Ihr habt Gedichte und Romanauszüge untersucht und diese nach euren eigenen Vorstellungen umgeschrieben oder fortgesetzt. Stellt nun eure Gedichte und Geschichten der Klasse vor.

1 Information

○ Informiert die Klasse darüber, zu welchen Gedichten ihr eine eigene Fassung oder Fortsetzung geschrieben habt.

2 Präsentation

◒ Präsentiert eure Ergebnisse.
- Tragt die Gedichte vor. Präsentiert dann eure eigenen Produkte (Plakat, Parallelgedichte, Fortsetzungen).
- Lest euren Ausschnitt aus „Hüter der Erinnerung“ von Lois Lowry vor.
- Stellt eure Fortsetzungen der Ausschnitte aus „Hüter der Erinnerung“ vor.

3 Fragerunde

○ Stellt eine Verbindung eurer Textausschnitte her. Stellt anschließend Fragen zu euren Fortsetzungen und beantwortet sie.
- Klärt, in welcher chronologischen Reihenfolge die Textausschnitte stehen.
- Vergleicht den Inhalt der Ausschnitte. Worum geht es jeweils? Welche Gefühle soll Jonas erleben?
- Welche Erklärungen für die übermittelten Erinnerungen erfährt Jonas vom alten Hüter in euren Fortsetzungen?

4 Diskussion

◒ Besprecht und diskutiert gemeinsam weitere Fragestellungen.
- Was unterscheidet die Welt, in der Jonas lebt, von eurer?
- Wie beurteilt ihr die Welt, in der Jonas lebt. Was gefällt euch und was gefällt euch nicht?
- Könnt ihr euch vorstellen in Jonas' Welt zu leben?

5 Feedback

● Wertet die Präsentationen gemeinsam aus. Gebt einander ein Feedback. Orientiert euch an folgenden Fragen:

☑ Gab es eine Fortsetzung einer Geschichte, die euch besonders gefallen hat?
☑ Passten die Fortsetzungen in Form, Inhalt und Sprache zu den Gedichten und Textausschnitten?
☑ Wurden alle Fragen gut beantwortet?
☑ Wurde ausdrucksvoll vorgelesen und vorgetragen (laut, deutlich, zusammenhängend, Blickkontakt ...)?

Überprüfe dich selbst

○ **1** Lies das folgende Gedicht.

HEIKE CZECH
Im Inneren

Manchmal bin ich –

ein Grashalm am Wegrand,
den niemand sieht.

Ein Vogel im Wind,
der über die Dächer fliegt.

Ein Unwetter im Sommer,
das keiner mag.

Ein frisches Lüftchen,
an einem heißen Tag.

Ein eisiger Nordwind,
an einem Wintermorgen.

Doch wie ich wirklich bin,
bleibt den meisten verborgen.

◒ **2** Untersuche das Gedicht, indem du die Anzahl der Verse, Reimform und sprachliche Besonderheiten benennst.

◒ **3** Verfasse zu dem Gedicht in Aufgabe 1 ein Parallelgedicht.

○ **4** Lies den Textausschnitt einer Gruselgeschichte. Benenne die Erzählform.

Am Ende des Flurs, der hinter einer merkwürdigen Tür lag, die mit Schlössern übersät war, wälzte Charlie […] sich unruhig im Schlaf hin und her. Eigentlich hatte er sich darauf gefreut, dem Traumreich einen Besuch abzustatten, als er am Abend die Augen geschlossen hatte. Doch gelandet war er ganz woanders.
Wo genau, wusste Charlie selbst nicht.
Er konnte nicht einmal die Hand vor Augen sehen. Noch nie hatte er solche Dunkelheit erlebt.
„Keine Panik“, befahl Charlie sich selbst. „Denk dran: In solchen Sachen bist du Profi.“
Er streckte einen Arm aus und ließ die Finger durch die Finsternis gleiten, spürte aber nichts außer Wind, der gegen seine Handfläche drückte. Er trat einen Schritt nach vorn, und sein nackter Fuß machte ein nasses, schmatzendes Geräusch, als er ihn aus dem morastigen[1] Boden zog. Charlie befand sich irgendwo im Freien, so viel stand fest. Er wagte sich einige Schritte weiter vor, dann blieb er stehen und schnupperte. In der warmen Brise[2], die ihn einhüllte, lag der Gestank von Dung[3].

1 morastig: sumpfig
2 die Brise: Windhauch
3 der Dung: Tierkot

◒ **5** Versetze dich in die Hauptfigur der Geschichte und schreibe eine Fortsetzung.

D25 Lösungen

Das kannst du jetzt:
- Gedichte untersuchen
- Parallelgedichte schreiben
- eine Geschichte in den verschiedenen Erzählformen weiterschreiben

6 Finde den Täter

Kriminalgeschichten untersuchen und schreiben

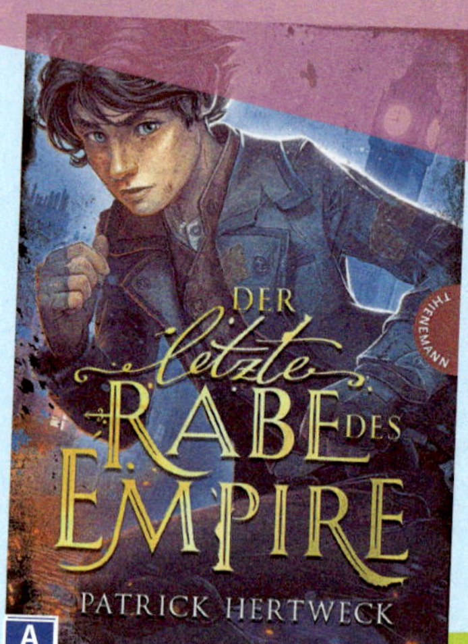

A

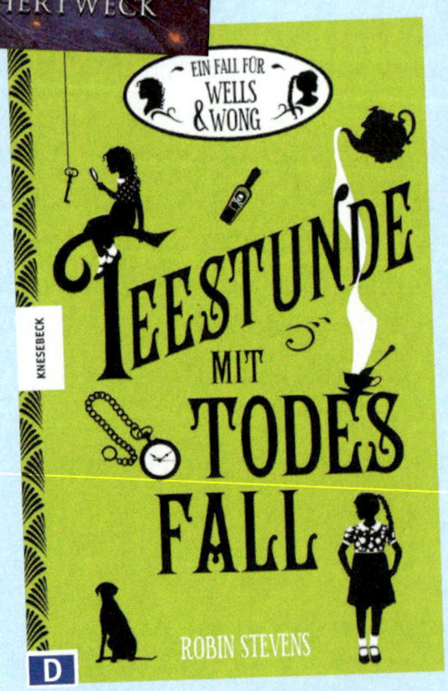

D

B

C

E

1 Kennt ihr die Kriminalgeschichten, kurz Krimis, auf den Fotos A–E? Erzählt einander davon.

2 Tauscht euch dann zu folgenden Fragen aus:
- Was versteht ihr unter einem Krimi?
- Welche Krimis kennt ihr?
- Mit welchen Detektiven wart ihr schon einmal dem Täter auf der Spur?

Ihr kennt bestimmt viele Kriminalgeschichten, als Buch, Hörbuch oder Film. Sie sind schaurig, spannend, mitreißend – mit ein paar Tipps und Tricks könnt ihr selbst eine Kriminalgeschichte schreiben und die Leserinnen und Leser in euren Bann ziehen.

Das lernt ihr jetzt:
- Krimis lesen und untersuchen
- Merkmale von Krimis erkennen
- eigene Krimis schreiben

F

Ein einarmiger Mann wurde tot am Strand gefunden. Er hält ein abgebranntes Streichholz in der Hand. G

Eine Frau sitzt im Restaurant und schaut, völlig erstarrt, auf ihr Essen. H

Ein junger Mann wurde in seinem verschlossenen Auto erstochen. I

suç romanı
roman polițist
кримінальний роман
crime story
romanzo giallo
romance policial

J

3 Jetzt könnt ihr euch selbst Krimis ausdenken. Wählt Aufgabe **A** oder **B**.

A Seht euch die Bilder/Gegenstände in F an. Überlegt, welche Rolle sie in einem Krimi spielen könnten. Denkt euch einen Krimi aus und macht euch Notizen zur Handlung.

B Lest euch die Situationen in G–I durch. Wählt eine aus und überlegt, welche kriminelle Handlung passiert sein könnte, die zu dieser Situation geführt hat. Macht euch Notizen zur Krimihandlung.

4 Erzählt einander eure Krimis aus Aufgabe 3. Tauscht euch darüber aus, ob ihr gute Lösungen gefunden habt.

5 Lest in J, wie „Krimi“ in verschiedenen Sprachen klingt. Vergleicht, nennt die Sprachen und ergänzt in weiteren Sprachen.

Wer hat die Kasse?

Merkmale von Krimis erkennen

○ **1** Sie dir den Comic zum Ratekrimi „Wer hat die Kasse?“ an.

2 Beantwortet im Tandem die folgenden Fragen. Macht euch Notizen.
- Worum geht es in dem Krimi „Wer hat die Kasse?"? Was ist passiert?
- Wo ist die Tat geschehen?
- Wann ist die Tat geschehen?
- Von wem werden die Ermittlungen durchgeführt?
- Was hat Nisa und Matti bei der Aufklärung geholfen?
- Wer war der Täter?

3 In jedem Krimi findet man bestimmte Merkmale. Welche kennt ihr? Tauscht euch im Tandem dazu aus.

Tipp
Nehmt eure Notizen aus Aufgabe 2 zu Hilfe.

4 Notiere in einer Tabelle weitere Merkmale und trage die passenden Informationen aus dem Krimi „Wer hat die Kasse?" ein.

5 Ordne die folgenden Krimimerkmale ihren passenden Erklärungen zu. Ergänze deine Tabelle aus Aufgabe 4, wenn nötig.

Merkmal	Krimi „Wer hat die Kasse?"
Tatmotiv	...
Ermittlerin/ Ermittler	...
...	...

Tipp
Achtung! Der Krimi „Wer hat die Kasse?" enthält nicht alle Krimimerkmale.

- **A** Tatmotiv
- **B** Tatort
- **C** Täterin/Täter
- **D** Ermittlerin/ Ermittler
- **E** Tatzeit
- **F** Tat
- **G** Tatwaffe
- **H** Opfer
- **I** Spuren
- **J** Tatverdächtige/ Tatverdächtiger

1. Ort, an dem die Tat stattfand
2. Person, die die Tat begangen hat
3. Hinweise
4. Verbrechen
5. Damit wurde die Tat begangen.
6. Uhrzeit, zu der die Tat stattfand
7. Grund für die Tat
8. geschädigte Person
9. Person, die den Täter finden will
10. Personen, die einer Tat verdächtig sind

! Merke

Merkmale von Krimis oder Kriminalgeschichten

Kriminalgeschichten handeln von **Verbrechen** und deren **Aufklärung**.
Es gibt unterschiedliche **Formen** des Krimis. → Detektivgeschichten, Thriller, Agentenroman, Polizeiroman ...

Kriminalgeschichten enthalten häufig folgende Merkmale: **Tat, Opfer, Tatverdächtige, Täter, Ermittler, Tatmotiv, Tatwaffe, Tatort, Spuren, Tatzeit.**

Lerninsel
Seite 295

Krimis schreiben – aber wie?

Einen Krimi schreiben

Krimis selber schreiben kann richtig Spaß machen. Du denkst dir schaurige Geschichten aus und erzählst sie mit so viel Spannung, dass die Leserinnen und Leser deine Geschichte nicht mehr weglegen möchten. Versuche es einfach.

Krimis → Seite 97

1 Plant im Tandem euren Krimi. Besprecht die Krimihandlung. Übernehmt dann die Karteikarte und notiert eure Krimibausteine.

Verbrechen: ...	*Opfer: ...*
Beweise/Spuren: ...	*Tatmotiv: ...*
Tatwaffe: ...	*Ermittlerin/Ermittler: ...*
Verdächtige/Verdächtiger: ...	*Täterin/Täter: ...*

2 Schreibt jetzt im Tandem den genauen Ablauf eures Krimis auf. Übernehmt dazu den folgenden Schreibplan und füllt ihn zu eurer Krimihandlung aus, z. B.

Gliederung	Zeit	Ort	Handlung
Einleitung (Tat wird entdeckt, Ermittler am Tatort)	*an einem Sommerabend*	*hinter der Sporthalle*	– *verwirrter Mann liegt im Gras* – ...
Hauptteil (Suche nach der Täterin/dem Täter)	...	...	...
Schluss (die Täterin/der Täter wird überführt)	...	...	...

Arbeitet im Heft.

Tipp: Schreibt euren Krimi aus der Sicht eines allwissenden Erzählers (Er/Sie-Perspektive).

3 Schreibt jetzt im Tandem euren Krimi. Beginnt mit der **Einleitung**, in der ihr Ort und Zeit beschreibt sowie berichtet, wie die Tat entdeckt wird.

Sprachtipp

Ort/Zeit
- An einem regnerischen/herrlichen ... Sommerabend/Winterabend im ...
- In dem Dorf/auf der Autobahn/in der Kneipe ...
- Es war düster/hell und kalt/warm, der Wind heulte/der Regen peitschte gegen das Fenster, als ...

Sprachtipp

Personen/Situation:
- Sie gingen wie immer zum Handballtraining, da sahen sie ...
- Zusammen wollten sie ...
- Paul/Svenja schaute ... panisch/verzweifelt/ängstlich zu dem ...
- Der Detektiv/Die Polizistin näherte sich ...

4 Schreibt jetzt den **Hauptteil** eures Krimis. Orientiert euch am Handlungsablauf in eurem Schreibplan. Ihr könnt die folgenden Satzanfänge und Wortgruppen verwenden, um Spannung aufzubauen.

Sprachtipp

- Unerwartet/Plötzlich/Gerade in diesem Augenblick …
- Besorgt sah/ging/stellte er fest, dass …
- Hinter der dunklen Ecke … sah gefährlich aus …
- Ihm stockte der Atem …/Sie sah einen Schatten …
- Die Kirchenuhr schlug Mitternacht, als …
- Die Polizei/Die Zollstreife/Die Sirenen/Das Blaulicht …

5 Schreibt den Krimi-**Schluss**. Klärt, wer die Täterin/der Täter war und wie sie/er überführt wurde.

Sprachtipp

- Sie fuhren sie/ihn zum Revier …
- Am Ende musste der Bankräuber gestehen, dass …
- Die Täterin/der Täter wehrte sich mit allen Mitteln, doch …
- Die Beweise waren so erdrückend, dass …
- Sie legten das Beweismaterial/die Tatwaffe auf den Tisch …

6 Findet euch mit einem weiteren Tandem zusammen und lest euch eure Krimis vor. Gebt einander ein kurzes Feedback.

Feedback → Seite 327

Arbeitstechnik

Einen Krimi mithilfe eines Schreibplans schreiben

Ein Schreibplan hilft dir, den **Handlungsablauf** eines Krimis in der richtigen **Reihenfolge** zu schreiben.

Gliederung	Zeit	Ort	Handlung
Einleitung (Tat wird entdeckt)	…	…	…
Hauptteil (Suche nach der Täterin/dem Täter)	…	…	…
Schluss (die Täterin/der Täter wird überführt)	…	…	…

Beachte auch, dass dein Krimi alle typischen **Krimimerkmale** enthält.

Lerninsel → Seite 311

START **Drei Wege – ein Ziel!** Finde deinen Weg mit diesem Einschätzungstest: **D26**

A B C

Tod im Freibad

Einen Krimi erschließen

D27 Differenzierung Fördern

In Ratekrimis erhaltet ihr nur einige Fakten über einen Fall und müsst selbst – so wie Detektive – nachdenken, Hinweise finden und Schlussfolgerungen ziehen. Dann findet ihr heraus, was vorgefallen ist und wer die Täterin oder der Täter war.

A01

1 Lies den folgenden Ratekrimi.

Lerninsel Seite 294

SANDRA GRIMM

Ferien mit einer Leiche

Als das Telefon klingelte, studierten Ella und Georg gerade die Zeitung, um herauszufinden, was sie in den Ferien machen könnten. [...]
Weil niemand sonst zum Telefon lief, ging Frau Schön schließlich an den Apparat[1]. „Detektei Rolf, Schön und Co., wer ist da bitte?" – „Ja, das ist wirklich ungewöhnlich. Wir kommen gleich." Sie legte auf und sah Ella und Georg nachdenklich an. „Ihr werdet früher ins Freibad kommen, als ihr dachtet", sagte sie.
„Oh, zum Teufel, etwa eine Wasserleiche?", fragte Ella angeekelt [...].
„Ja, aber eine erstochene", antwortete Frau Schön.
Als sie zum Freibad kamen, war der Tote schon abtransportiert worden. Auch die Badegäste waren weg, das Schwimmbad war bis auf Weiteres geschlossen. [...]
Der Bademeister Sarrasini gab allen Detektiven die Hand. Dann wies er zum Sprungbecken. „Hier entlang, bitte. Ein sehr dünner, sehr aufgeregter Polizist wartet schon sehnsüchtig auf Sie."
Tatsächlich stand Herr Böckl am Beckenrand und sah aus wie ein großes Fragezeichen. [...]
„Was haben Sie herausgefunden?", fragte Ella. „Die Leiche haben wir geborgen[2] [...]. Also, sie ist tot seit ... gestern Abend zehn Uhr", sagte Herr Böckl. „Und sie hatte ein Messer im Rücken." [...] „Ein junger Mann, Herr Brumbach, sehr durchtrainiert. Und, wie ich schon sagte, wir haben ein Messer in seinem Rücken gefunden." [...]
Ella sah ins Wasser und versuchte sich vorzustellen, wie ein Toter darin herumtrieb. Plötzlich sah sie auf dem Grund des Beckens etwas glitzern. [...] „Jemand muss hinuntertauchen und nachsehen", sagte Georg. [...] Da platschte es: Herr Böckl sprang in das Becken und tauchte ab. [...] Kurz darauf tauchte Herr Böckl wieder auf. In der Hand hielt er zwei metallen[3] glänzende Messer. „Genau solch eins – prust! –, genau so eins hatte der Mörder im Rücken, äh, ich meine, die Leiche. Es steckte übrigens sehr schräg drin, recht weit unten. Da hat jemand sich ausgekannt und gekonnt[4] die Niere getroffen." [...]
„Es scheint mir unwahrscheinlich, dass jemand den Mann am Beckenrand ersticht und dann die Messer hinterherwirft", überlegte Frau Schön laut.
Herr Sarrasini gesellte sich zu ihnen. [...] „Es wäre wirklich fantastisch, wenn Sie das hier schnell aufklären könnten, wir haben am nächsten Wochenende eine große Veranstaltung, da müssen wir unbedingt wieder öffnen!" [...] „Wir planen einen Wasserzirkus. Wir haben Leute vom Zirkus eingeladen, aber auch gute Schwimmer und Springer, und alle führen im Wasser etwas vor."

1 **Apparat**: hier: Festnetztelefon
2 **geborgen**: hier: herausgeholt
3 **metallen**: aus Metall bestehend
4 **gekonnt**: Partizip II von können

„Lassen Sie uns auf die Leiche zurückkommen“, unterbrach Frau Schön. „Weshalb war der junge Mann gestern Abend zu so später Stunde noch hier?“ [...] Herr Sarrasini sah sie verlegen an. „Ich habe wegen der Vorstellung in letzter Zeit Ausnahmen gemacht. Damit die Leute üben können, wissen Sie. [...] So auch Herr Brumbach. Er war immer allein und sogar ich musste versprechen, nicht zu gucken. Sein Auftritt sollte eine Überraschung werden.“ Frau Schön machte ein ernstes Gesicht. Sie bat Georg [...], auf den Sprungturm zu klettern.

„Langsam passt alles zusammen“, sagte Frau Schön. „Herr Brumbach war vermutlich Turmspringer?“ Herr Sarrasini nickte. [...] Frau Schön sah nach oben. „Georg, ist da was?“ Georg nickte. „Drei Bälle und drei so komische Keulen[5]“, rief er zurück. [...]

5 Keule: Sportgerät aus Holz

2 Fasst im Tandem den Kriminalfall mündlich kurz zusammen. Orientiert euch an den W-Fragen: **Was** ist passiert? **Wer** ist das Opfer? **Wo** ist es passiert? **Wann** ist es passiert? **Wie** ist es passiert? **Warum** ist es passiert? **Wer** könnte die Täterin/der Täter sein?

3 Hast du schon eine Vermutung, was passiert sein könnte? Schreibe zwei Sätze dazu und begründe deine Vermutung, z. B. *Ich glaube, dass es ..., weil ....*

Mord? Unfall? Selbstmord?

MK **4** Um einen Kriminalfall lösen zu können, müsst ihr den Krimi genau untersuchen. Findet im Tandem alle Krimimerkmale heraus, notiert sie auf Kärtchen und heftet diese an eine Pinnwand. Ihr könnt auch am Computer eine entsprechende Datei einrichten und ergänzen.

Krimis
→ Seite 97

5 Wie kam Herr Brumbach zu Tode? Gab es einen klassischen Mord? Findet es in der Gruppe heraus und diskutiert den Fall. Begründet eure Meinungen.

Tipp
Achtet darauf, was Georg auf dem Sprungturm gefunden hat.

6 Fertige für eine Nacherzählung des Krimis einen Notizzettel an. Schreibe Stichworte zum Handlungsablauf und zu den Krimimerkmalen auf.

Tipp
Orientiere dich am Text und der Pinnwand.

7 Tragt in der Gruppe eure Nacherzählungen mithilfe eurer Stichwortzettel vor. Wählt zwei Personen aus, die bei der Präsentation in der Klasse den Krimi nacherzählen.

Einbruch im Leichenschauhaus

Einen Krimi erschließen

D28 Differenzierung

Die Schattenbande, das sind Klara, Otto, Paule und Lina. Sie sind immer da, wo ein Verbrechen aufgeklärt werden muss. In diesem Fall wollen sie sich auf die Spur der ermordeten Großfürstin Drosskova begeben. Sie soll im Besitz der legendären „Tränen der Zarin[1]“ gewesen sein, eines Diamanten aus dem Erbe der Zarin Alexandra. Da gibt es zwei Dinge zu klären: Wer hat die Fürstin ermordet und wo befindet sich der Diamant?

1 Zarin: Herrscherin, Kaiserin, z. B. in Russland

1 Lies den Krimiausschnitt.

Lerninsel Seite 294

Gina Mayer und Frank M. Reifenberg

Die Schattenbande legt los!

Um den Mordfall aufzuklären, benötigt die Schattenbande Taschenlampen. Beim Kauf erhalten sie einen entscheidenden Hinweis: „Alle wissen, dass es einen richtig gefährlichen Kerl irgendwo ganz oben bei der Polente[2] gibt, aber niemand ist ihm bisher auf die Spur gekommen. Wenn einer für beide Seiten arbeitet, ist keiner mehr sicher!“ „Und genau den werden wir finden und ihm das Handwerk legen“, mischte Otto sich ein.

[...] Klara schnappte nach Luft, als sie kapierte, wohin Otto sie führte. „Du bist wohl bekloppt!“ „Det Leichenschauhaus“, ächzte Paule. Lina legte den Kopf schief und betrachtete nachdenklich das große Haus, in das die Mordopfer und die Leichen aller ungeklärten Todesfälle gebracht wurden.

[...] „Der öffentliche Bereich schließt um fünf Uhr, in den anderen Räumen sind nur noch ein paar Beamte. Dann können wir uns umschauen.“ [...] Sie betraten das Haus über eine breite Treppe und kamen durch eine Vorhalle in einen großen Saal. Zahlreiche Besucher drängten sich um große Kästen mit Glasdeckeln, die auf Metalltischen standen. Und in den Kästen lagen ... „Die Toten“, flüsterte Otto. [...] „Und wie finden wa raus, in welchem von die Kästen die jute Drosskova uff die ewije Ruhe wartet?“, erkundigte sich Paule. Gute Frage. Der Schein der Taschenlampe streifte über die Fächer. Es standen keine Namen darauf, nur Zahlen und Buchstaben. Otto zuckte die Achseln. „Da gibt es nur eine Möglichkeit.“ „Igitt.“ Klara ahnte, was er vorhatte. Sie zogen eine Schublade nach der anderen auf. Ein süßlicher Geruch, der sich mit etwas Stechendem vermischte, quoll heraus. [...]

2 Polente: Polizei

2 Fasst im Tandem den Anfang des Krimis mündlich kurz zusammen.

3 Im folgenden Comic wird die Geschichte fortgesetzt. Sieh ihn dir an.

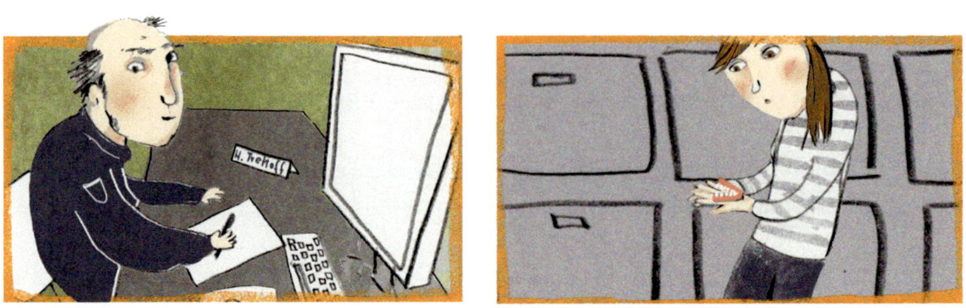

MK 4 Verschaffe dir einen Überblick über den Krimi. Ordne alle Informationen, die du bisher bekommen hast, den Krimimerkmalen zu. Schreibe sie auf Kärtchen und hefte sie an eine Pinnwand.

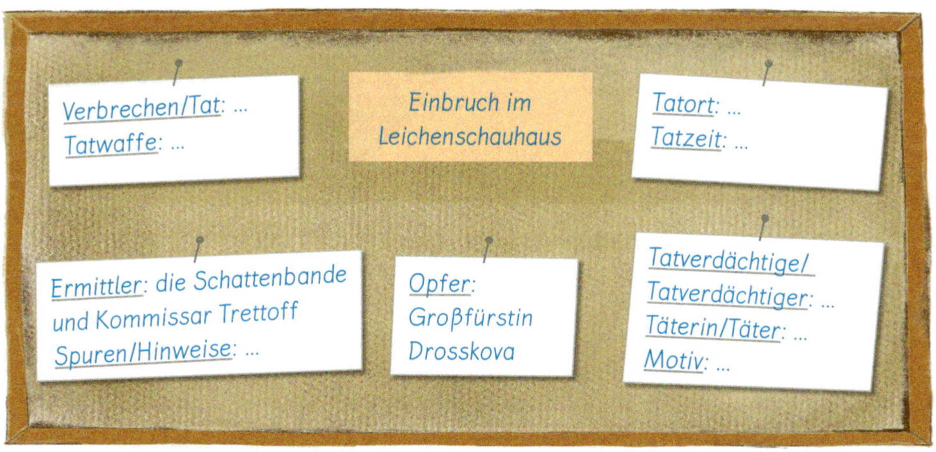

Krimis
→ Seite 97

Tipp
Du kannst auch am Computer eine entsprechende Datei einrichten und ergänzen.

5 Herr Budde wurde von der Schattenbande überführt. Aber was ist eigentlich passiert? Wie ist die Großfürstin zu Tode gekommen? Überlegt euch im Tandem einen möglichen Ablauf des Verbrechens. Macht euch Notizen.

6 Führt dann im Tandem ein Verhör[3] durch, in dem ihr alle offenen Fragen des Falls klärt. Einer übernimmt die Rolle von Otto, der andere die von Herrn Budde.

Tipp
Orientiert euch an den W-Fragen.

7 Spielt die verschiedenen Verhöre in der Gruppe vor. Wählt anschließend zwei Paare aus, die ihre Verhöre bei der Präsentation in der Klasse vorspielen.

3 Verhör: Befragung eines Tatverdächtigen durch die Polizei

Die Gangster von Steinsund

Einen Krimi erschließen und weiterschreiben

D29 Differenzierung

Nach einem Autounfall irrt Fillip umher. Dabei erreicht er ein abgelegenes Haus, wo er das Gespräch zweier Bankräuber belauscht. Als er wenig später das geheimnisvolle Mädchen Aud kennenlernt, ist er alarmiert: Was macht sie hier so allein auf der Schäreninsel[1]? Hat sie etwas mit dem Banküberfall zu tun? Fillip ist entschlossen, den Fall aufzuklären, aber zugleich will er Aud schützen. Höchste Zeit also, dass sie Fillip die Wahrheit sagt.

1 Schäreninsel: kleine felsige Insel in Skandinavien

○ **1** Lies die verschiedenen Textausschnitte aus dem folgenden Krimi.

Lerninsel → Seite 294

INGVAR AMBJØRNSEN

Die Gangster von Steinsund

Ich war knapp fünfzehn. Und ich saß doch in dieser verdammten Karre, die laut zwei unbezahlten Rechnungen im Handschuhfach einem gewissen Steinar Oppgård gehörte. Und mein Führerschein, der befand sich bestenfalls irgendwo in einer unsicheren Zukunft. (S. 5)

Na gut. Ich war also am Leben und gar nicht schlecht gelaunt, wenn man bedenkt, dass ich mit dem Kopf nach unten in einem Autowrack hing. (S. 8)

Ich fuhr aus dem Schlaf, als eine Autotür zuknallte. Es war fast halb vier. Mit war eiskalt, meine Zähne klapperten. Draußen auf der Wiese zwischen Haus und Bootsschuppen hörte ich leise Stimmen. (S. 18)

Es war Ølle. Der „dolle Ølle", wie manche ihn nannten. Ein Mann mit einem Vorstrafenregister so lang wie die E6. Was zum Teufel wollte der mitten in der Nacht hier am Ende der Welt? [...] Sie kamen näher [...] „Wie viele Tote?" Er steckte sich noch eine Zigarette an. „Sechs", sagte Ølle. „Und die müssen erst mal da liegen bleiben. Wir dürfen sie noch nicht bewegen." Der andere nickte. „Okay." [...] Nein. Das konnte nicht stimmen. Wenn hier oder irgendwo in Norwegen sechs Menschen umgebracht worden wären, hätte es nicht nur eine einzige Straßensperre gegeben. Dann wäre jetzt schon die Armee im Einsatz. Vorausgesetzt die Behörden wussten davon. Ich verstand nur eins: Ich musste hier weg! (S. 18–19)

Die Steinsunder Sparkasse war gestern gleich nach dem Öffnen überfallen worden. Der Täter war allein gewesen, bewaffnet mit einer Pistole oder einem Revolver. Nachdem er das Geld an sich gerissen hatte, war er durch die Straße Sildesmauet gelaufen und verschwunden. (S. 33)

„Hallo! Hallo, du musst aufwachen! Hallo, bist du da? Alles in Ordnung mit dir?" [...] „Pass auf, ich versuch jetzt, dich aufzusetzen." Es war die Stimme eines Mädchens oder einer jungen Frau. Sie bugsierte mich in die Sitzhaltung. Ich nahm ihren Geruch wahr: Rauch und Meer. […] „Hier läuft irgendwo ein Irrer rum.“ Sie räusperte sich. „Wer bist du?“ […] Dann ging mir selbst ein Licht auf: Dieses Mädchen hatte mich k.o. geschlagen! „Tut mir leid“, sagte sie. […] „Wohnst du hier?“ Sie murmelte irgendeine Antwort. „Und du?“ „Wie du bereits gesehen hast, habe ich mich den Winter über in der alten Leuchtturmwärterwohnung eingemietet“, sagte ich und betastete meinen lädierten Hals. „Du meinst die Wohnung des Leuchtturmgehilfen“, korrigierte sie. „Na gut. Aber immerhin sind wir offenbar Nachbarn. Willst du auch hier überwintern?“ (S. 59–60)

Tut mir leid, Fillip, aber Aud hat schon verloren. […] Hier ist keine Handtasche geklaut worden, das hier war ein bewaffneter Raubüberfall. Und dann frisst die Polizei alles, was auf dem Teller liegt. Sogar eine kleine Erbse wie Aud Olsen. (S. 109)

Mein Problem war jedoch, dass auch Ølle unterwegs war. Unterwegs zum Leuchtturm, wo Aud saß und keine Ahnung davon hatte, dass ihre beiden Freunde sie an einen Gewalttäter verraten hatten, der auf Speed[2] war. Aber war sie wirklich schon an Land gewesen und hatte eingesackt, was ihr Bruder im Grab versteckt hatte? Unwahrscheinlich. So eine war sie nicht. Bestimmt wartete sie auf die beiden. Auf ihren Anteil, damit Aud das Land verlassen könnte. Wie groß war wohl die Möglichkeit, anderswo ein neues Leben anzufangen? So wie die Sache im Moment aussah, gingen Auds Chancen gegen Null. Nur ein einziger Mensch konnte ihr aus dem Sumpf heraushelfen […] (S. 118–119)

2 Speed: eine Aufputschdroge

MK **2** Verschaffe dir einen Überblick über den Krimi. Ordne alle Informationen, die du bisher bekommen hast, den Krimimerkmalen zu. Schreibe sie auf Kärtchen und hefte sie an eine Pinnwand. Du kannst auch am Computer eine entsprechende Datei einrichten und ergänzen.

Krimis → Seite 97

3 Was ist passiert? Da du nur Textausschnitte aus dem Buch kennst, fehlen dir Informationen und Handlungen. Diese kannst du dir selber ausdenken und einen eigenen Krimi schreiben. Ergänze dabei die Merkmale, die noch fehlen. Versuche deinen Krimi spannend zu schreiben.

4 Lest eure Kriminalgeschichten in der Gruppe vor. Wählt zwei Geschichten für die Präsentation in der Klasse aus.

Krimis schreiben → Seite 99

A
B
C

ZIEL

Präsentiert eure Ergebnisse

Ihr habt verschiedene Kriminalgeschichten gelesen und untersucht. Dann habt ihr als Detektive versucht, die Fälle zu lösen. Jetzt könnt ihr eure Krimis und die Lösungen in der Klasse vorstellen.

1 Information

Informiert die Klasse über den Krimi, den ihr präsentieren möchtet. Nennt Autorin oder Autor und den Titel.

2 Präsentation

Präsentiert eure Krimis.

A Erzählt den Krimi mithilfe eures Notizzettels nach.
B Spielt zwei Verhöre zwischen Otto und Herrn Budde vor.
C Lest zwei eigene Kriminalgeschichten vor.

3 Fragerunde

Stellt Fragen zu euren Krimis. Lasst euch die Fragen von der jeweiligen Gruppe beantworten, z. B.

A Welche möglichen Lösungen für den Fall habt ihr noch gefunden?
B Wie habt ihr herausgefunden, an welchem Ort der Diamant sich befand?
C Welche wichtigen Informationen habt ihr für eure Krimis den Textausschnitten entnommen?

4 Diskussion

Besprecht und diskutiert gemeinsam weitere Fragestellungen zu Krimis und den Ermittlern.

- Was macht einen Krimi für euch spannend?
- Welche Art von Krimis sind für euch interessant?
- Was würdet ihr tun, wenn ihr einen Straffall aufklären sollt? Worauf kommt es dabei an?

5 Feedback

Wertet die Präsentationen gemeinsam aus. Gebt einander ein Feedback. Orientiert euch an folgenden Fragen:

☑ Gab es einen Krimi, der euch besonders gefallen hat?
☑ Wurde spannend und ausdrucksvoll erzählt und gespielt?
☑ War die Lösung des Krimis gut zu verstehen und logisch nachvollziehbar?
☑ Wurde gut präsentiert (laut, deutlich, zusammenhängend gesprochen, Blickkontakt ...)?

Überprüfe dich selbst

○ **1** Lies den Krimiausschnitt. Nenne alle Krimimerkmale, die der Text enthält.

EDGAR ALLAN POE

Das verräterische Herz (Ausschnitt)

[...] Ich war niemals liebenswürdiger gegen den alten Mann als während der Woche, die der Nacht voranging, in der ich ihn tötete. Jede Nacht, um Mitternacht, drückte ich die Klinke seiner Türe nieder und öffnete sie – oh, wie leise! [...] Eine volle Stunde nahm ich mir Zeit, um meinen Kopf so weit durch die Öffnung zu zwängen, dass ich ihn auf seinem Bette erblicken konnte. [...] Und dann, wenn mein Kopf glücklich im Zimmer war, öffnete ich die Laterne[1] so vorsichtig, oh, so vorsichtig [...]. Und dies tat ich sieben Nächte hindurch, jede Nacht genau um die Mitternachtsstunde. Aber ich fand das Auge immer geschlossen, und deshalb war es mir unmöglich, die Tat zu vollbringen [...].

In der achten Nacht öffnete ich die Türe noch vorsichtiger als gewöhnlich. [...] So vernahmen meine Ohren jetzt ein leises, dumpfes, bewegliches Geräusch, wie es vielleicht eine in Wolle gewickelte Uhr hervorbringen würde. Auch diesen Ton kannte ich. Es war das Herzklopfen des alten Mannes. Und es stachelte meine Wut an, wie der Trommelwirbel den Mut der Soldaten. [...] Mittlerweile nahm das höllische Pochen seines Herzens immer mehr zu. Es wurde jeden Augenblick schneller und schneller, lauter und lauter. [...] Mit einem gellenden Schrei riss ich die Blenden der Laterne auf und sprang ins Zimmer. Er schrie auf einmal nur! In einem Augenblicke hatte ich ihn aus dem Bette auf den Boden gerissen und das schwere Bettzeug über ihn gezogen. Dann lächelte ich vergnügt, dass ich die Tat so weit vollbracht hatte. Aber das Herz schlug noch ein paar Minuten lang mit dumpfem Ton fort. Doch das ärgerte mich nicht mehr. Durch die Wand würde man es doch nicht hören.

[...] Zunächst riss ich drei Dielen aus dem Boden des Zimmers und verbarg den Toten zwischen der Füllung [...]. Als ich diese Arbeit vollendet hatte, war es vier Uhr und noch so dunkel wie um Mitternacht. Gerade als die Uhr schlug, wurde an die Haustür gepocht. Ich öffnete leichten Herzens, denn was hatte ich jetzt noch zu fürchten? Drei Männer traten ein, die sich als Polizeibeamte vorstellten. Während der Nacht hatte man in der Nachbarschaft einen Schrei gehört, der Argwohn erregt hatte, es sei irgendein Verbrechen verübt worden. [...] Ich lächelte – denn was hatte ich zu fürchten? [...]

1 Laterne: im 19. Jahrhundert eine tragbare Lichtquelle, mit Blenden (zum hell und dunkel stellen)

◒ **2** Schreibe den Krimi zu Ende. Wähle ein mögliches Ende **A** oder **B** dafür aus.

A Der Mörder verrät sich, indem er Herzrasen bekommt und an der Stelle der Bodendiele, unter der der Ermordete liegt, ohnmächtig wird.

B Der Mörder bildet sich im Verhör das klopfende Herz des Ermordeten ein und gesteht die Tat aus Todesangst.

D30 Lösungen

Das kannst du jetzt:
- Krimis untersuchen und verstehen
- Merkmale von Krimis erkennen
- Auflösungen von Krimihandlungen schreiben
- eigene Krimis schreiben

7 Schaurige Abenteuer

Balladen untersuchen, nacherzählen und vortragen

A

B

C

D

1 Seht euch die Bilder A–D an.

2 Beschreibt die Bilder A–D.

Waldkönige, vornehme Damen, Helden auf See und ein blitzschneller Besen – Balladen erzählen schaurig-spannende und manchmal wundersame Geschichten in Gedichtform.

Das lernt ihr jetzt:

- **Inhalt und Stimmung einer Ballade erfassen**
- **Balladen stimmungsvoll vortragen**
- **den Inhalt einer Ballade mündlich und schriftlich nacherzählen**
- **eine Inhaltsangabe schreiben**
- **Balladen nach ihren Merkmalen untersuchen**

E

Wir fuhren friedlich über den See,
spazierten auf Deck und tranken Tee.
Die Sonne schien, der Tag war schön,
wir konnten manchmal das Ufer sehn.

Doch plötzlich brannte das halbe Schiff,
…

F

Theo und Thea wollten ihre Ferien auf einer Ostseeinsel verbringen. Um dorthin zu kommen, nahmen sie die Fähre. Nachdem sie zwei Stunden an Bord mit Eisessen und Kartenspielen verbracht hatten, wurde ihnen langweilig. Sie gingen an Deck und hielten nach ihrer Urlaubsinsel Ausschau. Hier hörten sie den Steuermann ein fröhliches Lied pfeifen und die anderen Reisenden leise plaudern. Von ihrer Insel war noch nichts zu sehen. Plötzlich schrie jemand, es rumpelte und donnerte im Schiffsbauch und …

G

Eine Reisende *(zu zwei anderen Passagieren)* Sehen Sie doch, wie die Haie das Schiff umkreisen.
Ein Reisender *(blickt zum Himmel)* Es gibt auch viele Albatrosse hier.
Eine Reisende *(zum Steuermann)* Können die Haie uns etwas tun, greifen die an?
Steuermann *(beruhigend)* Das sind ganz ungefährliche Hammerhaie, die gibt es hier viel und die tun niemandem etwas.
Marie *(laut)* Karli, Karli, ich kann da drüben schon die Insel sehen.
Karli *(vor sich hin)* Ich finde die Haie viel spannender …
Marie *(ängstlich)* Karli, es riecht so komisch und schau mal, dahinten …

3 Lest die drei Texte **E–G** durch. Wählt einen aus und erzählt die begonnene Geschichte in der vorgegebenen Form weiter.

4 Vergleicht die drei Texte **E–G** miteinander. Nennt Unterschiede und Gemeinsamkeiten. Stellt Vermutungen an, um welche Textarten es sich handelt. Begründet.

Der Held vom Eriesee

Eine Ballade untersuchen und nacherzählen

1 Lies die folgende Ballade.

A02

THEODOR FONTANE

John Maynard (1885)

John Maynard!
„Wer ist John Maynard?"
„John Maynard war unser Steuermann,
Aus hielt er, bis er das Ufer gewann,
Er hat uns gerettet, er trägt die Kron',
Er starb für uns, unsre Liebe sein Lohn.
John Maynard."

Die „Schwalbe" fliegt über den Eriesee[1],
Gischt[2] schäumt um den Bug[3] wie Flocken von Schnee;
Von Detroit fliegt sie nach Buffalo –
Die Herzen aber sind frei und froh,
Und die Passagiere mit Kindern und Fraun
Im Dämmerlicht schon das Ufer schaun,
Und plaudernd an John Maynard heran
Tritt alles: „Wie weit noch, Steuermann?"
Der schaut nach vorn und schaut in die Rund':
„Noch dreißig Minuten... Halbe Stund'."

Alle Herzen sind froh, alle Herzen sind frei –
Da klingt's aus dem Schiffsraum her wie Schrei,
„Feuer!" war es, was da klang,
Ein Qualm aus Kajüt'[4] und Luke drang,
Ein Qualm, dann Flammen lichterloh,
Und noch zwanzig Minuten bis Buffalo.

Und die Passagiere, bunt gemengt,
Am Bugspriet[5] stehn sie zusammengedrängt,
Am Bugspriet vorn ist noch Luft und Licht,
Am Steuer aber lagert sich's dicht,
Und ein Jammern wird laut: „Wo sind wir? wo?"
Und noch fünfzehn Minuten bis Buffalo. –

Der Zugwind wächst, doch die Qualmwolke steht,
Der Kapitän nach dem Steuer späht,
Er sieht nicht mehr seinen Steuermann,
Aber durchs Sprachrohr fragt er an:
„Noch da, John Maynard?"
„Ja, Herr. Ich bin."
„Auf den Strand! In die Brandung!"
„Ich halte drauf hin."
Und das Schiffsvolk jubelt: „Halt aus! Hallo!"
Und noch zehn Minuten bis Buffalo. –

1 **Eriesee**: See zwischen den USA und Kanada
2 **Gischt**: Meerschaum
3 **Bug**: vorderster Teil eines Schiffes
4 **Kajüte**: Schlaf- und Wohnraum auf Schiffen
5 **Bugspriet**: Segelstange am Bug

„Noch da, John Maynard?“ Und Antwort schallt’s
Mit ersterbender Stimme: „Ja, Herr, ich halt’s!“
Und in die Brandung, was Klippe, was Stein,
Jagt er die „Schwalbe“ mitten hinein.
Soll Rettung kommen, so kommt sie nur so.
Rettung: der Strand von Buffalo!

Das Schiff geborsten. Das Feuer verschwelt[6].
Gerettet alle. Nur einer fehlt!

Alle Glocken gehn; ihre Töne schwell’n
Himmelan aus Kirchen und Kapell’n,
Ein Klingen und Läuten, sonst schweigt die Stadt,
Ein Dienst nur, den sie heute hat:
Zehntausend folgen oder mehr,
Und kein Aug’ im Zuge, das tränenleer.

Sie lassen den Sarg in Blumen hinab,
Mit Blumen schließen sie das Grab,
Und mit goldner Schrift in den Marmorstein
Schreibt die Stadt ihren Dankspruch ein:
„Hier ruht John Maynard! In Qualm und Brand
Hielt er das Steuer fest in der Hand,
Er hat uns gerettet, er trägt die Kron’,
Er starb für uns, unsre Liebe sein Lohn.
John Maynard.“

6 verschwelt: erloschen

2 Wie gefällt euch die Ballade? Wie hat sie auf euch gewirkt? Tauscht euch dazu in der Gruppe aus.

3 Besprecht dann in der Gruppe die folgenden Fragen:
- Wovon handelt die Ballade?
- Was passiert auf dem Schiff „Schwalbe“?
- Wer ist der Held und was macht ihn zum Helden?
- Welche Gefühle und Stimmungen werden am Anfang der Ballade vermittelt?
- Wie verändert sich die Stimmung?

4 Lest die Ballade nun abwechselnd Strophe für Strophe im Tandem. Fasst zusammen, worum es jeweils geht.

5 Notiere passende Überschriften zu den folgenden vier Abschnitten.

Verse 1–7 | Verse 8–17 | Verse 18–47 | Verse 48–62

6 Erzählt einander im Tandem die Ballade nach. Gebt den Inhalt wieder. Ihr könnt eure Überschriften zu Hilfe nehmen.

Worum es geht

Eine Inhaltsangabe schreiben und eine Ballade vortragen

Tipp
Denke an die W-Fragen Wo? Wann? Wer? und Was?

1 Lies die Ballade „John Maynard“ noch einmal. Beantworte die W-Fragen zu Ort, Zeit, Figuren und Handlung schriftlich.

2 Sieh dir jetzt die einzelnen Strophen der Ballade an. Fasse ihren Inhalt zusammen, indem du Stichworte dazu in der Tabelle notierst.

Strophe	Inhalt	Gefühle
1	*– Frage einer unbekannten Person nach John Maynard* *– …*	*Trauer, …*
2	*…*	*Fröhlichkeit, …*

3 Ergänze in der Tabelle, welche Gefühle in den einzelnen Strophen ausgedrückt werden.

4 Klärt im Tandem, wer in der ersten Strophe zueinander sprechen könnte. Begründet eure Vermutung.

5 Schreibe nun eine Inhaltsangabe zur Ballade „John Maynard“. Beginne mit der **Einleitung**, notiere darin:

Autor | Titel | Textart | Thema

6 Schreibe jetzt den **Hauptteil**. Verwende dazu die Stichworte aus deiner Tabelle aus Aufgabe 2. Du kannst die folgenden Satzanfänge nutzen.

Sprachtipp

- In der ersten Strophe der Ballade wird gefragt …
- Die Ballade beginnt mit einem Gespräch …
- Die nächsten Strophen handeln von der Fahrt …
- Das Schiff „Schwalbe“ steuert auf den Hafen …
- Die Passagiere freuen sich …
- Plötzlich bricht ein Feuer …
- Der Steuermann steuert das Schiff trotz Lebensgefahr …
- Immer wieder ruft der Kapitän …
- Das Schiff strandet in …
- Alle Passagiere und die Besatzung …
- Der Retter John Maynard …
- Bei seinem Begräbnis …

Beachte: Verbinde deine Sätze mit Wörtern wie **nachdem**, **bevor**, **anschließend**, **darum**, **obwohl**, **weil**, **um … zu**, **sodass …**

7 Bewerte das Verhalten von John Maynard. Formuliere für deinen **Schluss** einen Satz dazu.

8 Prüft eure Texte im Tandem. Gebt einander ein Feedback, ob alle wichtigen Angaben enthalten sind. Nehmt die folgende Arbeitstechnik zu Hilfe.

Feedback
→ Seite 327

9 Überarbeite deine Inhaltsangabe, wenn nötig.

Arbeitstechnik

Eine Inhaltsangabe schreiben

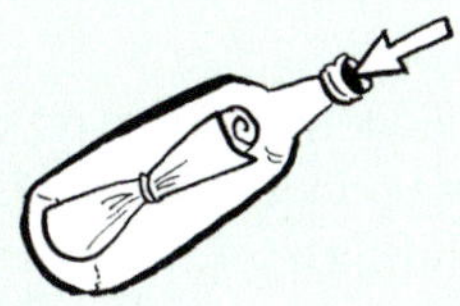

Vorbereitung

1. Stelle **W-Fragen** an den Text und beantworte sie.
2. Gliedere den Text in **Abschnitte** und fasse den **Inhalt** in einer Übersicht zusammen.
3. Notiere **Gefühle** und **Gedanken**, die im Text zum Ausdruck kommen.
4. Formuliere das **Thema** und die **wichtigste Aussage** des Textes.

Inhalt und Aufbau

1. Gliedere deine Inhaltsangabe in **Einleitung**, **Hauptteil** und **Schluss**.
2. Nenne in der **Einleitung**: Autorin/Autor, Titel, Textart und das Thema.
3. Stelle im **Hauptteil** die Handlung in der **richtigen Reihenfolge** dar.
4. Verbinde sie mit den wichtigsten **Gedanken** und **Gefühlen** der Figuren.
5. Formuliere zum **Schluss**, wie der **Text** und das **Verhalten der Figuren** auf dich **wirken**.

Beachte: Schreibe **sachlich** und im **Präsens**. Mache **Zusammenhänge** deutlich, indem du die Sätze mit **Junktionen** und **Adverbien** verbindest.

Lerninsel
→ Seite 308

10 Bereite jetzt die Ballade „John Maynard" für einen Vortrag vor. Gehe so vor:

- Fasse die Stimmungen in der Ballade zusammen, z. B. *Verse 1–7 feierlich; Verse 8–18 fröhlich, hoffnungsvoll; Verse 19–22 aufgeregt; Verse 23– …*
- Lege fest, wie du die Stimmungen deutlich machen willst. Mache dir Notizen, z. B.
  Verse 1–7: zwei verschiedene Stimmen, langsam, getragen
  Verse 8–18: die Passagiere freuen sich auf die Ankunft – fröhlich, zügig vortragen
  Verse 19–22: Ankündigung des Feuers – Pause machen, lauter und schneller werden …
- Kennzeichne Wörter in der Ballade, die du besonders betonen willst.
- Kennzeichne außerdem Pausen und lege Sprechtempo und Lautstärke fest.
- Entscheide, wie du Mimik und Gestik einsetzen möchtest.

Tipp
Kopiere das Gedicht oder schreibe es ab.

11 Übt eure Vorträge. Tragt dann einander im Tandem die Ballade vor. Nehmt sie mit dem Handy oder einer Kamera auf. Seht euch die Aufnahmen an und beurteilt sie.

Was geschah wirklich?

Merkmale von Balladen erarbeiten

Tipp
Beachtet Inhalt, Form und Aufbau.

1 Seht euch noch einmal die Ballade „John Maynard“ an und vergleicht sie mit Gedichten oder Geschichten, die ihr gelesen habt. Was ist das Besondere einer Ballade? Tauscht euch dazu aus.

2 Wer spricht in der Ballade „John Maynard“? Klärt im Tandem, wann der Erzähler spricht und wer in den anderen Versen spricht. Notiert die Verse.

3 Balladen erzählen oft von spannenden Ereignissen. Im folgenden Diagramm ist die Spannungskurve von „John Maynard“ dargestellt. Beschreibe das Diagramm schriftlich.

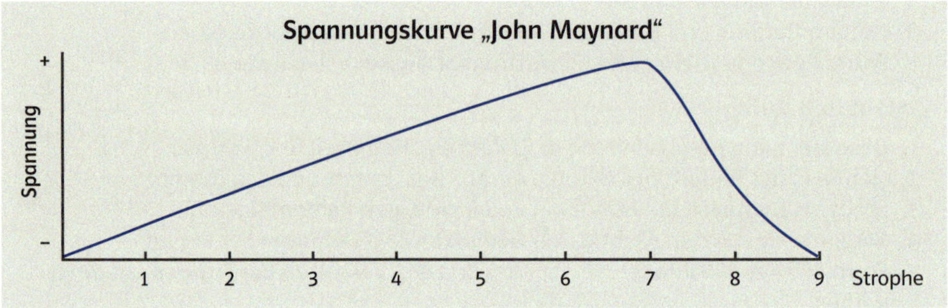

4 Untersucht im Tandem, mit welchen Mitteln Fontane die Spannung steigert. Seht euch alle Strophen an und macht euch Notizen zu:
- Zeitangaben
- wörtliche Rede
- Wiederholungen
- Wechsel der Personen, die sprechen

Lerninsel
→ Seite 297

5 Untersuche den Aufbau der Ballade. Notiere die Anzahl der Strophen, der Verse in jeder Strophe sowie die Reimformen.

6 Eine Ballade ist eine Mischung aus Erzählung, Gedicht und Theaterstück. Weise nach, dass es sich bei „John Maynard“ um eine Ballade handelt. Sieh dir dazu deine Ergebnisse aus den Aufgaben 2 bis 5 an.

7 Welche lyrischen, epischen und dramatischen Elemente enthält die Ballade „John Maynard“? Übernimm die Tabelle und fülle sie aus. Nenne bei den epischen und dramatischen Elementen die Zeilenzahlen.

lyrische Elemente			epische Elemente		dramatische Elemente	
Anzahl der Strophen	Anzahl der Verse	Reimform	abgeschlossene Handlung?	Erzählerin/ Erzähler?	Spannungsverlauf (Höhepunkt)	wörtliche Rede
…	…	…	…	…	…	…

8 Die Ballade „John Maynard“ beruht auf einer wahren Begebenheit. Lest den folgenden Text über das historische Ereignis. Überlegt im Tandem, warum diese Nachricht Theodor Fontane zu einer Ballade angeregt haben könnte.

In der Nacht vom 8. zum 9. August 1841 geriet der Raddampfer „Erie“, der unterwegs von Buffalo nach Erie war, in Brand. Er hielt deshalb Kurs auf die acht Meilen[1] entfernte Küste, die er jedoch nicht mehr erreichte. Ursache des Brandes war falsch gelagertes Terpentin[2], das Feuer fing. An Bord der „Erie“ befanden sich mindestens 200 Passagiere, von denen nur 29 gerettet werden konnten. Der Steuermann des Schiffes hieß Luther Fuller. Er blieb bis zuletzt auf seinem Posten, um das Schiff an die rettende Küste zu bringen. Es ist nicht sicher überliefert, ob er die Katastrophe schwer verletzt überlebte oder starb.

1 Meile: früheres Längenmaß

2 Terpentin: Harz von Nadelbäumen, damit kann man Farbe entfernen

9 Vergleicht im Tandem den Zeitungsbericht aus Aufgabe 8 mit der Ballade. Was hat Fontane verändert? Notiert Unterschiede und Gemeinsamkeiten. Überlegt auch, warum der Dichter etwas verändert haben könnte.

Strophe	Ballade	Zeitungsbericht
Unterschiede	...	...
Gemeinsamkeiten	...	...

Tipp
Beachte: Weg des Schiffs, Schiffsname, Name des Steuermannes, die Rettung.

10 Stelle dir vor, du wärst Passagier an Bord der „Schwalbe“. Schreibe eine Geschichte über die Fahrt, das Unglück und deine Rettung. Beschreibe deine Gedanken und Gefühle.

Merke

Merkmale von Balladen

Balladen sind **Gedichte**, die eine **Geschichte** erzählen.
Im **Mittelpunkt** steht meist eine Figur, die sich in einer **schwierigen Situation** befindet. Oft erzählen Balladen von **Ereignissen**, die **wirklich geschehen** sind.
Balladen können Elemente aus **allen drei literarischen Gattungen** (Lyrik, Epik, Dramatik) enthalten:
- **lyrische Elemente** (Gedicht): Balladen haben **Strophen**, **Verse** und **Reime**.
- **epische Elemente** (Erzählung): In Balladen wird häufig die **Handlung** einer spannenden Geschichte erzählt. Es gibt oft eine **Erzählerin**/einen **Erzähler**.
- **dramatische Elemente** (Theaterstück): Die aufregende Handlung wird **spannend** erzählt. Die Figuren sprechen in **wörtlicher Rede**.

Lerninsel
Seite 297

START **Drei Wege – ein Ziel!** Finde deinen Weg mit diesem Einschätzungstest: **D31**

A

B

C

Gefährliche Rettung

Eine Ballade erschließen, nacherzählen und vortragen

D32 Differenzierung Fördern

1 Lies die folgende Ballade.

A03

OTTO ERNST

Nis Randers

Krachen und Heulen und berstende[1] Nacht,
Dunkel und Flammen in rasender Jagd –
Ein Schrei durch die Brandung!

Und brennt der Himmel, so sieht man's gut.
Ein Wrack auf der Sandbank! Noch wiegt es die Flut;
Gleich holt sich's der Abgrund.

Nis Randers lugt – und ohne Hast
Spricht er: „Da hängt noch ein Mann im Mast;
Wir müssen ihn holen."

Da fasst ihn die Mutter: „Du steigst mir nicht ein!
Dich will ich behalten, du bliebst mir allein,
Ich will's, deine Mutter!

Dein Vater ging unter und Momme[2], mein Sohn;
Drei Jahre verschollen ist Uwe schon,
Mein Uwe, mein Uwe!"

Nis tritt auf die Brücke. Die Mutter ihm nach!
Er weist nach dem Wrack und spricht gemach:
„Und seine Mutter?"

Nun springt er ins Boot und mit ihm noch sechs:
Hohes, hartes Friesengewächs[3];
Schon sausen die Ruder.

Boot oben, Boot unten, ein Höllentanz!
Nun muss es zerschmettern ... ! Nein, es blieb ganz! ...
Wie lange? Wie lange?

Mit feurigen Geißeln[4] peitscht das Meer
Die menschenfressenden Rosse daher;
Sie schnauben und schäumen.

Wie hechelnde Hast sie zusammenzwingt!
Eins auf den Nacken des anderen springt
Mit stampfenden Hufen!

1 **berstend**: hier stürmisch, laut
2 **Momme**: nordfriesischer Vorname
3 **Friesengewächs**: Person, die aus Friesland stammt
4 **Geißeln**: hier: Peitschen

Drei Wetter zusammen! Nun brennt die Welt!
Was da? – Ein Boot, das landwärts hält –
Sie sind es! Sie kommen!

Und Auge und Ohr ins Dunkel gespannt …
Still – ruft da nicht einer? – Er schreit's durch die Hand:
„Sagt Mutter, 's ist Uwe!"

2 Klärt in der Gruppe, worum es in der Ballade „Nis Randers" geht und welche Gefühle und Stimmungen vermittelt werden.

3 Beantworte die folgenden Fragen. Schreibe drei bis vier Sätze dazu.
- **Warum** möchte die Mutter nicht, dass Nis den Schiffbrüchigen rettet? (V.10–15)
- **Wie** reagiert Nis Randers auf das Verbot der Mutter? (V.16–18)
- **Womit** wird das tosende Meer verglichen? (V.25–30)

4 Erzählt einander im Tandem die Ballade nach. Ihr könnt die folgenden Wortgruppen verwenden.

> Sturmnacht - Schiff und ein Mann in Not - Nis Randers will helfen - Mutter hält Sohn zurück - Männer rudern zu gestrandetem Schiff - Männer kämpfen mit dem tosenden Meer - Rettung erfolgreich

5 Lies die Ballade noch einmal. Beantworte dann die W-Fragen **Wo?** (Ort), **Wann?** (Zeit), **Wer?** (Figuren) und **Was?, Wie?, Warum?** (Handlung) schriftlich.

6 Schreibe nun eine vollständige Inhaltsangabe zu „Nis Randers".

Inhaltsangabe
→ Seite 113

7 Weise nach, dass es sich bei „Nis Randers" um eine Ballade handelt. Übernimm die Tabelle und trage die Merkmale ein. Nenne die entsprechenden Zeilenzahlen.

Balladen
→ Seite 115

lyrische Elemente			epische Elemente		dramatische Elemente	
Anzahl der Strophen	**Anzahl der Verse**	**Reimform**	**abgeschlossene Handlung?**	**Erzählerin/ Erzähler?**	**Spannungsverlauf (Höhepunkt)**	**wörtliche Rede**
…	…	…	…	*Erzähler berichtet was geschieht, wird von Figuren unterbrochen*	*Sturm wird stärker, Angst steigt, dass das Boot untergeht (V. 22-31), Nis hat überlebt (V. 32) und Uwe gerettet (V. 36)*	…

MK **8** Bereitet die Ballade „Nis Randers" in Gruppen für die Präsentation in der Klasse vor:
- Zeichnet Bilder, auf denen ihr die Handlung der Ballade darstellt.
- Übt das ausdrucksvolle Vortragen der Ballade. Ihr könnt sie auch singen.
- Zeigt beim Vortrag auf das jeweils passende Bild.
- Nehmt die Vorträge mit dem Handy oder der Kamera auf.

9 Tragt eure Balladen in der Gruppe vor oder seht euch die Aufnahmen an. Wählt dann zwei gelungene Vorträge für die Präsentation aus.

Zaubern will gelernt sein

Eine Ballade erschließen, nacherzählen und vortragen

D33 Differenzierung

1 Lies die folgende Ballade.

A04

JOHANN WOLFGANG VON GOETHE

Der Zauberlehrling

Hat der alte Hexenmeister
Sich doch einmal wegbegeben!
Und nun sollen seine Geister
Auch nach meinem Willen leben.
Seine Wort und Werke
Merkt ich, und den Brauch,
Und mit Geistesstärke
Tu ich Wunder auch.

Walle! walle,
Manche Strecke,
Dass zum Zwecke
Wasser fließe,
Und mit reichem vollen Schwalle
Zu dem Bade sich ergieße.

Und nun komm, du alter Besen!
Nimm die schlechten Lumpenhüllen;
Bist schon lange Knecht gewesen;
Nun erfülle meinen Willen!
Auf zwei Beinen stehe,
Oben sei ein Kopf,
Eile nun und gehe
mit dem Wassertopf!

Walle! walle
Manche Strecke,
Dass zum Zwecke
Wasser fließe,
Und mit reichem vollem Schwalle
Zu dem Bade sich ergieße.

Seht, er läuft zum Ufer nieder;
Wahrlich! ist schon an dem Flusse,
Und mit Blitzesschnelle wieder
Ist er hier mit raschem Gusse.
Schon zum zweiten Male!
Wie das Becken schwillt!
Wie sich jede Schale
voll mit Wasser füllt!
Stehe! stehe!
Denn wir haben
Deiner Gaben
Vollgemessen[1]! –
Ach, ich merk es! Wehe! wehe!
Hab ich doch das Wort vergessen!

Ach das Wort, worauf am Ende
Er das wird, was er gewesen.
Ach, er läuft und bringt behände[2]!
Wärst du doch der alte Besen!
Immer neue Güsse
Bringt er schnell herein,
Ach! Und hundert Flüsse
Stürzen auf mich ein.

Nein, nicht länger
Kann ich's lassen;
Will ihn fassen.
Das ist Tücke[3]!
Ach! Nun wird mir immer bänger[4]!
Welche Miene! welche Blicke!

O, du Ausgeburt der Hölle!
Soll das ganze Haus ersaufen?
Seh ich über jede Schwelle
Doch schon Wasserströme laufen.
Ein verruchter Besen,
Der nicht hören will!
Stock, der du gewesen,
Steh doch wieder still!

Willst's am Ende
Gar nicht lassen?
Will dich fassen,
Will dich halten,
Und das alte Holz behende
Mit dem scharfen Beile spalten.

1 vollgemessen: genug
2 behände: schnell
3 Tücke: Gemeinheit
4 bänger: ängstlicher

Seht, da kommt er schleppend wieder!
Wie ich mich nur auf dich werfe,
Gleich, o Kobold, liegst du nieder;
Krachend trifft die glatte Schärfe.
Wahrlich! Brav getroffen!
Seht, er ist entzwei!
Und nun kann ich hoffen,
Und ich atme frei!

Wehe! wehe!
Beide Teile
Stehn in Eile
Schon als Knechte
Völlig fertig in die Höhe!
Helft mir, ach! ihr hohen Mächte!

Und sie laufen! Nass und nässer
Wird's im Saal und auf den Stufen.
Welch entsetzliches Gewässer!
Herr und Meister! Hör mich rufen! –
Ach, da kommt der Meister!
Herr, die Not ist groß!
Die ich rief die Geister,
Werd ich nun nicht los.

„In die Ecke,
Besen! Besen!
Seid's gewesen.
Denn als Geister
Ruft euch nur, zu seinem Zwecke,
Erst hervor der alte Meister."

2 Klärt in der Gruppe, worum es in der Ballade „Der Zauberlehrling" geht und welche Stimmungen und Gefühle vermittelt werden.

3 Ordnet im Tandem den folgenden Überschriften die passenden Strophen zu. Notiert dann Stichworte zum Inhalt jeder Strophe.

Hilferuf – Machtrausch – Überheblichkeit und Wichtigtuerei – Verzweiflung – Rettung – hilfloses Schimpfen – Umsetzung des Vorhabens – Verzweiflungstat

Tipp
Beginnt am Gedichtanfang, z. B. Strophe 1–2: Überheblichkeit und Wichtigtuerei …

4 Schreibe nun eine vollständige Inhaltsangabe zu der Ballade „Der Zauberlehrling".

Inhaltsangabe Seite 113

5 Weise nach, dass es sich beim „Zauberlehrling" um eine Ballade handelt. Übernimm die folgende Tabelle und trage die Merkmale ein.

Balladen Seite 115

lyrische Elemente			epische Elemente		dramatische Elemente	
Anzahl der Strophen	Anzahl der Verse	Reimform	abgeschlossene Handlung?	Erzählerin/Erzähler?	Spannungsverlauf (Höhepunkt)	wörtliche Rede
…	…	…	…	…	…	…

6 Stelle dir vor, du wärst der Hexenmeister. Beschreibe das Ereignis aus dessen Sicht.

MK **7** Bereitet eure Ballade „Der Zauberlehrling" in kleinen Gruppen für die Präsentation in der Klasse vor:
- Schreibt die Ballade in einen Rap um. Im Internet findet ihr eine Anleitung vom Rapper Doppel-U dazu.
- Tragt euren Rap in der Gruppe vor.
- Nehmt eure Balladen-Raps mit dem Handy oder der Kamera auf.

8 Tragt eure Raps in der Gruppe vor oder seht euch die Aufnahmen an. Wählt dann zwei gelungene Vorträge für die Präsentation aus.

Einstürzende Brücken

Eine Ballade erschließen, nacherzählen und vortragen

D34 Differenzierung

○ **1** Lies die folgende Ballade.

A05

THEODOR FONTANE

Die Brück' am Tay[1]

„Wann treffen wir drei wieder zusamm'?"
„Um die siebente Stund', am Brückendamm."
„Am Mittelpfeiler."
„Ich lösche die Flamm'."
„Ich mit.
„Ich komme vom Norden her."
„Und ich von Süden."
„Und ich vom Meer."

„Hei, das gibt ein Ringelreihn,
Und die Brücke muss in den Grund hinein."
„Und der Zug, der in die Brücke tritt
Um die siebente Stund'?"
„Ei der muss mit."
„Muss mit."
„Tand[2], Tand,
Ist das Gebilde von Menschenhand."

Auf der *Norderseite*, das Brückenhaus –
Alle Fenster sehen nach Süden aus,
Und die Brücknersleut'[3], ohne Rast und Ruh
Und in Bangen sehen nach Süden zu,
Sehen und warten, ob nicht ein Licht
Übers Wasser hin „ich komme" spricht,
„Ich komme, trotz Nacht und Sturmesflug,
Ich, der Edinburger Zug."

Und der Brückner jetzt: „Ich seh einen Schein
Am anderen Ufer. Das muss er sein.
Nun Mutter, weg mit dem bangen Traum,
Unser Johnie kommt und will seinen Baum,
Und was noch am Baume von Lichtern ist,
Zünd' alles an wie zum heiligen Christ,
Der will heuer *zweimal* mit uns sein, –
Und in elf Minuten ist er herein."

1 Tay: Fluss in Schottland
2 Tand: wertlose Dinge
3 Brücknersleut': Brückenwärterpaar

Und es war der Zug. Am *Süder*turm
Keucht er vorbei jetzt gegen den Sturm,
Und Johnie spricht: „Die Brücke noch!
Aber was tut es, wir zwingen es doch.
Ein fester Kessel, ein doppelter Dampf,
Die bleiben Sieger in solchem Kampf,
Und wie's auch rast und ringt und rennt,
Wir kriegen es unter: das Element."

„Und unser Stolz ist unsre Brück';
Ich lache, denk ich an früher zurück,
An all den Jammer und all die Not
Mit dem elend alten Schifferboot;
Wie manche liebe Christfestnacht
Hab ich im Fährhaus zugebracht,
Und sah unsrer Fenster lichten Schein,
Und zählte, und konnte nicht drüben sein."

Auf der Norderseite, das Brückenhaus –
Alle Fenster sehen nach Süden aus,
Und die Brücknersleut' ohne Rast und Ruh
Und in Bangen sehen nach Süden zu;
Denn wütender wurde der Winde Spiel,
Und jetzt, als ob Feuer vom Himmel fiel',
Erglüht es in niederschießender Pracht
Überm Wasser unten ... Und wieder ist Nacht.

„Wann treffen wir drei wieder zusamm' ?"
„Um Mitternacht, am Bergeskamm."
„Auf dem hohen Moor, am Erlenstamm."
„Ich komme."
„Ich mit."
„Ich nenn euch die Zahl."
„Und ich die Namen."
„Und ich die Qual."

„Hei! Wie Splitter brach das Gebälk entzwei."
„Tand, Tand,
Ist das Gebilde von Menschenhand."

2 Untersuche die Ballade. Notiere die Anzahl der Strophen und Verse, die Reimform sowie die sprachlichen Mittel.

Lerninsel
Seite 297

MK **3** Fontane verarbeitet in der Ballade ein Zugunglück von 1879. Recherchiert im Tandem die historischen Fakten. Vergleicht sie dann mit dem Inhalt der Ballade.

Internetrecherche
Seite 300

Tipp
Findet die Ursache für das Unglück.

4 In den Strophen 1, 2 und 8 sprechen drei Windhexen. Fontane hat sie aus dem bekannten Drama „Macbeth" von Shakespeare übernommen. Dort führen sie die Titelfigur ins Unglück. Tauscht euch über diese Figuren im Tandem aus und beantwortet die Fragen:
- Worüber sprechen die drei Hexen? Was planen sie?
- In welcher Form sprechen die Hexen miteinander?
- Wie wirken die Hexen auf euch?

5 Was bedeutet die Aussage „Tand, Tand ist das Gebilde von Menschenhand"? Schreibe zwei bis drei Sätze dazu auf.

6 Notiere weitere Figuren mit Zeilenbeleg, die in der Ballade sprechen und handeln.

7 Schreibe eine vollständige Inhaltsangabe zu der Ballade „Die Brück' am Tay".

Inhaltsangabe
Seite 113

8 Weise nach, dass es sich bei „Die Brück' am Tay" um eine Ballade handelt. Nenne lyrische, epische und dramatische Elemente der Ballade. Lege eine Tabelle an.

Balladen
Seite 115

MK **9** Bereitet eure Ballade „Die Brück' am Tay" für die Präsentation in der Klasse vor.
- Gestaltet zur Ballade ein Hörspiel.
- Verteilt die Rollen: Hexen, Erzähler, Brückenwärter, Johnie, Zug. Legt fest, mit welchen Geräuschen ihr die Handlung untermalen wollt (Unwetter, Herannahen des Zuges, Einsturz der Brücke, Aufschlagen des Zuges).
- Nehmt euer Hörspiel mit dem Handy oder einem Aufnahmegerät auf.

ZIEL

Präsentiert eure Ergebnisse

Ihr habt verschiedene Balladen kennengelernt und untersucht. Nun wisst ihr, woran man Balladen erkennt. Veranstaltet nun einen Balladen-Tag, an dem ihr eure Balladen in den verschiedenen Arten in der Klasse präsentiert.

1 Information

○ Informiert die Klasse über eure Balladen. Nennt Autor und Titel. Erzählt dann den Inhalt kurz nach.

2 Präsentation

◒ Präsentiert eure Balladen-Vorträge.

A Tragt die Ballade mithilfe eurer Zeichnungen vor.
B Tragt euren Balladen-Rap vor.
C Spielt die Aufnahme eures Hörspiels vor.

3 Fragerunde

○ Stellt Fragen zu den Balladen und den Vorträgen. Lasst euch die Fragen von der jeweiligen Gruppe beantworten, z. B.

A Welche Szenen habt ihr für die Zeichnungen ausgewählt und warum diese?
B Worauf muss man achten, wenn man einen Rap schreibt?
C Woher stammen die Geräusche in eurem Hörspiel?

4 Diskussion

◒ Besprecht und diskutiert gemeinsam weitere Fragestellungen.

A Wie beurteilt ihr die Situation, in der sich Nis Randers befindet? Wie findet ihr sein Verhalten?
B Wie hat sich der Zauberlehrling verhalten? Warum konnte er den Besen nicht stoppen?
C Welches historische Ereignis wird in der Ballade geschildert? Warum könnte Fontane dieses Ereignis ausgewählt haben?

5 Feedback

● Wertet die Präsentation der Vorträge gemeinsam aus. Gebt einander ein Feedback. Orientiert euch an folgenden Fragen:

☑ Wurde die Ballade abgelesen oder frei vorgetragen? Wurden die Zuhörerinnen und Zuhörer angeschaut?
☑ Wurde die Ballade ausdrucksvoll vorgetragen? Wurden Mimik und Gestik eingesetzt?
☑ Hat die Stimmung, in der die Ballade vorgetragen wurde, zum Inhalt gepasst?
☑ Haben die Zeichnungen, der Rap und das Hörspiel zur Ballade gepasst?

Überprüfe dich selbst

○ **1** Lies die Ballade „Der Feuerreiter“ zunächst leise. Trage sie dann laut vor.

EDUARD MÖRIKE

Der Feuerreiter (1888)

Sehet ihr am Fensterlein
Dort die rote Mütze wieder?
Nicht geheuer muss es sein,
Denn er geht schon auf und nieder.
Und auf einmal welch Gewühle
Bei der Brücke, nach dem Feld'!
Horch! das Feuerglöcklein gellt:
Hinterm Berg,
Hinterm Berg
Brennt es in der Mühle!

Schaut! da sprengt er wütend schier[1]
Durch das Tor, der Feuerreiter,
Auf dem rippendürren Tier,
Als auf einer Feuerleiter!
Querfeldein! Durch Qualm und
Schwüle
Rennt er schon und ist am Ort!
Drüben schallt es fort und fort:
Hinterm Berg,
Hinterm Berg
Brennt es in der Mühle! [...]

Keine Stunde hielt es an,
Bis die Mühle borst[2] in Trümmer:
Doch den kecken[3] Reitersmann
Sah man von der Stunde nimmer.
Volk und Wagen im Gewühle
Kehren heim von all' dem Graus;
Auch das Glöcklein klinget aus:
Hinterm Berg,
Hinterm Berg
Brennt's! –

Nach der Zeit ein Müller fand
Ein Gerippe samt der Mützen
Aufrecht an der Kellerwand
Auf der beinern' Mähre[4] sitzen:
Feuerreiter, wie so kühle
Reitest du in deinem Grab!
Husch! da fällt's in Asche ab.
Ruhe wohl,
Ruhe wohl
Drunten in der Mühle!

1 schier: fast, beinahe

2 bersten: auseinanderbrechen

3 keck: energisch, frech

4 beinerne Mähre: das Pferd besteht nur noch aus Knochen

◒ **2** Verfasse eine Inhaltsangabe zur Ballade.

◒ **3** Benenne anhand des Textes die Merkmale von Balladen.

D35 Lösungen

Das kannst du jetzt:
- Balladen untersuchen und verstehen
- Merkmale von Balladen erkennen
- Balladen vortragen
- Inhaltsangaben zu Balladen schreiben

8 Bücher und Filme

Jugendbücher und ihre Verfilmungen kennenlernen und vorstellen

A

B

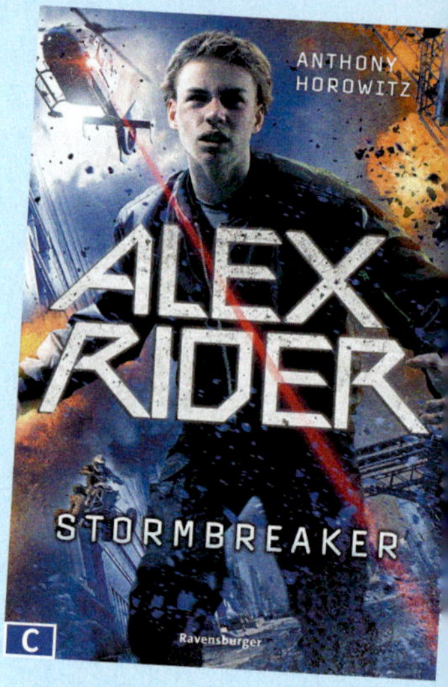

C

D

E

F

1 Seht euch die Bilder **A–F** an. Besprecht, welche Art von Geschichten die Bücher und Filme erzählen könnten.

2 Kennt ihr diese Bücher oder Filme? Erzählt den anderen davon. Berichtet auch, ob euch das Buch oder der Film gefallen hat, und begründet eure Meinung.

Filmplakat Krabat, Deutschland 2008, Regie: Marco Kreuzpaintner

Ein Buch und der Film zum Buch unterscheiden sich manchmal sehr. Der Filmregisseur muss häufig Handlung und Figuren ändern, um im Film alles bildhaft darzustellen, was im Buch mit vielen Wörtern beschrieben werden kann.

Das lernt ihr jetzt:
- zu einem Jugendbuch ein Portfolio anlegen
- eine literarische Figur beschreiben
- eine Buchszene mit ihrer Verfilmung vergleichen
- einen Szenenplan und ein Drehbuch schreiben
- eine Szene spielen und aufnehmen

G

3 Wie gut ihr euch mit Filmfiguren auskennt, könnt ihr jetzt herausfinden. Spielt **Filmfiguren raten**.
- Zuerst schreibt jeder zwei Filmfiguren (z. B. Harry Potter) auf Karteikarten. Die Karten werden dann gemischt.
- Besorgt euch einen Hut mit Krempe. Wählt dann eine Spielleiterin oder einen Spielleiter.
- Jetzt geht es los: Der erste Spieler setzt sich den Hut auf. Die Spielleitung stellt eine Karteikarte auf die Hutkrempe wie in **G**, so dass alle anderen sie sehen können, nur der Spieler nicht.
- Jetzt stellt der Spieler Fragen, z. B. *„Bin ich eine Frau?". Die Mitspieler antworten mit „Ja", „Nein"* oder *„Unbekannt".*
- Der Spieler hat zehn Fragen, um die Filmfigur zu erraten. Danach wird gewechselt.

Joan stand ganz oben auf der Klippe, das Haar vom Wind zerzaust, und rief nach ihrem Freund.

H

4 Stellt euch vor, ihr sollt den Satz in **H** verfilmen. Bildet Kleingruppen und überlegt euch, wie ihr ihn gestalten wollt. Legt die Art der Geschichte, den Schauspielertyp, die Kameraeinstellung (von oben, von unten, ganz nah, weit entfernt) und einen Sprechtext fest.

Stormbreaker – ein Fall für Alex Rider

Informationen zu einem Jugendbuch und Autor sammeln

1 Hier geht es um ein Buch mit dem Titel „Stormbreaker“. Findet im Tandem heraus, was dieser Titel bedeuten könnte. Notiert eure Ideen.

2 Sieh dir das Buchcover an und lies den Klappentext. Beantworte die folgenden Fragen schriftlich.
- Wer hat das Buch geschrieben?
- Wie heißt die Hauptfigur?
- Wovon handelt die Geschichte?
- Was erwartest du von diesem Buch?

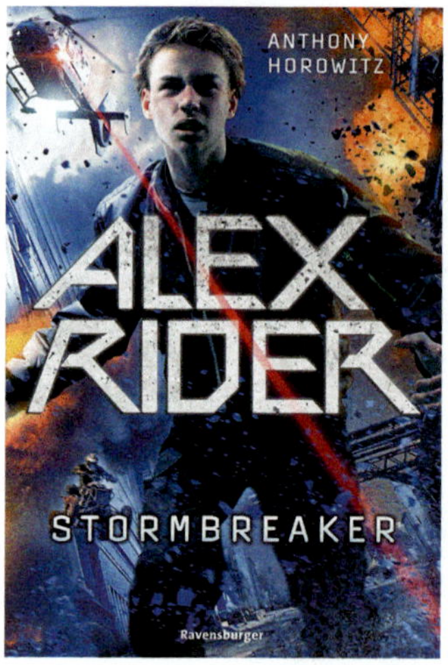

Klappentext

Als Alex’ Onkel Ian bei einem Verkehrsunfall ums Leben kommt, ahnt Alex, dass an dem „Unfall“ etwas nicht stimmt. Alex wird zum britischen Geheimdienst zitiert und muss feststellen, dass sein Onkel gar kein Banker war, wie er immer behauptete, sondern Agent. Ein Top-Agent, der allerdings einen ungelösten Fall zurückließ. Und nun verlangt der Geheimdienstchef von Alex, den Fall „Stormbreaker“ abzuschließen. Alex gerät in ein lebensgefährliches Abenteuer, denn Stormbreaker ist ein Projekt, das nicht nur Englands Schulen auslöschen könnte ...

MK **3** Lege ein Portfolio digital oder als Hefter für deine Notizen, Bilder und Aufsätze rund um das Buch und den Film „Stormbreaker“ an. Ergänze es fortlaufend. Gehe so vor:
- Lege ein Inhaltsverzeichnis an und vervollständige es am Ende.
- Hefte oder speichere deine bisher gesammelten Informationen dazu.
- Ergänze auch Materialien, die du selbst gefunden oder angefertigt hast.
- Gestalte die erste Seite (oder den Einband) wie ein Buchcover oder ein Filmplakat.

Portfolio → Seite 328

4 Oft kann man ein Buch besser verstehen, wenn man etwas über die Autorin oder den Autor weiß. Lies die Informationen über die Kindheit von Anthony Horowitz, dem Autor von „Stormbreaker“.

Anthony Horowitz
wurde am 5. April 1956 im britischen Stanmore geboren. Mit acht Jahren schickten ihn die Eltern in ein Internat nach London. Dort erlebte er strenge und brutale Lehrer, was dazu führte, dass er sich in die eigene Fantasie flüchtete und sich Geschichten ausdachte. Zu dieser Zeit beschloss er, Schriftsteller zu werden.

MK **5** Informiere dich weiter über Anthony Horowitz. Recherchiere im Internet und notiere Informationen zu den Stichworten: Name, Geburtsort, Kindheit, besondere Ereignisse im Leben, Wohnort, Hobbys und Interessen, weitere Bücher, Auszeichnungen und gewonnene Preise.

Internetrecherche → Seite 300

6 Lege mithilfe der Angaben aus den Aufgaben 4 und 5 einen Autorensteckbrief zu Anthony Horowitz an.

7 Lest das Interview mit Anthony Horowitz. Tauscht euch im Tandem darüber aus, was für ein Mensch der Autor sein könnte. Macht euch Notizen.

Interviewer Ihre Mutter soll Ihnen als Kind „Frankenstein"- und „Dracula"-Romane vorgelesen haben. Stimmt das?

Anthony Horowitz Ja. Meine Gutenachtgeschichten waren „Frankensteins Braut" oder „Draculas Rückkehr aus dem Grab". [...] Meine Mutter hatte mir aber nicht die Romane vorgelesen, sondern lediglich die Filme nacherzählt. [...] Ich muss damals sieben oder acht Jahre alt gewesen sein. Diese nacherzählten Film-Geschichten waren mehr makaber und komisch, als dass sie mich erschreckt hätten. Die Filme hatte ich mir erst später angesehen, als ich älter war.

Interviewer Als Sie 13 waren, hat Ihnen Ihre Mutter dann einen menschlichen Schädel geschenkt. Wie kommt man auf so was?

Anthony Horowitz [...] Es handelt sich um einen echten menschlichen Schädel. Ich wollte damals unbedingt einen haben, weil ich mich brennend für unser Gehirn interessierte, die Art, wie wir denken. Und für den Tod. Ich stellte mir den Schädel als eine Art Cockpit vor, in dem dieser Organismus „Gehirn" sitzt, der alles kontrolliert. Ich wollte da reinschauen können.

8 Ergänze dein Portfolio mit dem Autorensteckbrief und den weiteren Informationen aus Aufgabe 7.

Arbeitstechnik

Einen Steckbrief für Autorinnen oder Autoren anlegen

1. Lege einen Steckbrief mit den folgenden **Stichworten** an:
   - Name
   - Geburtsdatum und Geburtsort
   - Kindheit und besondere Ereignisse im Leben
   - Wohnort
   - Hobbys und Interessen
   - weitere Bücher (Hörspiele, Filme)
   - Auszeichnungen und Preise
2. Sammle **Informationen** über die Autorin/den Autor:
   - im **Buch** selbst: auf den Seiten vor der Geschichte oder im Klappentext
   - im **Internet**: z. B. auf der Website der Autorin oder des Autors oder des Verlages, in dem das Buch erschienen ist
   - im **Lexikon**: z. B. in speziellen Autorenlexika
3. Schreibe die gefundenen Informationen zu den Stichworten im **Steckbrief**.

Beachte: Wenn die Autorin oder der Autor schon lange tot ist, dann informiere dich unbedingt, in welcher Zeit er oder sie gelebt hat.

„Stormbreaker“ von Anthony Horowitz

Ausschnitte aus einem Jugendbuch erschließen

Alex erfährt, dass sein Onkel als Agent für den britischen Geheimdienst MI6[1] gearbeitet hat. Die MI6-Mitarbeiter Mrs Jones und Mr Blunt wollen, dass Alex den Auftrag seines Onkels zu Ende führt. Sie sitzen in einem Haus in Chelsea beim Essen und besprechen mit ihm die Situation.

1 **MI6**: sprich em ei six

E A06

Lerninsel
Seite 294

○ **1** Lies den Textausschnitt.

Szene aus „Stormbreaker“, Großbritannien 2006, Regie: Geoffrey Sax

„Nun ...“, Blunt warf Mrs Jones einen schnellen Blick zu, der fast Hilfe suchend wirkte. „Wir haben gewisse Zweifel an Sayle, schicken ihm also einen unserer Agenten auf den Hals. Unseren besten Mann. Er findet etwas heraus, und kurz darauf wird er erschossen. Vielleicht hat Rider die Wahrheit entdeckt...“

„Das verstehe ich nicht!“, unterbrach ihn Alex. „Sayle verschenkt die Computer. Er verdient ja nicht mal Geld dabei. Zum Dank bekommt er diesen Orden von der Königin. Ist doch prima! Was soll daran faul sein?“

„Das wissen wir nicht“, gab Blunt zu. „Wir wissen es einfach nicht. Aber wir wollen es wissen. Und zwar sehr bald. Jedenfalls bevor diese Computer von der Fabrik ausgeliefert werden.“

„Sie werden am 31. März ausgeliefert“, fügte Mrs Jones hinzu. „Das ist in nur zwei Wochen.“ Sie sah Blunt an, der ihr zunickte. „Deshalb ist es für uns sehr wichtig, dass wir jemanden nach Port West schicken. Jemanden, der dort weitermacht, wo dein Onkel aufhören musste.“

Alex spürte ein flaues Gefühl im Magen. Er grinste ein wenig schief. „Es ist hoffentlich reiner Zufall, dass Sie gerade mich ansehen.“

„Wir können nicht noch einmal einen unserer Agenten nach Port West schicken“, sagte Mrs Jones kühl und sachlich. „Der Feind hat seine Karten aufgedeckt. Er hat Ian Rider[2] ermordet. Er wird mit Sicherheit erwarten, dass wir einen Ersatzmann schicken. Wir müssen ihn also irgendwie austricksen.“

„Wir müssen jemanden entsenden, der nicht auffällt“, fügte Blunt hinzu. „Jemanden, der sich in der Fabrik umschauen und uns darüber berichten kann, ohne selbst gesehen zu werden. Wir haben schon überlegt, ob wir eine Frau hinschicken. Wir hätten sie vielleicht als Sekretärin oder Empfangsdame einschleusen können. Aber dann kam mir eine viel bessere Idee.“

Alex’ Hände verkrampften sich um das Wasserglas. Ihm wurde heiß.

„Vor ein paar Monaten startete eines dieser Computermagazine einen Wettbewerb. ‚Teste als Erste oder Erster den neuen Stormbreaker! Gewinne einen Aufenthalt in Port West und lerne Herod Sayle persönlich kennen!‘ Das war der erste Preis – und ein Junge hat ihn gewonnen, der angeblich ein richtiges PC-Genie sein soll. Er heißt Felix Lester. Vierzehn Jahre alt. Also genau so alt wie du, Alex. Ihr seht euch sogar ein wenig ähnlich. Er wird in knapp zwei Wochen in Port West erwartet.“

„Jetzt mal langsam...“, begann Alex. [...]

2 **Ian Rider**: Onkel von Alex

2 Erzählt einander im Tandem den Inhalt des Textausschnitts.

3 Finde heraus, um welche Art von Geschichte es sich handelt. Abenteuergeschichte, Krimi, Science-Fiction oder Liebesgeschichte? Belege deine Meinung mit Textstellen.

4 Wer oder was könnte „Stormbreaker" sein? Suche nach Hinweisen im Text.

MK **5** In der Geschichte spielt der britische Geheimdienst MI6 eine wichtige Rolle. Informiert euch im Tandem über die Aufgaben dieses Geheimdienstes. Gibt es eine vergleichbare Organisation in Deutschland? Macht euch Notizen.

Tipp
Nutzt dafür Bücher oder Lexika, die Website des MI6 oder andere Internetquellen.

6 Ergänze dein Portfolio mit den Arbeitsergebnissen aus den Aufgaben 3 bis 5.

7 Du hast nun schon einiges über das Buch erfahren. Fasse die wichtigsten Informationen zusammen. Du kannst die Stichworte auf den Zetteln verwenden.

Tipp
Wenn du mehr über Alex Rider und seine Erlebnisse lesen möchtest: Es gibt viele Folgebände.

Situation
Ort: England;
Zeit: heute

Problem
Der MI6 vermutet ...

Hauptpersonen
Al...;
He...

Ziel
(Was wollen die Figuren erreichen?): Alex soll in Port West ...

Ergebnis
(Wie endet die Geschichte?): noch nicht bekannt

Wichtige Ereignisse
(Was passiert im Textausschnitt): Alex wird ...

8 Hefte deine Übersicht über die Geschichte in dein Portfolio. Ergänze das Inhaltsverzeichnis.

Wer sind Alex Rider und Herod Sayle?

Eine literarische Figur beschreiben

Alex Rider ist die Hauptfigur, der Held des Buches „Stormbreaker". Sein wichtigster Gegner ist Herod Sayle. In den folgenden Ausschnitten werden die beiden Figuren vorgestellt.

○ **1** Lies die beiden Textausschnitte.

Alex rollte sich aus dem Bett und ging zum offen stehenden Fenster. Seine nackten Füße sanken in den weichen Teppichflor. Mondlicht fiel auf seinen Oberkörper. Alex war vierzehn, schon jetzt kräftig und athletisch gebaut. Sein blondes Haar war kurz geschnitten, bis auf zwei dicke Strähnen, die ihm über die Stirn fielen. Seine blauen Augen blickten ernst. Einen Moment lang stand er völlig still am Fenster, halb verborgen im Schatten, und sah hinaus. [...]

Szene aus „Stormbreaker", Großbritannien 2006, Regie: Geoffrey Sax

Herod Sayle war klein – so klein, dass sich Alex an die Reflexion in einem Zerrspiegel auf der Kirmes erinnert fühlte. Der Mann war makellos und teuer gekleidet – er trug einen schwarzen Anzug und hochglanzpolierte schwarze Schuhe. An seiner Hand funkelte ein überdimensionaler goldener Siegelring. Er wirkte wie die verkleinerte Ausgabe eines erfolgreichen millionenschweren Konzernchefs. Seine Haut war sehr dunkel, sodass seine gepflegten Zähne bei jedem Lächeln aufleuchteten. Er hatte einen runden, völlig kahlen Kopf und sehr unangenehme Augen – die graue Iris war so klein, dass man auf den ersten Blick fast nur das Weiße des Augapfels sah. Alex dachte unwillkürlich an einen Fisch. Als der Mann schließlich vor ihm stand, stellte Alex fest, dass Sayle kleiner war als er selbst. In seinem Blick lag weniger Wärme als im Blick eines Hais. [...]

Tipp
Über Mr Sayle erfährst du mehr im Buch auf S. 52–60.

◒ **2** Fertige für dein Portfolio eine Collage zu Alex und Herod Sayle an, die die beiden Figuren beschreibt. Du kannst Bilder aus Zeitschriften und eigene Zeichnungen verwenden.

○ **3** Lies den folgenden Textausschnitt.

Nun befindet sich Alex im 15. Stock des Geheimdienstgebäudes. Aus Neugier will er in das ehemalige Büro seines Onkels einsteigen.

Er öffnete das Fenster und stieg auf das Sims. Wahrscheinlich war es besser, überhaupt nicht mehr an die Höhe zu denken, sondern die Sache einfach durchzuziehen. Er musste nur so tun, als säße er auf einem Klettergerüst im Park – ein Kinderspiel. Nur sah er eben doch die senkrechte Backsteinmauer unter sich, die Autos und Busse auf der Straße, klein wie Spielzeugautos, und außerdem blies ihm der Wind heftig ins Gesicht. Keine Frage: Alex hatte Angst.
Nicht denken!, befahl er sich. Tu es einfach.

Alex ließ sich mit dem Rücken zu Crawleys Büro aus dem Fenster gleiten, bis seine Füße auf dem Mauervorsprung standen. Die Hände klammerten sich an den Fensterrahmen. Er holte tief Luft, ging so weit wie möglich in die Knie und spannte alle Muskeln.

Und sprang. […]

Alex hatte seinen Sprung falsch kalkuliert. Er verpasste die Fahnenstange um einen Zentimeter und wäre 70 Meter tief auf den Gehsteig gestürzt, wenn seine Finger sich nicht in letzter Sekunde in den Union Jack[1] verkrallt hätten. Jetzt hing er an der Fahne und baumelte wild hin und her. […]

1 Union Jack: Flagge von Großbritannien

4 Schreibe einen Text über die Figur Alex Rider. Nutze dafür deine Collage sowie die Informationen aus dem Text von Aufgabe 3. Orientiere dich an den folgenden Fragen.
- Wie alt ist Alex und wie sieht er aus?
- Welche Eigenschaften hat er?
- Wie verhält er sich?
- Welche Gedanken und Gefühle hat er?
- Gibt es etwas, was dich an ihm stört?
- Wie könnte er sprechen?
- Möchtest du gerne mit Alex befreundet sein? Begründe.

Tipp
Du kannst Fehlendes mithilfe deiner Einfühlungsgabe und Fantasie ergänzen.

5 Über die Abenteuer von Alex Rider gibt es acht Bände. Könnt ihr euch vorstellen, warum diese Reihe so beliebt ist? Diskutiert in der Gruppe darüber und haltet eure Ergebnisse schriftlich fest.

6 Ergänze dein Portfolio mit den Arbeitsergebnissen dieser Seite. Vervollständige dann das Inhaltsverzeichnis.

Tipp
Lies das Buch „Stormbreaker" und lege dazu ein Lesetagebuch an, in dem du zu jedem Kapitel die Handlung notierst.

7 Präsentiert in der Klasse eure Portfolios.

Arbeitstechnik

Eine literarische Figur beschreiben

Um die **Handlungen und Gefühle** einer Figur in einer Geschichte besser zu **verstehen**, kannst du Folgendes untersuchen:

- **Alter** und **Aussehen**
- **Lebenssituationen** oder **Lebensumstände** (Familie, Herkunft)
- typische **Eigenschaften**
- **Gedanken** und **Gefühle** in bestimmten Situationen (Wünsche, Ängste)
- typische **Verhaltensweisen**
- **Beziehungen** zu anderen Figuren
- Was sagt die Figur **über sich selbst**?
- Was sagen andere **über die Figur**?

Beachte: Sammle Informationen zu den Stichworten und **fasse** sie in einem Text **zusammen**. Schreibe **sachlich** und im **Präsens**.

Lerninsel
Seite 309

MK Vom Buch zum Film

Buch und Film vergleichen, eine Szene verfilmen

1 Tauscht euch zu folgenden Fragen in der Gruppe aus. Begründet eure Meinungen.
- Welche Bücher und Verfilmungen kennt ihr? Wie haben sie euch gefallen?
- Lest ihr lieber erst das Buch und seht dann den Film oder umgekehrt?
- Warum sehen die Figuren im Film häufig anders aus, als sie im Buch beschrieben sind?
- Warum wird die Handlung im Film oft etwas verändert?

Internetrecherche → Seite 300

2 Informiere dich im Internet über den Film „Stormbreaker“. Notiere die Namen der Hauptdarstellerinnen und Hauptdarsteller und des Regisseurs sowie die Produktionsländer und das Erscheinungsjahr.

3 Vom Buch zum Film ist es ein weiter Weg. Dafür müssen viele Menschen aktiv werden. Ordne den Berufen die passenden Aufgaben **A–G** zu.

Regisseurin – Schauspieler – Kameramann – Kostümbildner – Maskenbildnerin – Requisiteur – Musikerinnen

A Sie setzen mit Sprache, Gesicht und Körper die Ideen des Regisseurs um.

B Sie spielen die Musik, die die Szenen spannend, fröhlich oder traurig macht.

C Sie schminkt die Schauspieler.

D Er richtet z. B. Zimmer ein und besorgt passende Gegenstände für die Szenen.

E Er nimmt die Szenen auf.

F Sie leitet die Arbeiten, bei denen die Wörter des Buches in Bilder verwandelt werden.

G Er sorgt für die passende Kleidung der Schauspieler.

4 Filme bestehen aus einzelnen Szenen[1]. Der Textausschnitt auf Seite 128 ist eine solche Szene. Bildet Gruppen und schreibt zu dieser Szene einen Szenenplan in Tabellenform.

Abschnitt	Ort/Zeit/ Requisiten	Figuren	Verhalten der Figuren	Handlung	Dialog (Anfang/Ende)
1. Zeilen 1–7	*Büro MI6*	*Mr Blunt, Mrs Jones, Alex*	*Mr Blunt spricht sachlich, etwas von oben herab*	*Mr Blunt erzählt von Sayle und wie Alex' Onkel ums Leben kam*	*„Nun … entdeckt …“ (Blunt zu Alex)*
…	…	…	…	…	…

[1] **Szene**: Ort einer Handlung. Jeder Ortswechsel ist eine neue Szene.

5 Aus dem Szenenplan soll jetzt ein Drehbuch entstehen. Seht euch den folgenden Drehbuchausschnitt an und vergleicht ihn in der Gruppe mit dem Szenenplan.

> MR BLUNT steht in seinem Büro, neben ihm ALEX, MRS JONES sitzt an ihrem Schreibtisch
> BLUNT (schneller Blick zu MRS JONES, dann von oben herab zu ALEX)
> Nun … wir haben gewisse Zweifel an Sayle, schicken ihm also einen unserer Agenten auf den Hals. Unseren besten Mann. Er findet etwas heraus, und kurz darauf wird er erschossen. Vielleicht hat Rider die Wahrheit entdeckt …
> ALEX (zu BLUNT)
> Das verstehe ich nicht, Sayle verschenkt die Computer …

Tipp
In einem Drehbuch werden die handelnden Personen mit großen Buchstaben geschrieben. Die Dialoge werden eingerückt.

6 Jede Gruppe schreibt nun mithilfe des Szenenplans ein Drehbuch. Stellt alle Handlungen und Dialoge in der richtigen Reihenfolge dar.

7 Nun sollt ihr mithilfe eurer Drehbücher die Szene spielen und aufnehmen. Entscheidet in jeder Gruppe, wer die folgenden Aufgaben übernimmt:

Schauspielerinnen und Schauspieler: Sie lernen die Texte und spielen ihre Rolle.	**Kamerafrau oder Kameramann:** Sie oder er filmt die eingeübte Szene.	**Regisseur oder Regisseurin:** Er oder sie leitet mithilfe des Drehbuchs alle Arbeiten an und berät.

Tipp
Überlegt, welche Requisiten ihr benötigt, und besorgt sie.

Rollen spielen
→ Seite 328

8 Übt die Szene. Nehmt sie mit der Video- oder Handykamera auf.

9 Organisiert in der Klasse eine „Filmvorführstunde“. Präsentiert eure Filme und besprecht danach, welche am besten gelungen sind. Begründet.

Tipp
Ihr könnt eure Szenen auch mit passender Musik untermalen.

Arbeitstechnik

Ein Drehbuch zu einem Text schreiben

In einem Drehbuch werden Handlungen und Dialoge **Szene für Szene** dargestellt. Das Drehbuch ist die Grundlage dafür, einen Text zu verfilmen.

1. Lege einen **Textausschnitt** fest.
2. Schreibe zum Textausschnitt einen **Szenenplan**. Notiere darin Ort, Zeit, Requisiten, Figuren und deren Verhalten, Handlungen und Dialoge.
3. Lege für die Filmaufnahme mithilfe des Szenenplans ein **Drehbuch** an. Notiere die Handlungen, Figuren und Dialoge in der richtigen Reihenfolge.

Lerninsel
→ Seite 302/303

START **Drei Wege – ein Ziel!** Finde deinen Weg mit diesem Einschätzungstest: **D36**

A B C

Max Minsky und ich

D37 Differenzierung Fördern

Eine literarische Figur beschreiben

1 Sieh dir das Plakat genau an und lies den Klappentext des gleichnamigen Jugendbuchs von Holly-Jane Rahlens.

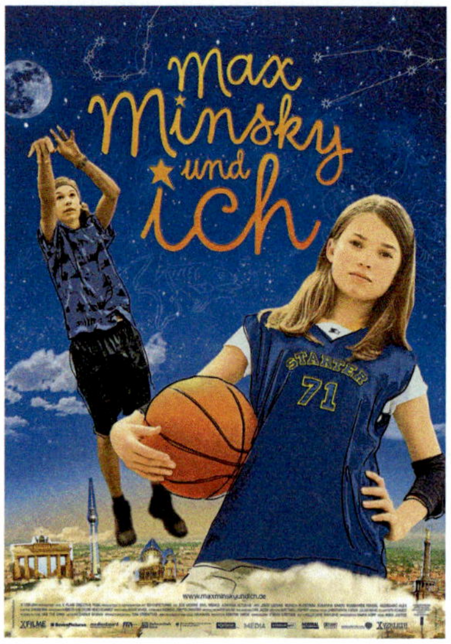

Klappentext

Nelly Sue Edelmeister ist zukünftige Weltraumforscherin, brillante Schülerin und – total verliebt. In einen Prinzen. Und zwar in einen echten! Nellys amerikanische Mutter findet zwar, dass ihre Tochter statt königlicher Websites lieber die Thora[1] studieren soll (schließlich steht Nellys „Bat-Mizwa[2]“ bevor), aber das sieht Nelly ganz anders. Als die Basketballmannschaft der Schule zu einem Auswärtsspiel eingeladen wird, bei dem der Prinz persönlich der Siegermannschaft gratulieren soll, ist die unsportliche Nelly fest entschlossen: Sie will in die Mannschaft! Bloß wie? Vielleicht lässt sich ja ein Deal mit dem Basketball-Crack, diesem unsäglichen Max Minsky, arrangieren ...

1 Thora: die Bibel im Judentum

2 Bat-Mizwa: im Judentum die religiöse Mündigkeit, die 12-jährige Mädchen erhalten

Portfolio → Seite 328

2 Beantworte die folgenden Fragen schriftlich. Lege ein Portfolio an.
- **Wer** hat das Buch geschrieben?
- **Wie** heißen die Hauptfiguren?
- **Wo** spielt die Geschichte?
- **Wovon** handelt die Geschichte?

Internet-recherche → Seite 300 MK

3 Informiere dich über die Autorin. Lies dazu den folgenden Text und sammle weitere Informationen in Lexika oder im Internet.

Holly-Jane Rahlens

ist eine amerikanische Schriftstellerin und Schauspielerin, die heute in Deutschland lebt. Sie wuchs als Kind jüdischer Eltern in New York auf, kam nach dem Studium der Literaturwissenschaft und Theater Arts (Schauspiel und Regie) aus ihrer Heimatstadt New York nach Berlin. Dort arbeitete sie beim Rundfunk.

Mit Radioerzählungen, Hörspielen und Solo-Bühnenshows machte sie sich dort in den achtziger und neunziger Jahren einen Namen. Außerdem arbeitete sie als Journalistin, Moderatorin und Regisseurin.

1996 erschien ihr erster Roman „Becky Bernstein goes Berlin“.

Steckbrief → Seite 127

4 Lege einen Steckbrief zu Holly-Jane Rahlens für dein Portfolio an.

○ **5** Lies den folgenden Textausschnitt.

A07

Nelly hat fleißig mit Max Basketballspielen geübt. Jetzt findet das Auswahlspiel für die Mannschaft statt.

Lerninsel
Seite 294

„Na los, Brillenschlange“, höhnte Yvonne, „versuch doch, mir den Ball abzunehmen. Das kannst du nämlich nicht. Hat Max mir erzählt.“

„Hat er nicht, ich kann's nämlich!“

„Hat er wohl. Und du kannst es nicht. Guck, da sitzt er. Und er hält zu *mir*.“

Ich sah mich um, und tatsächlich, da saß Max, neben Caroline und Nicole. Verärgert drehte ich mich wieder um. Aber es war schon zu spät. Yvonne zielte bereits. Der Ball zischte durch die Luft wie eine Kanonenkugel. Oh, ich hätte mich ohrfeigen können! Wie konnte ich nur so dämlich sein? Warum hatte ich mich von ihr ablenken lassen?

Aber, o Wunder! Ihr Ball verfehlte den Korb! Er prallte von der Kante ab und fiel runter. Sie stürzte los, um ihn für den Rebound[1] zu fangen, aber ich war eine Nanosekunde[2] schneller. Ich schnellte hoch, und – zack! – hatte ich den Ball. [...] Und so lief das Spiel weiter. Sekunde für Sekunde. Minute für Minute. Ich verlor jedes Zeitgefühl – so sehr hielt es mich in Atem. Ich war völlig entrückt – wie es mir sonst nur beim Betrachten der Sterne ging. Oder wie in einem Traum, als ich durch das All schwebte und fliegen konnte, vor lauter Verzückung über das Wunder des Universums. [...]

Während die Jury sich beriet, zog ich mich rasch um. Zurück in der Halle, hoffte ich, Max zu finden. Er fand mich.

„Und?“, sagte ich.

„Du warst gut“, sagte er.

„Gut? Ist das dein ganzer Kommentar? Ich war grandios!“

Max zuckte die Achseln. „Verglichen damit, wie du früher warst, schon.“

„Ich komme in die Mannschaft! Und nach England!“

„Prinz William wird bestimmt sehr stolz auf dich sein“, sagte er, nicht frei von Sarkasmus[3]. Er sah mich an, als erwarte er etwas von mir. „Und?“

„Was, und?“

„Schon mal von den Worten „danke schön“ gehört?“, sagte er. [...]

Mir fiel auf, dass er sein Sweatshirt nicht anhatte. Ich sah zur Tribüne hinüber. Und tatsächlich, da saß Yvonne, mit Max' Sweatshirt um die Schultern.

„Du hast doch gesagt, wir hätten einen Deal gehabt und dass der jetzt erledigt ist“, sagte ich wütend. „Muss ich mich da für den Rest meines Lebens bei dir bedanken?“ Ich war den Tränen nah. [...]

1 Rebound: unkontrollierter Ball nach einem misslungenen Korbwurfversuch

2 Nanosekunde: 1/1000000000 Sekunde

3 Sarkasmus: verletzender Spott, mit dem Ziel, jemanden lächerlich zu machen

6 Beantwortet im Tandem die folgenden Fragen. Macht euch Notizen dazu. Schreibt dann einen kurzen Text über Nelly für euer Portfolio.

- **Was** erfahrt ihr über Nelly? Was erfahrt ihr über Max?
- **Was** hätte sich Nelly wohl nach dem Spiel von Max gewünscht?
- **Warum** ist Nelly verärgert, als sie Max neben Caroline und Nicole entdeckt?
- **Was** erfahrt ihr über das Verhältnis von Nelly und Yvonne?
- **Warum** ist Nelly nach dem Spiel den Tränen nah?

literarische Figur
Seite 131

Film ab!

Buch und Film vergleichen, eine Szene verfilmen

D37 Differenzierung Fördern

1 Fasse jetzt alle Informationen zum Buch „Max Minsky und ich" zusammen. Mache dir zu folgenden Stichworten Notizen:

Hauptfiguren | Situation (Ort und Zeit) | Ziel (Was will Nelly erreichen?) | wichtige Ereignisse | allgemeine Informationen zum Buch | Informationen zur Autorin | eigene Meinung zum Buch

Buchvorstellung → Seite 295

Feedback → Seite 327

2 Stellt einander im Tandem das Buch vor. Gebt euch ein Feedback dazu.

3 Das Buch „Max Minsky und ich" wurde verfilmt. Lies die Textausschnitte **1-4** und ordne sie den Bildern aus dem Film **A-D** zu.

„Wieso verplemperst du deine Zeit mit Basketball?", sagte meine Mutter. „Damit kommst du doch nicht weiter." (S. 142) **1**

„Edelmeister! Du bist zu spät. Schon wieder. [...] Eine Mizwa ist eine heilige Pflicht, ein Gottesgebot [...]" (S. 35/36) **2**

„Du kannst gern bei mir einziehen, Prinzessin [...] Deine Mutter hat gute Gründe, auf mich sauer zu sein." (S. 194/195) **3**

„Du bist gut", sagte er. „Richtig gut. Vielleicht kriegst du's hin." (S. 154) **4**

Szenen aus „Max Minsky und ich", Deutschland 2007, Regie: Anna Justice

4 Tauscht euch in der Gruppe über die dargestellten Szenen A–D aus. Klärt, worum es geht.

5 Wählt eine Szene aus Aufgabe 3 aus. Lest die passende Textstelle und seht euch diese Szene im Film an. Vergleicht in der Gruppe und notiert Unterschiede und Gemeinsamkeiten.

6 Lest die folgende Beschreibung von Max am Anfang der Geschichte. Ändert sich danach euer Bild von Max? Tauscht euch im Tandem aus.

Auch dieses Zimmer war ziemlich duster, abgesehen von einem dünnen Lichtstrahl, der auf ein Bett gerichtet war, auf dem ich ein Gespenst erblickte, nein, einen siechen[1], leichenblassen Schwindsüchtigen[2], nein, einen gesunden Vampir. Ausgestreckt lag er dort und las ein großes, in schwarzes Leinen[3] gebundenes Buch mit Goldlettern[4]. [...] Sein Gesicht war weiß, im wahrsten Sinne des Wortes kreideweiß.
Eine Art schwarzes Spinnennetz zierte die Wangen. Dunkles, angetrocknetes Gel betonte Haaransatz und Augenbrauen. Auch das Haar war steif von Gel und stand in schwarzen Stacheln ab. Die Schuhe waren abgetreten, schwarz und spitz. Als er den Mund öffnete, war ich froh, dass keine Fangzähne zum Vorschein kamen.

Tipp
Vergleicht die Beschreibung hier mit dem Bild und der Beschreibung auf S.135 (Z.22–30).

1 siech: krank, schwach
2 Schwindsüchtige, der/die: Person, die an Lungentuberkulose leidet
3 Leinen: Stoff aus Flachs
4 Goldletter: Buchstabe aus Gold

7 Bildet Gruppen. Schreibt gemeinsam einen Szenenplan zum Textausschnitt auf Seite 134/135.

Abschnitt	Ort/Zeit/ Requisiten	Figuren	Verhalten der Figuren	Handlung	Dialog (Anfang/Ende)
1. Zeilen …	*Turnhalle, während Basketballspiel, Ball*	*Nelly, Yvonne …*	*Nelly reagiert trotzig, Yvonne …*	*Yvonne ärgert Nelly …*	*„Na los, Brillenschlange … erzählt."*
…	…	…	…	…	

8 Schreibt nun in der Gruppe mithilfe des Szenenplans ein Drehbuch.
Ihr könnt so beginnen:

> NELLY und YVONNE während des Basketballspiels in der Turnhalle
> YVONNE (höhnisch, zu Nelly)
> Na los, Brillenschlange …

Drehbuch → Seite 133

9 Verteilt jetzt die Rollen in der Gruppe (Schauspielerin/Schauspieler, Regisseurin/Regisseur, Kamerafrau/Kameramann) und übt die Szene mehrmals.

Rollen spielen → Seite 328

10 Nehmt die Szene mit der Video- oder Handykamera auf.

11 Wählt eine Person, die bei der Präsentation in der Klasse das Buch „Max Minsky und ich" vorstellt. Bereitet außerdem die Vorführung eures kleinen Films vor.

Timm Thaler

Eine literarische Figur beschreiben

D38 Differenzierung

1 Sieh dir das Buchcover von folgendem Jugendbuch an und lies den Klappentext.

Klappentext

Timm Thalers Lachen steckt alle an. Bis er es an den geheimnisvollen Baron Lefuet verkauft. Beide schließen einen Vertrag: Der Baron bekommt Timms Lachen, und Timm gewinnt ab jetzt jede Wette. Doch bald merkt Timm, dass ein Mensch ohne Lachen kein richtiger Mensch ist, und so macht er sich auf, sein Lachen zurückzuerobern.

Portfolio → Seite 328

2 Schreibe die Informationen zu Autor, Hauptfiguren und Inhalt des Buches auf und beginne damit dein Portfolio.

Internetrecherche → Seite 300

3 Informiere dich über den Autor. Nutze dafür Lexika oder das Internet. Schreibe einen Steckbrief zum Autor und ergänze damit dein Portfolio.

4 Lies aus dem Anfang des Romans „Timm Thaler oder Das verkaufte Lachen“.

A08

Lerninsel → Seite 294

In den großen Städten mit den breiten Straßen gibt es hinten hinaus heute noch Gassen, die so eng sind, dass man sich durch die Fenster von einer Seite zur anderen die Hand reichen kann. [...] hinten hinaus wohnen Leute, die wenig Geld haben. Und wer in einer großen reichen Stadt wenig Geld hat, wird grämlich, neidisch und nicht selten zänkisch. Das liegt nicht nur an den Leuten, sondern auch an den Gassen.

Der kleine Timm kam mit drei Jahren in so eine enge Gasse. Seine lustige, rundliche Mutter war gestorben, und der Vater musste, da es zu jener Zeit wenig Arbeit gab, auf den Bau gehen. So zogen Vater und Sohn von der hellen Erkerwohnung am Rande des Stadtparks in die Gasse mit dem Kopfsteinpflaster, in der es beständig nach Pfeffer, Kümmel und Anis roch; denn in dieser Gasse befand sich die einzige Gewürzmühle der Stadt. Bald darauf bekam Timm eine dürre, mausgesichtige Stiefmutter und dazu einen Pflegebruder, der frech, verwöhnt und käsebleich war. Timm war trotz seiner drei Jahre schon ein kräftiger kleiner Bursche, der besonders hübsch lachte und der einen Ozeandampfer aus Küchenstühlen oder ein Auto aus Sofakissen ganz selbständig regieren konnte. Seine verstorbene Mutter hatte Tränen gelacht, wenn Timm mit Kissen und Stühlen seine großen Reisen zu Wasser und zu Lande unternahm und immerzu „tuff, tuff, tuff, Ameerika“ rief. Aber seine Stiefmutter prügelte ihn dafür. Und das konnte er nicht begreifen. Auch den Stiefbruder Erwin begriff er schwer; denn der bewies seine brüderliche Liebe dadurch, dass er den kleinen Timm mit Brennholz bewarf oder dass er ihn mit Ruß oder Tinte oder Pflaumenmus beschmierte. Das Allerunbegreiflichste aber war, dass hinterher nicht Erwin, sondern Timm dafür bestraft wurde. Über all diesen Unbegreiflichkeiten in der Gassenwohnung verlernte Timm beinahe das Lachen. Nur wenn der Vater zu Hause war, ertönte noch sein kleines drolliges Gelächter mit dem Schlucker am Schluss.

Glückliche Momente erlebte Timm mit dem Vater auf der Pferderennbahn. Nach dessen Tod ging Timm wieder zur Rennbahn und erlebte Folgendes.

Betont langsam schlenderte Timm weiter, als ein langer dürrer Herr in einem karierten Anzug auf ihn zutrat und fragte: „Na, Timm, willst du wetten?“ Der Junge sah verstört zu dem Unbekannten auf. Er bemerkte nicht, dass es derselbe Herr war, der ihn kurz zuvor auf den Fuß getreten hatte. Der Fremde hatte einen Mund wie ein Strich und eine schmale Hakennase, unter der ein ganz dünner schwarzer Schnurrbart saß. Über stechenden, wasserblauen Augen hatte er eine Ballonmütze tief in die Stirn gezogen. Und die Mütze war so kariert wie der Anzug des Unbekannten.

Szene aus „Timm Thaler oder Das verkaufte Lachen“, Deutschland 2017, Regie: Andreas Dresen

Timm begegnet erneut dem Unbekannten, der sich als Freund des Vaters ausgibt.

Übrigens machte der Fremde mit dem ernstesten Gesicht von der Welt solche Späße, dass Timm sich vor Lachen kugelte. Er ist doch ein netter Kerl, dachte der Junge. Ich kann jetzt verstehen, dass mein Vater ihn mochte. Überdies schaute der Fremde ihn mit warmen braunen Augen an, die freundlich blickten. Wenn Timm ein schärferer Beobachter gewesen wäre, hätte er wissen müssen, dass der Herr an den Sonntagen zuvor kalte wasserblaue Augen wie ein Fisch gehabt hatte. Aber Timm war kein scharfer Beobachter. [...]

Endlich begann der karierte Herr vom Geschäft zu reden.

„Mein lieber Timm“, fing er an, „ich biete dir Geld, soviel du willst! Ich kann es dir nicht in klingender Münze auf den Tisch zählen. Aber ich kann dir die Fähigkeit verleihen, jede Wette zu gewinnen! Jede, verstehst du?“

Timm nickte beklommen, hörte aber genau zu.

„Natürlich verleihe ich dir diese Fähigkeit nicht umsonst, das wirst du verstehen! Solch eine Fähigkeit hat ihren Wert!“ [...]

„Was verlangen Sie?“ Einen Augenblick zögerte der Fremde und sah Timm nachdenklich an. [...]

„Ich verlange dein Lachen dafür!“

„Mehr nicht?“ fragte Timm lachend.

Aber als die braunen Augen ihn merkwürdig, fast traurig ansahen, verstummte das Lachen ohne den gewöhnlichen Schlussschlucker.

Timms Blick fiel zufällig auf den Bienenstich auf seinem Teller. Er musste an Frau Bebber und an die Schulden und an all die Dinge denken, die er mit dem vielen Geld kaufen konnte. Und er sagte:

„Wenn das ein richtiges Geschäft ist, bin ich einverstanden!“ [...]

○ **5** Was erfahrt ihr in diesen Ausschnitten über Timm und den Fremden? Tauscht euch im Tandem darüber aus und macht euch Notizen.

○ **6** Wähle eine der beiden Hauptfiguren, Timm oder den Fremden. Beschreibe sie in einem kurzen Text.

literarische Figur
→ Seite 131

○ **7** Seht euch in der Gruppe die Texte noch einmal an. Beantwortet die Fragen.
- In welcher Zeit könnte die Geschichte spielen? Begründet eure Aussage.
- Welcher Konflikt deutet sich an?
- Warum könnte der Fremde das Lachen von Timm benötigen?
- Wie würdet ihr anstelle von Timm auf das Angebot reagieren?

Aus Worten Bilder machen

MK

Buch und Film vergleichen, eine Szene verfilmen

D38 Differenzierung

Buchvorstellung Seite 295

1 Fasse jetzt alle Informationen zum Buch „Timm Thaler oder Das verkaufte Lachen" schriftlich zusammen. Begründe, warum dir das Buch gefällt oder nicht gefällt.

Feedback Seite 327

2 Stellt einander im Tandem das Buch vor. Gebt euch ein Feedback dazu.

Tipp
Kamera- und Toneinstellungen werden in Klammern wiedergegeben.

3 Lies die Ausschnitte aus dem Drehbuch für den Film „Timm Thaler oder Das verkaufte Lachen". Sieh dir auch die Bilder A und B aus dem Film an.

TIMM (kommt auf der Pferderennbahn an), heller Nachmittag, Menschengetümmel, Außenansicht (HALBTOTALE[1])
(HALBNAH[2]) (ein MANN rempelt TIMM an)
TIMM (erschrocken)
Au!
MANN (empört)
Pass doch auf!
(SCHWENK[3] auf den Boden, Schuh von TIMM auf einem Markstück, SCHWENK auf Hosentasche, TIMM hebt das Markstück auf und steckt es ein)
(SCHWENK nach oben, zu TIMM, neben ihm DER FREMDE)
(HALBNAH) DER FREMDE (beiläufig zu TIMM)
Na du, Lust zu wetten?
TIMM (schüttelt den Kopf)
(NAH[4]) DER FREMDE
Hast du nicht grad fünf Mark eingesteckt? (Pause)
Hier ist ein Wettschein, mit dem gewinnst du.
TIMM (verwundert)
Aber Kinder dürfen doch gar nicht wetten. [...]

1 Halbtotale: Person von Kopf bis Fuß
2 Halbnah: Person von Kopf bis Hüfte
3 Schwenk: Kamera bewegt sich (hier) hoch/runter
4 Nah: Person von Kopf bis Oberkörper

Szene aus „Timm Thaler oder Das verkaufte Lachen", Deutschland 2017, Regie: Andreas Dresen

TIMM (sitzt in einem Pavillon), DER FREMDE (steht davor, wendet sich TIMM zu), sommerliche Stimmung, Außenansicht
(HALBNAH, TIMM, DER FREMDE beugt sich zu TIMM, schaut ihm in die Augen)

DER FREMDE (schnell, verschwörerisch)
Verkauf mir dein Lachen!
TIMM (zweifelnd)
Mein was?
(HALBNAH, TIMM UND DER FREMDE)
DER FREMDE (setzt sich)
Dein Lachen, Timm. Einer wie du hat eh nicht viel zu lachen. Verkauf's mir!
TIMM (verwundert)
Aber das geht doch gar nicht!
(NAH, TIMM und DER FREMDE)
DER FREMDE (schnell)
Probier's aus! Gib mir dein Lachen und du gewinnst jede Wette! Wir schließen einen Vertrag.
TIMM (blickt weg)
Ich muss jetzt sowieso heim. (will aufstehen)
(ZOOM[5] zur GROßAUFNAHME[6], DER FREMDE, TIMM)
DER FREMDE (schnell, einschmeichelnd)
Nein, nein, nein. Hör zu! Timm Thaler verkauft Baron Lefuet sein Lachen.
Im Gegenzug gewinnt er ab jetzt jede Wette.

5 Zoom: Kamera zoomt zum Geschehen
6 Großaufnahme: Kopf der Person

4 Vergleicht im Tandem das Drehbuch mit den Textausschnitten auf Seite 139. Welche Gemeinsamkeiten und Unterschiede gibt es? Übernehmt die Tabelle in euer Portfolio und füllt sie aus.

	Textausschnitt	Drehbuch
Gemeinsamkeiten	*Ort, …*	
Unterschiede	– *Gedanken von Timm wiedergegeben*	– *beschreibt Verhalten und Sprechen Timms*
	– …	– …

5 Bildet Dreiergruppen und schreibt einen Szenenplan zur Szene auf der Rennbahn den Textausschnitten auf Seite 139.

6 Schreibe nun mithilfe des Szenenplans ein Drehbuch. Stelle Handlungen und Dialoge in der richtigen Reihenfolge dar.

Drehbuch → Seite 133

7 Verteilt jetzt in der Gruppe die Rollen (Schauspielerin/Schauspieler, Regisseurin/Regisseur, Kamerafrau/ Kameramann). Entscheidet euch für ein Drehbuch und übt die Szene mehrmals.

Rollen spielen → Seite 328

8 Nehmt die Szene mit der Video- oder Handykamera auf.

9 Wählt eine Person, die bei der Präsentation in der Klasse das Buch „Timm Thaler oder Das verkaufte Lachen“ vorstellt. Bereitet außerdem die Vorführung eures kleinen Films vor.

Krabat

Eine literarische Figur beschreiben

D39 Differenzierung

Portfolio → Seite 328

1 Sieh dir das Buchcover des Jugendbuchs an und lies den Klappentext. Was erfährst du über das Buch? Lege ein Portfolio an und mache dir dafür Notizen.

Klappentext

Vier bedeutende Auszeichnungen hat „Krabat“ erhalten; die Kritik hob den Roman als Otfried Preußlers bedeutendstes Werk hervor, der hier Motive der Volkssage zu einer Geschichte von unheimlicher Spannung verwoben hat, die Jugendliche wie Erwachsene gleichermaßen zu fesseln versteht. Die klare, einfache Sprache und die überlegene Komposition dieser Geschichte vom magischen Spiel um die Freiheit eines Menschen verleihen ihr Eindringlichkeit und hohen literarischen Rang.

Internetrecherche MK → Seite 300

2 Informiere dich über den Autor. Nutze dafür Lexika oder das Internet. Schreibe einen Autorensteckbrief und ergänze damit dein Portfolio.

3 Lies den folgenden Textausschnitt.

A09

Lerninsel → Seite 294

Krabat ist als Zauberlehrling in der Mühle im Koselbruch gefangen. Er kann nur freikommen, wenn sein Mädchen beim Meister für ihn bittet. Dafür muss die Kantorka ihren Liebsten unter allen Müllersburschen erkennen. Um die Aufgabe fast unmöglich zu machen, hat der Meister die Burschen in Raben verwandelt. Erkennt das Mädchen den Liebsten nicht, müssen beide sterben. Die Kantorka und Krabat wollen dieses Wagnis eingehen.

Gegen Abend, es wollte schon dunkeln, fand sich die Kantorka auf der Mühle ein, in der Abendmahltracht mit dem weißen Stirnband. Hanzo empfing sie und fragte nach ihrem Begehr, sie verlangte den Müller zu sprechen.

„Der Müller bin ich.“

Die Burschen beiseiteschiebend, trat ihr der Meister entgegen, in schwarzem Mantel und Dreispitz, bleich im Gesicht, wie mit Kalk bestrichen.

„Was willst du?“

Die Kantorka blickte ihn furchtlos an.

„Gib mir“, begehrte sie, „meinen Burschen heraus!“

„Deinen Burschen?“ Der Müller lachte. Es hörte sich an wie ein böses Meckern, ein Bocksgelächter. „Ich kenne ihn nicht.“

„Es ist Krabat“, sagte die Kantorka, „den ich liebhabe.“

„Krabat?“ Der Meister versuchte sie einzuschüchtern. „Kennst du ihn überhaupt? Bist du fähig, ihn unter den Burschen herauszufinden?“

„Ich kenne ihn“, sagte die Kantorka.

„Das kann jede sagen!“

Der Meister wandte sich den Gesellen zu. „Geht in die Schwarze Kammer und stellt euch in einer Reihe auf, nebeneinander, und rührt euch nicht!“

Krabat erwartete, dass sie sich nun in Raben verwandeln müssten. Er stand zwischen Andrusch und Staschko.

„Bleibt, wo ihr seid – und dass keiner mir einen Mucks macht! Auch du nicht, Krabat! Beim ersten Laut, den ich von dir höre, stirbt sie!“

Der Meister zog aus der Manteltasche ein schwarzes Tuch, das band er der Kantorka vor die Augen, dann führte er sie herein.

„Wenn du mir deinen Burschen zeigen kannst, darfst du ihn mitnehmen.“

Szene aus „Krabat“, Deutschland 2008, Regie: Marco Kreuzpainter

Krabat erschrak, damit hatte er nicht gerechnet. Wie sollte er nun dem Mädchen helfen? Da nützte ihm auch der Ring von Haar[1] nichts!

Die Kantorka schritt die Reihe der Burschen ab, einmal und zweimal. Krabat vermochte sich kaum auf den Beinen zu halten. Sein Leben, das spürte er, war verwirkt. Und das Leben der Kantorka!

Angst übermannte ihn – Angst, wie er nie zuvor sie gespürt hatte. „Ich bin schuld, dass sie sterben muss“, ging es ihm durch den Kopf. „Ich bin schuld daran ...“ [...]

1 Ring von Haar: Haarring, der Krabat hilft, seine Gedanken vor dem Meister zu verschließen

4 Welches Wagnis wollen Krabat und die Kantorka eingehen? Warum tun sie das? Tauscht euch im Tandem darüber aus und macht euch Notizen.

5 Kennt ihr Situationen, in denen Menschen so ein Wagnis eingehen? Berichtet in der Gruppe über Selbsterlebtes, Filme oder Bücher.

6 Gestaltet ein Interview im Tandem. Geht so vor:
- Einer wählt eine der Figuren aus: Krabat, den Meister oder die Kantorka. Er versetzt sich in sie hinein.
- Der andere ist Reporter einer Tageszeitung und interviewt die Figur zu den Erlebnissen dieses Tages in der Mühle.
- Formuliert Fragen, wie: Wie lief der Tag ab? Wie haben Sie sich in dieser Situation gefühlt?
- Denkt euch die Antworten passend zum Charakter der Figur aus.
- Macht euch Notizen zu den Antworten.

Interview → Seite 327

7 Wähle eine der drei Hauptfiguren aus. Schreibe eine Rollenbiografie zu dieser Figur: Versetze dich in sie hinein und beschreibe aus ihrer Sicht die Situation in dem Textabschnitt. Schreibe in der Ich-Form.

! Merke

Rollenbiografie

In einer Rollenbiografie versetzt man sich in die **Rolle einer Figur**.
Man schreibt in der **Ich-Form** und gibt wieder, was die Figur in der Situation **denkt** und **fühlt**.
→ Ich bin Krabat … Ich stand mit den Burschen … Als … habe ich mich erschreckt …

Lerninsel → Seite 309

Krabat im Film

MK

Buch und Film vergleichen, eine Szene verfilmen

D39 Differenzierung

Buchvorstellung
Seite 295

1 Fasse alle Informationen zum Buch „Krabat" schriftlich zusammen. Begründe, warum dir das Buch gefällt oder nicht gefällt.

Feedback
Seite 327

2 Stellt einander im Tandem das Buch vor. Gebt euch ein Feedback dazu.

Tipp
Kamera- und Toneinstellungen werden in Klammern wiedergegeben.

3 Lies den Ausschnitt aus dem Drehbuch für den Film „Krabat". Sieh dir auch die Bilder A–D aus dem Film an.

Mühle – Winter, Außenansicht
(TOTALE[1], Rückenansicht der KANTORKA im langen schwarzen Umhang, geht auf Mühle zu)
(ÜBERBLENDE[2] in das Innere der Mühle)
(NAH[3], JURO und KRABAT)
JURO (aufgeregt, flüsternd)
Krabat, ich hab den Ring versteckt, so wie du wolltest.
(SCHWENK[4], MEISTER schaut durch Luke)
MEISTER (streng)
Was gibt es?
(TOTALE, Dachboden, MÜLLERBURSCHEN, sitzend, stehen, sehen Meister an, verschiedene Ausdrücke von Ablehnung, Angst, Unsicherheit)
MEISTER (beunruhigt)
Geht in die schwarze Kammer und dann wartet dort auf mich.
MEISTER (dreht sich um und geht die Treppe hinunter)

A

B

(SCHRITTE ENTFERNEN SICH)
ein BURSCHE (steht auf, guckt durch die Dachluke)
Ein Mädchen.
(HALBNAH[5], KRABAT von vorn, JURO von hinten)
JURO (tonlos)
Was?
KRABAT (zu JURO)
Du hast es mir versprochen.

1 Totale: Person vollständig in Umgebung
2 Überblende: Übergang von einer Kameraeinstellung in eine andere
3 Nah: Person von Kopf bis Oberkörper
4 Schwenk: Kamera dreht sich
5 Halbnah: Person von Kopf bis Hüfte

Vorraum der Mühle – Nacht
KANTORKA (HALBTOTALE[6], im schwarzen Umhang, Kapuze auf dem Kopf; steht am Fuß der Treppe im Vorraum der Mühle)
MEISTER (steht oben an der Treppe)
Was willst du hier?
KANTORKA (GROẞAUFNAHME[7], ängstlich, nervös)
Ich bitte dich um meinen Burschen.

6 Halbtotale: Person von Kopf bis Fuß
7 Großaufnahme: Kopf der Person

C

D

MEISTER (kommt die Treppe hinunter)
So, so. Deinen Burschen.
(GROẞAUFNAHME KANTORKA, nimmt die Kapuze ab)
MEISTER (geht langsam die Treppe hinunter)
Und wer soll das sein?
(SCHWENK auf KANTORKA, HALBNAH)
KANTORKA
Es ist Krabat, den ich liebhab.
MEISTER (dreht sich langsam um, schaut den Burschen nach, die den Vorraum verlassen. Geht dann die Treppe hinunter.)

4 Vergleiche das Drehbuch mit dem Text auf Seite 142/143. Welche Gemeinsamkeiten und Unterschiede gibt es? Halte die Ergebnisse in deinem Portfolio fest.

5 Wählt in der Gruppe einen anderen Ausschnitt aus dem Buch. Schreibt dazu einen Szenenplan.

6 Schreibe mithilfe des Szenenplans zu der ausgewählten Szene ein Drehbuch.

7 Verteilt in der Gruppe die Rollen. Entscheidet euch für ein Drehbuch und übt die Szene mehrmals.

Drehbuch → Seite 133
Rollen spielen → Seite 328

8 Nehmt die Szene mit der Video- oder Handykamera auf.

9 Wählt eine Person, die bei der Präsentation in der Klasse das Buch „Krabat“ vorstellt. Bereitet außerdem die Vorführung eures kleinen Films vor.

Präsentiert eure Ergebnisse

Ihr habt euch mit verschiedenen Jugendbüchern und ihren Verfilmungen auseinandergesetzt. Ihr habt zu einer Szene einen kleinen Film gedreht. Stellt nun der Klasse euer Buch vor und zeigt die Filme.

1 Information

○ Informiert die Klasse über den Titel und die Autorin oder den Autor eures Buches.

2 Präsentation

◒ Präsentiert eure Arbeitsergebnisse.
- Stellt eure Bücher vor. Gebt den Inhalt wieder und informiert über die Autorin oder den Autor.
- Führt eure Filme vor.

3 Fragerunde

○ Stellt Fragen zu den Buchvorstellungen und Filmen. Lasst euch die Fragen von der jeweiligen Gruppe beantworten, z. B.
- Warum sollte man das Buch lesen oder die Verfilmung ansehen?
- Habt ihr die Verfilmung gesehen? Wenn ja, was hat euch besser gefallen? Buch oder Film?
- Was ist euch bei eurer Verfilmung der Szene besonders gelungen?

4 Diskussion

◒ Besprecht und diskutiert gemeinsam weitere Fragestellungen.

A Was hat euch bei eurer Verfilmung der Szene Schwierigkeiten bereitet?

B Worauf muss man besonders achten, wenn man eine Szene aus einem Buch verfilmen will.

C Kann man, wenn man nur einen Textausschnitt aus einem Buch liest, das ganze Buch verstehen und vorstellen?

5 Feedback

● Wertet die Präsentationen gemeinsam aus. Gebt einander ein Feedback. Orientiert euch an folgenden Fragen:

- ☑ Wurden die wesentlichen Informationen genannt, die zu einer Buchvorstellung gehören?
- ☑ Wurden die Szenen aus den Büchern passend und verständlich verfilmt? Habt ihr jetzt Lust bekommen, die vorgestellten Bücher zu lesen oder die Verfilmungen anzusehen? Wenn ja, warum? Wenn nein, warum nicht?
- ☑ Wurde gut präsentiert (laut, deutlich, zusammenhängend gesprochen, Blickkontakt …)?

Überprüfe dich selbst

1 Lies den Text über die Autorin Leonie Ossowski. Verfasse dann einen Steckbrief zu dieser Autorin.

Am Anfang ihres Erfolges stand ein Tatort. 1971 recherchierte Leonie Ossowski für eine Folge der bekannten Krimiserie das Leben straffälliger und sozial benachteiligter Jugendlicher und begann sich für sie einzusetzen. Aus diesem Material für die Recherche wurde dann „Die große Flatter", ihr erfolgreichstes Jugendbuch, für das sie 1977 den Jugendbuchpreis der Stadt Oldenburg erhielt. 1979 wurde die Geschichte der beiden Freunde Schocker und Richy, die am Stadtrand von Berlin leben und deren Träume, dem sozialen Elend zu entkommen, in einer Gewalttat enden, als Fernsehdreiteiler des WDR verfilmt. Schon immer hatte sich die Autorin leidenschaftlich sozial und politisch engagiert. 1925 als Jolanthe von Brandenstein geboren, wuchs sie auf einem Gutshof in Niederschlesien auf. […] Immer waren es die eigenen Erfahrungen, von denen sie erzählte, waren es die Turbulenzen ihres eigenen ungewöhnlichen Lebens. […] Dieses unruhige Leben begann bereits, als sie 19-jährig, mit dem ersten von sieben Kindern schwanger, aus Schlesien nach Bad Salzungen flüchtete, das sie dann 1945 verlassen musste. […] Bis 1958 ging sie dann zurück in die DDR […]. Schließlich zog sie nach Stuttgart, später nach Mannheim, im Verlag Beltz & Gelberg erschienen Ende der 70er-Jahre ihre ersten Bücher für Jugendliche, „Stern ohne Himmel" und „Die große Flatter" […]. Am Montag, dem 4. Februar 2019, ist Leonie Ossowski mit 93 Jahren in Berlin gestorben.

2 Lies den Klappentext zu einem Jugendbuch von Leonie Ossowski.

Was aus der Siedlung kommt, sagen die Leute, das kann ja nichts Gutes sein. Und deshalb geht auch so viel schief, deshalb möchte jeder gern abhauen, die große Flatter machen. Das möchten auch Schocker und Richy, die beiden Jungen aus den in Baracken zusammengepferchten, zerrütteten Familien in der menschenunwürdigen Berliner Obdachlosensiedlung, aber alles geht eben schief. Ihre Ausbruchsversuche scheitern ebenso wie die Erfüllung ihrer Sehnsucht nach Liebe und menschlicher Wärme. Am vorläufigen Ende steht die Kriminalität und das Gefängnis und Richys tränentrotzige Wut: „Eines Tages werde ich alle fertigmachen." Nur für Schocker zeigt sich ein Funken von Hoffnung.

3 Fasse alle Informationen zum Buch „Die große Flatter" zusammen.

4 Wähle eine literarische Figur, die du kennst. Beschreibe sie in einem kurzen Text.

D40 Lösungen

Das kannst du jetzt:
- eine Autorin oder einen Autor in einem Steckbrief vorstellen
- literarische Figuren beschreiben
- Buchszenen mit ihrer Verfilmung vergleichen
- Szenen spielen und filmen

9 Gewaltige Natur – Naturgewalten

Sachtexte erschließen und zusammenfassen

A

1 Beschreibt die Bilder A–E. Erzählt, welche Gedanken und Gefühle diese Bilder bei euch auslösen.

2 Welches Naturthema, das abgebildet ist, interessiert euch am meisten? Was möchtet ihr dazu wissen? Schreibt Fragen dazu auf.

3 Würdet ihr einen Vulkanausbruch wie in F eher als „gewaltige Natur“ oder als „Naturgewalt“ bezeichnen? Klärt dabei, was Beides unterscheidet.

In der Natur gibt es so viele spannende Dinge, doch nicht alle sind immer leicht zu verstehen. Wenn ihr mehr wissen wollt, dann lest ihr oft Sachtexte darüber. Aber wie man die wichtigen Informationen aus diesen Texten ordnet und zusammenfasst, könnt ihr hier lernen.

Das lernt ihr jetzt:
- Sachtexten Informationen entnehmen und ordnen
- eine Mindmap anfertigen
- Informationen aus Sachtexten zusammenfassen
- eine Textzusammenfassung schreiben

B

C

D

E

F

Sprachtipp
- Es war an einem stürmischen Ferientag ...
- Als wir im letzten Jahr Urlaub am Meer gemacht haben ...
- Ich erinnere mich noch genau an ...
- Vergangene Woche fuhren wir ...
- Einmal war ich ganz allein in ...

4 Ordnet die Bilder A–E den Begriffen „Naturgewalt“ oder „gewaltige Natur“ zu. Begründet eure Entscheidung.

5 Naturerlebnisse vermitteln oft starke Eindrücke. Was habt ihr in der Natur erlebt, was hat euch beeindruckt? Schreibt dazu kurze Erlebniserzählungen. → Sprachtipp

6 Lest eure Erlebniserzählungen in der Klasse vor und tauscht euch darüber aus.

Gewaltiges Wasser

Einen Sachtext erschließen

Lerninsel
Seite 290–292

○ **1** Sieh dir die Bilder und die Textüberschrift an. Worum geht es in dem Text? Formuliere ein bis zwei Sätze dazu.

○ **2** Lies nun den Text und verschaffe dir einen ersten Überblick über den Inhalt.

A10

Die Niagarafälle

(1) Die Niagarafälle zählen zu den <u>spektakulärsten Wasserfällen</u> der Welt. Sie sind eine der <u>berühmtesten Touristenattraktionen</u> in den <u>USA</u> und <u>Kanada</u>. Jedes <u>Jahr</u> reisen etwa <u>12 Millionen Menschen</u> zu den Niagarafällen, um das Spektakel zu bewundern. Das <u>Wort Niagara</u> stammt von den <u>Ureinwohnern Amerikas</u> und bedeutet „<u>donnerndes Wasser</u>".

(2) Die Niagarafälle entstanden vor etwa 12000 Jahren am Ende der letzten Eiszeit, als die letzten großen, flächendeckenden Gletscher schmolzen. Der Eriesee, der sich zwischen den USA und Kanada befindet, lief dabei über. Die Wassermassen bildeten den Niagara River. Dieser floss über Klippen, die heutigen Niagarafälle, in den Ontariosee.

(3) Die beiden Städte, in denen sich die Niagarafälle befinden, heißen genauso wie die Fälle – nämlich Niagara Falls. In den USA liegt Niagara Falls im Bundesstaat New York und in Kanada in der Provinz Ontario.

(4) Die Niagarafälle bestehen aus drei Wasserfällen. Der größte davon liegt in Kanada und heißt Horseshoe Falls. Er ist etwa 670 Meter breit, hat eine Fallhöhe von 52 Metern und weist die Form eines Hufeisens auf. Die American Falls liegen, wie der Name sagt, auf amerikanischer Seite und sind 363 Meter breit. Sie fallen nach etwa 22 Metern auf eine Schutthalde, die bei einem Felssturz im Jahr 1954 entstand. Gleich daneben stürzen sich die nur ein paar Meter breiten Bridal Veil Falls in die Tiefe.

(5) Seit ihrer Entstehung vor 12000 Jahren sind die Niagarafälle etwa 11 Kilometer nach Norden gewandert. Der Grund dafür ist, dass die enormen Wassermassen eine ziemlich große Kraft haben und das Gestein, über das sie fließen und in die Tiefe stürzen, immer weiter abtragen. Dieser Vorgang wird Erosion genannt.

(6) Die Wanderung der Fälle konnte allerdings seit Mitte des 20. Jahrhunderts von über einem Meter pro Jahr auf etwa einen Meter alle 30 Jahre verringert werden. Dafür wurde die amerikanische Seite der Fälle ab Juni 1969 für fünf Monate trockengelegt, indem das Wasser oberhalb des Flusses umgeleitet wurde. Während dieser Zeit konnte das Gestein untersucht und mit Beton stabilisiert werden. Eine andere Maßnahme zur Verlangsamung der Erosion war die teilweise Umleitung des Flusses Niagara in ein Wasserkraftwerk, sodass durch die Wasserentnahme weniger Wassermassen die Fälle herunterstürzen.

3 Lies den Text jetzt abschnittsweise. Ordne die folgenden Überschriften den drei passenden Sinnabschnitten zu.

Entstehung der Niagarafälle	Maßnahmen gegen die Erosion	Niagarafälle als Touristenattraktion

4 Denke dir für die anderen drei Sinnabschnitte eigene Überschriften aus. Schreibe sie auf.

MK **5** Kläre die Bedeutung der unbekannten Wörter aus dem Textzusammenhang oder mithilfe eines Lexikons oder des Internets.

6 Im ersten Abschnitt sind die wichtigsten Wörter und Wortgruppen unterstrichen. Notiere dir aus jedem weiteren Abschnitt die wichtigsten Wörter und Wortgruppen.

7 Suche im Text Antworten auf die folgenden W-Fragen. Übernimm die Tabelle, beantworte die ersten drei Fragen und notiere die entsprechenden Zeilenangaben.

W-Fragen	Antworten	Textbeleg
Wo liegen die Niagarafälle?	...	*Zeile 2*
Woher stammt das Wort Niagara?	...	...
Wann sind die Niagarafälle entstanden?	...	...
...	...	...

8 Formuliere weitere W-Fragen zum Text. Schreibe sie in deine Tabelle, beantworte sie und notiere die Zeilenangaben.

9 Vergleicht im Tandem eure Tabellen. Gebt einander ein Feedback und überarbeitet eure Ergebnisse, wenn nötig.

Feedback
Seite 327

Alles Wichtige sortieren

Informationen in einer Mindmap ordnen

Jetzt weißt du eine ganze Menge zu den Niagarafällen. Um einen besseren Überblick zu bekommen, kannst du die Informationen ordnen.

○ **1** Lege zu deinen Informationen über die Niagarafälle von Seite 151 eine Mindmap an. Gehe so vor:

- Nimm ein leeres Blatt Papier im Querformat. Schreibe die Hauptüberschrift (Thema) in einen Kasten oder Kreis in die Mitte der Seite.
- Ordne alle Überschriften zum Text aus den Aufgaben 3 und 4 von Seite 151 um die Hauptüberschrift herum an. Achte dabei darauf, dass möglichst viel Platz zwischen den Überschriften (Oberbegriffe) bleibt.

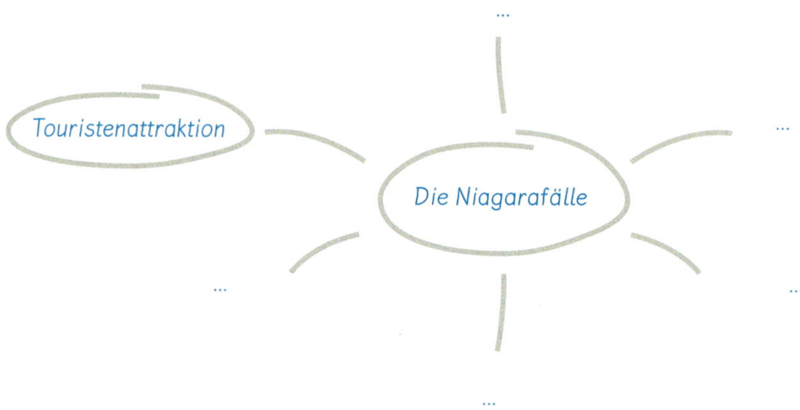

- Schreibe jetzt die wichtigsten Wörter aus Aufgabe 6 von Seite 151 zu den Überschriften.

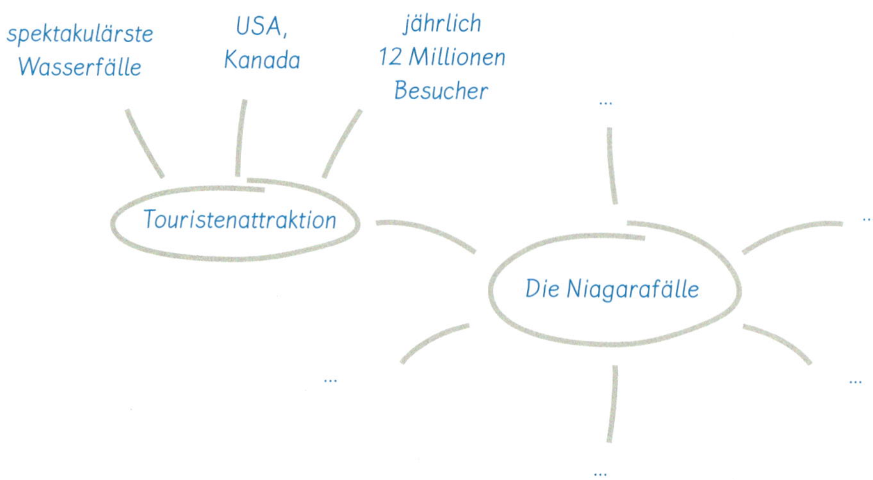

◒ **2** Lege eine vollständige Mindmap an zu allen Informationen, die du dem Text auf Seite 150/151 entnommen hast.

3 Wählt im Tandem aus, zu welchem Land ihr eine Mindmap anlegen wollt:

A die Vereinigten Staaten von Amerika (USA)

B Kanada

MK **4** Informiert euch in Sachbüchern, Lexika oder im Internet zu eurem ausgewählten Land. Notiert euch im Tandem Stichworte zu folgenden Oberbegriffen.

Internetrecherche → Seite 300

Hauptstadt | geografische Lage | Natur/Landschaft | Sprachen | Sehenswürdigkeiten | typische Speisen/Getränke

5 Fertigt im Tandem mit allen gesammelten Informationen eine Mindmap an.

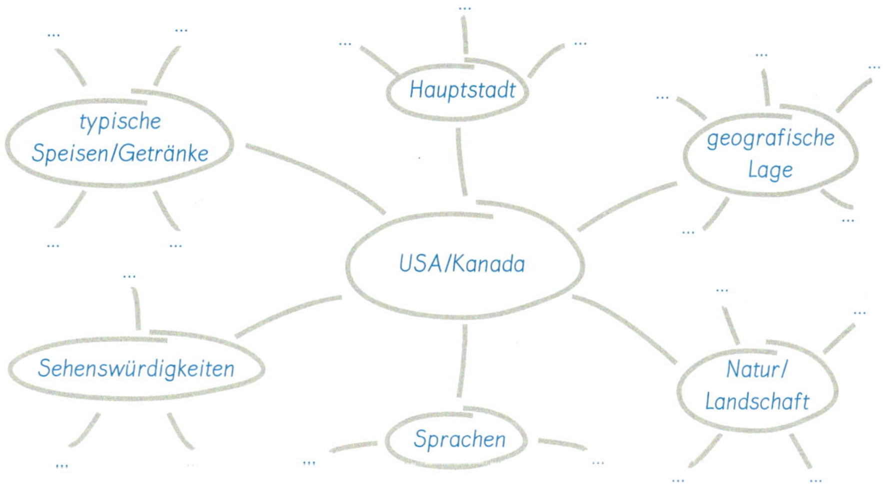

Arbeitstechnik

Informationen in einer Mindmap sammeln und ordnen

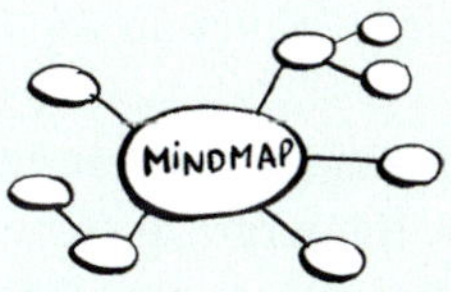

In einer **Mindmap** kannst du Informationen, aber auch Ideen und Gedanken **ordnen**. Du verschaffst dir damit einen besseren **Überblick über ein Thema**.

Informationen sammeln

1. Gliedere deinen Text in **Sinnabschnitte**.
2. Verfasse zu jedem Sinnabschnitt eine **Überschrift**.
3. Schreibe die **wichtigsten Wörter** oder **Wortgruppen** aus jedem Sinnabschnitt auf oder unterstreiche sie.

Anfertigen der Mindmap

1. Schreibe das **Thema** (oder die Hauptüberschrift) in die Mitte.
2. Ordne die **Oberbegriffe** (oder die Überschriften) um die Mitte herum auf Hauptlinien an.
3. Schreibe die **wichtigsten Informationen** auf Linien an die Oberbegriffe.

Die Niagarafälle

Einen Sachtext zusammenfassen

Nun kannst du aus einem langen Text einen kurzen Text machen. Du fasst alle Informationen zusammen, kannst damit andere über das Thema informieren und erhältst für dich gleichzeitig eine Gedankenstütze zum Inhalt des Textes.

○ **1** Sieh dir zunächst die folgende Grafik zur Erosion der Niagarafälle an.

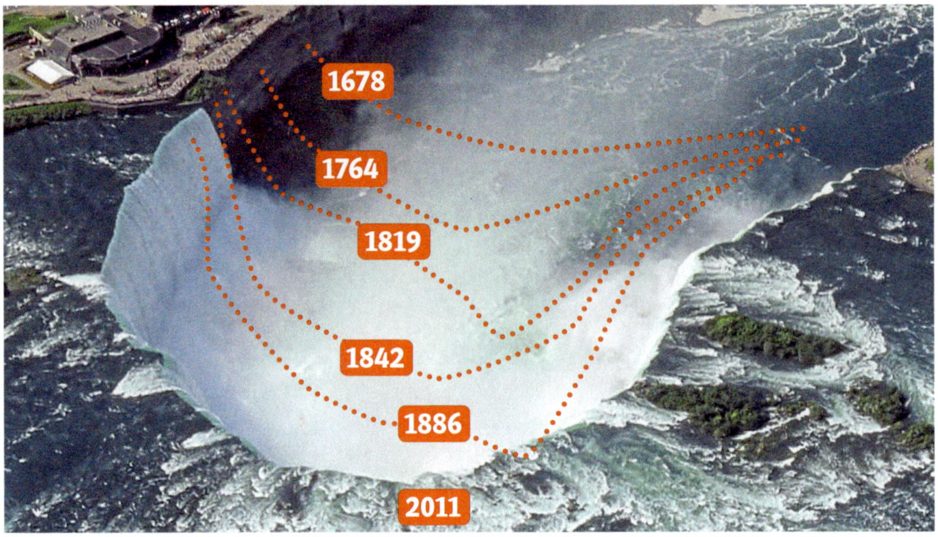

○ **2** Klärt im Tandem, worüber die Grafik informiert. Notiert die Angaben, die gemacht werden.

◒ **3** Formuliere schriftlich zwei bis drei Sätze darüber, was die Grafik zeigt.

◒ **4** Ergänze die Informationen aus der Grafik unter dem passenden Oberbegriff in deiner Mindmap von Seite 152.

◒ **5** Formuliere jetzt mithilfe deiner Mindmap eine Zusammenfassung des Textes über die Niagarafälle. Gehe so vor:

- Formuliere eine **Einleitung**. Nenne darin den Titel des Textes, die Autorin oder den Autor (wenn bekannt) und die Textart. Formuliere dann einen Satz darüber, worum es in dem Text geht.

Tipp
Beachte:
- Schreibe im Präsens.
- Schreibe kurz und sachlich.
- Verwende Fachbegriffe.
- Vermeide persönliche Meinungen und Wertungen.

Sprachtipp
- Der Sachtext „Die Niagarafälle" informiert über …
- Der Sachtext „Die Niagarafälle" handelt von …
- Die Autorin/der Autor des Sachtextes „Die Niagarafälle" erläutert …
- Der Sachtext „Die Niagarafälle" stellt … vor.
- Bei dem Text „Die Niagarafälle" handelt es sich um einen …

- Schreibe den **Hauptteil** deiner Zusammenfassung. Verwende dazu deine Mindmap, deine Notizen von Seite 151 und die Textabschnitte. Gib die wichtigsten Informationen des Textes in eigenen Worten und ganzen Sätzen wieder.

Tipp
Lies den jeweiligen Textausschnitt immer noch einmal.

Sprachtipp
- Im ersten Abschnitt geht es um …
- Der erste Abschnitt handelt von …
- Im Abschnitt … wird beschrieben …
- Der Abschnitt … informiert über …
- Die Autorin/der Autor stellt dar/beschreibt, wie …
- Sie/Er ergänzt/setzt fort/erläutert/erklärt …
- Außerdem wird über … informiert.

- Formuliere einen **Schlusssatz**, der den Hauptgedanken oder das Ergebnis des Textes wiedergibt.

Tipp
Du kannst am Ende auch auf Probleme oder offene Fragen, auf die aktuelle Forschung oder Entwicklung hinweisen.

6 Tauscht im Tandem eure Textzusammenfassungen aus. Lest den Text eurer Partnerin oder eures Partners und prüft ihn mithilfe der folgenden Fragen:
- Sind alle wichtigen Informationen aus dem Text über die Niagarafälle enthalten?
- Ist der Text verständlich?
- Wurde im Präsens geschrieben?
- Wurde kurz und sachlich geschrieben?
- Wurden persönliche Meinungen und Wertungen vermieden?

Tipp
Ihr könnt auch eine Schreibkonferenz in der Gruppe durchführen.
→ Seite 329

7 Überarbeite deine Textzusammenfassung, wenn nötig.

Arbeitstechnik

Einen Sachtext zusammenfassen

Eine **Textzusammenfassung** benötigst du, wenn du andere über etwas **informieren** möchtest. Dir selbst hilft diese Kurzfassung, dich an die Informationen im Text zu **erinnern**. So musst du den ganzen Text nicht noch einmal lesen.
1. Schreibe die **Einleitung**. Nenne den Titel des Textes, die Autorin oder den Autor, die Textart. Formuliere einen Satz zum Thema des Textes.
2. Schreibe den **Hauptteil**. Gib die wichtigsten Aussagen des Textes wieder. Folge dem Aufbau des Textes und der Struktur deiner Mindmap.
3. Schreibe den **Schluss**: Fasse den Hauptgedanken des Textes in einem Satz zusammen.

Beachte: Verwende das **Präsens**, schreibe **kurz** und **sachlich**, verwende **Fachbegriffe**, vermeide persönliche Meinungen und Wertungen.

Lerninsel
→ Seite 291

START **Drei Wege – ein Ziel!** Finde deinen Weg mit diesem Einschätzungstest: **D41**

A
B
C

Feuer, Asche und Gestein

Einen Sachtext erschließen und zusammenfassen

D42 Differenzierung Fördern

1 Sieh dir das Bild an und lies die Textüberschrift. Formuliere ein bis zwei Sätze, worum es in dem Text geht.

Lerninsel Seite 290–292

A11

2 Lies den Text und verschaffe dir einen ersten Überblick über den Inhalt.

Von Katastrophen und Ziegen

(1) Schon immer haben Vulkane die Menschen fasziniert und erschreckt. Früher glaubte man, ein Vulkan sei ein heiliger Feuerberg und Sitz der Götter. Diese ließen den Vulkan ausbrechen, wenn sie mit den Menschen unzufrieden waren.

(2) Was sind Vulkane? Vulkane sind Öffnungen in der Erdkruste, aus denen geschmolzenes Gestein aus dem Inneren der Erde entweicht. Das geschmolzene Gestein kann ruhig aus der Öffnung ausfließen oder unter starken Explosionen ausgespien werden. Diesen Vorgang nennt man Vulkanausbruch.

(3) [...] Das Fachwort für einen Vulkanausbruch lautet Eruption. Bei einer Eruption tritt nicht nur Lava aus, sondern auch viel Gas. [...] Bei einem Vulkanausbruch übernimmt der Vulkan die Funktion eines Überdruckventils, das verhindert, dass die Erde irgendwann wie eine überreife Tomate aufplatzt. Die Lava kommt aus dem Inneren der Erde und besteht aus geschmolzenem Gestein. Bei einem Vulkanausbruch kann die Lava wie ein zähflüssiger Brei an den Flanken eines Vulkanberges hinabfließen und Lavaströme bilden. Sie kann aber auch durch Explosionen aus dem Vulkan geschleudert werden. Häufig mischen sich bei einem Vulkanausbruch glühende Gesteinsbrocken mit schon erkalteter Gesteinsasche und Wasserdampf. Man sieht dann eine Ausbruchswolke, die manchmal sogar viele Kilometer hoch sein kann.

(4) Zu den bekanntesten Vulkanausbrüchen mit den schlimmsten Folgen zählt der Ausbruch des Vesuvs im Jahre 79 in Italien, der Pompeji und Herculaneum vollständig ausgelöscht hat. 36000 Menschen starben 1883 bei der Explosion des indonesischen Vulkans Krakatau, der eine Druckwelle auslöste, die sieben Mal um die Welt raste. 1902 wurde die Stadt St. Pierre auf der Insel Martinique beim Ausbruch des Mont Pelée völlig zerstört und alle Einwohner kamen ums Leben.

(5) Obwohl Vulkane eine zerstörerische Gefahr bedeuten, gibt es weltweit etwa 500 Millionen Menschen, die in der Nähe aktiver Vulkane leben. Sie nutzen die fruchtbare Vulkanerde für die Landwirtschaft und haben aus diesem Grund sehr dicht an den Vulkanhängen Siedlungen errichtet.
Die Vulkanasche enthält wichtige Nährstoffe wie Phosphor, Kalium und Kalzium. Die porösen Teilchen speichern Feuchtigkeit und Sonnenwärme, die sie nach und nach an die Pflanzen abgeben. Zudem regnen sich an hohen Vulkanhängen die Wolken ab. In einem solch natürlichen Treibhaus mit perfekter Düngung und Bewässerung sind zwei bis vier Ernten pro Jahr möglich. In der Vulkanerde auf der Insel Lanzarote wachsen die Weintrauben und Feigen besonders schnell, am Ätna auf Sizilien werden Obst, Oliven und Mandeln erfolgreich angebaut.

(6) Um die Menschen besser vor Vulkanausbrüchen zu schützen, gibt es in den Ländern mit aktiven Vulkanen Messstationen. Hier werden die seismischen Aktivitäten der Vulkane überwacht und bei Veränderungen können die Anwohner rechtzeitig gewarnt werden.

(7) Es gibt aber auch noch andere Möglichkeiten, einen bevorstehenden Vulkanausbruch zu erkennen.

Auf Sizilien erforscht der deutsche Biologe Martin Wikelski das Verhalten von Ziegen bei bevorstehenden Ausbrüchen des Ätna. Die Tiere sind dort heimisch und grasen an den Hängen des Vulkanberges. Wikelski hat beobachtet, dass die Ziegen vier bis sechs Stunden vor einem Vulkanausbruch deutlich aktiver werden. Sie sind dann nervös und springen herum und laufen meist aus dem Gebiet in der Nähe des Vulkans weg. Sie laufen zu einem Ort, an dem sie sich in Sicherheit fühlen, zum Beispiel unter Bäume.

Was die Menschen jahrhundertelang lernen mussten und heute mit neuester Technik erkunden und beobachten, spüren Tiere intuitiv. Auch sie nutzen die Erträge der fruchtbaren Vulkanasche, wissen aber genau, wie sie mit den Gefahren der Vulkane umgehen müssen.

3 Lies den Text noch einmal Abschnitt für Abschnitt. Notiere dir aus jedem Sinnabschnitt die wichtigsten Wörter und Wortgruppen.

4 Ordne die Überschriften den passenden Sinnabschnitten zu.

- Warnung vor Ausbrüchen
- Verhältnis Mensch – Vulkan früher
- bekannteste Vulkanausbrüche
- Was sind Vulkane?
- Ziegen als Warnsystem
- Vulkane und Landwirtschaft
- Verlauf eines Vulkanausbruchs

MK **5** Kläre die Bedeutung der unbekannten Wörter aus dem Textzusammenhang oder mithilfe des Lexikons oder des Internets.

6 Fertige nun mithilfe deiner Überschriften und Notizen eine Mindmap an.

Mindmap → Seite 153

7 Schreibe eine Zusammenfassung des Textes über die Vulkane. Verwende dazu deine Mindmap und die Notizen aus Aufgabe 3.

Sachtext zusammenfassen → Seite 155

8 Lest einander im Tandem eure Zusammenfassungen vor und gebt euch ein Feedback. Überarbeitet dann eure Texte, wenn nötig.

Feedback → Seite 327

9 Bereitet die Präsentation in der Gruppe vor. Wählt dafür zwei gelungene Zusammenfassungen aus und überlegt euch vier Quizfragen zum Thema.

Heiße Quellen

Einen Sachtext erschließen und zusammenfassen

D43 Differenzierung

1 Sieh dir das Bild an und lies die Textüberschrift. Formuliere ein bis zwei Sätze, worum es in dem Text geht.

Lerninsel → Seite 290–292

A12

2 Lies den folgenden Text und verschaffe dir einen ersten Überblick über den Inhalt.

Grenzenlose Energie aus der Erde

Du fährst mit dem Bus, fliegst in den Urlaub und drehst in deinem Zimmer die Heizung auf, wenn es draußen kalt wird. Für all diese Dinge wird Energie benötigt, die in Deutschland vor allem durch die Verbrennung von Erdöl, Erdgas und Kohle gewonnen wird. Dabei entsteht das in großen Mengen umweltbelastende Kohlenstoffdioxid. Aber das ist nicht das einzige Problem: Jährlich wird auf der ganzen Welt so viel Erdöl und Erdgas verbraucht, wie in einigen Millionen Jahren gebildet wurde. Irgendwann wird der Vorrat dieser fossilen Brennstoffe zu Ende gehen und man muss heute schon nach Alternativen suchen. Eine davon ist die Wärme im Erdinneren.

Die Erdwärme ist eine grenzenlose Energiequelle. Sie wird Geothermie genannt, was von den griechischen Worten gé = Erde und thermós = warm kommt. An den meisten Orten auf der Erde können wir sie nicht direkt wahrnehmen, aber in wenigen hundert Metern Tiefe herrschen bereits Temperaturen von bis zu 350 Grad Celsius. In einigen Regionen der Erde wird die Geothermie allerdings sichtbar und tritt in Form von Vulkanen, Geysiren oder heißen Quellen zutage.

Geysire und heiße Quellen sind solche Stellen, an denen die Erdwärme nahe an die Erdoberfläche kommt und das Wasser im Boden zum Kochen bringt, sodass auf natürliche Weise überhitzter Wasserdampf produziert wird. Das Wasser von heißen Quellen, auch Thermalquellen genannt, ist wärmer als das umgebende Grundwasser. Geysire, die ebenfalls zu den heißen Quellen gezählt werden, stoßen ihr heißes Wasser immer wieder in einer bis zu 60 Meter hohen Fontäne aus der Erde.

Island ist eines der Länder mit den meisten sichtbaren Zeichen der enormen geothermischen Energie unserer Erde. Dort gibt es nicht nur 37 aktive Vulkane, sondern auch unzählige Geysire und heiße Quellen. Viele von ihnen liegen in Nationalparks und werden gerne von Touristen und Einheimischen besucht. Hier kann man die Erdwärme sogar am eigenen Leib spüren, denn es gibt zahlreiche Freibäder, die durch Geothermie geheizt werden und bis zu 42 Grad Celsius heiß sind, aber auch fast naturbelassene heiße Quellen, in denen man baden kann.

Die Nutzung der Erdwärme geht in Island weit über die badewannenwarmen Schwimmbecken hinaus. Hier erzeugen Geothermie-Kraftwerke aus dem heißen Wasserdampf mehr Wärmeenergie, als man braucht, um 90 Prozent aller Haushalte zu heizen.

Gleichzeitig wird der Wasserdampf auch benutzt, um über Turbinen Strom zu erzeugen. Island will sich in seiner Energieversorgung unabhängig von fossilen Brennstoffen machen. Mit überschüssiger Energie wird Wasserstoff erzeugt, der als Energieträger der Zukunft gilt.

Natürlich sind die Voraussetzungen für die Erdwärmenutzung in Island dank der besonderen geologischen Situation mit den vielen Vulkanen einzigartig. Aber auch in Mitteleuropa könnte man Erdwärme nutzen.

In Regionen, in denen heiße Gesteinsschichten nahe der Erdoberfläche liegen, lässt sich Wasserdampf erzeugen, indem man durch ein Bohrloch Wasser in das heiße Gestein presst. Beim Kontakt mit dem Gestein erhitzt sich das Wasser und der erzeugte Dampf tritt durch ein zweites Bohrloch wieder an die Oberfläche, um schließlich Turbinen zur Stromerzeugung anzutreiben. Man nennt dieses Verfahren Hot-Dry-Rock-Technik.

Auch Privathaushalte haben die Möglichkeit, die Geothermie mithilfe von Erdwärmeheizungen zu nutzen. Die geothermische Stromerzeugung befindet sich in Deutschland noch in den Anfängen. Unter anderem beschäftigt sich das Deutsche GeoForschungsZentrum in Potsdam intensiv damit, wie man die Nutzung der Erdwärme vorantreiben kann.

3 Lies den Text noch einmal abschnittweise. Notiere dir aus jedem Sinnabschnitt die wichtigsten Wörter und Wortgruppen.

4 Formuliere zu jedem Sinnabschnitt eine passende Überschrift.

MK **5** Kläre die Bedeutung unbekannter Wörter aus dem Textzusammenhang oder mithilfe des Lexikons oder des Internets.

6 Fertige nun mithilfe deiner Überschriften und Notizen eine Mindmap an.

7 Schreibe eine Zusammenfassung des Textes über Geothermie und Geysire. Verwende deine Mindmap und deine Notizen aus Aufgabe 3.

8 Lest einander im Tandem eure Textzusammenfassungen vor und gebt euch ein Feedback. Überarbeitet eure Texte, wenn nötig.

Mindmap → Seite 153

Sachtext zusammenfassen → Seite 155

Feedback → Seite 327

9 Lies den Text über Geothermie noch einmal. Überlege dir, welche Vorteile die Nutzung von Erdwärme hat und notiere sie auf einer Karteikarte.

Vorteile der Geoethermie

– kein Ausstoß von Kohlenstoffdioxid, keine Umweltbelastung

– ...

10 Gestaltet in der Gruppe einen Werbeflyer, in dem ihr die Nutzung der Geothermie empfehlt. Zählt alle Vorteile auf und versucht die Leserinnen und Leser zu überzeugen.

11 Bereitet die Präsentation in der Gruppe vor, indem ihr den Flyer kopiert. Ihr sollt dann ihn und die Vorteile der Geothermie vorstellen.

Wüstenlandschaften

Einen Sachtext erschließen und zusammenfassen

D44 Differenzierung

1 Sieh dir das Bild an und lies die Textüberschrift. Formuliere ein bis zwei Sätze, worum es in dem Text geht.

Lerninsel → Seite 290–292

A13

2 Lies den Text und verschaffe dir einen ersten Überblick über den Inhalt.

Bedrohung durch wachsende Trockengebiete

Wenn der Begriff Wüste fällt, denken viele an die Sahara, die sich über elf nordafrikanische Staaten zieht. Sie nimmt fast das ganze obere Drittel des afrikanischen Kontinents vom Roten Meer bis zum Atlantik ein. Ebenfalls sehr bekannt ist die Wüste Gobi in der Mongolei und im Norden Chinas. Auch die in der Mitte Australiens gelegenen rotsandigen Trockenlandschaften der Großen Sandwüste, der Großen Victoriawüste, der Gibson- und der Simpsonwüste, die das „rote Herz" des fünften Kontinents bilden, zählen zu den drei größten Wüstengebieten der Erde. Allein die Victoriawüste ist ungefähr so groß wie ganz Deutschland.
Gemeinsamkeit dieser Wüsten ist die Trockenheit. Und so stellt man sich eine Wüste vor – trocken und ohne Pflanzen. Als Trockenwüste wird eine Landschaft bezeichnet, wenn sie jährlich weniger als 150 Liter Niederschlag pro Quadratmeter erhält. In der Zentralsahara gibt es Gebiete, wo es innerhalb von 20 Jahren kein einziges Mal geregnet hat. Dagegen mangelt es den Kältewüsten unseres Planeten, der Arktis und Antarktis, nicht an Wasser, sondern an ausreichender Wärme. Da der Boden die meiste Zeit des Jahres gefroren ist, können auch in Kältewüsten nur sehr wenige Pflanzen gedeihen. Von Lava- oder Vulkanwüsten spricht man, wenn nach Vulkanausbrüchen ausströmende Lava und graue, giftige Ascheregen weite Gebiete verödet haben. Weil die Bodendecke dort meist durchlässig ist, versickert der Regen rasch. Die Böden bleiben für lange Zeit öde und unbewachsen, bis das erstarrte Gestein allmählich zur Bodenkrume verwittert.
Die riesigen vegetationslosen Flächen der Trockenwüsten gibt es mittlerweile nicht nur in Afrika, Asien und Australien, sondern auch in Nord- und Südamerika und sogar in Südeuropa. Der Klimawandel bringt es mit sich, dass es in einigen Regionen der Erde immer weniger regnet. Die Sahara zum Beispiel wächst jedes Jahr um 1,7 Kilometer nach Süden. Die Wüstenbildung sorgt nicht nur unmittelbar für schlechtere Ernten, sondern auch für Migration. Wissenschaftler sehen einen engen Zusammenhang zwischen Migration, Armut und Umweltbelastungen. Bereits gut ein Drittel aller landwirtschaftlich nutzbaren Flächen der Erde sind nach Angaben der Vereinten Nationen von Bodenzerstörung betroffen. So fliehen immer mehr Menschen aus der Sahelzone zu den Küstenstädten, deren Bevölkerungszahl sich in den letzten zwanzig Jahren verdreifacht hat. Die Migration von Mexiko in die USA wird auch mit der Wüstenbildung begründet. Jedes Jahr verlassen etwa 800000 Mexikaner ihre Heimat, um ihren Lebensunterhalt in den USA zu bestreiten.

Wie kann man der Wüstenbildung entgegenwirken? Neben dem Klimawandel tragen auch die falsche Nutzung des Landes durch die Menschen zur Desertifikation, also zur Ausbreitung der Wüsten bei. Ebenso wie die Rodung von Waldflächen soll die übermäßige Nutzung der Böden als Weideland vermieden werden. Böden, die nur noch wenige und niedrig wachsende Pflanzen aufweisen und deren Struktur durch die Huftritte des Viehs aufgebrochen wird, können immer weniger Feuchtigkeit halten und sind somit der Erosion ausgesetzt. Die oberen Bodenschichten werden nicht mehr gehalten und durch den Wind abgetragen.

Diese Ursache der Desertifikation könnte der Mensch also durch den nachhaltigen Umgang mit dem Land, das er nutzen und bewohnen möchte, bekämpfen. Doch wie kann man dem Klimawandel entgegenwirken? Vielleicht liegt in den Wüsten selbst der Schlüssel für einen kleinen Schritt zur Verbesserung des Weltklimas – die Nutzung der Sonnenenergie. So wurde 2015 erstmals Solarstrom aus einem Solarpark in der marokkanischen Wüste in das Stromnetz einer mittelgroßen Stadt gespeist. Drei Meter breite, computergesteuerte Parabolspiegel werden permanent dem Stand der Sonne angepasst und leiten ihre Strahlungswärme auf Rohrleitungen, die synthetisches Öl führen, um. Dieses Öl wird erhitzt und zum Kraftwerk im Zentrum des riesigen Feldes geleitet. Dort wird damit Wasser erhitzt und Dampf erzeugt, der eine gigantische Turbine antreibt, die Strom in das marokkanische Netz liefert. Diese Anlage ist vielleicht erst der Anfang der Nutzung unserer Trockengebiete, um in Zukunft auf die klimaschädlichen fossilen Brennstoffe verzichten zu können.

3 Lies den Text noch einmal abschnittweise. Notiere die wichtigsten Wörter und Wortgruppen. Formuliere zu jedem Sinnabschnitt eine Überschrift.

MK **4** Kläre die Bedeutung unbekannter Wörter aus dem Textzusammenhang oder mithilfe des Lexikons oder des Internets.

5 Fertige mithilfe deiner Überschriften und Notizen eine Mindmap an.

6 Schreibe eine Zusammenfassung des Textes über Wüsten. Verwende deine Mindmap und die Notizen aus Aufgabe 3.

7 Lest einander im Tandem eure Textzusammenfassungen vor und gebt euch ein Feedback. Überarbeitet eure Texte, wenn nötig.

Mindmap → Seite 153

Sachtext zusammenfassen → Seite 155

Feedback → Seite 327

8 Welche Ursachen für die fortschreitende Wüstenbildung werden im Text genannt? Finde die entsprechenden Informationen. Mache dir Notizen.

9 Schreibt im Tandem einen Artikel für die Schülerzeitschrift über Wüstenbildung und wie man sie verhindern könnte. Geht dabei auf folgende Punkte ein.

Begrünung | Wiederaufforstung | Ressourcen schützen | weltweite finanzielle Unterstützung | Nachhaltigkeit

10 Lest eure Artikel in der Gruppe vor. Wählt dann einen gelungenen Artikel sowie eine Textzusammenfassung für die Präsentation in der Klasse aus.

Präsentiert eure Ergebnisse

Ihr habt Sachtexte zu verschiedenen Themen gelesen und untersucht. Die Informationen daraus habt ihr dann in eigenen Infotexten zusammengefasst und weitere Beiträge zum Thema gestaltet. Stellt jetzt der Klasse eure Themen vor.

1 Information

○ Informiert die Klasse über euer Thema und euren Arbeitsauftrag.

2 Präsentation

◒ Präsentiert eure Arbeitsergebnisse.

A Lest die ausgewählten Zusammenfassungen vor. Stellt der Klasse eure vier Quizfragen und lasst sie beantworten.

B Verteilt den Flyer in der Klasse. Stellt den Aufbau und Inhalt des Flyers vor. Erläutert die Vorteile der Geothermie.

C Lest die Zusammenfassung und den Artikel für die Schülerzeitschrift vor.

3 Fragerunde

○ Stellt Fragen zu den Vorträgen. Lasst euch die Fragen von der jeweiligen Gruppe beantworten, z. B.

A Kennt ihr weitere Vulkane? Wie heißen sie und wo befinden sie sich?

B Hat die Geothermie auch Nachteile?

C Was hat der Klimawandel mit dem Wachsen der Wüsten zu tun?

4 Diskussion

◒ Besprecht und diskutiert gemeinsam weitere Fragestellungen.

A Warum sind Vulkanausbrüche gefährlich? Welche Schutzmaßnahmen gibt es?

B Welche alternativen, erneuerbaren Energiequellen kennt ihr noch? Wie bewertet ihr diese?

C Was müssten Politik und Menschen tun, um die weitere Ausbreitung der Wüsten zu verhindern?

5 Feedback

● Wertet die Präsentationen gemeinsam aus. Gebt einander ein Feedback. Orientiert euch an folgenden Fragen:

- ☑ Habt ihr ausreichend Informationen über die Themen erhalten? Haben wichtige Informationen gefehlt?
- ☑ Wurde in einer logischen Reihenfolge informiert?
- ☑ Wurden eure Fragen gut beantwortet?
- ☑ Wurde gut präsentiert (laut, deutlich, zusammenhängend gesprochen, Blickkontakt ...)?

Überprüfe dich selbst

○ **1** Lies den folgenden Sachtext mithilfe des Leseschlüssels.

Donnerschlag unter Wasser

Die Eruption des Unterwasservulkans Kavachi hat für eine kilometerlange Wolke aus verfärbtem Wasser gesorgt.

Etwa 24 Kilometer südlich der Salomoneninsel Vangunu lebt ein wütender Riese im Wasser. Er heißt Kavachi und ist einer der aktivsten bekannten Unterwasservulkane der Welt. Die Menschen, die auf Vangunu leben, gaben ihm den Namen eines ihrer Götter. Seit Oktober 2021 befindet sich der Kavachi in einer Eruptionsphase und spuckt fast unablässig Tephra aus: Gesteinsfragmente, Lava, Feinstaub, Schwefel. Am 14. Mai 2022 machte der NasaSatellit „Landsat 9“ eine Aufnahme des verfärbten Wassers, das sich infolge der Eruption des Vulkans in Richtung Vangunu bewegte. Der Kavachi, dessen Gipfel derzeit etwa 20 Meter unter dem Meeresspiegel verortet wird, liegt in einem tektonisch aktiven Gebiet und ist Teil des pazifischen Feuerrings, der sich von den Aleuten am Südrand des Beringmeers bis nach Neuseeland erstreckt.

Mehr als eine Million Unterwasservulkane?

Während es nur etwa 1900 aktive Vulkane an Land und oberhalb des Wassers gibt, wird die Zahl der sogenannten submarinen Vulkane höher eingeschätzt. Womöglich sind es Hunderttausende, unter Umständen sogar mehr als eine Million. [...] Der Kavachi allerdings ist vielen Menschen nur allzu bekannt. Einer seiner Ausbrüche im Jahr 2000 war so gewaltig, dass Lava aus dem Wasser schoss, 70 Meter hoch. Immer wieder berichteten die Einwohner von Vangunu vom Feuer auf dem Ozean und davon, dass die Erde bebte. 1951 löste der Kavachi einen kleinen Tsunami aus. [...]

„Keine Möglichkeit, zu überleben“

Man sollte annehmen, dass jedes Leben in der unwirtlichen Umgebung der lavaspeienden Riesen unmöglich ist, doch das stimmt nicht. Als ein Team der University of Queensland im Jahr 2015 rund um den Kavachi unterwegs war, um Daten über dessen hydrothermale Aktivität zu sammeln, entdeckte es, dass zwei Arten von Haien im heißen und trüben Wasser rund um den Vulkan und sogar in dessen Krater lebten: Hammerhaie und Seidenhaie. Die Fachleute nannten den Kavachi fortan „Sharkcano“ – eine Zusammensetzung aus den Wörtern Shark (Hai) und Volcano (Vulkan). Es ist allerdings noch unklar, wie die Fische den extremen Bedingungen trotzen. [...]

◒ **2** Lege zum Sachtext über den Unterwasservulkan „Kavachi“ eine Mindmap an. Fasse dann den Sachtext mithilfe deiner Mindmap schriftlich zusammen.

D45 Lösungen

Das kannst du jetzt:
- Sachtexte verstehen und ihnen Informationen entnehmen
- Informationen aus Sachtexten ordnen und zusammenfassen
- eine Textzusammenfassung schreiben

10 Faszinierendes aus anderen Ländern

MK

Sich und andere informieren

A

1 Seht euch die Bilder in A an und lest die Textausschnitte B–E. Tauscht euch darüber aus, wovon sie handeln.

2 Ordnet die vier Textausschnitte B–E den Textarten von 1–4 zu.

3 Besprecht, wo euch solche Texte bereits begegnet sind, für wen sie geschrieben sind und welche Funktion sie haben.

Wenn ihr euren Mitschülerinnen und Mitschülern in einem Vortrag etwas präsentieren und erklären möchtet, müsst ihr vorher viel recherchieren. Beim Vortrag solltet ihr darauf achten, dass auch jemand, der noch nicht so viel über ein Thema weiß, gut folgen kann.

Das lernt ihr jetzt:

- Informationen aus verschiedenen Quellen untersuchen, zusammentragen und ordnen
- verschiedene Recherchemöglichkeiten anwenden
- Informationen in einem Referat präsentieren
- Präsentationsfolien gestalten

B

Machu Picchu [ˌmatʃu ˈpiktʃu] (Quechua Machu Picchu, deutsch alter Berg) Ruinenstadt in Peru. Die geheimnisvolle Stadt M. wurde im 15. Jahrhundert von den Inka erbaut. Sie liegt auf einem Bergrücken der Anden auf einer Höhe von etwa 2400 m. Über 400 Jahre blieb M. verborgen, erst im Jahr 1911 […]

C

Kleines Felskänguru vom Aussterben bedroht

von Christian Graf

Canberra. Australische Medien vermelden seit Jahren den rasanten Rückgang der Bestandszahlen des Kleinen Felskängurus, sodass es heute […]

D

Reisen für dich!

von ASIA-tours

Vietnam – ein Land für alle Sinne
Lassen Sie sich auf einer Traumreise in ein fernes, faszinierendes Land entführen. Erleben Sie die gastfreundlichsten Menschen der Welt …

E

Ténéré-Wüste […] Wir trafen die Rebellen dort, wo die Ténéré-Wüste vom Aïr-Gebirge begrenzt wird. In einer Wolke aus Sand kamen uns die wilden Männer entgegengeritten, von ihren Gesichtern hinter den schwarzen Turbanen waren nur die dunklen Augen […] gk

1 Reiseprospekt **2** Zeitungsartikel **3** Reportage **4** Lexikoneintrag

4 Tauscht euch über alle Recherchemöglichkeiten aus, die ihr kennt. Nennt dabei auch nützliche Suchmaschinen und erläutert, wie sie funktionieren.

5 Bildet vier Gruppen und verteilt die Texte **B–E**. Sammelt weitere Informationen zu diesen Themen. Stellt die Informationen in der Klasse vor.

Die Tiere mit dem Beutel

Eine Recherche durchführen

In einem Referat kannst du andere über ein bestimmtes Thema, zum Beispiel Beuteltiere, informieren. Zuvor musst du aber herausfinden, woher du Informationen bekommst und wie du diese Informationen sortierst.

1 Tauscht euch im Tandem über Beuteltiere aus. Macht euch Notizen.

2 Seht euch das Buchcover an und lest das Inhaltsverzeichnis. Beantwortet die folgenden Fragen im Tandem
- Auf welchen Seiten erfahrt ihr, was Beuteltiere fressen?
- Wo könnt ihr nachlesen, ob alle Beuteltiere einen Beutel haben?
- Wo findet ihr vermutlich Informationen zum Opossum?

Inhaltsverzeichnis

💡 Tipp
Nutze dazu auch das Inhaltsverzeichnis.

3 Was interessiert dich am Thema „Beuteltiere“? Was möchtest du in einem Referat vorstellen? Formuliere Fragen und wähle dann aus, z. B. *Welche Beuteltiere gibt es?*

4 Lies die Klappentexte der Sachbücher. In welchem Buch findest du genaue Informationen zur Geburt und Aufzucht bei Beuteltieren? Begründe.

Koala, Känguru, Wombat – die putzigen Beuteltiere muss man einfach lieben! Außerdem gibt es viel Spannendes über sie zu entdecken. Wie kommen die winzigen Jungen in den Beutel? Haben überhaupt alle Beuteltiere einen Beutel? Leben Beuteltiere in Australien? Warum frisst der Koala giftige Nahrung, warum stellt sich das Opossum tot? […]

Was ist das für ein Land, in dem sich fliegende Füchse tummeln und Schweinefußnasenbeutler einst ihr Unwesen trieben? In seinem ebenso amüsanten wie informativen Streifzug durch ein unbekanntes Australien erzählt Bill Bryson von den historischen Hintergründen der Entdeckung dieses faszinierenden Kontinents – und hält den Leser mit seinem scharfen Blick für alles Skurrile und Ungewöhnliche in Atem.

5 Seht euch das Ergebnis einer Internetrecherche zum Thema „Beuteltiere“ an. Besprecht im Tandem, welche Links nützlich sein könnten und welche nicht. Begründet eure Meinung.

de.wikipedia.org › wiki › Beuteltiere ▾
Beuteltiere – Wikipedia
Die **Beuteltiere** (Marsupialia, die Kronengruppe der **Beuteltiere**; die ausgestorbenen Vertreter der Stammgruppe einschließend spricht man auch von der ...
Körperbau · Lebensweise · Fortpflanzung · Entwicklungsgeschichte

beuteltiernetzwerk.com ▾
BeuteltierNetzwerk e.V. – ~ Schicksal verbindet ~
Betroffene helfen Betroffenen Das BeuteltierNetzwerk **e.V.** ist aus einer großen ... Die „**Beuteltiere**“ sind wie eine große Familie und dieses Gemeinschaftsgefühl ...

tragecover.wordpress.com ▾
Beuteltier Tragecover | ...natürlich tragen das ganze Jahr
16.10.2015 - Designed von Trageeltern für Trageeltern; Jedes **Beuteltier** wird in liebevoller Handarbeit gefertigt; Passt jedem Träger und ist im ...

6 Startet jetzt im Tandem eine eigene Internetrecherche. Geht so vor:
- Lest eure Fragen aus Aufgabe 3 und klärt, zu welchen Themen ihr ausführliche Informationen benötigt.
- Notiert dann wenige passende Wörter. Verknüpft sie miteinander, z. B. *Beuteltier + Geburt*
- Gebt die Wörter in das Suchfeld ein und lest euch die Suchergebnisse aufmerksam durch.
- Wählt etwa drei bis vier nützliche Seiten aus und notiert die Quellen[1].

Tipp
Lest den Inhalt der Seiten genau. Die ersten Seiten sind nicht immer die nützlichsten.

1 Quelle: hier Angabe der Internetadresse oder der Daten zu einem Buch wie Autor, Titel ...

7 Prüft jetzt im Tandem eure Suchergebnisse. Beantwortet die Fragen.
- Sind die Informationen sachlich und verständlich?
- Sind die Informationen aktuell?
- Habt ihr ein Impressum auf der Internetseite gefunden?
- Habt ihr eine Seite mit wenig oder ohne Werbung ausgewählt?

Arbeitstechnik

Eine Recherche planen und durchführen

1. **Notiere**, was du bereits über das Thema weißt.
2. Formuliere **Fragen**, die du in deiner Präsentation beantworten möchtest. Lege dann die **Suchbegriffe** fest.
3. Wähle geeignete **Informationsquellen**. Prüfe sie, indem du das Inhaltsverzeichnis und den Klappentext liest oder Texte überfliegst.
4. Setze dir eine **zeitliche Begrenzung** für deine Recherche. Notiere die **Quellen**, die du verwenden möchtest (z. B. Internetseiten, Buchtitel, Videosequenzen).
5. **Prüfe** deine Rechercheergebnisse danach, ob sie **aktuell**, **sachlich** und **verständlich** sind. Die Internetseite sollte ein **Impressum**, aber **keine** oder wenig **Werbung** enthalten.

Lerninsel
Seite 300

Kindheit im Beutel

Informationen aus Sachtexten zusammenfassen

○ **1** Sieh dir das Bild an. Was interessiert dich an Geburt und Aufzucht von Beuteltieren? Notiere Fragen dazu, z. B. *Wie groß sind die Jungtiere bei der Geburt?*

Lerninsel
Seite 290–292

○ **2** Die folgenden drei Texte informieren über den Nachwuchs bei Beuteltieren. Lies die Texte und mache dir zu jedem Text Notizen.

A [...] Beuteltiere sind nahe mit uns „höheren Säugetieren" (Plazentatieren) verwandt. Dennoch zeigen sich schon früh in der Schwangerschaft Unterschiede. Während bei uns die Gliedmaßen des Embryos allmählich wachsen und lange hinter Gehirn und inneren Organen zurückbleiben, reifen die Arme – nicht aber die Hinterbeine – bei den Beutelsäugern schon extrem früh. [...] Bei einigen Familien, darunter den Kängurus, gibt es zusätzlich eine so genannte verzögerte Geburt. Sie paaren sich direkt nach der Geburt wieder, das jetzt befruchtete Ei teilt sich aber nur bis zu einer Größe von etwa 100 Zellen und ruht dann. Es wächst erst weiter, wenn das ältere Jungtier den Beutel verlässt oder stirbt. Auf diese Weise kann die Mutter sogar drei Kinder zugleich haben: eins als Embryo, eins im Inneren und eins außerhalb des Beutels, das aber noch gestillt wird.

B [...] Meist wird nur ein Junges geboren, das winzig ist – etwa so groß wie ein Gummibärchen – und weniger als ein Gramm wiegt. Die Neugeborenen sind kaum entwickelt und ähneln einem Embryo: Die Augen und Ohren sind kaum ausgebildet, der Körper ist nackt und die Hinterbeine sind noch ganz kurz. Dennoch krabbelt das Neugeborene durch das Fell der Mutter, bis es innerhalb weniger Minuten nach der Geburt den Beutel an ihrem Bauch erreicht hat. Den richtigen Weg findet es mit Hilfe seines Geruchssinns. Die Mutter hat eine Speichelspur von der Geburtsöffnung bis zum Beutel gelegt. Dieser Spur folgt das Neugeborene. Im Beutel saugt es sich an der Zitze der Mutter fest. Die Zitze schwillt dann an, sodass das Neugeborene sie nicht mehr loslassen kann. Anfangs ist es auch zu schwach zum Saugen, deshalb spritzt die Mutter ihrem Kind die Milch in den Mund. Das Neugeborene verbringt die nächsten neun Monate ausschließlich im Beutel der Mutter. In dieser Zeit reift es zum jungen, fertig entwickelten Känguru heran. Auch wenn es den Beutel verlassen hat, säugt die Mutter ihr Junges oft noch lange – bis es etwa 12 bis 17 Monate alt ist.

C Wie stark der Instinkt von jungen Beuteltieren sein kann, zeigt ein Beispiel aus dem Zoo in Sydney. Dort hat ein verwaister Fuchskusu kurzerhand ein Plüschkänguru zu seiner Mutter gemacht. Passanten hatten das Tier gefunden und im Zoo abgegeben. Dort wird es von einer Pflegerin gefüttert und versorgt. Das Plüschkänguru ersetzt die Nähe zur Mutter, denn Fuchskusus bleiben normalerweise bis zu fünf Monate im Beutel des Muttertiers.

3 Beantworte mithilfe deiner Notizen aus Aufgabe 2 die folgenden Fragen.
- Wie groß sind die Jungtiere bei der Geburt?
- Wie sehen die Jungtiere bei der Geburt aus?
- Wie gelangen die Jungtiere in den Beutel?
- Wie werden die Jungen ernährt?
- Wie lange bleiben die Jungtiere im Beutel?
- Wann bringen die Beuteltiere ihre Jungen auf die Welt?

4 Besprecht im Tandem, mit welchem Text aus Aufgabe 2 ihr die meisten Fragen beantworten konntet und mit welchem nicht. Begründet eure Meinung.

5 Trage jetzt alle Informationen zur Geburt und Aufzucht von Beuteltieren zusammen. Verwende deinen ausgewählten Text und deine Antworten aus Aufgabe 3. Lege eine Mindmap an.

Mindmap
Seite 153

Tipp
Du kannst weitere Informationen im Internet recherchieren. Nutze dazu deine Quellen aus Aufgabe 6 von Seite 167.

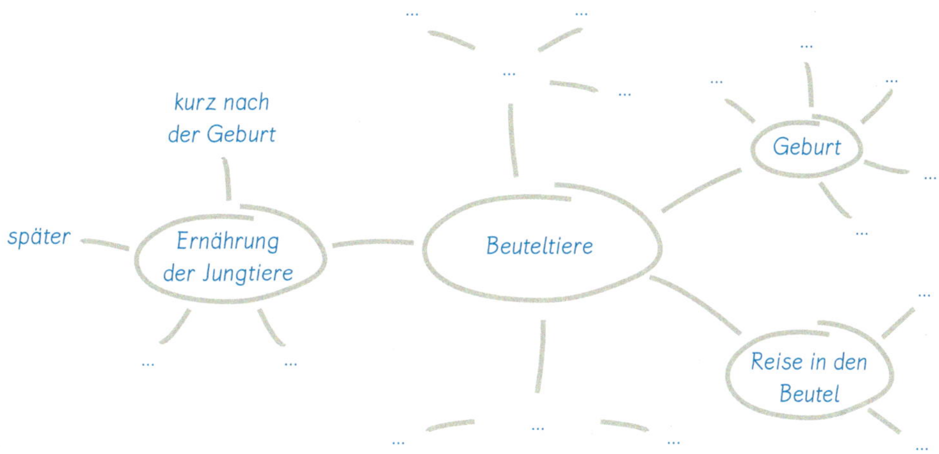

6 Sammle Bildmaterial zum Thema „Geburt und Aufzucht von Beuteltieren".

Arbeitstechnik

Informationsmaterial auswerten und zusammenfassen

1. **Sichte das Material** aus deiner Recherche. Überfliege die Texte. Entscheide, welche Texte du wirklich nutzen kannst.
2. Lies die Texte gründlich. Schreibe **wichtige Informationen** aus den Texten heraus und ordne sie, z. B. nach Stichworten.
3. Prüfe, ob du deine Fragen ausreichend beantworten kannst.
4. Schreibe eine **Gliederung** und notiere die **wesentlichen Informationen** auf Stichwortzetteln, Karteikarten oder in einer Mindmap.
5. Wähle passendes **Bildmaterial**, **Diagramme**, **Schaubilder** oder **Videos** aus, mit denen du deine Präsentation anschaulich gestalten kannst.

Lerninsel
Seite 300

Mein Thema: Die Beuteltiere

Ein Referat vorbereiten und halten

Du hast viele Informationen zur Geburt und Aufzucht von Beuteltieren gesammelt. Jetzt kannst du sie in einem Referat präsentieren. Damit das Publikum bei deinem Referat aufmerksam bleibt und sich das Gesagte gut merkt, veranschauliche deine Informationen mithilfe einer Präsentationsfolie.

1 Ein Stichwortzettel hilft, die Informationen geordnet wiederzugeben. Lege für deinen Referat einen Stichwortzettel an. Gehe so vor:
- Übernimm die folgende Gliederung.
- Formuliere eine **Einleitung**. Nenne Thema und Ziel des Vortrags.
- Nutze für den **Hauptteil** deine Mindmap von Seite 169 und ergänze weitere Informationen.
- Formuliere für den **Schluss** eine Zusammenfassung. Du kannst hier auch deine Meinung zum Thema wiedergeben oder ein Problem zur Diskussion stellen.
- Ergänze, welche Materialien du in welchem Teil verwenden möchtest.

Einleitung	*Thema: …* *Ziel: … (z. B. über Gemeinsamkeiten und Unterschiede zwischen Beuteltieren und anderen Säugetieren informieren)*	*Material: …* *(Bild/Folie …)*
Hauptteil	*Geburt: …* *Reise in den Beutel: …* *Ernährung der Jungtiere: …*	*Material: …* *(Bild/Folie/ Video …)*
Schluss	*Zusammenfassung: …* *(z. B. Besonderheiten der Beuteltiere zusammenfassen; Bedrohung der Arten)*	*Material: …* *(Bild/Folie …)*

Feedback
→ Seite 327

2 Haltet eure Referate im Tandem. Nehmt sie mit dem Handy oder einer Kamera auf. Seht die Aufnahmen an und gebt euch ein Feedback mit Tipps zur Verbesserung.

Arbeitstechnik

Lerninsel V03
→ Seite 304

Ein Referat vorbereiten

1. Schreibe einen **Stichwortzettel** mit allen Informationen, die du im Vortrag wiedergeben möchtest. **Gliedere** ihn in:
   - **Einleitung** (Thema + Ziel)
   - **Hauptteil** (Wiedergabe der wichtigsten Informationen)
   - **Schluss** (Zusammenfassung + eigene Meinung)
2. Notiere nur **Stichworte**. Formuliere mündlich ganze Sätze dazu.
3. Vermerke, an welcher Stelle deines Vortrages du **Anschauungsmaterial** (Bilder, Folien, Filmausschnitte, Infoplakat …) einsetzen willst.
4. **Übe** deinen Vortrag so lange, bis du frei und flüssig sprechen kannst.

3 Seht euch die beiden Präsentationsfolien an. Untersucht und beurteilt ihre Gestaltung im Tandem. Notiert, was an den Folien verbessert werden kann.

Geburt der Beuteltiere

– Die Neugeborenen sind kaum entwickelt und ähneln einem Embryo.
– Die Augen und Ohren sind kaum ausgebildet, der Körper ist nackt und die Hinterbeine sind noch ganz kurz. Im Beutel saugt es sich an der Zitze der Mutter fest. Die Zitze schwillt an, sodass das Neugeborene sie nicht mehr loslassen kann. Anfangs ist es zu schwach zum Saugen, deshalb spritzt die Mutter ihrem Kind die Milch in den Mund.

A

Geburt der Beuteltiere

- kaum entwickelte Neugeborene (kaum Augen/Ohren, kein Fell, kurze Hinterbeine)
- saugt sich an Zitze fest
- bleibt neun Monate im Beutel

B

4 Schreibt in der Gruppe eine Checkliste. Zählt auf, worauf man achten muss, wenn man Präsentationsfolien anfertigen will. Denkt an gute Lesbarkeit, übersichtliche Gestaltung, passende Textmenge, Schriftgröße und Abbildungen sowie ansprechende Farbigkeit.

5 Gestalte jetzt eine Folie zu einem Thema in deinem Referat. Arbeite am Computer oder fertige eine Skizze auf Papier an.

6 Präsentiert eure Folien in der Gruppe und lasst euch ein Feedback geben.

Feedback
Seite 327

Arbeitstechnik

Präsentationsfolien gestalten

Auf einer **Präsentationsfolie** kannst du die wichtigsten Informationen **kurz** und **übersichtlich** zusammenfassen und deinen Vortrag anschaulicher gestalten.

1. Fertige zuerst eine **Folie** an, die einen **Überblick** über deinen Vortrag gibt (Thema, Gliederung).
2. Gestalte das **Folienlayout** schlicht und übersichtlich. Verwende nur wenige Farben und Markierungen, um Wichtiges hervorzuheben.
3. Gib jeder Folie eine **Nummer** und eine **Überschrift**.
4. Notiere nur **wenige Stichpunkte** (maximal sieben Zeilen). Verwende einen gut lesbaren **Schrifttyp** und eine ausreichend große **Schrift**.
5. Wähle **aussagekräftige Bilder** (ca. zwei pro Folie) zur Veranschaulichung.

Lerninsel
Seite 305

START **Drei Wege – ein Ziel!** Finde deinen Weg mit diesem Einschätzungstest: **D46**

A
B
C

Vietnam – zauberhaftes Land im Süden

Eine Recherche durchführen

D47 Differenzierung Fördern

1 Lest den Text und seht euch die Bilder an. Besprecht in der Gruppe, was ihr über Vietnam wisst.

Der langgestreckte Küstenstaat am Chinesischen Meer zählt zu den faszinierendsten Ländern Südostasiens. Als Reiseziel wird Vietnam immer beliebter. Trotzdem ist das Land eines der ärmsten Länder Asiens, da es immer noch mit den Spätfolgen des Krieges zu kämpfen hat.

A

B

2 Stelle dir vor, in den nächsten Ferien kannst du nach Vietnam reisen. Darauf möchtest du dich vorbereiten. Sieh dir das Inhaltsverzeichnis aus einem Online-Reiseführer an.

WEB

Vietnam: Reiseführer, Reisetipps und Tourismus

1 Städte und Sehenswürdigkeiten	7 Fortbewegung im Land
2 Geschichte	8 Essen
3 Visum	9 Verhaltensregeln
4 Wetter und Klima	10 Sprache und Verständigung
5 Währung und Geld	11 Reise- und Sicherheitshinweise
6 Unterkunft	12 Gesundheit

3 In welchen Kapiteln des Reiseführers findest du Informationen zu folgenden Begriffen? Schreibe die Kapitelnummern auf.
- beste Reisezeit
- notwendige Impfungen
- geeignete Reisebekleidung
- Übernachtungsmöglichkeiten
- Einreisebestimmungen
- Orte, die man unbedingt besuchen sollte

4 Was interessiert dich an Vietnam? Formuliere Fragen dazu, z. B. *Welche Speisen sind in Vietnam beliebt?*

5 Lest die Klappentexte der beiden Reiseführer. Für welchen Reiseführer würdet ihr euch entscheiden? Begründet eure Wahl im Tandem.

Vietnam – das Land der knatternden Zweiräder und der schweigenden Schildkröten, wo Kinder mit Wasserbüffeln Gassi gehen und Geschäftsleute auf winzigen Plastikhockern am Straßenrand essen, trinken und rauchen. Die Frau mit Strohhut als exotische Schönheit, die Felsen der Halong-Bucht als Urlaubsziel, der Hubschrauber als Zeichen des Krieges – Vietnam bietet weit mehr als diese bekannten Symbole.

Begleiten Sie David Frogier de Ponlevoy auf seiner Reise durch Vietnams Städte und Landschaften. Setzen Sie sich mit auf den Motorroller oder mit den Küchengöttern auf den fliegenden Karpfen. Rollen Sie nem, schlürfen Sie pho und lassen Sie sich von der Vielzahl der Obstsorten verwirren. Erfahren Sie, was der Winter mit Wasserpuppen zu tun hat, warum Vietnamesen selten Briefe schreiben, und suchen Sie mit nach dem Schweinevogel. Am Ende werden Sie um 151 berührende Einblicke in dieses faszinierende Land reicher sein.

VIETNAM 151 ist eine einzigartige Dokumentation des Lebens zwischen Reisfeld und Verkehrsstau, …

6 Ein Schüler hat als Reiseziel den Mekong gewählt und im Internet dazu recherchiert. Lies die Ergebnisse der Internetrecherche dazu.

de.wikipedia.org › wiki › Mekong ▾

Mekong – Wikipedia

Der **Mekong** ([ˈmeːkɔŋ] oder [meˈkɔŋ]) ist ein Strom in Südostasien, der sechs Länder durchquert. Seine Länge wird mit 4350 km bis 4909 km angegeben.

Flusssystem Mekong · Mekongdelta · Kategorie:Mekong · Mekong-Riesenwels

Anzeige · www.mekong-wolfsburg.de/online/bestellen ▾

Mekong | Menü anschauen & bestellen

Einfach Essen bestellen und liefern lassen in **Wolfsburg!** Tolle Angebote. Schnelle Lieferung. Echte Nutzerbewertungen. Bar oder online bezahlen. Ausgezeichneter Service.

Nudel-Gerichte · Reis-Gerichte · Rindfleisch-Gerichte · Hühnerfleisch-Gerichte

7 Wählt im Tandem die Internetquelle aus, die für eine Recherche zum Mekong nützlich sein kann. Begründet eure Wahl, *z. B. Die Quelle … ist geeignet, weil …*

8 Notiere nun zu deinen Fragen aus Aufgabe 4 genaue Suchbegriffe für eine gezielte Recherche im Internet oder in Sachbüchern.

Recherche
→ Seite 167

9 Führe zu deinen Suchbegriffen eine Recherche durch. Wähle geeignete Internetseiten oder Sachbücher aus. Notiere drei bis vier Quellen.

Die schwimmenden Märkte

Ein Referat vorbereiten und halten

D47 Differenzierung Fördern

1 Lies die Textüberschrift und sieh dir die Abbildung an. Stelle Vermutungen an, worum es in dem folgenden Text geht.

2 Lies den Text.

A14

Lerninsel
Seite 290–292

Auf den Wassern des Mekong – Die schwimmenden Märkte Vietnams

(1) Wasser, soweit das Auge reicht, große und kleine Wasserläufe, dazwischen unzählige Inseln und irgendwo das Ufer. Und eine Vielzahl kleiner Boote. Schon vor Sonnenaufgang machen sich die Menschen auf den Weg nach Cai Rang. Und jedes Boot ist schwer beladen mit dem, was die Menschen in dieser Region anbauen. Säcke mit Reis, Gemüse und Obst wie Ananas, Mangos und Bananen sowie Zuckerrohr füllen die Laderäume der Boote und stapeln sich auf den Decks zu kleinen Bergen. Manche Gefährte sind so schwer beladen, dass sie sich nur schwer steuern lassen und kaum über die Wasserlinie herausragen. Und alle diese Boote haben das gleiche Ziel: Den schwimmenden Markt von Cai Rang im Delta des Mekong in Südvietnam.

(2) Der Mekong ist einer der größten und wichtigsten Flüsse Asiens. Von seiner Quelle im Himalaya durchquert er mehrere Länder, bis er sich in Vietnam in unzählige kleine Flussarme aufteilt. In diesem Gebiet bestimmt der Fluss das Leben der Menschen. Mit dem Reis aus dieser fruchtbaren Region werden große Teile Vietnams versorgt. Auch der Transport von Waren und Menschen erfolgt über diese „Lebensadern" der Region. Im Gegensatz zum Auto erreicht man auf diese Weise selbst die kleinsten Orte am Fluss. Alle Anwohner des Flusses besitzen ein eigenes Boot und eine Anlegestelle, manche Familien leben sogar auf Hausbooten und bleiben nie lange am selben Ort.

(3) An Orten wie Cai Rang treffen sich die Bootsführer, ankern dort und bilden so einen der schwimmenden Märkte, für die Vietnam bekannt ist. Händler fahren mit unbeladenen Booten durch den Markt und kaufen verschiedene Waren ein. Anschließend brechen sie in die kleineren Flussarme des Mekong auf, wo sie ihre Ladung wiederum an die Anwohner veräußern. Andere, kleinere Boote kreuzen über den Markt, ihre Besitzer verkaufen den Bootsleuten Lebensmittel wie Kaffee oder Tee. Einige Boote sind sogar mit Kochstellen ausgestattet. Hier bereiten geschäftstüchtige Köche kleine Mahlzeiten zu. Besonders beliebt ist Pho, eine Suppe mit Reisnudeln, die bereits zum Frühstück gegessen wird.

(4) Nach dem Frühstück ist in Cai Rang die Zeit der großen Geschäfte bereits vorbei und die Händler steuern ihre Boote wieder heimwärts. Anderswo dauern die schwimmenden Märkte den ganzen Tag an. Dort besuchen auch Touristen diese besondere Attraktion. Wer jedoch einen schwimmenden Markt besichtigen möchte, der sollte auf die einheimischen Bootsführer setzen. Sonst kann man sich schnell verirren – auf den Wassern des Mekong.

3 Beantwortet die folgenden Fragen schriftlich. Tauscht euch im Tandem dazu aus.
- **Welche** Waren werden auf dem Mekong verkauft?
- **Warum** wird der Mekong als „Lebensader" bezeichnet?
- **Wie** funktioniert der Handel auf dem Mekong?
- **Was** bieten die Bootsleute außerdem an?
- **Was** ist „Pho"?
- **Wie** lange dauert der schwimmende Markt in Cai Rang?

4 Lies den Text ein weiteres Mal. Schreibe die wichtigsten Informationen aus jedem Sinnabschnitt in Stichworten auf. Verwende dazu folgende Tabelle.

Abschnittnummer	Überschrift	Hauptinformation
1	*Marktvorbereitung am Morgen ...*	• *vor Sonnenaufgang Aufbruch nach Cai Rang* • *Waren aller Art auf kleinen Booten ...* • *...*
...	*...*	*...*

5 Recherchiert im Tandem weiter zum Thema Mekong und „schwimmende Märkte". Notiert die Quellen, die ihr verwenden möchtet.

Recherche → Seite 167

6 Lest die Texte aus euren Quellen gründlich. Überlegt euch Stichworte für euer Referat, z. B. *geografische Lage, Waren, Ablauf des Handels, Verständigung, Lebensweise/Rituale ...*

Informationsmaterial → Seite 169

7 Notiert im Tandem zu jedem Stichwort die wichtigsten Informationen. Wählt dann passendes Bildmaterial aus.

Tipp
Gestaltet eine Präsentationsfolie.

8 Schreibt im Tandem einen Stichwortzettel für euer Referat. Schreibt alle Informationen für den Hauptteil mithilfe eurer Notizen aus Aufgabe 7 auf. Ergänzt eine Einleitung und den Schluss.

Referat → Seite 170

9 Übe deinen Vortrag so lange, bis du frei und sicher sprechen kannst.

K **10** Haltet eure Referate im Tandem. Nehmt sie mit dem Handy oder einer Kamera auf. Seht euch die Aufnahmen an und gebt einander ein Feedback.

Feedback → Seite 327

11 Tragt eure Referate in der Gruppe vor oder seht euch die Aufnahmen an. Wählt zwei Referate für die Präsentation in der Klasse aus.

Die Tuareg – blaue Reiter der Wüste

Eine Recherche durchführen

D48 Differenzierung

○ **1** Seht euch die Bilder an und lest die Seitenüberschrift. Was erfahrt ihr über die Tuareg? Tauscht euch im Tandem aus.

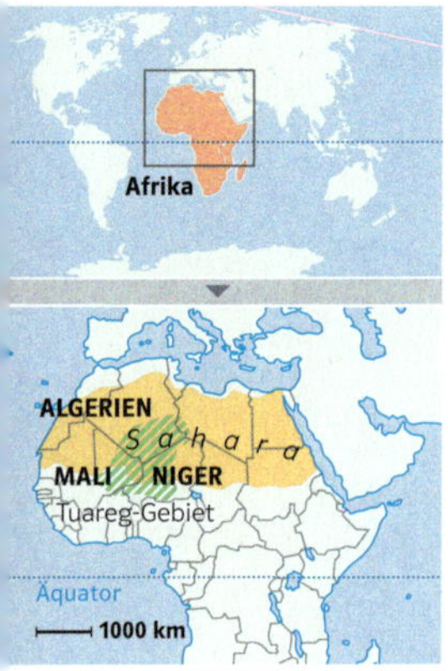

A

B

○ **2** Zum Thema „Tuareg und ihre Wohnformen“ haben Schülerinnen und Schüler im Internet recherchiert und die folgenden Texte gefunden. Lies die vier Texte.

A Wirtschaftsweise

Die wirtschaftliche Grundlage des Nomadismus in der Sahara ist die Zucht und Haltung von Ziegen, Schafen und Eseln, die aber meist nur zur Selbstversorgung, weniger zum Verkauf dienen. Die Tuareg sind wohl die berühmtesten Kamelreiter. In erster Linie werden die Tiere aber als Lastenträger gezüchtet, nicht als schnelle, elegante Reittiere. Um ihre Viehherden in der kargen Landschaft zu weiden, ziehen die Tuareg ständig umher – immer in einem eingeschränkten Territorium, da in der Sahara noch andere nomadische Völker leben. Aus diesem Grund hausen sie nur in Lederzelten, die schnell auf- und abgebaut werden können. [...]

B Tuareg

Großzügig gestaltetes Pyramidenzelt mit hoher Seiten- und Mittelhöhe sowie sehr großem Raumangebot. Gefertigt aus sehr starkem und reißfestem, naturellem Baumwolle/Polyester Mischgewebe ca. 420 g/m².
2 Eingänge mit Schlingen- und Ösenverschluss, in 2 Seitenwänden, je 2 Gazefenster mit Stoffladenabdeckung. Gestänge: gefertigt aus verzinktem Stahlrohr 28/1 mm, Alu-Mittelmast 55/2
Grundfläche: 440 x 330 cm
Mittelhöhe: 260 cm
Eingangshöhe: 170 cm
Seitenhöhe: 55 cm
Zubehör inkl.: Starke T-Stahl- und Blechheringe, Sturmabspannleinen sowie Packsäcke für Zelthaut und Gestänge
Gegen Aufpreis: Bodendecke mit stark beschichtetem Gewebe. [...]

C Mobile Architektur

Das Zelt der Imuhar (Tuareg) ist der zentrale Lebensraum der Frau, in dem der Mann nur Gast zu sein scheint. Das Zelt wird benannt nach dem Namen der Ehefrau und sie ist auch die Besitzerin des Zeltes. Lässt sich ein Mann von seiner Frau scheiden, verliert er nicht nur die Ehefrau, sondern auch das Zelt als seine Unterkunft. Er ist dann gezwungen zu Verwandten zu ziehen. Das Zelt ist der Mittelpunkt der Arbeitswelt der Nomadin. Sie ist direkt daran gebunden, während der Nomade bei seiner Arbeit mit den Dromedaren oft tagelang ohne Zelt unterwegs ist. Das Zelt wird allgemein als Ehan/Pl: Ihanan bezeichnet.

D Die Völker der zentralen Sahara

In der zentralen Sahara – in Oasen und in einigen Tälern der Gebirge, in denen Steppencharakter vorherrscht, und im Innern der Sahara – leben zwei Völker, die Tuareg und die Tibbu oder Teda. Sich selbst nennen die Tuareg „Imoschag". In die zentrale Sahara und in das mittlere Nigergebiet sind vor vielen Jahrhunderten die Tuareg in mehreren Wellen aus dem Norden eingewandert. Die hier lebenden Völker wurden unterworfen und in Abhängigkeit gebracht. Viele Bräuche wie auch die Sprache der Berber bewahren sich die Tuareg allerdings. Das vorwiegend europide Aussehen der Menschen weist auch anthropologisch in nördliche Richtung.
Als Hirtennomaden züchten sie Kamele, Ziegen und Schafe. Auch Landwirtschaft betreiben sie in den Oasen, wo sie Getreide anbauen und Fruchtbäume anpflanzen.
Indigogefärbte Kleidung ist für die Tuareg charakteristisch. Die Männer tragen lange Hemden mit weiten, kurzen Ärmeln. Nicht die Frauen haben das Gesicht verschleiert, sondern die Männer tragen vor dem Gesicht ein blaues oder schwarzes Tuch.
Ihre Behausungen sind meist großzellige Lederzelte. Die Lederverarbeitung, welche Aufgabe der Frauen ist, ist hoch entwickelt und dient als gewerbliche Tätigkeit. Etwa auf eine Million Menschen werden die Tuareg heute geschätzt. [...]

3 Prüft im Tandem, welche der Texte in Aufgabe 2 für ein Referat zum Thema „Wohnformen der Tuareg" am nützlichsten sind. Klärt auch, welche Quellen ungeeignet sind. Begründet eure Entscheidung.

4 Lies jetzt die informativen Texte noch einmal gründlich. Notiere in einer Mindmap, was du über die Wohnformen der Tuareg erfährst.

Mindmap → Seite 153

5 Recherchiere weiter zum Thema „Tuareg". Gehe so vor:
- Notiere Fragen, die dich zum Thema interessieren.
- Wähle zwei bis drei Fragen aus, die du in deinem Vortrag beantworten möchtest.
- Notiere Suchbegriffe für die Recherche im Internet oder in Sachbüchern.
- Überfliege die Texte in den Quellen und prüfe, ob sie nützliche Informationen enthalten.
- Prüfe deine Rechercheergebnisse bezüglich Aktualität, Sachlichkeit und Verständlichkeit.
- Notiere alle Quellen, die du verwenden möchtest.

Recherche → Seite 167

Nomaden der Sahara

Ein Referat vorbereiten und halten

D48 Differenzierung

A15

Lerninsel
Seite 290–292

1 Lest den folgenden Text. Fasst ihn anschließend im Tandem kurz zusammen.

Annina-Kim

Tuareg – das von Gott verlassene Wüstenvolk

[...] Wo gestern noch kühles Wasser floss, liegt heute ein Teppich aus grünem Gras und morgen heißer Sand. Für Menschen und Tiere in den extrem heißen und trockenen afrikanischen Regionen heißt das weiterziehen, dorthin, wo es Wasser gibt. Trotz des extremen Klimas schaffen es zahlreiche Volksgruppen, in der Wüste zu überleben. Eines der bekanntesten Wüstenvölker der Erde sind die Tuareg. Sie leben nicht in Häusern, sondern in Zelten und bleiben nie sehr lange an einem Ort.

Die Tuareg leben in der größten Wüste der Erde – der Sahara. Ihre Kultur ist stark bedroht. Ihren Namen haben sie von ihren arabischen Nachbarn bekommen. Tuareg bedeutet übersetzt „das von Gott verlassene Volk“. In seiner eigenen Sprache bezeichnet sich das Wüstenvolk hingegen entweder als „Kel Tugulmust“, was übersetzt „Menschen, die den indigoblauen Schleier tragen“ bedeutet. Oder sie nennen sich einfach „Imouhar, Imajeghan“ – freie Menschen. Denn sie fürchten sich nicht vor der Natur, sondern fühlen sich als ein Teil von ihr. Sie sind frei, weil sie gehen können, wohin sie wollen – so war es zumindest früher. [...] Die Tuareg haben gelernt, mit wenig auszukommen und in der Wüste zu überleben.

Die Tuareg-Männer tragen einen Schleier vor ihrem Gesicht, den sie „Tugulmust“ nennen. Er soll sie vor den Wüstengeistern und dem „bösen Blick“ schützen. Als zusätzlichen Schutz hängen sich die Tuareg große Silberketten um den Hals. Die Frauen haben in den Zelten das Sagen und tragen nur manchmal einen Schleier. [...]

Tuareg sind sehr gastfreundlich. Die Teezeremonie ist ein wichtiger Bestandteil ihrer Kultur. Ein Gast, der neu zu ihnen stößt, bekommt drei Gläser Tee gereicht. Das erste schmeckt bitter wie das Leben, das zweite süß wie die Liebe und das dritte sanft wie der Tod. Hat der Gast alle drei Gläser getrunken, so steht er unter dem Schutz der Tuareg.

Zwischen 1990 und 1995 kam es zu Aufständen der Tuareg in Mali und dem Niger. Das Wüstenvolk wehrte sich dagegen, dass es von den Regierungen dieser beiden Länder unterdrückt und ausgebeutet wurde. [...]

Auch heute noch werden die Tuareg in vielen Dingen benachteiligt. Darum haben viele von ihnen das Nomadenleben aufgegeben und sind sesshaft geworden. Es gibt zwar noch vereinzelt Rebellen, die sich gegen ihre Regierungen auflehnen, doch sie haben nur wenig Erfolg. Deshalb ist es ungewiss, ob und wann die Tuareg wieder – wie vor Jahren – als „freie Menschen“ durch die Wüste ziehen werden. Sicher ist aber, dass die Tuareg immer bekannt bleiben werden und viele Menschen faszinieren.

Die Tuareg feiern viele Feste. [...] Das „Ahal“ und das „Ilugan“ sind die beiden wichtigsten Feiern der Tuareg. Bei ihnen dürfen Männer ihre Qualitäten unter Beweis stellen, um bei den Frauen, die sie umwerben, Punkte zu sammeln. Die Feste dauern meistens bis spät in die Nacht. Bei dem Ahal tragen junge Männer selbst komponierte Lieder und eigene Gedichte vor. Sie besingen die Schönheit ihrer Angebeteten und vergleichen sie zum Beispiel mit ihrem schönsten Kamel. Außerdem preisen sie ihren eigenen Mut und erzählen von ihren Heldentaten. Das Ahal erfordert einigen Mut und kann Männer bis auf die Knochen blamieren, wenn ihre Gedichte nicht gut ankommen oder sie einfach schlecht singen. Gedichte und Lieder sind sehr wichtig für die Tuareg. [...] Ilugan ist ein Kamelreitspiel, bei dem die Tuareg ihre besten Kleider anziehen. Die Männer reiten auf ihren schönsten Kamelen. Die Frauen sitzen dicht beieinander und spielen auf Trommeln und feuern die Männer auf ihren Kamelen, die in einem Kreis um sie reiten, mit Trillerschreien an. Der Hintergrund dieses Spiels ist ernst. Früher sind die Männer bei Kämpfen schützend um die Frauen geritten, damit ihnen nichts passierte. Bei den Festen fließt dagegen kein Blut. Stattdessen werden Lieder gesungen und einige Frauen spielen auf der Imzad, das ist eine Geige, die nur eine Saite hat.

2 Notiere dir zu jedem Sinnabschnitt eine Überschrift. Du kannst die folgenden Begriffe nutzen.

Feste | Tee | Unterdrückung | Schleier | Name | Tuareg | Aufstände

Informationsmaterial → Seite 169

3 Lies den Text noch einmal gründlich. Schreibe zu jedem Sinnabschnitt die wichtigsten Informationen heraus.

4 Ergänze deine Notizen aus Aufgabe 3 mit weiteren Informationen zu den Tuareg aus den Aufgaben 4 und 5 von Seite 177.

5 Bereite dein Referat vor, indem du passendes Anschauungsmaterial auswählst.

Referat → Seite 170

6 Fertige Präsentationsfolien und einen Stichwortzettel für dein Referat an. Verwende für die Gliederung des Hauptteils deine Überschriften aus Aufgabe 2.

Präsentationsfolien → Seite 171

7 Übe deinen Vortrag so lange, bis du frei und sicher sprechen kannst.

MK **8** Haltet eure Referate im Tandem. Nehmt sie mit dem Handy oder einer Kamera auf. Seht euch die Aufnahmen an und gebt einander ein Feedback.

Feedback → Seite 327

9 Tragt eure Referate in der Gruppe vor oder seht euch die Aufnahmen an. Wählt zwei Referate für die Präsentation in der Klasse aus.

10 Bereitet euch auf das Thema Nomaden vor, indem ihr euch über weitere wandernde Völker und ihre Geschichte informiert, z. B. die Massai in Kenia, die Samen in Skandinavien oder die Mongolen.

Die Inka

Eine Recherche durchführen

D49 Differenzierung

1 Was wisst ihr über die Inka? Seht euch die Abbildungen an und lest den Text. Tauscht euch im Tandem darüber aus.

Im Hochland der Anden, vom heutigen Kolumbien über Ecuador, Peru, Bolivien bis in den Norden Chiles und Argentiniens, erstreckte sich vom 13. bis 16. Jahrhundert das Reich der Inka. Durch die Unterwerfung benachbarter Völker errichteten sie in 300 Jahren ein Großreich und erschufen eine einzigartige Hochkultur, von der heute nur noch wenig übrig geblieben ist. Ein Zeugnis dieser Hochkultur ist die noch erhaltene Ruinenstadt Machu Picchu.

2 Lies die Textausschnitte. Sie stammen aus verschiedenen Quellen, die in einer Recherche zum Thema „Machu Picchu" ausgewählt wurden.

A Machu Picchu: Weltwunder in Gefahr

Seit Jahren haben die Unesco-Experten ein kritisches Auge auf die berühmte Ausgrabungsstätte. Sie fürchten, dass der Massentourismus die legendäre Sehenswürdigkeit langfristig zerstört. Präzise warnen die Wächter des Welterbes vor „Abholzung, dem Risiko von Erdrutschen, unkontrollierter städtischer Entwicklung und illegalem Zugang zur Stätte". […] Täglich fallen Tausende von Besuchern aus der ganzen Welt ein, um über die Ruinen zu klettern. Der Anblick ist atemraubend: im Vordergrund die Terrassen mit den glattgeschliffenen Steinen, ringsum die majestätischen Gipfel der Anden. Sie scheinen den Himmel zu küssen.

B Daten & Fakten

Natur- und Kulturdenkmal: Gesamtanlage aus einem urbanen und einem landwirtschaftlichen Teil
UNESCO-Ernennung: 1983
15. Jh.: vermutlich Anlage von Machu Picchu („alter Gipfel")
1776 und 1782: urkundlich belegter Verkauf von Machu Picchu
1895: Anlage eines Weges von Cuzco in den unteren Teil des „Heiligen Tals der Inka"
1911: unter Schirmherrschaft der amerikanischen Yale University Expedition der Wissenschaftler Hiram Bingham, Harry Foote und Isaia Bowman
1912 und 1915: weitere Aufenthalte Binghams
1934: Forschung des peruanischen Archäologen Luis E. Valcárcel
1940/41: Forschungsexpedition unter Paul Fejos

C Machu Picchu – Ruinenstadt der Inka

[...] Von keinem Punkt des Tales aus ist sie zu sehen. Nur ein schmaler Pfad, der wohl schon zu spanischer Zeit durch einen Bergrutsch blockiert war, führt hinauf. Zu Füßen einer schroffen Felswand, dem Huayna Picchu, erstreckt sich die in drei Bereiche gegliederte Anlage. Der Film führt seinen Betrachter durch die Ruinen der Inka-Stadt. Im Süden der Anlage liegt die Tempelstadt. Gegenüber das Königsviertel mit dem Torreón, einem halbrunden Turm, der auf einem heiligen Felsen errichtet wurde. [...]

D Die geheimnisvolle Ruinenstadt Machu Picchu in Peru

[...] Wir stehen früh auf, um die berühmte Inka-Stadt in den Bergen zu besuchen. Der Wecker klingelt kurz nach halb zwei in der Nacht. Schnell schlüpfen wir in unsere Kleidung und schnappen uns die Rucksäcke. Denn schon bald holt uns der Reiseführer ab. Unser Ziel: die geheimnisvolle Ruinenstadt Machu Picchu [...]. Das heißt übersetzt: alter Gipfel. Machu Picchu liegt hoch oben in den Bergen im Land Peru auf dem Kontinent Südamerika. Früher lebten hier die Inka. [...] Irgendwann verließen sie Machu Picchu. Die Stadt verschwand langsam im wuchernden Dschungel, bis sie vor etwa 100 Jahren wiederentdeckt wurde.

3 Aus welchen Quellen stammen diese Texte? Ordne die Texte den verschiedenen Textarten zu.

Reisebericht | Zeitschriftenartikel | Lexikonartikel | Filmbeschreibung

4 Wählt die Texte aus, die für ein Referat zu Machu Picchu die nützlichsten Informationen liefern. Welche Texte sind dafür eher ungeeignet? Besprecht eure Ergebnisse im Tandem und begründet eure Meinung.

5 Vergleicht die Textarten. Findet heraus, in welcher Textart sachlich und objektiv informiert wird und in welcher eine subjektive Meinung wiedergegeben wird. Übernehmt die Tabelle und füllt sie im Tandem aus.

sachlich informierende Textart	meinungswiedergebende Textart
...	...

Tipp
Beachtet, dass manche Textarten auch Mischformen sein können.

6 Kennt ihr weitere Textarten? Tauscht euch in der Gruppe dazu aus und tragt sie in die richtige Tabellenspalte ein.

7 Lies die in Aufgabe 4 ausgewählten Texte noch einmal durch und notiere die wichtigsten Informationen.

8 Überlege, welche Fragen du in einem Referat zum Thema „Machu Picchu" beantworten möchtest. Führe eine Recherche zu deinen Fragen durch, wähle geeignete Quellen aus.

Recherche
→ Seite 167

Das Reich des Sonnengottes Inti

Ein Referat vorbereiten und halten

D49 Differenzierung

A16

Lerninsel
Seite 290–292

1 Lies den Text. Fasse ihn kurz schriftlich zusammen.

Nicole Potthoff

Azteken, Maya und Inka – Goldene Zeiten und ihr schlimmes Ende

Die Natur ist etwas, das der Mensch nicht geschaffen hat. Das Gegenteil von ihr ist die Kultur. Sie ist eine rein menschliche Leistung. [...]

Alles was eine Gemeinschaft – ein Volk – im Laufe von Jahren, Jahrzehnten oder Jahrtausenden erdenkt, erfindet, entwickelt und hervorbringt, ist eine gewaltige Ansammlung von Wissen und Informationen. Sprache, Bildung, Wissenschaft, Religion, Kunst und Politik – das alles ist Kultur. [...] Manchmal geht sie unter, wie bei den Maya, Inka und Azteken in Mittel- und Südamerika.

Diese drei großen Reiche waren sogenannte Hochkulturen. Was bedeutet, dass sie im Vergleich zu anderen Völkern ihrer Zeit bereits einen sehr hohen Entwicklungsstand hatten.

Die Völker der Maya, Inka und Azteken lebten in Städten, hatten eine gesellschaftliche und staatliche Ordnung, eine Religion, betrieben Ackerbau und Handel, hatten jeweils eine eigene Schrift und eigene Kunstformen. Im Gegensatz zu den Stämmen der nordamerikanischen Indianer gründeten sie Staaten. [...]

Den größten dieser Staaten bildeten die Inka im Hochland des heutigen Peru. Sie herrschten vom 13. bis 16. Jahrhundert von Ecuador bis nach Chile, ein Gebiet so groß wie halb Europa. Wahrscheinlich kamen sie ursprünglich aus dem Tiefland des Amazonasgebietes. Sie nannten sich Töchter und Söhne der Sonne, als Nachfahren des großen Sonnengottes Inti. Ihre Sprache ist Quechua, die „Sprache der Menschen". Neben vielen anderen Göttern wurden auch alle Inkaherrscher wie Götter verehrt. Ihr Titel war Sapa Inka. Die Inka-Hauptstadt Cuzco liegt in 3500 m Höhe im Hochgebirge und war das religiöse, wirtschaftliche, politische und kulturelle Zentrum des Reiches. Aus gewaltigen Steinblöcken schufen die Bewohner Häuser, Paläste und in der Mitte der Stadt den Sonnentempel.

Wie bei den Azteken und Maya hatten die Inka eine strenge Gesellschaftsordnung[1], an deren Spitze der Inkaherrscher stand. Beamte wurden eingesetzt, um das Riesenreich zahlenmäßig zu erfassen und die Arbeit der Bauern zu überwachen. Dem Sapa Inka wurden dann die Zahlen über Geburten, Sterbefälle, Höhe der Mais- und Kartoffelernten, Anzahl der Lamas und Meerschweinchen des Reiches vorgelegt.

Das Zählen erfolgte mit Hilfe von farbigen Schnüren und Knoten, den so genannten Quipus. Geld kannten die Inka nicht. Statt Abgaben steuerten die Einwohner mit ihrer Arbeitskraft zum Wohlstand des Reiches bei. Ihre Arbeitszeit teilte sich in drei gleiche Teile auf: Ein Drittel mussten sie für den Sonnenkult arbeiten. Das zweite Drittel wurde beim Militär oder beim Adel abgeleistet. Das letzte Drittel

1 **Gesellschaftsordnung**: Struktur und Aufbau einer Gesellschaft

durften die Menschen für den eigenen Lebensunterhalt und den ihrer Familien aufwenden.

Die Inka waren hervorragende Landwirte. Nur so lässt sich die Bevölkerung eines solchen großen Staates auch ernähren. Sie kannten 20 verschiedene Maissorten, 240 Kartoffelarten, dazu kamen Bohnen, verschiedene Getreide wie Quinoa und Amarant, Kürbis, Tomaten, Paprika und exotische Früchte. Zu ihren Haustieren zählten Lamas, Alpakas, Enten und Meerschweinchen. An den Hängen des Hochgebirges wurden Terrassenfelder angelegt, die mit Kanälen bewässert wurden.

Die Baukunst der Inka reichte weit über das Bauen von Festungen wie Machu-Picchu oder die Felsenterrassen hinaus. Die 5200 km lange Andenstraße und die 4000 km lange Küstenstraße sind beachtliche Leistungen der Straßenbauer, aber auch der Arbeiter.

Über den Rio Apurimac, einen Abschnitt des Amazonas, führt eine 60m lange, aus Pflanzenfasern geflochtene Hängebrücke, die von den Chasqui, den Stafettenläufern, genutzt wurde, um Nachrichten und Befehle des Sapa Inka zu überbringen. Die Stafettenläufer konnten auf diese Weise bis zu 400 km am Tag in dem 40000 km umfassenden Straßennetz zurücklegen. […]

Doch all ihr Wissen nutzte den Inka nicht, als am 15. November 1533 der spanische Eroberer und Abenteurer Francisco Pizarro mit nur wenigen hundert Männern die Hauptstadt Cuzco fast ohne Widerstand der Bevölkerung einnahm. […] Die spanischen Eroberer zerstörten die Stadt Cuzco fast vollständig. Der letzte Inkaherrscher starb 1572, mit ihm auch der letzte Widerstand gegen die spanischen Eroberer. […]

2 Lies den Text noch einmal gründlich. Notiere dir zu jedem Sinnabschnitt die wichtigsten Informationen.

3 Überlege, was du in deinem Referat über die Inka mitteilen möchtest. Schreibe eine Gliederung und notiere Stichworte für den Hauptteil.

Referat → Seite 170

4 Verwende für deinen Vortrag die Informationen aus dem Text und recherchiere zu deinen Stichworten im Internet oder in Sachbüchern.

Recherche → Seite 167

Informationsmaterial → Seite 169

5 Schreibe einen Stichwortzettel und fertige Präsentationsfolien für dein Referat an. Wähle passendes Anschauungsmaterial.

Präsentationsfolien → Seite 171

6 Übe deinen Vortrag so lange, bis du frei und sicher sprechen kannst.

MK **7** Haltet eure Referate im Tandem. Nehmt sie mit dem Handy oder einer Kamera auf. Seht euch die Aufnahmen an und gebt einander ein Feedback.

Feedback → Seite 327

8 Tragt eure Referate in der Gruppe vor oder seht euch eure Aufnahmen an. Wählt zwei Referate für die Präsentation in der Klasse aus. Bereitet euch auf das Thema Tourismus vor, indem ihr euch über seine Auswirkungen informiert.

A
B
C

ZIEL

Präsentiert eure Ergebnisse

Ihr habt euch in den Gruppen mit verschiedenen Themen beschäftigt, habt weitere Informationen recherchiert und Referate vorbereitet. Jetzt könnt ihr die Klasse über eure Themen informieren und euch darüber austauschen.

1 Information

○ Informiert die Klasse über das Thema, mit dem ihr euch in der Gruppe beschäftigt habt.

2 Präsentation

◒ Lasst die Referate von den ausgewählten Schülerinnen und Schülern halten.

3 Fragerunde

○ Stellt Fragen zu den Referaten. Lasst euch die Fragen von der jeweiligen Gruppe beantworten, z. B.

A Durch welche Länder fließt der Mekong?
B Welche nomadisierenden Völker kennt ihr noch? Wo und wie leben sie?
C Welche positiven und negativen Auswirkungen hat der Tourismus weltweit?

4 Diskussion

◒ Besprecht und diskutiert gemeinsam weitere Fragestellungen zu euren Recherchen und Referaten.

- Habt ihr bei der Recherche auch unseriöse oder unnütze Seiten gefunden? Welche waren das? Woran habt ihr erkannt, dass ihr sie nicht verwendet solltet?
- Woran genau habt ihr glaubwürdige Seiten erkannt?
- Wo habt ihr das Bildmaterial für eure Referate gefunden?

5 Feedback

● Wertet die Präsentationen gemeinsam aus. Gebt einander ein Feedback. Orientiert euch an folgenden Fragen:

☑ Habt ihr durch die Referate ausreichend Informationen über die Themen erhalten? Haben wichtige Informationen gefehlt?
☑ Waren die Referate gut strukturiert? Wurde in einer logischen Reihenfolge informiert?
☑ Wurde passendes und aussagekräftiges Bildmaterial ausgewählt?
☑ Wurde gut präsentiert (laut, deutlich, zusammenhängend gesprochen, Blickkontakt …)?

Überprüfe dich selbst

○ **1** Lies die folgenden Texte mit dem Leseschlüssel.

Sinti und Roma in Deutschland

Vorurteile gegenüber Roma und Sinti sind vielfältig und haben eine lange Tradition. [...] Die Bilder von Nomadentum, Kriminalität, Bettelei, Promiskuität und schlechter Mutterschaft haben sich über Jahrhunderte aufgebaut und sind in gängigen Vorurteilen immer noch präsent. [...]. In den Bundesländern haben die Behörden gezielt Integrationsprogramme für dort ansässige Roma und Sinti beschlossen und umgesetzt. In Schleswig-Holstein bemüht sich die Politik seit drei Jahrzehnten mit besonderem Einsatz, die soziale Lage der alteingesessenen Sinti- Familien zu verbessern. So hat sich in der Landeshauptstadt Kiel ein erfolgreiches Schulprogramm etabliert. [...]

Noch in den 1980er Jahren landeten vier Fünftel der Kinder aus Roma- und Sinti-Familien auf Förderschulen. „Das war ja gang und gäbe, da konnte man einen IQ von 120 haben und trotzdem musste man in die Förderschule oder Sonderschule", sagt die Sinteza Wanda Kreuz, die seit 20 Jahren als Schul-Mediatorin arbeitet. Ihre Aufgabe besteht darin, Sinti-Kinder so zu fördern, dass eine von Sprache und Herkunft unabhängige Chancengleichheit hergestellt wird. [...] Roma suchen Arbeit, doch ihre Chancen, einen regulären, sozialversicherungspflichtigen Job zu bekommen, sind äußerst gering. [...]

Zur Geschichte der Sinti und Roma

Aus dem Mittelalter stammen verschiedene europäische Quellen über in Südeuropa auftauchende Volksgruppen, die unter anderem mit dem griechischen Wort „athinganoi" (Unberührbare) oder mit „Ägypter" bezeichnet werden. Vom ersten leitet sich der Sammelbegriff „Zigeuner" ab, vom zweiten das englische „Gypsy". [...] Sprachwissenschaftliche Untersuchungen ergaben, dass diese Volksgruppen ursprünglich in Nordwestindien lebten. Zwischen dem 7. und 13. Jahrhundert wanderten sie [...] über Persien, Armenien und das Byzantinische Reich nach Europa. Aus dem 14. Jahrhundert existiert eine Quelle von einem italienischen Seefahrer, der in Griechenland „Romiti" begegnete. Denn selbst nannten sich diese Volksgruppen nicht „Zigeuner" [...]

◒ **2** Du sollst deiner Klasse die aktuellen Lebensbedingungen der Sinti und Roma vorstellen. Welcher Text liefert dir die nützlichsten Informationen? Begründe.

◒ **3** Recherchiere zusätzlich im Internet zur aktuellen Lebenssituation der Sinti und Roma in Deutschland. Lege eine Mindmap zu allen Informationen an.

D50 Lösungen

◒ **4** Erstelle einen Stichwortzettel für dein Referat.

Das kannst du jetzt:
- **Rechercheergebnisse prüfen und bewerten**
- **Informationen aus Sachtexten und Recherchen ordnen und zusammenfassen**
- **Informationen in einem Referat präsentieren**

11 Lass dich unterhalten!

MK

Das Fernsehen, seine Funktionen und Inhalte untersuchen

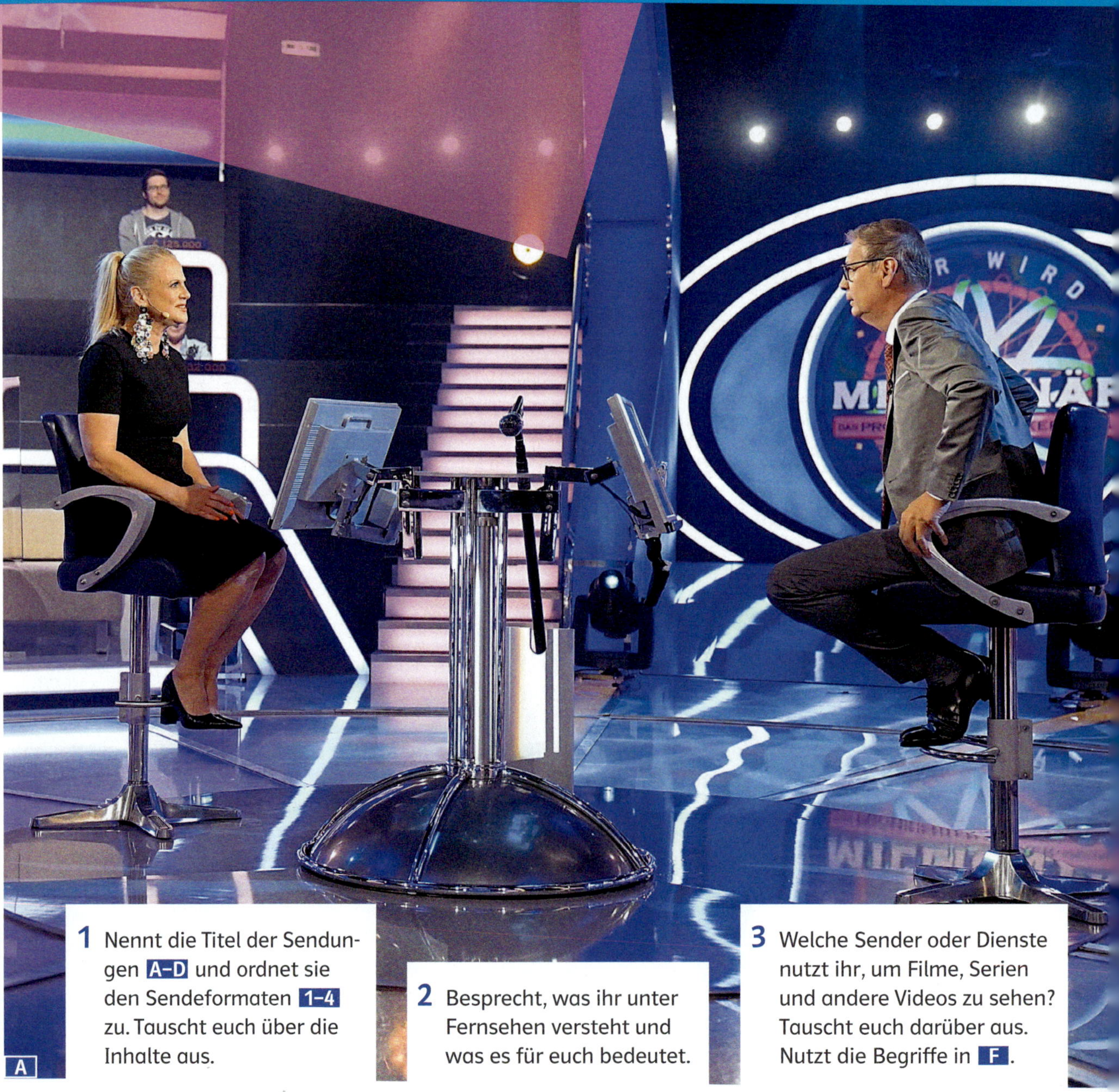

A

1 Nennt die Titel der Sendungen **A–D** und ordnet sie den Sendeformaten **1–4** zu. Tauscht euch über die Inhalte aus.

2 Besprecht, was ihr unter Fernsehen versteht und was es für euch bedeutet.

3 Welche Sender oder Dienste nutzt ihr, um Filme, Serien und andere Videos zu sehen? Tauscht euch darüber aus. Nutzt die Begriffe in **F**.

„Wer wird Millionär? Das Prominenten-Zocker-Special", 29.04.2021, TVNOW/RTL+

Habt ihr im Wohnzimmer oder vielleicht auch in eurem Zimmer einen Fernseher? Oder wie schaut ihr Serien, Wissensendungen oder Animationsfilme? Hier könnt ihr all das untersuchen und selbst vor und hinter der Kamera aktiv werden.

Das lernt ihr jetzt:
- **Fernsehen in allen Formen untersuchen**
- **Sendeformate und ihre Funktionen sowie Inhalte untersuchen**
- **eine Umfrage mit Auswertung durchführen**
- **Steckbriefe zu Fernsehsendungen schreiben**
- **eine eigene Sendung gestalten**

B

C

D

E

1 Castingshow

2 Wissensmagazin

3 Quizshow

4 Fernsehserie

laufendes Fernsehprogramm (z. B. ARD, arte, SAT.1)

Streamingdienste (z. B. Netflix, Amazon Prime, Sky)

Youtube

Mediatheken F

4 So wurde vor 40 Jahren ferngesehen. Vergleicht das Bild E mit euren eigenen Fernsehgewohnheiten.

5 Befragt eure Eltern, wie sie als Kinder ferngesehen haben und welche Sendungen ihnen gefielen. Tauscht euch dann in der Klasse darüber aus, wie sich das Fernsehen und die Medien verändert haben.

6 Bildet Kleingruppen und berichtet einander von euren **Lieblingssendungen**. Orientiert euch an den Fragen:
- Wie heißen eure Lieblingssendungen?
- Worum geht es?
- Wann laufen diese Sendungen?
- Warum gefallen euch diese Sendungen?

Ordnung im TV-Dschungel

Sendeformate untersuchen

Viele TV-Sender strahlen 24 Stunden am Tag ihr Programm aus. Damit du dich im TV-Dschungel gut orientieren kannst, solltest du die verschiedenen Sendungen und Sendeformate sowie ihre Funktionen kennen.

Tipp Recherchiert die unbekannten Daten im Internet.

1 Seht euch die Bilder an. Klärt im Tandem, welche der Sendungen ihr kennt. Nennt die Titel, die Sender und die Sendezeit.

A

Barbara Hahlweg, Jana Pareigis, Mitri Sirin

B

C

2 Wählt eine Sendung aus Aufgabe 1 aus. Beschreibt einander im Tandem, worum es in der Sendung geht.

3 Manche Sendungen haben das Ziel, die Zuschauenden zu unterhalten. Andere wollen informieren. Oft mischt sich beides. Übernimm die Tabelle und ordne die Sendungen auf den Bildern sowie die folgenden Sendungen zu.

Star Wars | Die Küchenschlacht | Wetter vor acht | How I met your mother | Tagesthemen | Leopard, Seebär & Co. | Quarks | Wer wird Millionär?

Information	Unterhaltung	Information und Unterhaltung
…	…	…

4 Kennt ihr die im Fernsehprogramm abgebildeten Sendungen? Wählt fünf aus und tauscht euch in der Gruppe darüber aus, worum es darin geht.

Sender	TV Programm am Freitag, 2.12. ab 18:00 Uhr		
	ab 18 Uhr	ab 19 Uhr	ab 20 Uhr
Das Erste	18:00 Wer weiß denn sowas? 18:50 Quizduell-Olymp	19:45 Dittsche vor acht 19:50 Wetter vor acht 19:55 Wirtschaft vor acht	20:00 Tagesschau 20:15 Der kleine Lord 21:55 Der Wunschzettel
3SAT	18:00 Magie der Märchen: Hänsel und Gretel auf der Spur	19:00 heute 19:18 3sat-Wetter	20:00 Tagesschau 20:16 Der Kommissar und das Meer
Pro7	18:00 NEWSTIME 18:10 Die Simpsons	19:05 Galileo	20:15 Joko und Klaas gegen ProSieben on Ice
RTLII	18:05 Köln 50667	19:05 Berlin – Tag & Nacht	20:15 Shrek 2 – Der tollkühne Held kehrt zurück

○ **5** Untersuche die markierten Sendungen im Fernsehprogramm in Aufgabe 4. Ordne die Sendungen in die Tabelle ein.

erfundene Informationen oder Geschichten	nicht erfundene Informationen oder Geschichten
…	…

◒ **6** Suche in anderen Fernsehprogrammen nach weiteren Sendungen. Ergänze die Tabelle.

○ **7** Sieh dein Fernsehprogramm an. Notiere, wann folgende Formate laufen:

Zeichentrickfilme | Spielfilme | Nachrichten | Doku-Soaps

◒ **8** Überlege, welche Zuschauerinnen und Zuschauer (Alter, Geschlecht) diese Sendungen anschauen könnten. Notiere diese Zielgruppen.

○ **9** Besprecht in Gruppen eure Ergebnisse aus den Aufgaben 7 und 8.

○ **10** Die Sendung „Berlin – Tag & Nacht" wird als Doku-Soap oder Reality-Daily-Soap bezeichnet. Kennt ihr dieses Sendeformat? Sammelt in der Klasse Beispiele dafür.

◒ **11** Tauscht euch in Gruppen über eure Doku-oder Daily-Soaps aus. Welche gefallen euch und welche nicht? Begründet eure Meinung.

◒ **12** Untersucht die gesammelten Beispiele. Diskutiert, welche Inhalte in dieser Sendung erfunden und welche Inhalte nicht erfunden sind.

● **13** Überlegt euch in der Klasse, woran man erkennen kann, ob Inhalte erfunden oder nicht erfunden sind. Macht euch Notizen.

Tipp
Denkt z. B. an den Einsatz von Musik und die Ausstattung.

! Merke

Sendeformate

Als **Sendeformate** werden die verschiedenen Arten von **Fernsehbeiträgen** und **Sendungen** bezeichnet. → Nachrichten, Reportagen, Unterhaltungsshows, Dokumentarfilme, Doku-Soaps, Serien, Zeichentrickfilme, Fernsehfilme …

Man kann zwei verschiedene **Formate** unterscheiden:
- **Erfundene (fiktive) Formate** erzählen ausgedachte Geschichten nach einem Drehbuch. → Fernsehfilme, Serien, Unterhaltungsshows …
- **Nicht erfundene (nonfiktive) Formate** wollen Tatsachen vermitteln. → Nachrichten, Wissenssendungen, Reportagen, Dokumentationen …

Es gibt Sendungen, die **zwischen fiktiven und nonfiktiven Formaten** einzuordnen sind. Sie geben vor, die Wirklichkeit zu zeigen, dabei handeln ausgewählte Darsteller nach einem vorgegebenen Drehbuch. → Reality-TV, Doku-Soaps

Was schaust du?

Eine Umfrage durchführen und auswerten

1 Tauscht euch im Tandem darüber aus, welche Fernsehsendungen ihr regelmäßig anschaut.

2 Führt dann in der Klasse eine Umfrage zum Thema „Welche drei Sendungen siehst du am liebsten?“ durch. Unterscheidet die Angaben der Mädchen von denen der Jungen. Geht so vor:

- Zuerst nennen alle Mädchen nacheinander ihre drei Lieblingssendungen, die an die Tafel geschrieben werden. Legt dazu eine Strichliste an.
- Wiederholt dies zu den Lieblingssendungen der Jungen.

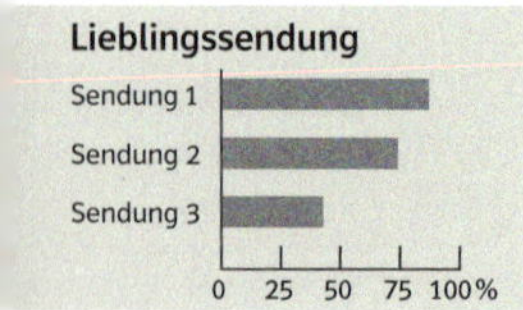

3 Werte die Umfrage aus. Stelle fest, welche Sendungen die Mädchen und welche die Jungen am häufigsten sehen. Notiere zwei Sätze dazu.

4 Stellt die Umfrageergebnisse in zwei Balkendiagrammen, eins für die Mädchen, eins für die Jungen, dar. Teilt die Arbeit im Tandem auf.

5 Wähle eines eurer Diagramme aus und schreibe einen kurzen Text, in dem du das Diagramm auswertest.

6 Diskutiert in der Klasse die Ergebnisse eurer Umfrage.

7 Seht euch das folgende Diagramm an. Erklärt, worüber es informiert.

Diagramm
Seite 293

Quelle: nach JIM-Studie 2023, S. 37/38, Angaben in Prozent, Basis: alle Befragten, n = 1 200

8 Vergleicht die Angaben im Diagramm in Aufgabe 7 mit euren Umfrageergebnissen. Tauscht euch in der Klasse darüber aus.

Worum geht es?

Fernsehsendungen vorstellen

1 Lest den folgenden Steckbrief zu einer Sendung. Stellt einander im Tandem mithilfe des Steckbriefs die Sendung vor.

Name der Sendung: *Die Simpsons*

Format der Sendung: *Zeichentrickserie*

Sendezeit (Tag/Uhrzeit): *täglich 18:10–19:05 Uhr*

Sender: *PRO 7*

Zielgruppe: *alle Altersgruppen*

Funktion (Information/Unterhaltung oder beides): *Unterhaltung*

Inhalt (Worum geht es?): *Die Serie handelt von einer gelben Familie, die in Springfield lebt. Diese amerikanische Durchschnittsfamilie erlebt immer wieder neue Geschichten.*

Hauptfiguren/Personen: *Homer, Marge, Bart, Lisa und Maggie, die als Familie und auch einzeln viele Abenteuer erleben. Im Mittelpunkt jeder Folge steht die Familie Simpson, begleitet von vielen Nachbarn, Freunden und anderen Bewohnern der Stadt Springfield.*

Bewertung: *Diese Serie ist immer lustig. Manchmal bringt sie mich auch zum Nachdenken, wenn eine Geschichte zu meiner aktuellen Situation passt.*

2 Schreibe einen Steckbrief zu deiner Lieblingssendung. Gehe dabei so vor:
- Schreibe die Vorlage des Steckbriefs ab.
- Sieh dir deine Lieblingssendung an und fülle den Steckbrief aus.

3 Bildet Kleingruppen und stellt euch eure Lieblingssendungen mithilfe der Steckbriefe vor.

4 Wähle aus dem Fernsehprogramm eine nonfiktive Sendung aus. Sieh dir die Sendung an und schreibe einen Steckbrief dazu.

Tipp
Wähle eine Wissenssendung, eine Sportübertragung oder eine Dokumentation.

5 Hängt eure Steckbriefe aus Aufgabe 4 in der Klasse auf, seht sie euch in einem Rundgang an und tauscht euch darüber aus. Besprecht, welche Sendungen ihr kennt und wie sie euch gefallen.

Und Action!

Eine Nachrichtensendung vorbereiten und gestalten

Nachrichtensendungen informieren in kurzer Zeit über das Wichtigste. Dafür werden Meldungen ausgewählt, die aktuell und interessant sind.

1 Sieh dir eine Nachrichtensendung deiner Wahl an. Notiere dir:
- Titel der Sendung,
- Anzahl und Name(n) der Sprecherinnen und Sprecher,
- Thema/Themen der Sendung,
- Dauer der Sendung.

Sendeformate → Seite 189

2 Tauscht euch in der Klasse zu euren Nachrichtensendungen aus. Klärt den Unterschied zwischen Nachrichtenformaten und anderen Formaten. Notiert die wichtigsten Merkmale von Nachrichtensendungen.

3 Plant in der Klasse eure eigene Nachrichtensendung. Sammelt Themen dafür an der Tafel.

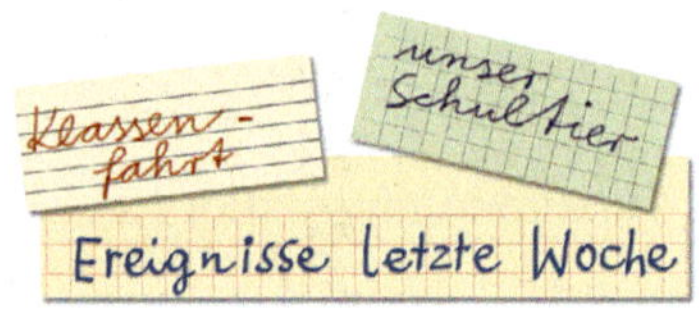

4 Veranstaltet eine Redaktionskonferenz, in der ihr die Vorbereitungen für eure Nachrichtensendung plant. Geht so vor:
- Denkt euch einen Titel für eure Sendung aus.
- Einigt euch auf drei Themen aus Aufgabe 3.
- Bildet zu jedem Thema eine Gruppe. Klärt, worüber ihr berichten wollt.
- Wählt in jeder Gruppe eine Person, die die Gruppenarbeit leitet, die Teilaufgaben zusammenführt und die Ergebnisse festhält.
- Wählt für jede Gruppe eine Nachrichtensprecherin oder einen Nachrichtensprecher.

5 Verteilt in den Themengruppen die Arbeiten. Nutzt die Tabelle dafür.

	Arbeiten	Wer?	Bis wann?
A	zum Thema recherchieren	…	…
B	Bildmaterial besorgen und anfertigen	…	…
C	Sprechertext schreiben	…	…

Tipp
Trefft euch in Redaktionssitzungen und besprecht euer Vorgehen.

Internetrecherche → Seite 300

6 Bereitet die Nachrichtensendung vor, indem ihr die folgenden Teilaufgaben erledigt.

A Zum Thema recherchieren:
- Recherchiere Hintergrundinformationen in Büchern und im Internet.
- Befrage Mitschülerinnen und Mitschüler sowie Erwachsene zum Thema.
- Notiere dir abschließend Antworten auf die W-Fragen.

B Bildmaterial besorgen und anfertigen:
- Suche passende Fotos, Diagramme zu Umfrageergebnissen und andere anschauliche Materialien zum Thema.

C **Sprechertext schreiben:**
- Formuliere Begrüßung und Verabschiedung des Publikums.
- Schreibe den Nachrichtentext in Sätzen auf.
- Die Nachrichtensprecherinnen und Nachrichtensprecher üben das Vorlesen.

Sprachtipp

Guten Tag, meine Damen und Herren, heute berichte ich Ihnen von …
Die Veranstaltung fand am … in … statt.
Im Mittelpunkt dieses Ereignisses stand …
Der Hintergrund dieser Veranstaltung war folgender: …

7 Führt nun eure Vorarbeiten zusammen, indem ihr einen ausführlichen Sendeplan für die Präsentation eures Themenbeitrages erstellt.

Sekunden	Sprechertext	Was/Wer ist zu sehen?	Bildmaterial
1–20	*Guten Tag, meine Damen und Herren …*	*Sprecherin sitzend vor einem Tisch*	*Hintergrundbild zum Thema*
21–23	…	*zwei Schüler halten Bild*	*Hintergrundbild zum Thema*
…	…	…	…

8 Die Leitenden der drei Gruppen fügen die drei Einzelbeiträge zu einer Nachrichtensendung zusammen und legen die Reihenfolge fest.

Tipp
Filmt die Sendung mit dem Handy.

9 Präsentiert jetzt der Klasse eure Nachrichtensendung. Orientiert euch an eurem Sendeplan.

10 Besprecht in der Klasse, ob eure Nachrichtensendung gelungen ist und ob sie alle Merkmale einer Nachrichtensendung enthält.

Tipp
Orientiert euch an Aufgabe 2.

Arbeitstechnik

Eine Fernsehsendung vorbereiten

1. Legt ein **Thema** fest und klärt, was ihr senden möchtet.
2. Verteilt die Aufgaben. Legt fest, wer sich mit dem **Thema beschäftigt**, wer die **Arbeiten leitet**, wer sich um die **Technik** kümmert und wer die **Texte vorliest**.
3. Stellt passendes **Bildmaterial** zusammen.
4. Schreibt einen **Sprecher- oder Moderationstext**.
5. Legt in einem **Sendeplan** die Abfolge von Text und Bildern fest.

Lerninsel
Seite 302/303

START **Drei Wege – ein Ziel!** Finde deinen Weg mit diesem Einschätzungstest: **D51**

A
B
C

Spielshows – Wer gewinnt?

D52 Differenzierung Fördern

Eine Spielshow vorbereiten und gestalten

1 Welche dieser Spielshows kennst du? Wähle eine Show aus und beantworte die folgenden Fragen. Mache dir Notizen.

Joko gegen Klaas | Quizduell | Schlag den Star | Klein gegen Groß

- **Wer** moderiert die Sendung?
- **Wie** viele Kandidaten spielen in der Show mit?
- **Was** können die Kandidaten gewinnen?
- **Was** müssen die Kandidaten machen, um zu gewinnen?

2 Erzählt im Tandem von eurer Show aus Aufgabe 1. Tauscht euch auch zu euren Lieblingsspielshows aus. Begründet, warum sie euch gefallen.

Umfrage → Seite 190

3 Führt eine Umfrage in der Gruppe zur Frage „Was ist deine Lieblingsspielshow?" durch. Geht so vor:
- Notiert untereinander alle Shows, die genannt werden.
- Macht pro Person einen Strich bei der entsprechenden Show.
- Zählt die Striche bei jeder Show zusammen.
- Stellt alle Zahlen in einem Balkendiagramm dar.

Fernsehsendung → Seite 193

4 Jetzt sollt ihr eure eigene Quizshow vorbereiten. Geht dabei so vor:
Notiert zu jedem der folgenden Wissensgebiete drei Fragen auf Karteikarten.

Erdkunde | Geschichte | Naturwissenschaften | Sport | Musik | Prominente

Erdkunde
1. Wie heißt die Hauptstadt der Türkei?
   Granada / Ankara / Istanbul / Kairo
2. …
3. …

- Schreibt vier mögliche Antworten unter jede Frage. Eine davon sollte die richtige Antwort sein.
- Notiert die richtige Antwort auf der Rückseite der Karte.

5 Einigt euch in der Gruppe auf eine Person, die die Moderation der Show übernimmt. Legt außerdem eine Person fest, die als Quizmasterin oder Quizmaster den Kandidaten die Fragen stellt.

6 Diskutiert und entscheidet in der Gruppe den Inhalt eurer Show. Klärt dabei die folgenden Fragen:

a **Wie viele** Kandidaten gibt es in der Show?

b **Wie viele** Fragen müssen die Teilnehmenden richtig beantworten, um zu gewinnen?
c **Was** kann man als Siegerin oder Sieger gewinnen?
d **Was** passiert bei Gleichstand?
e **Wer** sitzt wo? Zeichnet einen Überblick des Filmstudios.

f **Wie** ist der Ablauf der Show? Macht euch Notizen.

- *Anmoderation (Moderatorin/Moderator)*
- *Vorstellung der Kandidaten*
- *erste Fragerunde (Quizmasterin/Quizmaster)*
- *...*

7 Moderatorin/Moderator und Quizmasterin/Quizmaster schreiben im Tandem die Texte für die Spielshow und üben den Vortrag der Texte ein.

Sprachtipp
- Liebe Zuschauerinnen und Zuschauer, herzlich willkommen zu unserer neuen Show ...
- Ich freue mich auf die heutige Show. Die Kandidaten müssen ...
- Sie können heute ... gewinnen.
- Jetzt möchte ich Ihnen den Ablauf der Show vorstellen ...
- Und nun sollen Sie endlich auch unsere Kandidatinnen und Kandidaten kennenlernen ...

8 Bereitet jetzt mithilfe eines Ablaufplans die Show vor. Übernehmt die folgende Tabelle und ergänzt sie.

Sekunden	Sprechertext	Was/Wer ist zu sehen?	Bildmaterial
1 – 25	*Liebe Zuschauerinnen und Zuschauer, herzlich willkommen zu unserer neuen Show ...*	*Moderatorin/Moderator steht vor einer Stuhlreihe*	*Hintergrundbild mit Logo der Sendung*
26 – ...	...	...	...

9 Probt die Show in der Gruppe ohne Publikum. Bereitet die Spielshow für die Klasse vor.

Und wie geht es weiter ... ?

D53 Differenzierung

Eine Serienszene als Fotostory gestalten

Es gibt viele Serien, die ein großes Publikum begeistern. Häufig werden diese täglich oder wöchentlich ausgestrahlt und die Fans können den Beginn der neuen Staffel kaum erwarten.

1 Welches sind eure Lieblingsserien? Erzählt einander im Tandem, worum es in den Serien geht. Begründet, warum sie euch gefallen.

Diagramm → Seite 293

2 Führt eine Umfrage in der Gruppe zur Frage „Was ist deine Lieblingsserie?“ durch. Stellt das Ergebnis in einem Diagramm dar.

3 Lies den folgenden Text.

The Big Bang Theory

Die beiden hochbegabten Physiker Leonard und Sheldon teilen sich eine Wohnung und die Liebe zur Quantenphysik. Beide sind im Umgang mit Menschen, vor allem Frauen, recht schüchtern. Als in der Wohnung gegenüber die attraktive Kellnerin Penny einzieht, ist Leonard sofort hin und weg. Er nimmt all seinen Mut zusammen, um sie anzusprechen, während Sheldon mit seiner neunmalklugen Art alles wieder zerstört. Doch schon bald scheint sich Penny auf eine Freundschaft zu den beiden eigenartigen Jungs einzulassen. Leonard und Penny werden ein Paar. Weitere wichtige Figuren sind die Freunde Howard und Raj.

Tipp
Ihr könnt euch im Internet über diese Serie informieren.

4 Kennt ihr die Serie „Big Bang Theory“? Erzählt einander im Tandem, was ihr zum Inhalt dieser Serie wisst.

5 Beschreibt die drei Hauptfiguren dieser TV-Serie. Welche Eigenschaften haben sie und welche Figur ist euch am sympathischsten? Tauscht euch in der Gruppe dazu aus.

Tipp
Ergänzt weitere Gefühle und lasst sie darstellen.

6 Schauspielerinnen und Schauspieler müssen oft sehr unterschiedliche Gefühle zum Ausdruck bringen. Das könnt ihr mit der folgenden Pantomime üben:

- Eine Schülerin oder ein Schüler wählt eines der folgenden Gefühle aus und stellt es mithilfe von Gestik und Mimik dar. Dabei darf nicht gesprochen werden.

überrascht | traurig | fröhlich | müde | verliebt

- Die anderen müssen erraten, um welches Gefühl es sich handelt.
- Wer das Gefühl errät, darf das nächste Gefühl darstellen.

7 Erstellt zu den in Aufgabe 3 beschriebenen Szenen aus „The Big Bang Theory“ eine Fotostory[1]. Stellt dar, wie Penny einzieht und Leonard und Sheldon kennenlernt. Geht so vor:

- Legt fest, was ihr zeigen wollt. Klärt, wie viele Bilder nötig sind, und macht euch zu jedem Bild Notizen.
- Fertigt dann zu jedem Bild eine Skizze an. Entscheidet, welche Requisiten und Kostüme gebraucht werden. Legt fest, ob ihr mit der Kamera nah herangehen wollt (Nahaufnahme) oder von Weitem fotografiert (Totale).

Tipp
Ihr könnt auch andere Szenen wählen.

[1] **Fotostory**: Folge einzelner Standfotos, die eine Geschichte erzählen

8 Verteilt und erledigt in der Gruppe die folgenden Aufgaben.

Was?	Wer?
Darstellerin für Penny *Darsteller für Leonard* *Darsteller für Sheldon* *„Regisseurin/Regisseur“, gibt den Darstellern Hinweise zu Mimik und Gestik*	...
Fotografin/Fotograf	...
Requisiteurin/Requisiteur, besorgt Requisiten und Kostüme	...
Texterin/Texter, schreibt die Texte für die Sprechblasen und ergänzt sie in den Skizzen	...
Bearbeiterin/Bearbeiter der Fotos am PC	...

9 Bereitet jetzt die einzelnen Aufnahmen vor. Stellt die Szenen wie in euren Skizzen nach und fotografiert sie.

Tipp
Fotografiert jede Szene mehrmals.

10 Wählt die besten Fotos aus und bearbeitet sie am PC. Ergänzt die Sprechblasen.

11 Wählt aus, wie ihr eure Szenen der Klasse präsentieren wollt. Bereitet dann die Präsentation vor.

A Präsentiert die Fotostory und erzählt den Inhalt der Szenen dazu.

B Präsentiert die Fotostory und spielt die Szenen vor.

Wissen für alle

D54 Differenzierung

Eine Wissenssendung vorbereiten und gestalten

1 Seht ihr gern Wissenssendungen wie „Galileo“ oder „Wissen macht Ah!“? Besprecht in der Gruppe, welche dieser Sendungen ihr am liebsten seht und warum.

2 Führt eine Umfrage in der Gruppe zur Frage „Was ist deine Lieblingswissenssendung?“ durch. Stellt das Ergebnis in einem Diagramm dar.

Diagramm → Seite 293

3 Sieh dir das folgende Diagramm an. Worüber wird informiert? Schreibe einen Text, in dem du das Diagramm auswertest.

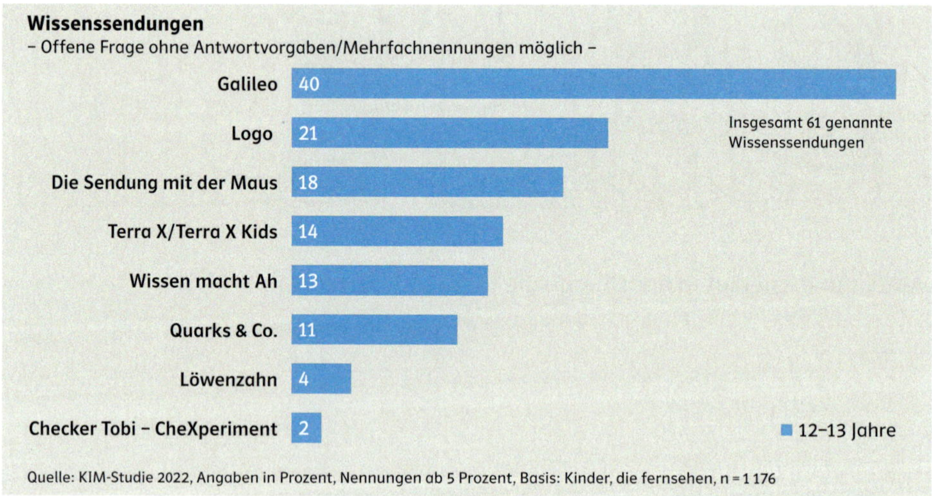

4 Vergleicht euer Umfrageergebnis mit den Daten eurer Altersklasse im Diagramm in Aufgabe 3. Notiert Gemeinsamkeiten und Unterschiede.

Fernsehsendung → Seite 193

5 Nun sollt ihr einen Beitrag für eure eigene Wissenssendung vorbereiten. Überlegt euch zuerst einen passenden Titel für eure Wissenssendung, z. B. *Wissen olé!*

6 Überlegt euch in der Gruppe Themen für eure Sendung und einigt euch auf ein Thema, z. B. *Schulessen oder Bundesliga oder Tiere des Waldes …*

7 Veranstaltet eine Redaktionskonferenz, in der ihr die Vorbereitungen für euren Beitrag plant. Verteilt zuerst die Aufgaben.

	Arbeiten	Wer?	Bis wann?
A	zum Thema recherchieren	…	…
B	Bildmaterial besorgen und anfertigen	…	…
C	Technik (Kamera, Mikrofon) vorbereiten	…	…
D	Sprechertext schreiben	…	…

Internetrecherche
Seite 300

8 Erledigt die folgenden Teilaufgaben:

A Recherchiert Hintergrundinformationen in Büchern und im Internet.

B Sucht passende Bilder, Poster und Abbildungen zum Thema. Fertigt eigenes Bildmaterial an.

C Macht euch mit der Technik vertraut, indem ihr sie ausprobiert.

9 Veranstaltet eine weitere Redaktionskonferenz, in der ihr besprecht und festlegt, welche Informationen mitgeteilt und welches Bildmaterial wann verwendet werden soll. Macht euch Notizen dazu.

10 Erledigt die folgende Teilaufgabe:

D Verfasst anschließend zu den Informationen und Bildern einen passenden Text für die Sprecherin oder den Sprecher.

11 Wählt eine Sprecherin oder einen Sprecher.

12 Bereitet jetzt gemeinsam die Filmaufnahme vor. Erstellt dazu einen Sendeplan.

Sekunden	Sprechertext	Was/Wer ist zu sehen?	Bildmaterial
1–20	*Heute geht es bei uns um …*	*Sprecherin/Sprecher steht vor Hintergrundbild*	*Hintergrundbild an der Tafel*
21–30	*Hier kann man sehen, dass …*	*Poster zum Thema (vor Sprecherin/Sprecher) halten*	*Poster zum Thema*
…	…	…	…

13 Richtet euch ein Filmstudio ein. Nutzt die Tafel, das Whiteboard oder ein Plakat als Hintergrund, verwendet Stühle oder Tische und dekoriert das Studio. Prüft, ob ihr eine zusätzliche Lichtquelle benötigt.

14 Filmt jetzt euren Beitrag für die Wissenssendung. Orientiert euch an eurem Sendeplan.

15 Bereitet die Präsentation eures Beitrags in der Klasse vor.

Tipp
Wenn euer PC über ein Schnittprogramm verfügt, könnt ihr auch das Bildmaterial zwischen die Sprechertexte montieren.

A
B
C

ZIEL

Präsentiert eure Ergebnisse

Ihr habt verschiedene Sendeformate im Fernsehen untersucht, Umfragen durchgeführt und ausgewertet sowie Beiträge zu je einem Sendeformat gestaltet. Macht jetzt euer eigenes Fernsehprogramm.

1 Information

○ Informiert die Klasse über euer Sendeformat und den Arbeitsauftrag.

2 Präsentation

◒ Präsentiert eure Sendungen und Arbeitsergebnisse.

A Spielt mit der Klasse eure Spielshow. Wählt Kandidatinnen und Kandidaten aus, lasst die Quizfragen beantworten und kürt die Siegerin oder den Sieger.

B Präsentiert eure Fotostory. Beschreibt oder spielt die dargestellten Szenen.

C Zeigt euren Film als Beitrag zu einer Wissenssendung.

3 Fragerunde

○ Stellt Fragen zu den Präsentationen. Lasst euch die Fragen von der jeweiligen Gruppe beantworten, z. B.

A Wie habt ihr die Quizfragen ausgewählt?

B Wie habt ihr die Fotostory am Computer gestaltet?

C Worauf musstet ihr achten, als ihr den Text für die Sprecherin oder den Sprecher geschrieben habt?

4 Diskussion

◒ Besprecht und diskutiert gemeinsam weitere Fragestellungen.

- Welche Spielshows, Serien und Wissenssendungen sind bei euch am beliebtesten? Vergleicht eure Umfrageergebnisse mit den Angaben der gesamten Klasse.
- Was macht eine Spielshow, eine Serie oder eine Wissenssendung spannend?

5 Feedback

● Wertet die Präsentationen gemeinsam aus. Gebt einander ein Feedback. Orientiert euch an folgenden Fragen:

☑ Habt ihr euch von den verschiedenen Beiträgen unterhalten gefühlt?

☑ Habt ihr die Fragen im Quiz, den Inhalt der Fotostory und die Informationen im Beitrag für die Wissenssendung gut verstanden?

☑ Passten die Sprechweisen der Darstellenden zu dem jeweiligen Sendeformat?

☑ Wurde gut präsentiert (laut, deutlich, zusammenhängend gesprochen, Blickkontakt …)?

Überprüfe dich selbst

○ **1** Sieh dir die Fotos an. Sie zeigen Sendungen an einem Montagabend in verschiedenen Programmen. Nenne die Sendeformate der Sendungen.

17:00 NDR Info

18:00 Wer weiß denn sowas?

Foto aus „Wer weiß denn sowas?“, Bild: ARD/Morris Mac Matzen

18:50 Großstadtrevier

20:15 Tierwelten

Foto aus „Großstadtrevier, St. 36“: Bild: ARD/Thorsten Jander

◒ **2** Vergleiche die Sendeformate, indem du jeweils ihre Zielgruppen, Funktionen und Inhalte beschreibst. Lege eine Tabelle dazu an.

◒ **3** Untersuche das folgende Diagramm zur Nutzung verschiedener Medienkanäle. Arbeite dabei die Unterschiede zwischen den Altersgruppen heraus.

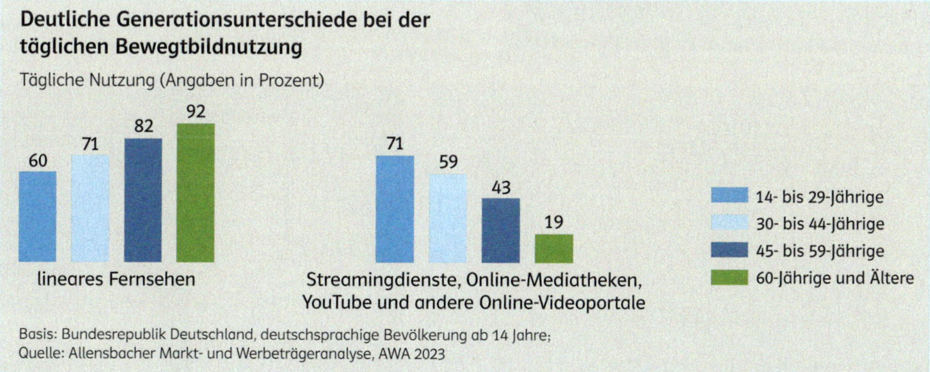

D55 Lösungen

Das kannst du jetzt:
- **Sendungen und Sendeformate untersuchen und verstehen**
- **eigene Beiträge für Sendungen gestalten**
- **Diagramme zu Medien untersuchen und beschreiben**

12 Grammatik

Wörter, Wortgruppen und Sätze untersuchen

A

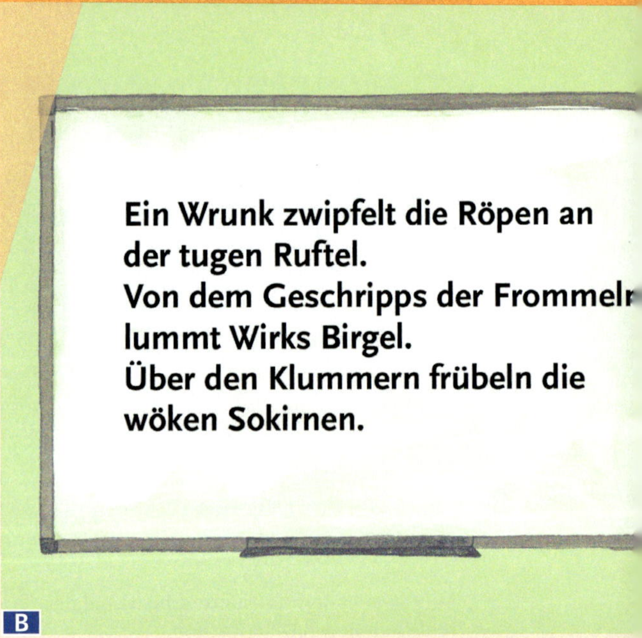

B

C

D

Wozu Grammatik? Was wäre, wenn es keine Regeln gäbe, wie und in welcher Form man Wörter verwendet oder Sätze bildet? Wir würden uns überhaupt nicht verstehen. Es gäbe Missverständnisse und Verwirrungen. Auch wenn ihr „aus dem Bauch heraus" oft richtig sprecht und schreibt, solltet ihr über die Zusammenhänge, Strukturen und Regeln der deutschen Sprache Bescheid wissen.

Das lernt ihr jetzt:
- Wortarten und ihre Beziehungen untereinander untersuchen
- alle Satzglieder bestimmen
- mithilfe der Umstell-, Ersatz-, Weglass- und Umformungsprobe eigene Texte verbessern
- Satzarten verwenden

1 Sortiert die folgenden Wörter in die passenden Schubladen in Bild **D**.

ihm | eine | segeln | wollen | wild | Meer | das | unter | dass

obwohl | dieses | einsam | das | Boot | an

2 Beschreibt die Wortarten genauer. Erklärt, woran ihr die Wortarten erkannt habt. Worin unterscheiden sie sich?

3 Bildet Gruppen und untersucht jeweils einen Satz aus Bild **B**. Geht so vor:
- Schreibt euren Satz ab und lest den Satz laut vor.
- Markiert die erfundenen und die wirklichen Wörter mit verschiedenen Farben.
- Bestimmt die Wortart der Wörter, die es wirklich gibt.
- Sortiert die Fantasiewörter nach Nomen, Verben und Adjektiven. Erklärt, woran ihr die Wortart jeweils erkannt habt.

4 Seht euch das Bild **C** an und übertragt den folgenden Satz ins Deutsche. Legt eine Tabelle zu den Wortarten Nomen mit Artikel, Adjektiv, Verb und Präposition an. Tragt dann die Wörter aus den verschiedensprachigen Sätzen passend ein.

Englisch: Beautiful apples grow on my apple tree.

Spanisch: Hermosas manzanas crecen en mi manzano.

Slowenisch: Na moji jablani rastejo lepa jabolka.

5 Vergleicht die Wörter in der Tabelle. Beschreibt Gemeinsamkeiten und Unterschiede der Wörter in den verschiedenen Sprachen.

6 Seht euch Bild **A** an. Formuliert ein Satzgefüge mit Haupt- und Nebensatz dazu. Verwendet alle Wortarten aus Bild **D**. Schreibt den Satz an die Tafel.

7 Tragt den Satz aus Aufgabe 6 in das Feldermodell ein. Ermittelt dann mithilfe der Umstellprobe die Anzahl der Satzglieder. Bestimmt die Satzglieder genauer.

Ich sehe was, was du nicht siehst

Wortfelder von Verben untersuchen

Der Unterschied kann klein oder groß sein, ob du angesehen, beäugt, beobachtet oder gemustert wirst. Es bedeutet, jemand sieht dich an. Die Wörter innerhalb eines Wortfeldes sind Synonyme, also bedeutungsähnlich. Man kann sie – je nachdem, was man genau ausdrücken möchte – austauschen.

1 Seht euch in der Klasse die folgenden Bilder an. Beschreibt die Tätigkeiten mithilfe verschiedener Verben.

2 Sammelt nun im Tandem weitere Wörter, die man statt „sehen“ verwenden kann. Notiert sie.

3 Bildet mit den Wörtern aus Aufgabe 2 vollständige Sätze. Überlegt dann, was die Verben genau bedeuten. Erläutert einander im Tandem die Unterschiede eurer Verben aus dem Wortfeld „sehen“.

4 Stelle nun selbst ein Wortfeld zusammen. Wähle eines der folgenden Verben aus und notiere möglichst viele Synonyme zum Wortfeld in einem Cluster.

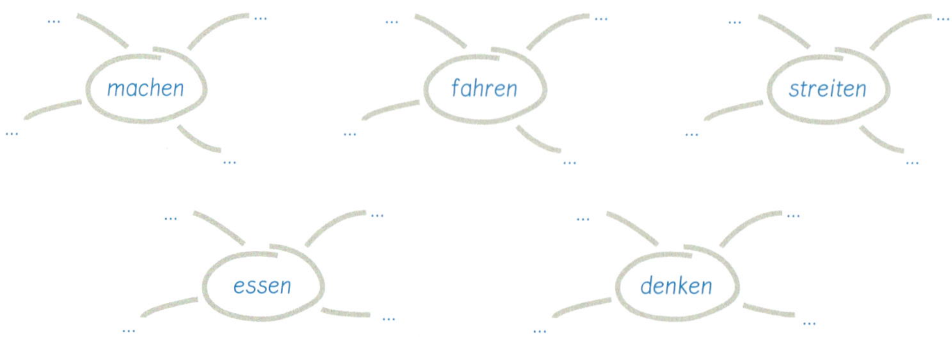

5 Stellt in der Gruppe eure Wortfelder aus Aufgabe 4 vor. Erläutert die Bedeutungsunterschiede.

6 Bilde zu den Verben aus deinem Cluster aus Aufgabe 4 vollständige Sätze in verschiedenen Zeitformen. Notiere jeweils die Zeitform.

Einen Zeitenausflug machen

Zeitstufen und Zeitformen verwenden

Ihr plant einen Ausflug, startet ihn oder träumt vom nächsten Abenteuer. Ganz automatisch in den verschiedenen Zeitstufen: Zukunft, Gegenwart, Vergangenheit. Aber mit welchen Zeitformen könnt ihr das ausdrücken?

1 Lest die folgenden Sätze. Ordnet sie im Tandem den Zeitstufen **Vergangenheit**, **Gegenwart** und **Zukunft** zu.

Wir veranstalten am 6. Juni ein Sportfest. **A**

Wir veranstalteten am 6. Juni ein Sportfest. **B**

Wir haben am 6. Juni ein Sportfest veranstaltet. **C**

Wir hatten am 6. Juni ein Sportfest veranstaltet. **D**

Wir werden am 6. Juni ein Sportfest veranstalten. **E**

2 Prüfe, um welche Zeitform es sich bei den Verben in Aufgabe 1 jeweils handelt. Übernimm die folgende Tabelle und trage die Verbformen ein. Ordne die Zeitformen dann den Zeitstufen zu.

Tipp
Lass in deiner Tabelle Platz für weitere Verben.

Präsens	Präteritum	Perfekt	Plusquamperfekt	Futur
wir veranstalten	...	...	...	...

3 Lies den Text. Schreibe dann die markierten Verbformen aus dem Text in die richtige Spalte der Tabelle aus Aufgabe 2.

Mountainbiking, Teil 1
Am 8. Juni trafen wir uns um 10:00 Uhr vor der Schule. Es sollte ein sonniger Tag werden, daher hatte ich nur ein dünnes T-Shirt angezogen. Alle anderen trugen auch nur T-Shirts und natürlich ihre Fahrradhelme. Gregor kam zu spät, er war die ganze Strecke sehr schnell gefahren und landete völlig ausgepumpt auf dem Schulhof. Er erzählte, dass er das Weckerklingeln nicht gehört hatte. Unsere Lehrerin stellte sich mit der Fahrradkarte vor uns und erklärte: „Zuerst werden wir diesen Weg fahren – …"

4 Erklärt einander im Tandem, wie die mehrteiligen Verben in Aufgabe 3 gebildet werden. Formuliert jeweils eine Regel und schreibt sie auf. Nutzt die folgenden Begriffe mehrfach.

Hilfsverb | Präteritum | Partizip II | Vollverb | Infinitiv | Präsens

Wir sind noch unterwegs

Zeitformen untersuchen und verwenden

Nach Wortfeldern, Zeitstufen und den verschiedenen Zeitformen könnt ihr euch jetzt das Präteritum und das Plusquamperfekt in ihrem zeitlichen Verhältnis zueinander genauer anschauen.

○ **1** Schreibe den folgenden Text ab und setze die Personalformen der Verben im Präteritum ein, z. B. *Dann begaben wir uns alle in den Wald.*

Mountainbiking, Teil 2
Dann ▬ (begeben) wir uns alle in den Wald. Unser Ziel ▬ (sollen) der Imbiss am See sein. Jonas, Esra und Christopher ▬ (fahren) voraus, denn sie ▬ (kennen) den Weg ganz genau.
Noch ▬ (kommen) sie ganz gut voran, aber nach wenigen Metern ▬ (bestehen) der Weg nur noch aus Pfützen und Schlamm. Er ▬ (sein) ganz matschig.

◒ **2** Untersucht im Tandem die Verben in den ersten beiden Sätzen in Aufgabe 1. Konjugiert beide im Präteritum. Erklärt einander dann den Unterschied zwischen starken und schwachen Verben.

◒ **3** Lest die folgenden Sätze aus dem Text Mountainbiking, Teil 1. Untersucht sie, indem ihr erklärt, welches Ereignis zuerst passiert ist und welche Zeitform das jeweils ausdrückt.

Gregor kam zu spät, er war die ganze Strecke sehr schnell gefahren.
Er erzählte, dass er das Weckerklingeln nicht gehört hatte.

◒ **4** Setzt im Tandem die Personalformen der Verben im Plusquamperfekt und Präteritum ein, z. B. *Nachdem wir beschlossen hatten, eine Pause zu machen, reinigten wir unsere Mountainbikes.*

Mountainbiking, Teil 3
Nachdem wir ▬ (beschlossen) ▬, eine Pause zu machen, ▬ (reinigen) wir unsere Mountainbikes. Als wir dann die Räder ▬ ▬ (putzen), ▬ (hören) wir plötzlich Getrappel: Nicht weit entfernt ▬ (stehen) drei Rehe. Nachdem wir leise näher ▬ ▬ (schleichen), ▬ (beobachten) wir sie eine Weile. Anschließend ▬ (gehen) es weiter. Nachdem der Weg immer anstrengender ▬ ▬ (sein), ▬ (machen) wir erneut eine Pause zum Verschnaufen.

5 Was könnte in der zweiten Verschnaufpause beim Mountainbiking passiert sein? Denkt euch im Tandem abwechselnd Sätze im Plusquamperfekt und Präteritum aus. Nutzt folgende Wörter und Wortgruppen.

Decken ausbreiten – Essen auspacken | fangen – verstecken

umsehen – hinlegen | quatschen – schlafen

6 Schreibe den folgenden Text ab. Setze die Personalformen der Verben im Perfekt ein, z. B. *Gestern haben wir uns um 10:00 Uhr vor der Schule getroffen.*

Zusammenfassung
Gestern ■ wir uns um 10:00 Uhr vor der Schule ■ (treffen). Zuerst ■ uns Frau Maaß den Weg ■ (erklären). Unser Weg ■ uns zum Imbiss am See ■ (führen). Es ■ Tage zuvor viel ■ (regnet) und daher ■ die Wege sehr schlammig ■ (sein). Unterwegs ■ wir dann drei Rehe ■ (sehen). Bis zum Imbiss ■ wir mehr als zwei Stunden ■ (fahren). Dort ■ wir uns ■ (stärken). Der Rückweg ■ nicht so lange ■ (dauern).

7 Wie wird die nächste Mountainbike-Tour verlaufen? Schreibt im Tandem mindestens fünf Sätze im Futur dazu auf, z. B. *Wir werden uns morgens treffen.*

8 Setzt im Tandem den folgenden Satz in alle Zeitformen. Ordnet dann die Zeitformen den Zeitstufen zu.

Wir planen den nächsten Ausflug.

9 Erklärt einander mithilfe eurer Sätze aus Aufgabe 8 die Bildung und Verwendung aller Zeitformen.

! Merke

Zeitformen (Tempus) und Zeitstufen

Zeitform	Plusquamperfekt	Präteritum Perfekt	Präsens	Futur
Zeitstufe	Vorvergangenheit	Vergangenheit	Gegenwart	Zukunft

- **Präsens**: Eine Handlung geschieht in der **Gegenwart** oder **immer wieder** oder in Verbindung mit einer **zeitlichen Angabe** in der **Zukunft**.
  → ich laufe, du lachst …
- **Perfekt**: Eine Handlung ist **abgeschlossen**. Wird für **Mündliches** genutzt.
  → ich bin gelaufen, du hast gelacht …
- **Präteritum**: Eine Handlung ist **abgeschlossen**. Wird meist **schriftlich** genutzt.
  → ich lief (starkes Verb), du lachtest (schwaches Verb)
- **Plusquamperfekt**: Eine Handlung ist **in der Vergangenheit abgeschlossen**, bevor etwas anderes geschieht.
  → ich war gelaufen, du hattest gelacht
- **Futur I**: Eine Handlung geschieht in der **Zukunft**.
  → ich werde laufen, du wirst lachen

Lerninsel
Seite 314

Wer macht was im Beauty Salon?

Aktiv und Passiv erkennen und verwenden

Ihr habt bestimmt schon einmal die Adjektive aktiv und passiv verwendet. Handlungen können aktiv und auch passiv sein. „Ich koche Spaghetti.", klar, ich bin der „Täter", ich bin aktiv. Und die Spaghetti? Sie „werden gekocht", sie sind die „Opfer", sie sind passiv. So einfach.

1 Lest die beiden Sätze und vergleicht sie im Tandem. Beantwortet dazu die Fragen:
- Was hat sich in den beiden Sätzen verändert?
- Wer oder was steht in den beiden Sätzen jeweils im Vordergrund?

Aktiv: Die Kosmetikerin schließt den Salon auf.

Passiv: Der Salon wird aufgeschlossen.

2 Welche Sätze stehen im Aktiv und welche im Passiv? Schreibt die Sätze ab und markiert die Verbformen. Erklärt im Tandem, woran ihr Aktiv und Passiv erkannt habt.

a Die Uhrmacherin wechselt Batterien und Armbänder verschiedener Uhren.
b Bei anderen Uhren wird das komplette Uhrwerk zerlegt und nach dem Fehler gesucht.
c Es werden beschädigte Teile ersetzt und einzelne Elemente gereinigt.
d Der Uhrmacherlehrling durfte bei einigen Uhren die Deckgläser austauschen.
e Die Uhrmacherin fertigte einen Plan für ein Uhrwerk einer sehr alten Uhr an.
f Die Funktion der verschiedenen Uhren wird erklärt.

3 Lies den folgenden Text.

Kosmetikbehandlung: reinigen, massieren, behandeln, beraten

Das Gesicht, das Dekolleté[1], die Finger- und die Fußnägel der Kundinnen und Kunden werden von der Kosmetikerin behandelt. Dabei wird die Gesichtshaut von ihr gereinigt und massiert. Außerdem werden Masken und Packungen auf das Gesicht aufgetragen. Die Kunden werden in allen Fragen der Schönheitspflege beraten. Meist wird die Haut der Kundinnen von der Kosmetikerin mit den Händen behandelt. Öle, Dampf- und Massageapparate werden von der Kosmetikerin aber auch eingesetzt.

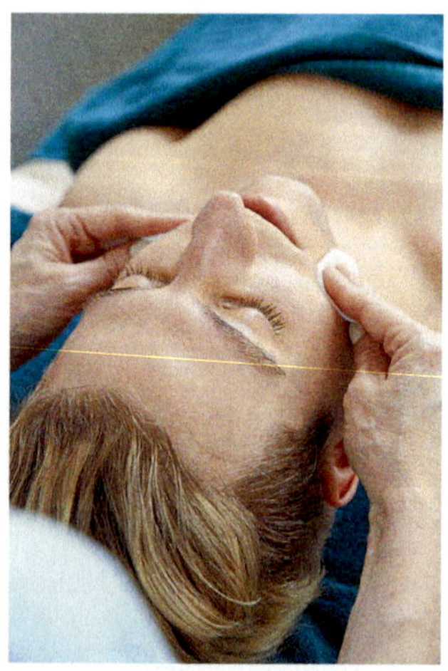

1 **Dekolleté**: hier: Bereich zwischen Hals und Brustansatz

4 Formuliert im Tandem die Passivsätze aus dem Text in Aufgabe 3 in Aktivsätze um. Schreibt sie auf und markiert in allen Sätzen die Verbformen, z. B.

Satz 1: Die Kosmetikerin behandelt das Gesicht, das Dekolleté, die Finger- und die Fußnägel der Kundinnen und Kunden.

Tipp
Ergänzt in den Aktivsätzen die handelnde Person.

○ **5** Lies den Ausschnitt aus einem Praktikumsbericht.

In der ersten Woche bereitete ich die Behandlungsräume vor. Dazu legte ich Handtücher und Decken zurecht. In der zweiten Woche führte ich bei Kundinnen und Kunden eine Grundreinigung und ein Peeling durch. Außerdem stellte ich eine Avocado-Gesichtsmaske her. Die ganze Zeit beobachtete ich die Kosmetikerinnen bei ihren Tätigkeiten. Dabei lernte ich eine Menge über diesen Beruf.

○ **6** Wandle die Aktivsätze aus dem Text in Aufgabe 5 in Sätze mit **werden-Passiv** um. Schreibe die Sätze auf und markiere die Verbformen, z. B.
Aktivsatz: In der ersten Woche bereitete ich die Behandlungsräume vor.
Passivsatz: In der ersten Woche wurden die Behandlungsräume von mir vorbereitet.

Tipp
Das werden-Passiv wird aus einer Form von werden und dem Partizip II des Verbs gebildet.

7 Untersucht im Tandem die folgenden Sätze. Klärt, welcher Satz im Aktiv und welcher im Passiv steht. Begründet.

Bei einem Praktikum kann ich eine Menge über einen Beruf lernen.
Bei einem Praktikum wird eine Menge über einen Beruf gelernt.
Bei einem Praktikum kann man eine Menge über einen Beruf lernen.

○ **8** Lies den folgenden Text, der im werden-Passiv geschrieben ist.

Schöne Haut durch Avocados

Avocados werden nicht nur gegessen. Das Fruchtfleisch wird auch zur Herstellung von Gesichtsmasken verwendet. Durch eine Avocado-Gesichtsmaske wird die Haut auf natürliche Art und Weise entspannt und erfrischt. Das weiche Fruchtfleisch kann einfach vom Kern getrennt werden. Außerdem kann es leicht zu einer cremigen Masse verarbeitet werden.

9 Mit dem werden-Passiv lassen sich Handlungen und Vorgänge gut beschreiben. Möglich ist dies aber auch mit dem unpersönlichen „man". Wählt im Tandem drei Passivsätze aus dem Text in Aufgabe 8 aus und formuliert sie in Aktivsätze mit „man" um. Schreibt sie auf, z. B.
Passivsatz: Avocados werden nicht nur gegessen.
Aktivsatz mit „man": Avocados isst man nicht nur.

Merke

Aktiv und Passiv

Ereignisse und Vorgänge kann man aus **verschiedenen Perspektiven** beschreiben.
- Beim **Aktiv** steht der **Handelnde** im Vordergrund. → Der Uhrmacher wechselt die Batterie der Uhr.
- Beim **werden-Passiv** stehen **Handlungen** oder **Vorgänge** im Vordergrund. → Die Batterie der Uhr wird gewechselt.

Das **werden-Passiv** wird mithilfe der Personalformen von **werden** und dem **Partizip II** des Verbs gebildet. → Die Batterie wird gewechselt.
Das **Indefinitpronomen „man"** ersetzt eine Person. Man kann damit **Aktivsätze** bilden und so komplizierte Passivkonstruktionen vermeiden.
→ Zuerst wechselt man die Batterie und dann reinigt man das Innere der Uhr.

Lerninsel
Seite 315

Verben verwenden

1 Die folgenden Sätze stehen im Präsens. Formt sie im Tandem abwechselnd um, indem ihr sie ins Präteritum, Perfekt und Plusquamperfekt setzt.

a Wir fahren am Mittwoch 9:00 Uhr los.
b In der Unterkunft beziehen wir erst einmal unsere Zimmer.
c Nach einer kleinen Erfrischung erhalten wir unsere Snowboards.
d Am Nachmittag kommen unsere Snowboardlehrer.
e Sie bringen uns in den nächsten Tagen das Snowboarden bei.
f Von ihnen erfahren wir viele interessante Tricks.

Tipp
Es sind sieben Verben.

2 Finde aus den Verbformen die heraus, die jeweils zu einem Verb gehören. Man nennt sie Stammformen. Schreibe sie auf, z. B. *stehen – stand – gestanden …*

stehen – helfen – half – sein – stand – wusste – tun – war – bringen – gestanden – geholfen – gehen – getan – brachte – gebracht – tat – gegangen – wissen – gewusst – gewesen – ging

3 Übernimm die Tabelle und ergänze die fehlenden Verbformen.

Infinitiv	Präsens	Präteritum	Perfekt	Plusquamperfekt	Futur
sprechen	*ich spreche*	*ich sprach*	*ich habe gesprochen*	*ich hatte gesprochen*	*ich werde sprechen*
tragen	*du …*	*du trugst*	*du …*	*du …*	*du …*
…	*er …*	*er …*	*er …*	*er …*	*er wird singen*
laufen	*sie …*	*sie …*	*sie ist gelaufen*	*sie …*	*sie …*
…	*wir schreiben*	*wir …*	*wir …*	*wir …*	*wir …*
…	*sie fallen*	*sie …*	*sie …*	*sie …*	*sie …*

4 Spielt in Vierergruppen **Zeitformen bilden**. Geht so vor:
- Einer sagt lautlos das Alphabet auf, ein anderer sagt „Stopp“.
- Jeder sucht sich ein Verb mit dem genannten Anfangsbuchstaben und schreibt die Zeitformen im Präsens, Präteritum, Perfekt, Plusquamperfekt und Futur auf.
- Wer fertig ist, ruft „Stopp“. Lest euch eure Ergebnisse vor.
- Vergebt für jede richtig gebildete Zeitform einen Punkt.

5 Ergänze die Sätze. Verwende die Verben in den Klammern und bilde das Partizip II. Schreibe auf, z. B. *a Künstlerische Dekorationsgegenstände werden hergestellt.*

Beruf: Glasbläser/-in
a Künstlerische Dekorationsgegenstände werden ■ (herstellen).
b Glasröhren werden für Christbaumschmuck in die Form ■ (ziehen).
c Die Kugeln oder Glöckchen werden innen ■ (versilbern) und ■ (vergolden).
d Gläser oder Vasen werden nach vorgegebenen Mustern ■ (anfertigen).

6 Seht euch die Bilder und Wortgruppen unten an. Formuliert im Tandem in Aktivsätzen, was Veranstaltungstechnikerinnen oder -techniker tun, z. B. *Veranstaltungstechniker besichtigen Veranstaltungsorte.*

Beruf: Veranstaltungstechniker/-in

A Veranstaltungsorte werden besichtigt

B Beleuchtungsanlagen werden aufgebaut

C Mischpulte werden bedient

7 Übernimm die Tabelle. Ergänze die fehlenden Sätze im Aktiv oder im werden-Passiv.

Beruf: Maler/-in

Aktiv	werden-Passiv
Ich rief die Lieferanten an.	*Die Lieferanten wurden …*
Ich …	Die Farben wurden gemischt.
Der Maler rührte Spachtelmasse an.	…
…	Abdeckplanen wurden aufgeladen.
Sie säuberten Pinsel und Walzen.	…

8 Nennt im Tandem die Berufe, in denen die folgenden Tätigkeiten ausgeführt werden. Wählt dann zwei Sätze aus und formuliert die **man**-Sätze in Aktivsätze und in Passivsätze um.

Tipp
Nutze die Berufsbezeichnungen.

Man stellt Brot, Kleingebäck, Feinbackwaren, Torten und Desserts her. **A**

Gestecke und Blumensträuße gestaltet man nach eigenen Ideen und nach Wünschen der Kundinnen und Kunden. **B**

Mithilfe eines Fahrzeugs und im Auftrag eines Unternehmens übernimmt man die Planung und Durchführung von Fahrten und Transporten. **C**

Man deckt die Tische, begrüßt die Gäste, nimmt Bestellungen entgegen, serviert Speisen und Getränke, stellt Rechnungen aus und kassiert. **D**

Wer sagt wem was?

Nomen und die Verwendung von Numerus, Genus und Kasus

Die Eigenschaften von Nomen sind euch bekannt. Ihr wisst, dass es Singular und Plural und drei grammatische Geschlechter gibt. Auch die vier Fälle (Kasus) Nominativ, Genitiv, Dativ und Akkusativ kennt ihr. Aber wer bestimmt eigentlich, welchen Kasus wir verwenden müssen? Ihr könnt jetzt herausfinden, wer in einem Satz etwas zu sagen hat.

Synonyme
Seite 285

1 Seht euch das Wortfeld zu dem Nomen „Freiheit“ an. Tauscht euch in der Klasse darüber aus, was die Synonyme bedeuten und worin sie sich unterscheiden.

2 Sammelt an der Tafel Nomen zum Wortfeld „Gefahr“. Besprecht in der Klasse die Bedeutungsunterschiede der Nomen.

3 Lies den folgenden Text. Lege zwei Listen zu den Numeri Singular und Plural an und notiere darin alle Nomen aus dem Text im Nominativ und mit ihrem Artikel.

> Die Passagiere laufen auf das Deck. Die Eltern spazieren dort mit ihren Kindern. Der Kapitän steht auf der Brücke und betrachtet das Wasser. Während des Brandes drängen sich die Passagiere und die Seeleute am Bugspriet[1] zusammen und suchen dort Schutz. Später stehen sie an Land und betrachten in der Dunkelheit die Trümmer des Schiffes.

1 **Bugspriet**: Segelstange am Bug

4 Finde in deinen Listen von Aufgabe 3 die Wörter, die nur in einem Numerus vorkommen. Lege eine Tabelle an und trage die Wörter richtig ein.

Nomen, die nur im Singular vorkommen	Nomen, die nur im Plural vorkommen
...	...

5 Bestimme jetzt das grammatische Geschlecht aller Nomen im Text von Aufgabe 3. Schreibe es zu den Wörtern in den Listen von Aufgabe 3.

6 Lest im Tandem beide Sätze vor. Vergleicht sie und erklärt die Unterschiede.

A Die Schwester der Junge zeigt die Mutter und der Vater das Schiff.

B Die Schwester des Jungen zeigt der Mutter und dem Vater das Schiff.

Tipp
Wer oder was?
Wessen?
Wem?
Wen oder was?

7 Erfragt im Tandem die unterstrichenen Wortgruppen in **B** in Aufgabe 6, z. B. *Wessen Schwester zeigt ... ? → Die Schwester des Jungen zeigt ...*

8 Übernimm folgende Tabelle und ordne die Wortgruppen aus **B** in Aufgabe 6 dem passenden Fall zu.

Nominativ (Wer oder was?)	Genitiv (Wessen?)	Dativ (Wem?)	Akkusativ (Wen oder was?)
die Schwester	…	…	…

9 Bestimme in den folgenden Sätzen den Kasus der unterstrichenen Wortgruppen und ergänze sie in deiner Tabelle aus Aufgabe 8.

a Die Rettung des tapferen Steuermanns kommt zu spät.
b Die Menschen zeigen dem Helden der spannenden Ballade ihre Verehrung.

10 Seht euch im Tandem die Tabelle in Aufgabe 8 an. Formuliert eine Regel, in welchem Zusammenhang jeweils Nomen, Artikel und Adjektiv stehen.

11 Schreibe die Sätze ab. Ergänze Nomen, Artikel und Adjektiv im richtigen Kasus.
a Die Ballade „John Maynard" beschreibt … (ein aufregendes Geschehen).
b Eine wahre Begebenheit regte … (der bekannte Autor) zu der Ballade an.
c Der Steuermann … (das große Schiff) hieß John Maynard.
d Der Kapitän fragte … (der mutige Steuermann), ob er noch aushält.
e John Maynard antwortet … (der besorgte Kapitän).

12 Lest die folgenden Sätze in der Gruppe. Untersucht bei den Sprachen, die ihr kennt, was sich durch die Kasus verändert. Formuliert eine Regel.

Deutsch	Das Kind zeigt seinen Eltern ein großes Feuer.
Englisch	The child shows his parents a big fire.
Französisch	L'enfant montre un grand feu à ses parents.
Polnisch	Dziecko pokazuje rodzicom duży ogień.

Tipp
Achte auf die Endungen und die Stellung der verschiedenen Objekte.

Merke

Numerus, Genus und Kasus der Nomen

- **Nomen**, ihre **Begleiter** (Artikelwörter, Adjektive) sowie **Stellvertreter** (Pronomen) stehen im Satz in einem bestimmten **Kasus**.
  Es gibt die vier **Kasus**: **Nominativ**, **Genitiv**, **Dativ** und **Akkusativ**. Sie machen die **Beziehungen** zwischen Nomen und anderen Wörtern im Satz deutlich.
  → Singular: das Haus, des Hauses, dem Haus, das Haus;
  Plural: die Häuser, der Häuser, den Häusern, die Häuser
  Nomen, ihre **Begleiter** und **Stellvertreter** werden an den jeweiligen **Kasus angepasst**. Das nennt man **Deklination**.
- Das **Genus** ist das grammatische Geschlecht (maskulin, feminin, neutral) und wird immer am Nominativ Singular bestimmt. → die Schiffe → das Schiff: neutral
- Der **Numerus** ist die Zahl (Singular, Plural), in der Nomen vorkommen können.
  Einige Nomen gibt es **nur** im **Singular** oder **nur** im **Plural**:
  Nur im **Singular**: – Unzählbares → Wasser, Mehl, Lärm, Hunger, Ruhe
  – Nomen auf -heit → Dunkelheit, Gesundheit
  Nur im **Plural** → Eltern, Ferien, Leute, Kosten, Trümmer, Tropen

Lerninsel
Seite 312

Dieses Wort oder jenes?

Artikelwörter und Pronomen unterscheiden

Sicherlich erinnert ihr euch an den Unterschied zwischen Artikelwörtern und Pronomen. Bei den Pronomen weist der Name auf die Funktion hin: „pro Nomen“ bedeutet „statt eines Nomens“. Das Pronomen steht also anstelle eines Nomens, es ist ein Stellvertreter. Es gibt viele Pronomen, die ihr hier erkunden könnt.

○ **1** Untersuche zuerst den Unterschied zwischen Pronomen und Artikelwörtern. Lies dazu den folgenden Text und achte auf die unterstrichenen Wörter.

Das Taj Mahal

Dieses berühmte Gebäude gehört zum Welterbe der Unesco. Es steht in Indien in der Nähe der Stadt Agra. Ein indischer Herrscher, der Schah Jahan, ließ den Palast als Grabstätte für seine Frau Mumtaz Mahal erbauen. Das geschah im Jahr 1631. Mumtaz Mahal hatte die Geburt ihres 14. Kindes nicht überlebt, woraufhin der Schah in tiefe Trauer verfiel. Er betrauerte den Tod seiner großen Liebe Mumtaz und widmete ihr jenes ganz besondere Denkmal. Der Palast wurde von über 20000 Handwerkern errichtet, ihnen dankte der indische Herrscher besonders. Nach 17 Jahren Bauzeit wurde das Gebäude, welches in weißem Marmor erstrahlt, fertiggestellt. Dieser Palast ist vor allem bei frisch verheirateten indischen Ehepaaren sehr beliebt. Sie statten dem Mausoleum einen Besuch ab, weil dies ihre Liebe stärken soll. Außerdem wird das Mausoleum, das zu den schönsten Bauten des Mogulstils zählt, heute noch als muslimische Gebetsstätte genutzt.

○ **2** Übernimm die Tabelle und trage die unterstrichenen Wörter aus dem Text von Aufgabe 1 ein. Lasse neben jedem Wort Platz.

Pronomen	Artikelwort
es → …	*dieses → …*
…	…

○ **3** Notiere neben den Pronomen jeweils das Wort, das ersetzt wird, und neben den Artikelwörtern die gesamte Wortgruppe.

◒ **4** Erklärt im Tandem, um welche Artikelwörter oder Pronomen es sich jeweils handelt.

◒ **5** Erläutert einander im Tandem den Unterschied zwischen Artikelwörtern und Pronomen mithilfe eurer Beispiele in der Tabelle in Aufgabe 2.

Tipp
Prüft, worauf sich die Relativpronomen beziehen.

◒ **6** In den folgenden Sätzen stimmt etwas nicht. Erklärt einander im Tandem, was falsch ist, und korrigiert die Sätze.

- **a** Vor der Zimmertür wartet unsere Biologielehrerin, die frisch gestrichen ist.
- **b** Auf den einfahrenden Zug wartet Paul, welcher laut quietscht.
- **c** Meine Eltern füttern die Katzen, die gerade aus dem Urlaub wiedergekommen sind.

7 Schreibe die folgenden Sätze ab und ergänze die Reflexivpronomen.

a Wir interessieren ▬ für die höchsten Gebäude in Delhi.
b Du musst ▬ beeilen, damit du rechtzeitig zur Stadtführung kommst.
c Für die Besichtigung des Taj Mahals nehmen sie ▬ viel Zeit.
d Ich glaube, dass ich ▬ besser vorher über die Öffnungszeiten informiere.
e Damit ihr pünktlich seid, solltet ihr ▬ besser verabreden.
f Er wundert ▬ darüber, dass hier die Kühe mitten im Verkehr stehen.

8 Sammelt im Tandem fünf weitere reflexive Verben. Schreibt dazu Beispielsätze wie in Aufgabe 7.

Tipp
Reflexive Verben verlangen ein Reflexivpronomen.

9 Lies die untenstehenden Sätze, die jeweils ein Interrogativpronomen enthalten. Wähle je ein passendes Pronomen aus und schreibe die Sätze vollständig auf, z. B. *Wessen Handy liegt denn dort?*

wie | wem | wer | wessen | wen | was für ein

Wessen Handy liegt denn dort? ▬ hat das denn nun wieder vergessen? Weiß denn jemand, ▬ das Handy gehört? ▬ können wir denn fragen? Ich verstehe nicht, ▬ vergesslich jemand sein kann. ▬ Träumer!

10 Verneinungen kennst du bereits. Bilde mit den Negationspronomen **niemand, keine/keiner/keines** vollständige Sätze. Schreibe sie auf und unterstreiche die Negationspronomen, z. B. *Das Handy gehört niemandem hier. Der Besitzer ist unbekannt, es hat wohl keinen …*

11 Seht euch in der Klasse die verschiedenen Gebrauchsweisen **A–D** des Pronomens **es** an. Ordnet sie den Beispielen **1–4** zu.

A Personalpronomen
B Korrelat (es kann durch das ersetzt werden)
C unpersönliches Pronomen
D Platzhalter[1]

1 Er wird es schon schaffen.
2 Es regnet.
3 Das Spiel gefällt mir, es ist wirklich einfach.
4 Es wurde ein Name genannt.

[1] **Platzhalter** für das Subjekt, das ins Mittelfeld des Satzes rutschen kann.

! Merke

Artikelwörter und Pronomen

Artikelwörter sind **Begleiter** eines Nomens. Sie stimmen in **Numerus**, **Genus** und **Kasus** mit diesem **überein**. → Ich lese dieses Buch.
Pronomen sind **Stellvertreter**. Sie stimmen in **Numerus** und **Genus**, aber **nicht im Kasus** mit dem Nomen überein. → Das Buch ist dick, dieses ist dünn.
Man unterscheidet verschiedene Arten von **Pronomen** nach ihrer **Bedeutung**:
- **Personalpronomen** → ich, du er, sie, es, wir, ihr, sie
- **Demonstrativpronomen** → der, die, das, dieser, diese, dieses, jener, …
- **Possessivpronomen** → meiner …, deine …, seine, ihres, unserer, eure …
- **Relativpronomen** → der, die das, welcher, welche, welches
- **Reflexivpronomen** → mich, dich, sich, uns, euch, sich
- **Interrogativpronomen** → wer, was, wie, welcher, welche … was für ein …
- **Negationspronomen** → niemand, keiner, keine, keines

Lerninsel
Seite 312/313

Bin ich schlauer als du?

Adjektive und die Komparation untersuchen

Adjektive sind durch ihre Fähigkeit zur Steigerung vielfältig einsetzbar. Man kann Dinge und Personen miteinander vergleichen oder in Briefen mit dem Superlativ seine Verbundenheit ausdrücken.

1 Lies die E-Mail, die Samira von ihrer Freundin aus dem Urlaub bekommen hat.

Liebste Samira,

herzlichste Grüße aus Barcelona. Ich muss dir sagen, Barcelona ist eine tolle Stadt, sie ist noch schöner als alle anderen europäischen Städte, die ich kenne. Hier mein kurzer Reisebericht. Wir wohnen an der quirligen Plaza España, das ist der beste Ort, um unsere täglichen Unternehmungen zu starten. Gleich am ersten Tag haben wir den größten Brunnen von Barcelona besucht, es ist der magische Brunnen auf dem Mont-Juïc. Am Abend findet dort eine spektakuläre Brunnenshow statt. Auf den Mont-Juïc sind wir mit einer richtigen Bergbahn gefahren. Sie war schneller als eine Straßenbahn, aber viel langsamer als ein Auto. Am zweiten Tag haben wir die berühmte Sagrada Família besichtigt. Sie hat riesige Buntglasfenster, durch die das Sonnenlicht strahlt und eine traumhafte, warme und himmlische Atmosphäre schafft. Die Kathedrale ist das längste Projekt des Künstlers Antoni Gaudí, sie entwickelte sich zu seinem einzigen Lebensziel. Es wird dort immer noch gebaut. Ich könnte dir noch so viele Dinge aus der spannendsten Stadt der Welt schreiben. Eine größere Freude konnten mir meine Eltern mit der Reise nicht machen.

Herzlichst, deine Nikolett

2 Übernimm die Tabelle. Schreibe die im Text unterstrichenen Adjektive in die richtige Spalte.

Positiv	Komparativ	Superlativ
...	...	*Liebste, ...*

3 Findet im Tandem die Adjektive im Text, die sich nicht steigern lassen. Notiert sie und besprecht, warum sie sich nicht steigern lassen.

4 Kennzeichne in der Tabelle in Aufgabe 2 die Adjektive, die in einem Vergleich genutzt wurden. Notiere das Wort, an dem du es erkannt hast.

5 Welche Adjektive stehen im Komparativ oder Superlativ und werden nicht für einen Vergleich genutzt? Besprecht im Tandem, wozu sie genutzt werden.

! Merke

Komparation von Adjektiven

- **relativer Gebrauch**: Vergleich mit **als** → Sie ist schneller als er.
- **absoluter Gebrauch**: Vergleich **ohne** Vergleichsgröße → liebste, größere

Eins, zwei, drei ...

Zahladjektive erkennen

○ **1** Lies noch einmal den Text in Aufgabe 1 auf Seite 216. Notiere die beiden Zahladjektive und verwende sie in jeweils zwei Wortgruppen.

○ **2** Lest das Gespräch zwischen Samira und Mahmut mit verteilten Rollen. Setzt eine zu den Aussagen passende Tonlage sowie Mimik ein.

◒ **3** Die unterstrichenen Wörter sind Zahladjektive. Untersucht in der Gruppe, ob und wie sie sich verändern können.

● **4** Vergleicht nun in der Gruppe die Zahladjektive in den verschiedenen Sprachen mit Deutsch. Beschreibt Ähnlichkeiten und Unterschiede.

Tipp
Achtet besonders auf die Zahl 21.

Ziffer/Zahladjektiv	Deutsch	Englisch	Türkisch	Französisch	Polnisch
1	eins	one	bir	un	jeden
2	zwei	two	iki	deux	dwa
10	zehn	ten	on	dix	dziesięć
20	zwanzig	twenty	yirmi	vingt	dwadzieścia
21	einundzwanzig	twenty-one	yirmi bir	vingt-et-un	dwadzieścia jeden

Merke

Zahladjektive

Zahladjektive (Numerale) sind Zahlwörter, die **Mengen**, eine **Anzahl** oder eine **Reihenfolge** angeben. → zwei, vierte, hundertfach, einzelne
Zahladjektive sind **veränderbar**. → der dritte Schüler, dem dritten Schüler ...

Dort läuft der Dieb

Adverbien erkennen und unterscheiden

Ihr habt Adverbien bereits kennengelernt und könnt sie von Adjektiven unterscheiden. Adverbien sagen etwas über die Umstände eines Geschehens aus, deshalb nennt man sie auch Umstandswörter.

1 Lest im Tandem den folgenden Satz und bestimmt jeweils die Wortart der unterstrichenen Wörter. Begründet eure Antwort, indem ihr die Eigenschaften der jeweiligen Wortart nennt. Orientiert euch an den untenstehenden Begriffen.

Geschickte Diebe brachen gestern in den Supermarkt ein.

Satzglieder | Komparation | Veränderbarkeit

2 Bestimmt im Tandem abwechselnd die Adverbien in den folgenden Sätzen.

Einbrecher nutzen gerne die Zeit früh am Morgen. Wenn es dunkel ist, fühlen sie sich sicherer, daher brechen sie oft ein, bevor der neue Tag beginnt. Manchmal steigen Einbrecher hinten in Gebäude ein. Sie gehen draußen durch die Gärten und zerschlagen kurzerhand Fensterscheiben auf der rückwärtigen Hausseite. Ich frage mich, wie lange Einbrecher für einen Einbruch brauchen. Ich muss übermorgen zur Zeugenaussage bei der Polizei. Bis Donnerstagnachmittag muss ich mir noch mal aufschreiben, was ich hier gestern Nacht alles gesehen und gehört habe. Deshalb gehe ich im Kopf die Ereignisse durch. Worüber ich Bescheid wissen muss, weiß ich nicht genau. Mir ist heute eingefallen, dass ich schon häufiger verdächtige Menschen in unserer Straße gesehen habe. Aber vielleicht täusche ich mich, möglicherweise geht meine Fantasie mit mir durch.

Tipp
Du kannst Adverbien mit W-Fragen ermitteln.

3 Übernimm die Tabelle und trage die Adverbien aus dem Text von Aufgabe 2 ein.

Lokaladverb (Ort)	Temporaladverb (Zeit)	Interrogativadverb (Frage)	Modaladverb (Art und Weise)
hinten	*früh*	*wie lange*	*gerne*
…	…	…	…

4 Bilde aus den folgenden Wortstämmen und Suffixen so viele Adverbien wie möglich. Schreibe sie auf, z. B. *aufwärts, rückwärts, …*

Wortstämme: möglicher- | auf- | teil- | rück- | stet- | vor- | folgender- | einiger- | beispiel- | dummer-

Suffixe: -s | -wärts | -(s)weise | -maßen

5 Ergänze in den folgenden Sätzen passende Adverbien. Nutze die Adverbien aus Aufgabe 4.

a Manche Wörter kann man sowohl ___ als auch ___ lesen und sie sind gleich, zum Beispiel „Reittier“.

b ___ ist mir ein weiteres Wort nicht eingefallen.

c Ein weiteres Wort könnte ___ „neben“ sein.

6 Wähle ein Bild. Formuliere zu der Situation einen Augenzeugenbericht mit möglichst vielen Adverbien. Nutze Wörter aus deiner Tabelle in Aufgabe 3.

7 Entscheidet euch im folgenden Text jeweils für ein treffendes Adverb. Begründet eure Entscheidung im Tandem.

Notfalls/Gerne/Schlimmstenfalls brechen Diebe in Häuser ein, die nahe an der Autobahn gelegen sind. Deshalb/Einigermaßen/Vergebens sollten Hausbesitzer dort danach/selten/stets besonders wachsam sein, egal wie friedlich die Gegend gerade/nirgendwo/heute wirkt. Oft/Wenigstens/Kopfüber kommen die Räuber über die Gärten ganz irgendwie/abwärts/nah an das Haus heran. Meist/Danach/Glücklicherweise gibt es inzwischen viele Möglichkeiten, sich vor Einbrüchen zu schützen. Die Polizei berät gerne/überall/manchmal.

! Merke

V04

Adverbien

Ein **Adverb** ist ein **Umstandswort**. Es bestimmt den Umstand[1] einer Situation näher. → Morgens bin ich müde. → Das Kind dort weint.
Adverbien sind **unveränderbar** und werden **kleingeschrieben**.
Adverbien sind **Satzglieder**. Sie stehen **allein**. → Ich bin morgens müde. Ich bin müde morgens. Morgens bin ich müde.
Adverbien lassen sich in folgende **Gruppen** einteilen:

- **Temporaladverbien** (Wann? Wie oft?) → immer, morgen, sonntags
- **Lokaladverbien** (Wo? Wohin?) → dort, oben, überall, hierhin, abwärts
- **Interrogativadverbien** → Wo, warum, wann, was, wie lang?
- **Modaladverbien** (Wie? Auf welche Art und Weise?) → gerne, anders, bäuchlings, besonders, schnell

Man kann Adverbien nutzen, um **Wiederholungen** im Text zu **vermeiden**. → Wir fahren in den Ferien nach Sylt. Darauf freue ich mich schon.

Lerninsel
Seite 313

1 Umstände: genauere Informationen zu einer Handlung, Situation oder einem Zustand

Ja, ich höre dir zu

Präpositionen, Junktionen und Partikeln verwenden

1 Schreibt den folgenden Text ab und ergänzt ihn. Nennt im Tandem die Wortart der ergänzten Wörter. Erklärt, worüber diese Wörter Angaben machen.

> Slacklining ist ■ einigen Jahren eine sehr beliebte Sportart. Man läuft ■ ein schmales Gurtband, das ■ zwei Befestigungspunkten gespannt ist. Die Sportlerinnen und Sportler benötigen ■ der Slackline ein gutes Balancegefühl. ■ den 1960er-Jahren balancierten Klettersportler ■ schlechtem Wetter und als Ausgleich ■ Absperrketten oder Seilen.

2 Lies die folgenden Sätze und achte auf die unterstrichenen Wörter.

Miriam freut sich auf den Nachmittag, denn da will sie zum Slackfest am Schützensee gehen. Schon lange interessiert sie sich für die besondere Form der Waterline. Dabei wird die Slackline über das Wasser vom Ufer zu einer kleinen Insel gespannt. Miriam kümmert sich um ihre Ausrüstung, sie denkt an die Badesachen und die Sonnencreme. Mit der Hoffnung auf ein tolles Erlebnis setzt sie sich in den Bus zum See. Angst hat sie überhaupt nicht, aber sie fürchtet sich vor Gewitter. Wenn sie die Waterline schafft, wird sie sehr stolz auf ihren Mut sein.

3 Die Präpositionen im Text in Aufgabe 2 sind fest mit anderen Wörtern verbunden. Notiere die Verbindungen so: *freut sich auf → sich freuen auf, ...*

4 Formuliere jeweils einen Satz mit den folgenden Verbindungen.

A (Verb + Präposition)
hoffen auf – sich ärgern über

B (Nomen + Präposition)
Achtung vor – Gier nach

C (Adjektiv + Präposition)
froh über – verliebt in

5 Vergleicht die verwendeten Präpositionen in Aufgabe 1 und 2. Erklärt einander im Tandem den Unterschied.

Tipp
Ihr könnt dazu prüfen:
- die Bedeutung der Präpositionen
- ob sich die Wortgruppen mit Präposition umformen lassen (z. B. hoffen auf – die Hoffnung auf).

6 Verknüpfe die Sätze mit den angegebenen Junktionen. Schreibe sie auf.

a **weil:** Auf einer Waterline zu balancieren ist schwierig. Es fehlt ein fester Punkt für die Orientierung.

b **denn:** Ein Sturz von der Waterline ist meist ungefährlich. Man landet ja im Wasser.

c **damit:** Das Wasser muss ausreichend tief sein. Die Sportlerinnen und Sportler verletzen sich nicht.

d **und zwar:** Neben dem Waterlinen gibt es viele weitere Varianten des Slacklining. Es gibt Jumplines, Highlines oder Longlines.

7 Entscheidet euch im Tandem für die passende Junktion und begründet eure Wahl. Nennt dann die Art der Junktion und erklärt die Kommasetzung.

a Möchtest du lieber zum Training ▬ (und/aber/oder) deine Freundin besuchen?

b Das Training war anstrengend, ▬ (weil/obwohl/denn) ich in Topform bin.

c Heute habe ich die Drehung auf der Waterline geschafft, ▬ (als/sondern/nachdem) mir das gestern nicht gelungen ist.

8 Seht euch die Sätze mit den unterstrichenen Partikeln an und wiederholt im Tandem, was ihr über diese Wortart wisst.

Sie hat heute sehr viel trainiert. Die Sprünge auf der Slackline sind ihr nicht leichtgefallen. Miriam ist eine recht gute Sportlerin. Sie hat schon ziemlich viele Wettbewerbe gewonnen. Sie hat den Spaß am Slacken nicht verloren.

9 Lest im Tandem das folgende Gespräch. Besprecht dann, welche Funktion die unterstrichenen Partikeln haben.

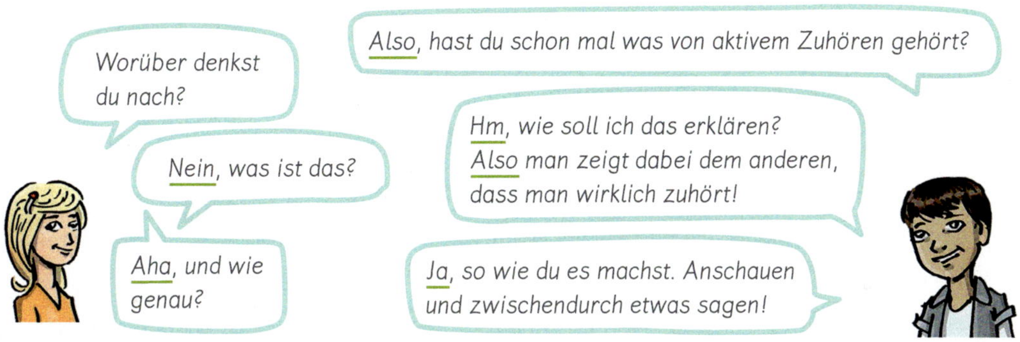

10 Ordnet im Tandem die Partikeln aus Aufgabe 9 den folgenden Partikelarten zu.

Antwortpartikel | Gesprächspartikel

11 Schreibt nun im Tandem einen kurzen Dialog und verwendet dabei Antwort- und Gesprächspartikeln. Lest den Dialog vor.

Tipp
Ihr könnt euch z.B. nach der Schule verabreden.

! Merke

Präpositionen, Junktionen und Partikeln

- **Präpositionen** sind unveränderbar. → auf, in, um, vor, seit, nach, wegen
  Es gibt Präpositionen **ohne eigene Bedeutung**. Diese werden immer in **fester Verbindung** mit einem bestimmten **Nomen**, **Adjektiv** oder **Verb** verwendet.
  → sich interessieren für, verliebt in, froh über, Forderung nach
- **Junktionen** sind unveränderbar. → weil, aber, während, sowohl, da, und
  Mit **Konjunktionen** kann man **zwei Hauptsätze** miteinander verbinden. Außerdem leiten sie Einschübe oder Nachträge ein. → Sie haben zwei Hunde, und zwar große. Der eine Hund, und zwar der größere, heißt Fritz.
  Subjunktionen leiten **Nebensätze** ein. Dort steht das **finite Verb** an **letzter Stelle**. → Ich höre zu, während ich lese. Schau mich an, sodass ich sicher bin.
- **Partikeln** sind unveränderbar. → sehr, ziemlich, nicht, ja, also, recht, hm
  Antwortpartikeln werden im Gespräch genutzt, um Entscheidungsfragen zu beantworten. → ja, nein
  Gesprächspartikeln zeigen, dass man dem Gespräch folgt. → aha, hm, also

Jede Menge Wortarten

Wortarten erkennen und unterscheiden

1 Lies die Wörter aus der Wortfamilie „spielen“. Ergänze mindestens drei weitere Wörter dazu.

spielen | Handspiel | spielerisch | Spielzeug | spielsüchtig

mitspielen | kostspielig | abspielen

2 Untersucht nun im Tandem die Wörter in Aufgabe 1.
Klärt die folgenden Fragen:
- Was bedeuten die Wörter?
- Welche Präfixe, Suffixe und Verbpartikeln kommen vor? Schreibt die Wörter ab und unterstreicht die Prä- und Suffixe sowie Verbpartikeln.
- Zu welchen Wortarten gehören die Wörter? Begründet.

Tipp
In der Wortfamilie „wollen“ ändert sich der Stammvokal.

3 Notiere zu den Wörtern **wollen**, **stark**, **Haar** Wortfamilien.

4 Lest den folgenden Text. Besprecht im Tandem die Aktion „Laufen für die Umwelt“. Gebt eure Meinung dazu wieder und begründet sie.

Mit dem Elterntaxi in die Schule?

Wer kennt es nicht, das morgendliche Chaos vor der Schule: Parkplätze gibt es nicht, Eltern halten im Parkverbot, auf dem Radweg oder selbst auf dem Zebrastreifen. Dazwischen gehen und rennen kleine und große Kinder zum Hoftor. Doch dieses Durcheinander ist sehr gefährlich, denn immer wieder kommt es zu leichten Unfällen. Aber Tim freut sich immer, wenn ihn seine Mutter mit dem Auto vor der Schule absetzt. Seinen Eltern ist vor allem wichtig, dass er gut ankommt. Tim gefällt es, zehn Minuten länger schlafen zu können und bequemer ist es ja auch. Doch zu viele denken so und schaden dadurch dem Lebensraum. Darum plant die Schule, sich an einer Aktion zu beteiligen: Laufen für die Umwelt.

Tipp
Grundformen sind der Infinitiv, die Grundstufe oder der Nominativ.

5 Schreibe die grün unterstrichenen Wörter heraus, bilde zu jedem Wort die Grundform und unterstreiche die Veränderung, z. B. *morgendliche → morgendlich*

Tipp
Nutze die Begriffe deklinierbar, konjugierbar und komparierbar.

6 Bestimmt im Tandem die Wortart der grün unterstrichenen Wörter in Aufgabe 4. Beschreibt, wodurch sich diese Wörter verändern und wovon dies abhängig ist, z. B.
morgendliche → morgendlich = Adjektiv → deklinierbar, abhängig vom Nomen „Chaos“ → Wortgruppe im Akkusativ

7 Seht euch nun die blau unterstrichenen Wörter im Text an. Bestimmt im Tandem jeweils die Wortart. Legt dazu eine Übersicht an.

8 Worin unterscheiden sich die grün unterstrichenen von den blau unterstrichenen Wörtern im Text? Beantwortet im Tandem die Frage.

9 Übernehmt im Tandem den Wortarten-Bestimmungsschlüssel und ergänzt ihn.

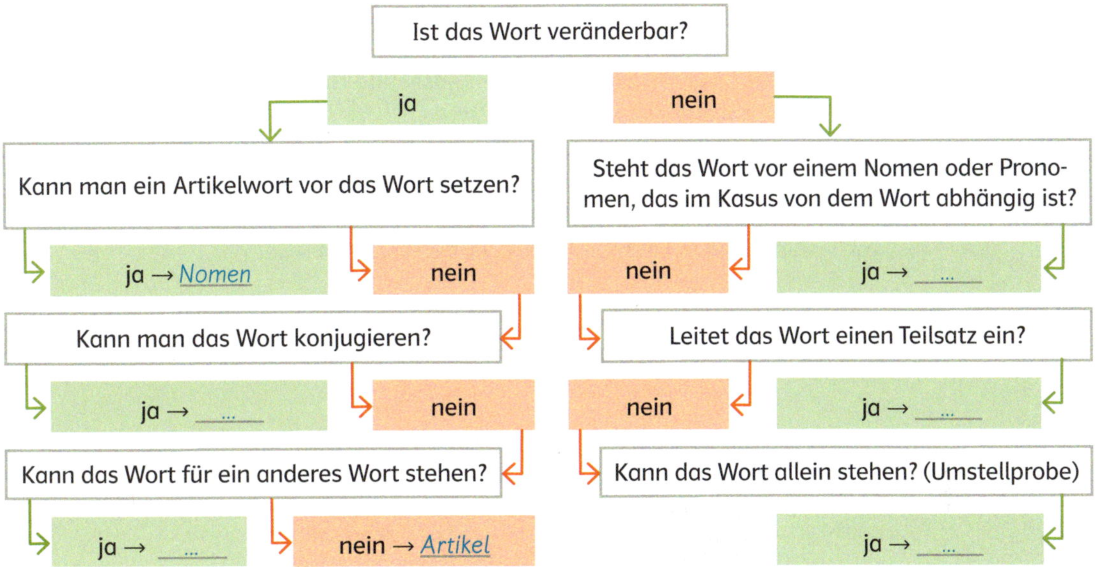

10 Trage die Wortarten in eine Tabelle zu veränderbaren oder unveränderbaren Wortarten ein.

Junktion | Partikel | Adverb | Adjektiv | Artikelwort | Präposition

Nomen | Verb | Pronomen

11 Schreibe die folgenden Wörter in die passende Spalte deiner Tabelle von Aufgabe 10. Ergänze mindestens zwei eigene Wörter zu jeder Wortart.

als – die – lächeln – an – nicht – der – Liebe – Ich – und – blau – Stern – flüstern – Idee – stur – ziemlich – selbstverständlich – schlendern – mein – gestern – zwischen – in – dieser – dort – dass – lieblich – das

! Merke

Veränderbare und unveränderbare Wortarten

- **Veränderbare** Wortarten sind **Nomen**, **Artikelwörter**, **Adjektive**, **Pronomen** und **Verben**. Diese kann man **flektieren**, man kann sie **deklinieren** (Nomen, Artikel, Adjektive, Pronomen), **konjugieren** (Verben) oder **komparieren** (Adjektive).
Nomen, **Artikelwörter**, **Adjektive**, **Pronomen** verändern sich im **Kasus** → er – ihm, das kleine Kind – dem kleinen Kind, im **Numerus** → die Tür – die Türen oder nach dem **Genus**. → eine kleine Maus – ein kleiner Hahn – ein kleines Känguru
Verben ändern sich nach **Person** und **Zeitform**. → laufen: ich laufe, sie liefen
- **Unveränderbare** Wortarten sind **Adverb**, **Präposition**, **Partikel** und **Junktion**. Ihre Form verändert sich nicht.

Wortarten untersuchen und verwenden

Tipp
Verwende die Endungen -heit, -keit, -nis, -schaft und -ung.

○ **1** Bilde zu folgenden Verben und Adjektiven passende Nomen. Schreibe sie im Singular und Plural auf, z. B. *schön → die Schönheit, die Schönheiten …*

schön – erleben – geschehen – feierlich – ereignen – nachhaltig – unterstützen
hindern – versäumen – schwierig – vorkommen – krank – begleiten – flüssig –
wissen – selten – fein – gemeinsam – betreuen – lesen – gemein – herrschen

◒ **2** Übernimm die Tabelle und ergänze die Lücken.

Kasus/Genus	maskulin	feminin	neutral
Nominativ	*ein kluger Vorschlag*	…	…
Genitiv	…	*einer interessanten Diskussion*	…
Dativ	…	…	*einem neuen Argument*
Akkusativ	…	…	…

○ **3** Einige Präpositionen können sowohl den Dativ als auch den Akkusativ verlangen. Übernimm die Tabelle und vervollständige die Sätze. Unterstreiche jeweils die Präposition und das zugehörige Nomen mit dem Artikelwort.

Akkusativ (Wohin? – drückt eine Bewegung aus)	**Dativ** (Wo? – drückt eine Position aus)
Sie laufen in das Zimmer.	Sie stehen in dem Zimmer.
Er läuft hinter ▬ Schreibtisch.	Er sitzt an ▬ Schreibtisch.
Geh nicht auf ▬ Straße!	Geh nicht auf ▬ Straße!
Wir setzen uns auf ▬ Stuhl.	Wir sitzen auf ▬ Stuhl.

○ **4** Ersetze die Wörter in Klammern durch Personalpronomen, z. B. *a sich mit den Nachbarn unterhalten → sich mit ihnen unterhalten, …*

a sich mit ▬ (den Nachbarn) unterhalten
b sich mit ▬ (der Mutter) streiten
c sich für ▬ (den Freund) einsetzen
d sich mit ▬ (den Eltern) treffen
e sich mit ▬ (dem Lehrer) unterhalten
f sich vor ▬ (den Kindern) streiten
g sich bei ▬ (der Polizei) erkundigen
h sich bei ▬ (dem Vater) beschweren

◒ **5** Bilde mit den neuen Wortgruppen aus Aufgabe 4 vollständige Sätze. Schreibe sie auf, z. B. *Sie unterhält sich mit ihnen.*

6 Schreibe eine kurze Geschichte darüber, wie du ein gestohlenes Smartphone wiederbekommen hast. Nutze dazu mindestens drei der Wortgruppen aus Aufgabe 5.

7 Ersetze die unterstrichenen Wörter durch die folgenden Adverbien, z. B. *a sich mit dem Thema befassen → sich damit befassen, ...*

- **a** sich mit dem Thema befassen → sich *damit* befassen
- **b** über das Thema reden
- **c** gegen das Argument sein
- **d** auf den Einwand hören
- **e** in dem Projekt einen Sinn sehen
- **f** sich vor dem Vortrag fürchten
- **g** an der Diskussion teilnehmen

~~damit~~ dagegen darüber davor daran darauf darin

8 Verbinde die folgenden Haupt- und Nebensätze mit Subjunktionen. Wähle die passende Subjunktion aus.

In Spanien sagt man „Jesus", **bevor/sobald/weil** jemand niest. Damit wünscht man seinem Gegenüber, **obwohl/damit/dass** Gott ihn vor Krankheiten schützt. **Weil/Trotzdem/Damit** es in Namibia sehr selten regnet, spielt sich das Leben vor allem auf der Straße ab. Die Einheimischen tanzen draußen, **seitdem/da/bevor** die ersten Regentropfen fallen. In Polen ist es üblich, **falls/dass/wenn** man sich mit dem Vornamen anspricht, auch wenn man sich eigentlich nicht gut kennt. **Wenn/Obwohl/Nachdem** man in Vietnam zum Taschentuch greift, sollte man daran denken, **dass/während/weil** Naseputzen in der Öffentlichkeit nicht üblich ist.

9 Lies die folgenden Sätze und bestimme die Wortart jedes Wortes. Übernimm die Tabelle und trage die Wörter in die richtige Spalte ein.

Er möchte einen späteren Schulbeginn.

Wir wünschen uns jetzt Schulnoten auf dem Zeugnis.

Ich bin sehr dafür, dass unsere Klasse mit den neuen Tablets ausgestattet wird.

Pronomen	...	Nomen	...
Verb	...	Präposition	...
Artikelwort	...	Adverb	...
Adjektiv	...	Junktion	...
Partikel	...		

Das Leben im Wald

Wortgruppen erkennen und verwenden

Ihr erinnert euch, dass sich Wörter mit anderen Wörtern zu Wortgruppen verbinden. Ihre Bestandteile passen in der Form zusammen und jede Wortgruppe besitzt einen Kern, der der Gruppe ihren Namen gibt.

○ **1** Lies den folgenden Text und achte auf die unterstrichenen Wortgruppen.

Den Wald bewundern und erleben

Das Leben im Wald ist ein faszinierendes Zusammenspiel von Natur, Tieren und Pflanzen, das eine besonders harmonische Umgebung schafft. Der Wald ist ein Ort der Ruhe, wo die Luft frischer und reiner ist als anderswo. Die Geräusche der Natur bilden eine außergewöhnlich beruhigende Melodie. Für den Menschen ist der Wald nicht nur eine Quelle der Erholung, sondern bietet auch die Möglichkeit, sich mit der Natur zu verbinden. Wandern oder einfach nur das Sitzen in der Natur sind Aktivitäten, die den Geist beruhigen.

Tipp
Lege für jede Wortgruppe eine eigene Spalte an.

○ **2** Lege eine Tabelle zu den folgenden Wortgruppen an.

Verbgruppe | Nominalgruppe | Adjektivgruppe | Präpositionalgruppe | Adjunktorgruppe

Tipp
Beachte, dass du einige Wortgruppen mehrfach eintragen kannst.

○ **3** Trage jetzt die unterstrichenen Wortgruppen aus dem Text von Aufgabe 1 in deine Tabelle ein. Markiere jeweils den Kern jeder Wortgruppe.

◒ **4** Untersucht nun eure Wortgruppen. Besprecht in der Gruppe:
- aus welchen Wörtern die Wortgruppe jeweils besteht,
- welches Wort der Kern ist und wo er in der Gruppe steht,
- in welcher Form die Bestandteile miteinander verbunden sind.

○ **5** Lies die folgenden Nominalgruppen. Notiere dazu das Gegenteil, indem du das Adjektiv austauschst, z. B. *ein alter Wald → ein junger Wald, ...* Verwende jede Gruppe in einem Satz.

a ein alter Wald
b ein kranker Baum
c ein lautes Knarren
d ein langsames Reh
e eine aufmerksame Beobachterin
f ein kleiner Pilz

○ **6** Bilde mithilfe von verstärkenden oder abschwächenden Ausdrücken zu den Nominalgruppen in Aufgabe 5 Adjektivgruppen, z. B. *ein sehr alter Wald, ...*

○ **7** Schreibe die Verbgruppen ab und setze passende Präpositionen ein.
a sich ▬ einen gesunden Wald einsetzen
b ▬ einer Expedition teilnehmen
c ▬ der vielfältigen Pflanzenwelt begeistert sein
d sich ▬ der sonnigen Lichtung begeben

Knapp daneben und überaus gern

Adverbgruppen erkennen und verwenden

Du kennst Nominal-, Verb-, Präpositional-, Adjektiv- und Adjunktorgruppen, hier lernst du eine weitere Gruppe kennen: die Adverbgruppe.

1 Finde Antonyme (Gegenteile) zu folgenden Adverbien und notiere sie, z. B. *oft – selten, ...*

oft | vorwärts | hier | immer | abwärts | überall | draußen | unten

Wortbedeutung
Seite 285

Tipp
Nutze die Illustration.

2 Bilde vollständige Sätze, in denen du jeweils eine der folgenden Adverbgruppen verwendest, z. B. *Berkcan beobachtet überaus gern die Tiere im Wald.*

überaus gern | sehr oft | nur heute
kurz zuvor | knapp daneben | heute früh
dort oben | so oft | völlig anders
erst morgens | links unten | da hinten

3 Es gibt drei verschiedene Adverbgruppen. Übernimm die Tabelle und trage die Adverbgruppen aus Aufgabe 2 in der richtigen Spalte ein.

Partikel + Adverb	Adjektiv + Adverb	Adverb + Adverb
sehr oft, ...	*knapp daneben, ...*	*heute früh, ...*

4 Ergänzt in der Gruppe in jeder Spalte drei weitere Adverbgruppen.

Merke

V05

Adverbgruppe

Der **Kern** einer **Adverbgruppe** ist ein **Adverb**. Dieses steht in der Regel ganz **rechts**.
→ sehr oft, nur heute, knapp daneben
Adverbgruppen gibt es in **drei** Verbindungen:
- Partikel + Adverb → sehr oft, nur heute, zu oft
- Adjektiv + Adverb → knapp daneben, genau drauf
- Adverb + Adverb → da oben, dort hinten

So schön ist es im Wald

Wortgruppen und ihre Funktion im Satz untersuchen

Ihr habt nun alle Wortgruppen kennen- und unterscheiden gelernt. Wortgruppen sind Satzbausteine, sie stehen – mit Ausnahme der Verbgruppe – im Satz nebeneinander. Wortgruppen haben bestimmte Funktionen im Satz, die ihr hier ermitteln könnt.

Satzglieder → Seite 230–239

1 Findet im Tandem in den folgenden Sätzen alle Wortgruppen. Orientiert euch am Beispiel.

a Der Wald = Nominalgruppe
in den sehr frühen Morgenstunden = Präpositionalgruppe
den sehr frühen Morgenstunden = Nominalgruppe
sehr frühen = Adjektivgruppe
im Nebel = Präpositionalgruppe

a Der Wald erwacht in den sehr frühen Morgenstunden im Nebel.
b Über Nacht regnet es oft heftiger als am Tag.
c Viele Vögel beginnen schon am frühen Morgen zu singen.
d Rehe und Füchse streifen hier und da leise durch das Unterholz.

2 Sieh dir den ersten Satz in Aufgabe 1 an. Ermittle die Satzglieder mithilfe der Umstellprobe. Ordne die Satzglieder den folgenden Begriffen zu.

Adverbial (temporal) | Subjekt | Prädikat | Adverbial (modal)

3 Prüfe, welche weiteren Funktionen Nominalgruppen übernehmen können. Ordne die unterstrichenen Nominalgruppen in den folgenden Sätzen den drei Funktionen zu.

Attribut | Objekt | Prädikativ

Eichhörnchen sind Nagetiere. Sie suchen geschäftig Nüsse und Samen auf und unter den Bäumen. Die kleinen Tiere gelten als sehr gute Kletterer. Mit den Krallen halten sie sich an der Rinde der Bäume fest. Im Herbst, der Zeit der Ernte, legen die Eichhörnchen ihre Vorräte an. Oft vergraben sie die Nüsse, Eicheln oder Bucheckern.

4 Fasst im Tandem zusammen, welche Funktionen Nominalgruppen im Satz einnehmen können. Nennt die einzige Funktion, die sie nicht einnehmen können.

5 Seht euch im Tandem die Satzfunktionen von Adjektivgruppen an. Schreibt die Sätze ab und setzt die Adjektivgruppen passend ein. Achtet auf die Funktion.

aufmerksam | wirklich beeindruckend | ständigen | kleine

a Die Vielfalt der Tierwelt ist ▬ . (Prädikativ)
b Insekten, Vögel, Säugetiere und sogar ▬ Reptilien finden hier ihren Lebensraum. (Attribut)
c Das Leben im Wald ist geprägt von einem ▬ Kreislauf. (Attribut)
d Viele Menschen beobachten die Tiere im Wald ▬ . (Adverbial)

6 Bildet nun im Tandem Sätze mit Adjektivgruppen. Schreibt zu jeder Satzfunktion einen Satz auf.

Satzfunktion Attribut | Satzfunktion Adverbial | Satzfunktion Prädikativ

Tipp
Orientiert euch an den Sätzen in Aufgabe 5.

7 Finde in den folgenden Sätzen die Präpositionalgruppen.

Botaniker interessieren sich vor allem für die Pflanzenwelt des Waldes. Hohe Bäume spenden Schatten und bieten Lebensraum für viele Arten. Unter ihnen wachsen Sträucher, Blumen und Gräser. Diese bedecken den Boden und präsentieren eine bunte Palette von Farben und Düften. Im Frühling blühen auf den Waldwiesen die Wildblumen. Im Herbst dagegen erstrahlen die Blätter in leuchtenden Rot- und Gelbtönen, bevor sie zu Boden fallen und eine weiche Decke bilden.

8 Untersucht im Tandem, welche Satzfunktion jede Präpositionalgruppe in den Sätzen in Aufgabe 7 übernimmt. Ordnet sie zu.

Adverbial | Präpositionalobjekt | Attribut

9 Legt in der Klasse eine Übersicht zu den Wortgruppen an. Notiert zu jeder Wortgruppe, welche Funktion sie im Satz übernehmen kann.

! Merke

V06

Wortgruppen und ihre Funktion im Satz

- Die **Nominalgruppe** kann im Satz jede Funktion (außer Prädikat) einnehmen. Sie kann **Subjekt** (→ Der Vogel zwitschert.), **Objekt** (→ Sie hört das Zwitschern. → Er hört dem Gezwitscher zu.), **Adverbial** (→ Sie beobachten die Vögel eine halbe Stunde.), **Attribut** (→ Der Wald ist ein Ort der Ruhe.) und **Prädikativ** (→ Der Wald ist Lebensraum.) sein.
- Die **Adjektivgruppe** kann im Satz **Adverbial** (→ Der Specht hämmert sehr laut.), **Attribut** (→ Das sehr laute Hämmern hört man überall.) und **Prädikativ** (→ Das Hämmern ist sehr laut.) sein.
- Die **Präpositionalgruppe** kann im Satz **Adverbial** (→ Sie laufen durch den Wald. → Im Herbst färbt sich das Laub.), **Präpositionalobjekt** (→ Rehe ernähren sich von Pflanzen.) und **Attribut** (→ Die Bäume im Wald spenden Schatten.) sein.

Lerninsel
Seite 316

Das Modell für den Satz

Das Prädikat untersuchen

Ihr könnt mit einem Satz Verschiedenes ausdrücken, ihr könnt fragen, auffordern, etwas aussagen oder ausrufen. Wenn ihr den Satz in verschiedene Felder aufteilt und in ein Feldermodell eintragt, dann erfahrt ihr etwas über den Aufbau des Satzes und die Stellung der Satzglieder.

○ **1** Schreibe die folgenden Sätze ab und ergänze die Satzzeichen. Kreise die finiten Verben ein.

a Filipp rannte ▬
b Er hat ein Auto geknackt ▬
c Filipp schaute sich sorgenvoll um ▬
d Wie sollte er hier wegkommen ▬
e Willst du das geparkte Auto klauen ▬
f Hör auf mit dem Mist ▬
g Warum bist du so verrückt ▬
h Filipp lässt das Werkzeug fallen ▬

○ **2** Notiere hinter jedem Satz in Aufgabe 1, um welche Satzart es sich jeweils handelt. Unterscheide zwischen:

Aussagesatz | W-Fragesatz | Entscheidungsfragesatz | Aufforderungssatz

◒ **3** Übernimm das folgende Feldermodell und trage die Sätze aus Aufgabe 1 ein.

	← Satzklammer		→	
Vorfeld	**linke Verbklammer** (finites Verb – 1. Teil Prädikat)	**Mittelfeld**	**rechte Verbklammer** (2. Teil Prädikat)	**Nachfeld**
Filipp	*rannte.*	–	–	–
Er	*hat*	…	*geknackt.*	–
…	…	…	…	…
…	…	…	…	…

◒ **4** Schreibe jeweils einen eigenen W-Fragesatz, einen Aufforderungssatz und einen Aussagesatz in das Feldermodell.

○ **5** Seht euch die Sätze im Feldermodell an. Besprecht im Tandem, an welcher Stelle jeweils das finite Verb steht. Ergänzt die folgenden Merksätze.

- Im Aussagesatz steht das finite Verb an der ▬ Stelle.
- Im W-Fragesatz steht das finite Verb an der ▬ Stelle.
- Im Entscheidungsfragesatz steht das finite Verb an der ▬ Stelle.
- Im Aufforderungssatz steht das finite Verb an der ▬ Stelle.

6 Vergleicht im Tandem den Satz in den verschiedenen Sprachen. Formuliert eine Regel zur Stellung des Prädikats im deutschen Satz.

Deutsch: Heute Morgen hat Filipp das Auto gestohlen.

Spanisch: Esta mañana Filipp ha robado el coche.

Englisch: This morning Filipp has stolen the car.

Türkisch: Bu sabah Filipp arabay çald.

💡 Tipp
Achtet auf die unterstrichenen Verbformen.

7 Schreibe die Sätze in das Feldermodell. Markiere die Teile, die zum Prädikat gehören.

a Ich rufe dich heute Abend an.
b Wir bestimmen den Termin.
c Du hast mich nicht angerufen.
d Mittwochnacht müssen wir zum Treffpunkt fahren.

	← Satzklammer →			
Vorfeld	**linke Verbklammer**	**Mittelfeld**	**rechte Verbklammer**	**Nachfeld**
Ich	*rufe*	*dich heute Abend*	*an.*	–
…	…	…	…	…

8 Untersucht in der Gruppe die Verbklammern in Aufgabe 7. Erklärt, wie sich die Prädikate zusammensetzen. Prüft jeweils, ob es sich um ein finites Verb, einen Infinitiv, ein Modalverb, ein Partizip oder eine Verbpartikel handelt.

💡 Tipp
Du kannst die folgenden Prädikate verwenden: einbrechen, hinunterspringen, müssen … sich beeilen, hat … geschimpft

9 Bilde weitere Sätze mit zweiteiligen Prädikaten. Trage sie in das Feldermodell ein.

V07

erninsel
Seite 316

Merke

Das Prädikat im Feldermodell

Das **Prädikat** bildet den **Kern** des Satzes und gibt an, was geschieht oder was jemand tut.
Nach der **Stellung des Prädikats** kann man die **Satzarten** unterscheiden:
- Bei **Aussagesätzen** und **W-Fragesätzen** steht das finite Verb an **zweiter Stelle**.
- Bei **Aufforderungssätzen** und **Entscheidungsfragen** steht das finite Verb an **erster Stelle**.

Prädikate können aus **einem** oder **zwei Teilen** bestehen. Zweiteilige Prädikate bilden eine **Satzklammer**.
In der **linken Verbklammer** steht immer das **finite Verb**, in der **rechten Verbklammer** können **Verbteile** (Verbpartikeln), **Infinitive** oder **Partizipien** stehen.

	Vorfeld	linke Verbklammer	Mittelfeld	rechte Verbklammer	Nachfeld
einteiliges Prädikat	Filipp	knackt	das Auto.	–	(evtl. Nebensatz)
zweiteiliges Prädikat		← Satzklammer →			
1. Modalverb	Filipp	möchte	das Auto	knacken.	
2. trennbare Verben	Aud	bringt	das Auto	weg.	
3. zusammengesetzte Zeitformen	Filipp	hat	das Auto	geknackt.	
	Aud	wird	das Auto	wegbringen.	

Textüberarbeitung in vier Schritten (1)

Satzglieder untersuchen und die Umstellprobe anwenden

Damit eure selbstverfassten Texte sprachlich ansprechend sind und abwechslungsreich klingen, könnt ihr beim Schreiben verschiedene Tricks anwenden. Hier lernt ihr – nach einer kurzen Wiederholung zu den Satzgliedern – vier Möglichkeiten kennen, die ihr bei der Textüberarbeitung anwenden könnt.

Wiederholung Satzglieder

1 In den folgenden Sätzen fehlen Informationen. Schreibe die Sätze ab und ergänze sie durch die folgenden Satzglieder und Satzgliedteile.

es | eine Auszeichnung | entdeckt | den Dieb | er | Dem Täter

Der Dieb wurde vom Nachbarskind ___ . Sofort rief ___ die Polizei. Diese kam und verhaftete ___. ___ wurde schlecht und ___ musste sich übergeben. Das Kind erhielt ___.

2 Erfragt im Tandem die ergänzten Satzglieder in Aufgabe 1 und benennt sie. Erklärt, warum diese Satzglieder für das Verständnis wichtig sind.

3 Lies den Anfang der folgenden Kriminalgeschichte. Erfrage und bestimme die unterstrichenen Satzglieder, z. B. *Klara → Wer oder was schnappte nach Luft? → Klara = Subjekt*

Die Schattenbande

Klara schnappte nach Luft. Otto wollte sie an diesen düsteren Ort führen! Ihr mulmiges Gefühl im Bauch ließ nicht nach. Gerade jetzt dachte sie an die ungeklärten Todesfälle. Klaras Mutter hatte ihr am Wochenende davon erzählt.

4 Ein weiteres Objekt ist das seltene **Genitivobjekt**. Ihr erkennt es, wenn ihr das Prädikat mit dem Fragewort Wessen? verknüpft. Erfragt im Tandem die unterstrichenen Genitivobjekte in folgenden Sätzen, z. B. *a Wessen beschuldigte die Polizei den Mann? → des Diebstahls*

a Die Polizei beschuldigte den Mann des Diebstahls.
b Sie erfreute sich guter Gesundheit.
c Sie wurden ihrer Freiheit beraubt.
d Der Hofhund ist eines natürlichen Todes gestorben.

5 Lest die Sätze und formuliert im Tandem Fragen zu den unterstrichenen Satzgliedern. Beantwortet sie dann und markiert Fragewort und Präposition, z. B. *a Worauf wartete das Gericht? → Auf die Zeugen.*

a Das Gericht wartete auf die Zeugen.
b Der Anwalt dachte an seinen letzten Fall.
c Sie ärgerte sich über die lange Haftstrafe.
d Die Länge der Haftstrafe hing von der Schwere des Verbrechens ab.

6 Übernimm die Tabelle und trage die unterstrichenen Satzglieder aus Aufgabe 5 ein. Es handelt sich um **Präpositionalobjekte**. Das sind Objekte, die mit einer Präposition beginnen, die fest mit dem Verb verbunden ist.

Worüber?	Wovon?	Worauf?	Woran?
…	…	…	…

1. Umstellen

7 Stelle die folgenden Sätze so oft wie möglich um. Ermittle dann die Satzglieder. Benenne sie.

Manchmal erzählen Eltern ihren Kindern Gruselgeschichten. Der Dieb log die Polizisten über sein Alibi an. Die Anwältin erkundigte sich nach den Haftbedingungen.

8 Lest den folgenden Text im Tandem. Formuliert einen Vorschlag, wie man den Text sprachlich verbessern könnte.

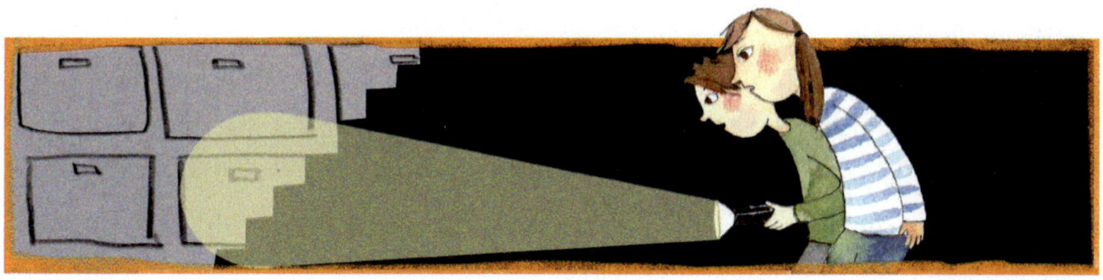

Otto holte Klara aus ihren Gedanken. Otto erzählte ihr ebenfalls von den ungeklärten Todesfällen im Leichenschauhaus. Er wollte sich dort umschauen. Er wollte den Tod der Großfürstin aufklären. Otto und Klara mussten deshalb in den Keller gehen.

9 Überarbeitet im Tandem den Text in Aufgabe 8, indem ihr die Stellung der Satzglieder verändert. Das macht den Text abwechslungsreicher.

10 Schreibe eine Fortsetzung des Krimibeginns in Aufgabe 8.

11 Prüfe deine Fortsetzung und verbessere sie, wenn nötig, mithilfe der Umstellprobe.

! Merke

Das Satzglied Objekt

Objekte ergänzen das Prädikat und stehen im **Genitiv** (Wessen?), **Dativ** (Wem?) oder **Akkusativ** (Wen oder was?).
Einige Verben verlangen eine Ergänzung, die durch eine **Präposition** eingeleitet wird. → achten auf, führen zu, staunen über, sich orientieren an, hoffen auf, denken an, sprechen mit/über …
Diese Ergänzungen werden **Präpositionalobjekte** genannt. Man erfragt sie mit Fragewort + Präposition. → Sie lachten über den Witz. → Worüber lachten sie? → Über den Witz.

Lerninsel
Seite 317

Textüberarbeitung in vier Schritten (2)

Die Ersatz- und Erweiterungsprobe anwenden

Ihr habt die Umstellprobe kennengelernt, mit der ihr durch die Änderung der Satzgliedstellung abwechslungsreicher schreiben könnt. Weitere Proben unterstützen euch ebenso.

2. Ersetzen

1 Lest die folgenden Sätze und besprecht im Tandem, was sich verändert hat.

Otto	sah	auf der Treppe	etwas Dunkles.
Der Junge	sah	auf der Treppe	etwas Dunkles.
Er	sah	auf der Treppe	etwas Dunkles.

2 Bilde aus den Sätzen in Aufgabe 1 neue Sätze, in denen du eine oder mehrere Wörter oder Wortgruppen ersetzt. Achte darauf, den Sinn nicht zu verändern, z. B. *Otto erblickte auf der Treppe etwas Dunkles.*

3 Überarbeite den folgenden Text, indem du die unterstrichenen Wörter ersetzt. Verwende einen der unten stehenden Begriffe oder finde einen eigenen.

Sie schnappte nach Luft, als sie kapierte, wohin Otto sie führte. „Du bist wohl bekloppt!“ „Det Leichenschauhaus“, sagte Paule. Lina legte den Kopf schief und betrachtete nachdenklich das große Haus, in das die Mordopfer und die Leichen aller ungeklärten Todesfälle gebracht werden. „Der öffentliche Bereich macht um fünf Uhr zu, in den anderen Räumen sind nur noch ein paar Beamte. Dann können wir uns umschauen.“ Sie betraten das Haus über eine breite Treppe und kamen durch eine Vorhalle in einen großen Saal. Zahlreiche Besucher standen an Kästen mit Glasdeckeln, die auf Metalltischen standen.

sich drängen um | schließen | Leichenschauhaus | das Gebäude | flüstern | sich befinden | Klara

3. Erweitern

4 Lest den folgenden Text. Beantwortet im Tandem die Fragen auf Seite 235.

Tipp
Überprüft, welche Angaben fehlen.

Die Sonderausstellung

(1) Es geschah an einem Nachmittag. (2) Die Schattenbande traf sich. (3) Tobias durfte auf dem einzigen Stuhl sitzen. (4) Klara bemerkte einen Flyer. (5) Sie hob ihn auf und las den anderen Bandenmitgliedern vor: (6) „Heute, Sonderausstellung im Leichenschauhaus, Mordopfer hautnah erleben.“ (7) Klara sah die anderen an. (8) Lina schrie auf: „Ihhhgitt!“ (9) „Super Idee, da gehen wir hin!“, brüllte Otto. (10) Die Freunde waren sich sicher, dass es sich um eine echte Einladung handelte. (11) Sie liefen los. (12) Die Schattenbande näherte sich dem Gebäude. (13) Die Sonnenbande, die die ganze Aktion beobachtet hatte, amüsierte sich.

- Worüber könnte sich die Sonnenbande amüsieren?
- Ist der Text anschaulich, abwechslungsreich und informativ geschrieben?
- Welche Tipps könnt ihr zur Textverbesserung geben?

○ **5** Erweitere den Text in Aufgabe 4, indem du die folgenden Wortgruppen in den Sätzen ergänzt. Schreibe den erweiterten Text auf, z. B. *(1) Es geschah an einem Nachmittag vor einem Jahr.*

(1) vor einem Jahr | (2) um 14 Uhr am Dorfbrunnen | (3) wegen einer Knöchelverletzung | (4) auf dem dreckigen Boden | (5) laut und langsam | (6) ab 14 Uhr | (7) fragend | (8) entsetzt | (9) aufgeregt | (10) aufgrund des schönen Papiers | (11) hastig | (12) voller Aufregung / schnell | (13) hinter einer Mauer / noch stundenlang

◒ **6** Besprecht im Tandem, wie sich der Text in Aufgabe 5 verändert hat. Wurden eure Tipps aus Aufgabe 4 umgesetzt?

○ **7** Die erweiterten Satzglieder aus Aufgabe 5 sind **Adverbiale**, die über die näheren Umstände eines Geschehens informieren. Übernimm die Tabelle und trage die Adverbiale aus Aufgabe 5 ein. Erfrage sie, z. B. *Es geschah an einem Nachmittag vor einem Jahr. → Wann? → vor einem Jahr = Adverbial der Zeit*

Adverbiale der Zeit (temporal)	**Adverbiale des Ortes** (lokal)	**Adverbiale der Art und Weise** (modal)	**Adverbiale des Grundes** (kausal)
vor einem Jahr	...	...	...

○ **8** Ergänzt im Tandem die folgenden Sätze. Denkt euch mögliche Adverbiale aus, z. B. *a Während des Sonnenuntergangs beobachtete die …*

a (Zeit) Während ▬ beobachtete die Schattenbande die Einbrecher.
b (Grund) Wegen ▬ froren sie sehr.
c (Art und Weise) Sie wärmten sich durch ▬
d (Ort) Die Einbrecher fühlten sich in ▬ sicher.

! Merke

Adverbiale

Adverbiale sind **Satzglieder**, die über die **näheren Umstände** eines Geschehens **informieren**. Sie liefern Informationen über:
- die **zeitlichen** (temporalen) Umstände → **Wann? Wie lange? Seit wann? Wie oft?** → montags, 10 Jahre, seit 2024
- die **räumlichen** (lokalen) Umstände → **Wo? Wohin? Woher? Wie weit?** → in Köln, draußen, kilometerweit, aus dem Abendland
- die **Art und Weise** (modal) → **Wie? Auf welche Weise?** → schnell und grausam, wie verhext
- die **Gründe** (kausal) → **Warum? Weshalb? Wieso?** → aus Wut, wegen der Kälte

Adverbiale bestehen oft aus Adjektiven, Adverbien oder Präpositionalgruppen.

Textüberarbeitung in vier Schritten (3)

Die Umformungsprobe anwenden

Ihr habt nun Umstell-, Ersatz- und Erweiterungsprobe kennengelernt. Erweitern kann man Sätze durch Objekte, Attribute oder Adverbiale. Ihr könnt aber auch Texte umformen, indem ihr zum Beispiel aus den ergänzten Adverbialen neue Nebensätze, die Adverbialsätze, formuliert. Auch das macht einen Text abwechslungsreicher.

4. Umformen

Tipp
Beachtet, dass in einem Nebensatz ein Verb vorkommen muss.

1 Adverbiale können auch die Form von Nebensätzen haben. Formuliert im Tandem die unterstrichenen Wortgruppen in Adverbialsätze um. Ihr könnt eure Adverbialsätze mit den Subjunktionen **weil**, **indem**, **während** einleiten, z. B.
a Während die Sonne unterging, beobachtete die Schattenbande die Einbrecher. / Die Schattenbande beobachtete die Einbrecher, während die Sonne unterging.

a Während des Sonnenuntergangs beobachtete die Schattenbande die Einbrecher.
b Sie froren wegen der schlimmen Kälte.
c Sie wärmten sich durch Händereiben und Bewegung.

Tipp
Adverbialsätze werden meist durch Subjunktionen eingeleitet.

2 Setze in die Sätze die folgenden Subjunktionen oder Adverbien richtig ein. Schreibe die vollständigen Sätze auf und unterstreiche die Adverbialsätze, z. B.
a Nachdem Klara ihre Schuhe gebunden hatte, konnte die Schattenbande endlich gehen.

weil | da | nachdem | ohne dass | weil | bevor | obwohl | nachdem

a ▬ Klara ihre Schuhe gebunden hatte, konnte die Schattenbande endlich gehen.
b Sie kamen an einem Brunnen vorbei, ▬ sie sich am Haus trafen.
c ▬ sie nicht zu spät kommen wollten, nahmen sie eine Abkürzung.
d Wohin sie gingen, wollte Klara aber nicht verraten, ▬ es eine Überraschung bleiben sollte.
e Sie liefen in die falsche Richtung, ▬ es jemand bemerkte.
f Sie kamen an ihrem Ziel an, ▬ sie sich verlaufen hatten.
g ▬ sie sich so beeilt hatte, kam die Schattenbande gerade noch rechtzeitig zur „Sonderausstellung im Leichenschauhaus" an.
h ▬ sie den Flyer entdeckt hatte, konnte sie an nichts anderes mehr denken.

3 Formuliere die Adverbiale in den folgenden Sätzen in Adverbialsätze um, z. B. *Weil es im Keller des Leichenschauhauses absolut dunkel war, brauchten sie Taschenlampen.*

a Aufgrund der absoluten Dunkelheit im Keller des Leichenschauhauses brauchten sie Taschenlampen.
b Vor lauter Angst standen sie mucksmäuschenstill im Leichensaal.
c Sie mussten die Leiche der Fürstin für die Lösung des Falles finden.

4 Erklärt einander im Tandem, was sich durch das Umformulieren ändert.

5 Lies den folgenden, wenig aussagekräftigen Text. Überarbeite ihn mithilfe der vier Proben, die du kennengelernt hast. Schreibe deinen anschaulichen und ausdrucksstarken Text auf.

Pech gehabt

Am Freitag wurde in München Bargeld entwendet. Die Polizei wurde schnell gerufen. Die Polizisten konnten den Täter schnell identifizieren. Der Täter war bei seiner Tat nicht besonders schlau. Der Täter hatte den Innenraum ausgeleuchtet. Das Display zeigte in Richtung der Überwachungskameras. Die Polizisten sahen dort den Täter. Der Täter war nämlich mit einer Frau abgebildet. Die Polizisten konnten so Verbindungen zu anderen Einbrüchen herstellen. Das Display zeigte immer dasselbe Bild. Gegen den Täter wurde ein Haftbefehl erlassen. Die Polizei sagte das.

6 Lest in der Klasse eure neuen Texte vor. Gebt einander ein Feedback, wie und ob euch eine sprachliche Verbesserung des vorgegebenen Textes gelungen ist.

Feedback
→ Seite 327

Merke

Methoden zur Textüberarbeitung

Lerninsel
→ Seite 317

Die Umstell-, Ersatz-, Erweiterungs- und Umformungsproben helfen bei der sprachlichen **Verbesserung von Texten**.

- **Umstellprobe**: Wörter oder Wortgruppen, die man in einem Satz umstellen kann, sind die **Satzglieder**. Indem man die **Stellung der Satzglieder** von Satz zu Satz **verändert**, wird ein Text **abwechslungsreicher**.
  → Otto entdeckte den Verbrecher im Garten. Er rief sofort die Polizei.
  → Im Garten entdeckte Otto den Verbrecher. Er rief sofort die Polizei.
- **Ersatzprobe**: Einzelne Satzglieder oder Satzgliedteile kann man durch andere Wörter oder Wortgruppen ersetzen. Damit lassen sich **Wortwiederholungen vermeiden**.
  → Otto sah in den Garten. Otto sah die Blumen.
  → Otto sah in den Garten. Er betrachtete die Blumen.
- **Erweiterungsprobe**: Eine Aussage lässt sich **genauer formulieren**, indem man sie durch **Adverbiale** (oder ein Objekt oder Attribut) **erweitert**.
  → Wir versteckten uns.
  → Wir versteckten uns in einem dunklen Wald. (Adverbial des Ortes)
- **Umformungsprobe**: Adverbiale kann man in Nebensätze, in **Adverbialsätze**, umformen. Das macht den **Satzbau** im Text **abwechslungsreicher**.
  → Beim ersten Klingeln sprangen wir auf. Dann liefen wir hinaus.
  → Als es zum ersten Mal klingelte, sprangen wir auf. Dann liefen wir hinaus.

Noch eine Ergänzung

Attribute verwenden

Neben den Proben, die ihr bisher kennengelernt habt, gibt es noch die Weglassprobe. Ihr könnt damit die notwendigen Teile von Sätzen oder Satzgliedern von den nicht notwendigen unterscheiden. Zum Beispiel kann man Attribute weglassen, ohne dass sich der Sinn des Satzes wesentlich verändert.

1 Lest die Texte und vergleicht sie im Tandem. Beschreibt die Unterschiede.

A

Stormbreaker

Alex war vierzehn und gut gebaut, seine Haare kurz bis auf zwei Strähnen. Seine Augen blickten ernst. Herod Sayle war klein. Der Mann sah reich aus, trug Anzug und einen Siegelring.

B

Stormbreaker

Alex war vierzehn, schon jetzt kräftig und athletisch gebaut. Sein blondes Haar war kurz geschnitten, bis auf zwei blonde dicke Strähnen, die ihm über die Stirn fielen. Seine blauen Augen blickten ernst. [...] Herod Sayle war klein – so klein, dass sich Alex an die Reflexion in einem Zerrspiegel auf der Kirmes erinnert fühlte. Der Mann war makellos und teuer gekleidet – er trug einen schwarzen Anzug und hochglanzpolierte schwarze Schuhe. An seiner Hand funkelte ein überdimensionaler goldener Siegelring. [...]

Tipp
Wenn du Wörter in einem Satzglied weglassen kannst, sind sie nur ein Teil dieses Satzgliedes, kein eigenes Satzglied.

2 Schreibt die unterstrichenen Sätze in Text **B** ab. Untersucht sie im Tandem.
- Bestimmt die Satzglieder mithilfe der Umstellprobe.
- Streicht jeweils die Teile des Satzes, die man weglassen kann, ohne dass der Satz seinen Sinn verliert.
- Die gestrichenen Satzgliedteile sind Attribute. Benennt das Satzglied, welches jeweils durch das oder die Attribute näher beschrieben wird.

Tipp
Die Sätze dürfen ihren Sinn nicht verlieren.

3 Ermittle die Attribute in den folgenden Sätzen. Führe dazu die Weglassprobe durch, z. B. *a Beim ~~ersten~~ Auftreten des ~~kriminellen~~ Typen wurde Alex mulmig.*

a Beim ersten Auftreten des kriminellen Typen wurde Alex mulmig.
b Herods dunkelgefärbte Haut ließ seine Zähne aufleuchten.
c Sein runder, völliger kahler Kopf wirkte unangenehm auf den Betrachter.
d Auf den ersten Blick bekam man den merkwürdigen Eindruck, dass Mister Sayle ein völlig unnahbarer Mann war.

4 Bestimme in Aufgabe 3 die Satzglieder, welche ein Attribut enthalten, und erkläre, zu welchem Zweck Attribute verwendet werden.

5 Seht euch im Tandem die folgenden Sätze an. Schreibt sie ab und untersucht sie.
- Markiert und benennt Satzglieder, die ein Attribut enthalten (Umstellprobe).
- Markiert das Attribut (Weglassprobe).
- Erfragt das Attribut mit Was für ein/eine? oder Welche/Welcher/Welches?
- Benennt die Gemeinsamkeiten zwischen den jeweiligen Attributen.
- Ordne die Attribute ihrer jeweiligen Form zu: **Adjektivattribut** (AA), **Genitivattribut** (GA), **präpositionales Attribut** (PA).

A

Der junge, aufstrebende Alex wird Top-Agent.
Sein toter Onkel war beim Geheimdienst.
Das lebensgefährliche Abenteuer beginnt unverhofft.

B

Alex Rider wird der Top-Agent des britischen Geheimdienstes.
Der Autor der Geschichte erinnerte sich an seine schreckliche Schulzeit.
Durch Erzählungen meiner Mutter erfuhr ich von den Ereignissen.

C

Die Jahre im Internat hinterließen ihre Spuren bei Horowitz.
Durch das Alleinsein wurde die Fantasie von Anthony Horowitz beflügelt.
Der Schriftsteller hinter der Stormbreaker-Reihe ist 1956 geboren.

6 Lest im Tandem den Text und untersucht die markierten Wortgruppen.
- Erklärt, warum es sich bei den markierten Wortgruppen um Attribute handelt.
- Bestimmt das Nomen oder die Nominalgruppe, auf die sich diese besonderen Attribute, die Appositionen, beziehen.

nehcsrreheb dnu ztaS neseid nehetsrev netnegapoT
.nebierhcssträwkcüR sad hcilmän ,tfirhcsmieheG enie nohcs blahsed
Seit über 2500 Jahren tüfteln Forschende, **vor allem Mathematiker**, an solchen Zeichensystemen. Heute haben Geheimcodes, **sogenannte Verschlüsselungen**, besonders im Internet eine große Bedeutung. Persönliche Informationen, **wie Name und Kontodaten**, müssen sicher übertrage werden. Sonst können Cyber-Kriminelle, **die Betrüger im Internet**, sie abfangen und benutzen.

! Merke

Attribute

Um Texte anschaulicher und genauer zu schreiben, könnt ihr **Attribute** verwenden. Attribute **bestimmen** oft ein **Nomen** (ein Bezugswort) **näher** und können nur gemeinsam mit diesem Satzglied umgestellt werden. Sie selbst sind also kein Satzglied, sondern immer nur ein **Teil von Satzgliedern**. Attribute lassen sich mithilfe der Weglassprobe herausfinden.
→ Die ~~literarische~~ Figur ist sympathisch.
Ein Attribut erfragt man mit **Was für ein/eine?** Oder **Welche/Welcher/Welches?**
Man unterscheidet verschiedene Attribute:
- **Adjektiv**-Attribut → die **literarische** Figur → Was für eine Figur?
- **Genitiv**-Attribut → die Figur **der Geschichte** → Welche Figur?
- **präpositionales** Attribut → die Geschichte **über ihn** → Welche Geschichte?

Die **Apposition** ist ein besonderes Attribut. Es **erläutert** eine **Nominalgruppe näher** und wird durch ein **paariges Komma** im Satz abgetrennt.
→ Die Hauptfigur, also Alex Rider, finde ich sympathisch.

Lerninsel
→ Seite 318

Proben zur Textverbesserung anwenden

○ **1** Stelle die folgenden Sätze so oft wie möglich um. Unterstreiche die Satzglieder mit verschiedenen Farben, z. B.

a Die Schattenbande bekam in der vergangenen Nacht einen Auftrag.
Einen Auftrag bekam die Schattenbande in der vergangenen Nacht.
In der vergangenen Nacht bekam die Schattenbande einen Auftrag.

a Die Schattenbande bekam in der vergangenen Nacht einen Auftrag.
b Der Dieb war durch das Fenster in die Wohnung eingedrungen.
c Er hatte die Kiste mit einem Schraubenzieher geöffnet.
d Der unerfahrene Dieb hatte bei der Familie das Licht eingeschaltet.

○ **2** Übernimm die Tabelle und trage die Sätze aus Aufgabe 1 ein.

Subjekt **Wer oder Was?**	**Prädikat**	**Akkusativobjekt** **Wen oder Was?**	**Adverbial** **Wo? Wann? Wie? Warum?**
Die Schattenbande	*bekam*	*einen Auftrag*	*in der vergangenen Nacht*
…	…	…	…

○ **3** Ersetze in den Sätzen die markierten Wörter durch die anspruchsvolleren und treffenderen Wörter unten. Schreibe die neuen Sätze auf.

a Klara **sah den Zettel** aufmerksam **an**.
b **Schnell** konnte sie die geheime Botschaft **lösen**.
c **Der Täter** war durch das Fenster in die Wohnung **gekommen**.
d Er hatte die Kiste **wohl** mit einem **Werkzeug aufgemacht**.
e **Nun** hörte er **plötzlich** Schritte im Flur und **lief** los.

betrachten – mustern / Handzettel – Flyer / blitzschnell – augenblicklich / entschlüsseln – entziffern / Eindringling – Dieb / einsteigen – einbrechen / vermutlich – sicherlich / Schraubenzieher – Hilfsmittel / aufbrechen – öffnen / da – in diesem Moment / unerwartet – überraschend / stürmen – flitzen

○ **4** Erweitere die Sätze durch die Adverbiale in den Klammern und unterstreiche sie. Ordne anschließend die Adverbiale zu. Schreibe auf, z. B. *Gleich am nächsten Morgen untersuchte die Polizei den Fall. (Temporaladverbial)*

a Die Polizei untersuchte den Fall. (gleich am nächsten Morgen)
b Sie war brennend an der Aufklärung interessiert. (wegen der vielen Einbruchsfälle)
c Die Polizei nahm die Schattenbande mit. (aufs Revier)
d Kommissar Trettoff hatte aber das Verbrechen aufgeklärt. (inzwischen)
e Der Kommissar konnte alle Beweise der verschiedenen Einbruchsdelikte zusammenführen und den Fall lösen. (geschickt)

5 Forme die markierten Adverbiale in Adverbialsätze um. Verwende die Wörter, die in den Klammern stehen, z. B. *Die Polizei befasste sich, kurz nachdem der Diebstahl passiert war, mit dem Fall.*

a Die Polizei befasste sich **umgehend** mit dem Fall. (kurz nachdem der Diebstahl passiert war)
b **Wegen der vielen Einbruchsdelikte** wollte die Polizei Sonderermittlungen anstellen. (weil sehr viele Einbrüche erfolgt waren)
c Aber Kommissar Trettoff hatte den Fall schon **vor Eintreffen des Sonderkommandos** aufgeklärt. (bevor das Sonderkommando eintraf)
d Er hatte den Täter **durch geschickte Fragen** überführt. (indem er geschickte Fragen stellte)
e **Während seiner Kaffeepause** war ihm die zündende Idee gekommen. (während er Kaffee trank)
f **Vor lauter Aufregung** schrammte Kommissar Trettoff mit dem Einsatzwagen die Ausfahrt. (weil er so aufgeregt war)

6 Schreibe die folgenden Sätze ab. Kennzeichne jeweils die Satzglieder und die Attribute, z. B. *a Der [geniale] Sherlock Holmes stellt eine Kunstfigur dar.*

a Der geniale Sherlock Holmes stellt eine Kunstfigur dar.
b In den Romanen des britischen Schriftstellers Arthur Conan Doyle spielt er einen Detektiv.
c Der Detektiv mit seiner Deerstalker-Mütze ist einzigartig.
d Wegen seiner akribischen Ermittlungen löst er die ungewöhnlichsten Fälle.
e Der beste Freund des Einzelgängers ist Dr. Watson.
f Besonders Verbrechen mit mysteriösen Hintergründen faszinieren den Detektiv.

7 Übernimm die Tabelle und ordne die Attribute aus Aufgabe 6 ein.

Adjektivattribut	Genitivattribut	präpositionales Attribut
geniale	...	...

8 Setze die passenden Attribute und Appositionen in der richtigen Form in den Text ein. Schreibe den Text vollständig ab.

der Geschichten | liebevoll gestalteten | des Museums | schwersten | seines Erfinders A. C. Doyle | des berühmten Detektivs | mitsamt seinen Bewohnern | mit Wachsfiguren | , der Mann mit der auffälligen Mütze,

Das Sherlock Holmes Museum
221b Baker Street – das ist die Adresse ▬ . Hier residiert Sherlock Holmes ▬ in den Geschichten ▬ und löst gemeinsam mit Dr. Watson die ▬ Fälle. Das Haus ▬ ist genauso ausgedacht wie die Kriminalfälle. Die ▬ Räume wurden nach den Inhalten ▬ eingerichtet und stellen in einem Stockwerk ▬ sogar Szenen ▬ nach.

Die sieben Weltwunder

Haupt- und Nebensätze untersuchen und bilden

Texte werden abwechslungsreicher, wenn sich Haupt- und Nebensätze abwechseln. Wichtig ist aber auch, dass man mithilfe von Nebensätzen zusätzliche Informationen, Erklärungen, Einschränkungen oder logische Bezüge zum Hauptsatz ausdrücken kann.

1 Lest die folgenden beiden Sätze. Seht euch die markierten Verbformen an. Klärt im Tandem, an welcher Stelle im Satz sie stehen.

> Auf der Erde **gibt** es nicht nur von der Natur erschaffene Wunder, sondern man **findet** auch von Menschenhand errichtete Wunderwerke.
> Es **gab** daher den Vorschlag, dass man die großartigsten und außergewöhnlichsten Bauwerke der Welt **kürt**.

Tipp
Beachte, dass Hauptsätze für sich allein stehen können, Nebensätze aber nicht.

2 Schreibe die beiden Sätze aus Aufgabe 1 ab. Unterstreiche die Haupt - und Nebensätze mit unterschiedlichen Farben.

3 Prüfe, an welcher Stelle das finite Verb im Hauptsatz und an welcher es im Nebensatz steht. Formuliere einen Merksatz dazu. Verwende auch die Begriffe **Satzreihe** und **Satzgefüge**.

Tipp
Beachte, dass du die zweiten Sätze umformulieren musst.

4 Verbinde jeweils die folgenden Sätze mithilfe der angegebenen Subjunktion zu einem Satzgefüge.
- Schreibe das Satzgefüge ab und setze die Kommas.
- Markiere das finite Verb im Hauptsatz und im Nebensatz.

Z.B. *a 2007 sollten sieben neue Weltwunder gewählt werden, weil von den alten Weltwundern nur noch ein einziges übrig war.*

a **weil:** 2007 sollten sieben neue Weltwunder gewählt werden. Von den alten Weltwundern war nur noch ein einziges übrig.
b **nachdem:** Es wurden 21 Bauwerke aus der ganzen Welt ausgewählt. Die Abstimmung erfolgte im Internet und per Handy.
c **obwohl:** Die Abstimmung über die neuen Weltwunder ist jetzt anerkannt. Das Verfahren wurde von der UNESCO kritisiert.
d **da:** Die UNESCO ist eine weltweite Organisation. Sie zählt 194 Mitgliedsstaaten.

Tipp
Beachte, dass der Nebensatz keine Verbklammer bildet.

5 Setze die neu gebildeten Satzgefüge aus Aufgabe 4 in ein Feldermodell ein.

Vorfeld	linke Verbklammer	Mittelfeld	rechte Verbklammer	Nachfeld
2007	*sollten*	*sieben neue Weltwunder*	*gewählt werden,*	*weil von den alten Weltwundern nur noch ein einziges übrig war.*
...	...	...	...	...

6 Nebensätze können im Vorfeld, Mittelfeld oder Nachfeld des Feldermodells stehen. Überlegt in der Gruppe, wie man die Satzgefüge aus Aufgabe 4 umstellen muss, damit die Nebensätze einmal im Vorfeld und einmal im Mittelfeld stehen. Tragt sie in das Feldermodell ein.

7 Legt im Tandem Karteikarten mit Subjunktionen, die Nebensätze einleiten, an. Diese Nebensätze werden Subjunktionssätze genannt. Schreibt drei Satzgefüge mit den notierten Subjunktionen auf, z. B.

dass

***Dass** du gekommen bist, freut mich.*
*Es ist schön, **dass** es regnet.*
*Ich mag, **dass** die Vögel singen.*

8 Schreibe die folgenden Sätze ab. Unterstreiche Hauptsatz und Nebensatz mit verschiedenen Farben und setze dann die Kommas.

Was ist gemeint wenn man von den „Weltwundern“ spricht? Damit die eindrucksvollsten Bauwerke und Standbilder der antiken Kultur in Erinnerung bleiben wurden sie als Weltwunder der Antike in einer besonderen Liste erfasst. Heute existieren von den sieben Weltwundern der Antike nur noch die Pyramiden von Gizeh da alle anderen zerstört wurden oder verfallen sind.

9 Trage die Sätze aus Aufgabe 8 in ein Feldermodell ein.

Merke

Hauptsätze und Nebensätze im Feldermodell

Hauptsätze sind **selbstständige** Sätze, die für sich allein stehen können. Die finite Verbform steht an der **ersten oder zweiten Stelle**. Im Feldermodell steht sie in der **linken Verbklammer**.

Nebensätze sind **unselbstständige** Sätze, die nicht für sich allein stehen können. Die finite Verbform steht immer am **Ende** des Satzes. Nebensätze können mit einer **Subjunktion** (→ dass, weil, als, …) eingeleitet werden. Man nennt diese Sätze **Subjunktionssätze**.
Verbindungen aus **Hauptsatz und Hauptsatz** nennt man **Satzreihe**.
Verbindungen aus **Hauptsatz und Nebensatz** nennt man **Satzgefüge**. Sie werden durch ein **Komma** getrennt.

Nebensätze bilden keine Satzklammer. Sie stehen im **Feldermodell** im **Vorfeld**, **Mittelfeld** oder **Nachfeld**.

Vorfeld	linke Verbklammer	Mittelfeld	rechte Verbklammer	Nachfeld
Sie	hat	den Schirm	genommen.	–
Sie	hat	den Schirm	genommen,	weil es regnet.
Weil es regnet,	hat	sie den Schirm	genommen.	–
Sie	hat,	weil es regnet, den Schirm	genommen.	–

Verschiedene Sätze

Subjektsätze und Objektsätze erkennen

Ihr habt euch auf den vorherigen Seiten mit Haupt- und Nebensätzen beschäftigt. Hier lernt ihr weitere Arten von Nebensätzen kennen. Nebensätze sind immer anderen Sätzen untergeordnet, sie können nicht allein stehen. Und: Nebensätze können Satzglieder, z. B. Subjekt oder Objekt, sein.

Tipp
Beachte, dass das finite Verb im Nebensatz an letzter Stelle steht.

1 Bestimme in den folgenden Satzgefügen jeweils den Haupt- und den Nebensatz. Schreibe sie ab und unterstreiche so: *a Paul freut sich sehr, weil er eine gute Note bekommen hat. (HS/NS)*

- **a** Paul freut sich sehr, weil er eine gute Note bekommen hat.
- **b** Marram sorgt sich um ihre Note im Test, obwohl sie gut vorbereitet war.
- **c** Sie blieben in der Klasse sitzen, da der Lehrer die Ergebnisse mitteilen wollte.
- **d** Nachdem alle ihre Arbeiten zurückbekommen hatten, brach großer Jubel aus.

2 Nebensätze können auch **Subjekte** sein. Sieh dir die folgenden Sätze an. Erfrage das Subjekt, benenne und markiere es, z. B.
a Sie ist klug. → Wer oder was ist klug? → sie = Subjekt
Wer viel liest, ist klug. → Wer oder was ist klug? → Wer viel liest. = Subjekt als Nebensatz = Subjektsatz

- **a** Sie ist klug. / Wer viel liest, ist klug.
- **b** Dein Erfolg freut mich. / Dass du erfolgreich bist, freut mich.
- **c** Mary hebt die Hand. / Wer was weiß, hebt die Hand.
- **d** Die Pünktlichen schaffen die Arbeit. / Wer pünktlich kommt, schafft die Arbeit.

Tipp
Frage nach dem Objekt mit den Fragen
- Wessen?
- Wem?
- Wen oder was?

3 Nebensätze können auch **Objekte** sein. Schreibe die Sätze ab und erfrage die Objekte. Markiere sie, z. B.
a Ich bringe Kostja das Buch. → Wen oder was bringe ich Kostja? → das Buch = Objekt
Es ist für mich selbstverständlich, dass ich Kostja das Buch bringe. → (Wen oder) Was ist selbstverständlich für mich? → dass ich Kostja das Buch bringe = Objekt als Nebensatz = Objektsatz

- **a** Ich bringe Kostja das Buch. / Es ist für mich selbstverständlich, dass ich Kostja das Buch bringe.
- **b** Ich höre jemanden kommen. / Ich höre, dass jemand kommt.
- **c** Sie bemerken die Freude seiner Schwester. / Sie bemerken, dass sich seine Schwester freut.
- **d** Ich helfe meinen Freunden. / Wer mein Freund ist, dem helfe ich.

4 Lest die Texte und benennt in der Gruppe die sprachlichen Unterschiede.

Tipp
Achte auf den Satzbau sowie auf die Subjekte und Objekte.

A

Dauerdebatte Schulnoten

Der Streit über Schulnoten ist ein wichtiges Thema, das nicht neu ist. Befürworterinnen und Befürworter wollen die Ziffernnoten, da man Leistungen dadurch besser vergleichen kann. Die Bildungsforschung und -praxis wünschen sich alternative Formen.

B

Dauerdebatte Schulnoten

Ein wichtiges Thema und nichts Neues ist, dass ständig über Schulnoten gestritten wird. Die Befürworterinnen und Befürworter wollen aufgrund der besseren Vergleichbarkeit der Leistungen, dass es Ziffernnoten weiterhin gibt. Die Bildungsforschung und -praxis wünschen sich sehr, dass es mehr alternative Formen gibt.

5 Untersucht jetzt im Tandem die Texte aus Aufgabe 4. Geht so vor:
- Schreibt die Sätze aus dem ersten Text ab.
- Markiert in den Sätzen jeweils das Subjekt und Objekt verschiedenfarbig.
- Kennzeichnet den Hauptsatz und den Nebensatz.
- Beschreibt, wie sich die Sätze im zweiten Text verändert haben. Welche Variante gefällt euch besser? Begründet eure Meinung.

6 Prüft im Tandem in Text **B**, welche Nebensätze ein Subjekt und welche ein Objekt sind. Erfragt sie mithilfe der Fragewörter.

7 Bestimme die Art der Nebensätze (Subjektsatz oder Objektsatz) in den folgenden Satzgefügen. Schreibe sie ab, unterstreiche den Nebensatz und kreise die Subjunktion ein.

a In neuen Konzepten heißt es, dass Schülerinnen und Schüler stärker in Mitverantwortung genommen werden müssen.
b Dass Notenmitsprache sinnvoll sein kann, sehen Lernende und manche Lehrkräfte ebenfalls.
c Viele Schülerinnen und Schüler fragen sich oft, ob ihre Noten gerecht sind.
d Wer sein Kind vor schlechten Erfahrungen durch schlechte Noten bewahren möchte, wird sich eher gegen Ziffernnoten aussprechen.
e Dass Ziffernnoten eine Vergleichbarkeit zulassen, ist richtig.

8 Wandle die Sätze **b** bis **d** aus Aufgabe 7 in Hauptsätze um. Beginne so:

b *Lernende und … sehen die Mitsprache …*
c *Viele Schülerinnen und Schüler hinterfragen die …*
d *Besorgte Eltern möchten ihr Kind …*

Tipp
Forme die Sätze um, ohne dass sich die Bedeutung ändert.

9 Schreibe deine Meinung zum Thema „Schulnoten“ auf. Verwende mindestens einen Subjektsatz und einen Objektsatz.

Weitere Informationen

Verschiedene Nebensätze erkennen

Wir verwenden häufig Nebensätze, um weitere Informationen zu geben. Ihr kennt Subjunktions-, Subjekt- und Objektsätze. Jetzt könnt ihr Relativsätze, Attributsätze, Adverbialsätze und „das-/dass-Sätze“ untersuchen.

1 Begründet im Tandem, warum es sich bei dem folgenden Satz um ein Satzgefüge handelt. Woran könnt ihr das erkennen?

Ich würde mir wünschen, dass der Unterricht erst um 9 Uhr beginnt.

Tipp
Achte auf die Stellung des finiten Verbs.

2 Schreibe die folgenden Sätze ab und unterstreiche den Nebensatz. Alle Sätze werden mit einem Relativpronomen eingeleitet. Kreise das Relativpronomen ein, z. B. *a In NRW könnte es bald Schulen geben, die selbst über ihren Unterrichtsbeginn entscheiden.*

a In NRW könnte es bald Schulen geben, die selbst über ihren Unterrichtsbeginn entscheiden.
b Die Schulen erhalten mehr Eigenverantwortung, die sie in der Schulkonferenz nutzen könnten.
c Neue Studien, die Schlafforscher durchführten, haben das bestätigt.

3 Relativpronomen beziehen sich auf das Nomen im Hauptsatz. Ergänze in den Sätzen die folgenden Relativpronomen. Schreibe aus jedem Satzgefüge das Relativpronomen und das Nomen, worauf es sich bezieht, auf.

das | die | der

Forscherinnen und Forscher, ▬ für die Universität Marburg arbeiten, haben eine Studie mit 8 800 Jugendlichen durchgeführt. Das Ergebnis der Studie, ▬ nicht überraschend war, besagt, dass Jugendliche zu wenig schlafen. Ein Jugendlicher, ▬ zu wenig schläft, kann sich nicht gut auf den Unterricht konzentrieren.

4 Verbindet im Tandem die beiden Sätze zu einem Satzgefüge. Leitet den Nebensatz durch ein Relativpronomen ein, das sich auf das unterstrichene Nomen bezieht, z. B. *a Olga, die abends wacher ist als morgens, ist für einen späteren Unterrichtsbeginn.*

a Olga ist für einen späteren Unterrichtsbeginn. Olga ist abends wacher als morgens.
b Lehrkräfte sind über den späteren Unterrichtsbeginn verschiedener Meinung. Lehrkräfte haben auch Familien.

Adverbialsätze (Umformungsprobe)
→ Seite 237

5 Lest die folgenden Nebensätze, die die Funktion von Adverbialsätzen haben. Erfragt im Tandem die unterstrichenen Nebensätze. Nutzt die W-Fragen, z. B. *Warum sind viele Lernende ...? → weil ...*

a Viele Lernende sind zur ersten Stunde müde, weil ihr Biorhythmus anders ist.
b Während sie in der Schule sitzen, müsste ihr Körper eigentlich noch schlafen.
c Die Schulen überdenken ihre Konzepte, damit Jugendliche besser lernen können.

6 Schreibe nun eigene Adverbialsätze auf. Überlege dir dazu Argumente, warum die Schule später starten sollte, z. B. *Während ich morgens zum Bus laufe, kann ich kaum die Augen offenhalten.*

7 Untersucht im Tandem die Nebensätze im Text. Benennt die Wortart, mit der die Nebensätze eingeleitet werden. Klärt den Unterschied zwischen **das** und **dass**.

Ein Leipziger Gymnasium hat sich auf den Weg gemacht, dass es in dieser Debatte nicht nur bei der Theorie bleibt. Die Schulleiterin hat ein Projekt gestartet, das als Modellversuch für Klasse 7 bis 9 gedacht ist. Sie glaubt, dass die Trennung nach Klassenstufen sinnvoll ist. Die Experten sagen nämlich, dass sich der Rhythmus in der Pubertät nach hinten verschiebt. Durch das entzerrte Schulleben, das durch einen unterschiedlichen Schulbeginn entsteht, kommt sich niemand in die Quere, im Schulhaus und auf den Anfahrtswegen.

8 Schreibe den folgenden Text ab, unterstreiche alle Nebensätze, setze die fehlenden Kommas und ergänze die Lücken durch **das** oder **dass**.

Es ist nicht einfach ___ alle am Schulleben Beteiligten zufrieden sind. Das private Umfeld ___ für einen sicheren Rahmen wichtig ist, muss sich darauf einstellen. Auch der öffentliche Nahverkehr muss darauf abgestimmt werden ___ alle Schulkinder pünktlich zur Schule kommen. In einer Diskussion möchte jeder ___ seine Meinung beachtet wird. Das Ergebnis ___ alle zufrieden stellt, wird es wohl leider nie geben.

! Merke

V08-10

Nebensätze

Lerninsel → Seite 319

Ein Nebensatz ist immer Teil eines Satzgefüges und kann **vor** oder **nach** dem **Hauptsatz** stehen. Die Teilsätze in einem Satzgefüge werden durch **Komma** getrennt.

- **Subjektsatz:** Der Nebensatz vertritt das **Subjekt**. Du kannst ihn mit **Wer oder was?** erfragen. → Wer ein guter Schüler sein möchte, sollte fleißig sein.
- **Objektsatz:** Der Nebensatz vertritt das **Objekt**. Du kannst ihn mit **Wen oder was?** erfragen. → Der Lehrer sieht, dass die Schülerin fleißig ist.
- **Relativsatz:** Der Relativsatz wird mit einem **Relativpronomen** (→ der, die, das, welcher, welche, welches) eingeleitet. Das Relativpronomen bezieht sich auf das vorausgegangene **Nomen**. → Es gibt Schüler, die lange schlafen.
- **Adverbialsatz:** Der Nebensatz gibt Antwort auf W-Fragen wie:
  - Wann? → **Temporalsatz** → Als es regnete, spannte er seinen Regenschirm auf.
  - Warum? → **Kausalsatz** → Weil es regnete, kaufte er sich einen Regenschirm.
  - Weshalb? → **Finalsatz** → Damit er nicht nass wurde, kaufte er einen Regenschirm.
- **Attributsatz:** Attribute bestimmen ihr **Bezugswort** näher. Sie können auch die Form eines Nebensatzes haben. Der Attributsatz wird oft durch ein **Relativpronomen** eingeleitet. → Jugendliche, die gern lang schlafen, plädieren für einen späteren Beginn.
- **das/dass-Satz: Das** (Relativpronomen) und **dass** (Subjunktion) leiten Nebensätze ein. → Es ist klar, dass Schüler gern lang schlafen. → Nimm das Buch, das dort liegt.

Satzarten verwenden und das Feldermodell nutzen

Tipp
Achtet darauf, dass ihr einige Sätze umstellen müsst.

1 Verbindet im Tandem jeweils die beiden Sätze mit einer Junktion. Schreibt die Sätze ab und setzt das Komma richtig, z. B. *a Wenn Wälder komplett abbrennen, können Lagerfeuer …*

obwohl | weil | da | wenn

a Wälder brennen komplett ab. Lagerfeuer, achtlos weggeworfene Zigaretten oder bewusste Brandstiftung können Gründe dafür sein.
b Blitzeinschläge können natürlich auch einen Waldbrand verursachen. Das ist eher selten.
c Große Trockenheit im Wald begünstigt das Feuer. Es springt schnell auf Gräser, Büsche und Unterholz über.
d Die Arbeit der Feuerwehr reicht nicht zur Bekämpfung des Feuers aus. Auch Löschflugzeuge sind im Einsatz.

2 Setze die Satzgefüge aus Aufgabe 1 in ein Feldermodell ein.

Vorfeld	linke Verbklammer	Mittelfeld	rechte Verbklammer	Nachfeld
…	…	…	…	…
…	…	…	…	…

3 Erfrage in den folgenden Sätzen den unterstrichenen Nebensatz. Schreibe dazu, ob es sich um einen Subjektsatz oder einen Objektsatz handelt, z. B. *a Wer nicht lacht, lebt nicht gesund. (Wer oder was lebt nicht gesund? → Wer nicht lacht. = Subjektsatz)*

a Wer nicht lacht, lebt nicht gesund.
b Wir glauben, dass er pünktlich ist.
c Dass du uns besuchst, freut uns.
d Ich frage mich, ob ich im Paradies bin.
e Wer eine Frage hat, soll sich melden.

4 Schreibe die Sätze ab. Unterstreiche dann den Nebensatz, kreise das Relativpronomen ein und kennzeichne mit einem Pfeil, worauf sich das Relativpronomen bezieht, z. B. *Ich brauche viel Schlaf, den ich am Wochenende nachhole.*

Ich brauche viel Schlaf, den ich am Wochenende nachhole. Die Busfahrt zur Schule, die durch die ganze Stadt geht, ist oft lustig. Meine Freunde, die alle mit dem Fahrrad kommen, sind oft schon richtig munter. Ein späterer Unterrichtsbeginn, der nur um eine halbe Stunde verschoben sein müsste, würde niemandem weh tun.

5 Bilde jeweils aus zwei Teilsätzen ein Satzgefüge. Ergänze die fehlenden Relativpronomen und setze die Kommas, z. B. *Frankreich und Italien sind EU-Länder, die ihren ...*

a Frankreich und Italien sind EU-Länder ...	... keine Schulpflicht kennt.
b In schwedischen Schulen gibt es viel Fachpersonal wie Schulkrankenpfleger ...	... die Kinder und Lehrkräfte während der Schulzeit unterstützen.
c Dänische Schüler haben einen abwechslungsreichen Stundenplan ...	... Fächer wie Familienkunde oder Gesundheits- und Sexualkundeunterricht enthält.
d Irland ist eines der wenigen Länder ...	... ihren Unterricht um 9 Uhr beginnen.

6 Finde in jedem Satz das Attribut. Forme es zu einem Attributsatz um, z. B.
a Die ausgeschlafene Schülerin nimmt ihre Umwelt anders wahr. → Die Schülerin, die ausgeschlafen ist, nimmt ihre Umwelt anders wahr.

a Die ausgeschlafene Schülerin nimmt ihre Umwelt anders wahr.
b Der motivierte Schüler beteiligt sich eigenverantwortlich am Unterricht.
c Tablets im Unterricht könnten die schweren Bücher der Kinder ersetzen.
d Schulen mit leihbaren Tablets sind ein erster Anfang.

7 Verbinde die folgenden Hauptsätze mit den passenden Adverbialsätzen. Schreibe die Satzgefüge auf.

Maria putzt sich die Zähne, **A**	indem er ihr schnell ein Pausenbrot schmiert. **1**
Igor erledigt für seine ältere Nachbarin kleinere Aufgaben, **B**	weil sie heute Gäste bekommt. **2**
Herr Müller kocht einen Pudding, **C**	weil er seit letztem Monat im Verein trainiert. **3**
Tommy hilft seiner Schwester, **D**	da seine Tochter Geburtstag hat. **4**
Meine Schwester hat ihr Zimmer aufgeräumt, **E**	ohne dass er Geld dafür bekommt. **5**
Ahmad hat kaum noch Zeit, **F**	während ihr Bruder seine Schultasche packt. **6**

8 Markiere in den Nebensätzen in Aufgabe 7 jeweils das Einleitewort und die finite Verbform, z. B. *a Maria putzt sich die Zähne, während ihr Bruder seine Schultasche packt.*

9 Schreibe den Text ab und ergänze **das** oder **dass**. Setze das Komma an der richtigen Stelle.

___ die Menschen in Estland über die Digitalisierung anderer Länder schmunzeln, liegt daran ___ dort bereits seit 1999 alle Schulen ans Internet angeschlossen sind. ___ Schulbuch sollte es ab 2020 auch nur noch in digitaler Form geben. ___ Deutschland da nicht ganz abgeschlagen ist, beweist ___ es auch bei uns schon digitale Schulmaterialien gibt. Auch Schülerinnen und Schüler in Estland haben analoges Unterrichtsmaterial ___ neben digitalen Medien sinnvoll eingesetzt wird.

Überprüfe dich selbst

Wortarten ○ **1** Untersuche die unterstrichenen Wörter. Gehe so vor:
- Bestimme jeweils die Wortart.
- Bestimme bei den Nomen Numerus, Genus und Kasus.
- Bestimme bei den Verben Personalform und Zeitform.

Hexen, zauberhafte Geister und andere Gruselgestalten feiern jedes Jahr im Herbst am 31. Oktober Halloween. Das gruselige Fest ist ursprünglich ein Herbstfest der Kelten. An diesem Tag wurde mit vielen Feuern der Sommer verabschiedet und der Winter begrüßt. Man gedachte aber auch der Toten, denn der Gott der Toten löst im Winter den Sonnengott ab.

◒ **2** Verändere den ersten Satz in Aufgabe 1. Ändere dabei den Numerus von mindestens einem Nomen und die Zeitform des Verbs. Schreibe den neuen Satz auf.

Präpositionen ○ **3** Sieh dir das Bild an. Wo befinden sich die Tiere? Schreibe so viele Sätze wie möglich dazu auf. Kennzeichne die Präpositionen, z. B.

Eine Katze lehnt an der Wand.
Die andere Katze ...

Adverbien ◒ **4** Ergänze in den folgenden Sätzen das passende Adverb. Wähle aus.

morgen | links | unten | nachher | draußen

- **a** Es war herrliches Wetter, die Kinder wollten ___ spielen.
- **b** ___ erledigen wir die Hausaufgaben. Das schaffen wir dann noch.
- **c** Im Keller ___ sind Skateboard und Inliner.
- **d** Sieh mal nach ___ , dort sind auch die Badmintonschläger.
- **e** Genießen wir die Sonne, ___ soll es wieder regnen.

Junktionen ◒ **5** Verbinde die folgenden Sätze sinnvoll mithilfe von Junktionen. Schreibe die neuen Sätze auf.

Für Mädchen und Jungen ist American Football der perfekte Sport.
Sie besitzen Ausdauer und taktisches Gespür.
Zum Schutz müssen alle einen Helm tragen.
Manchmal kommt es zu heftigen Zusammenstößen.
Beim American Football muss man mit dem Ball in die Spielhälfte des Gegners laufen.
Man kann ihn auch dorthin werfen.

Verben **6** Die folgenden Sätze sind nicht korrekt! Verbessere die Zeitformen und schreibe die Sätze richtig auf.
- **a** Gestern werde ich mir neue Sachen kaufen.
- **b** Morgen hatte ich ein neues Kleid anprobiert.
- **c** Jetzt ging ich in eine Boutique.
- **d** In zehn Minuten war der Laden geschlossen.

7 Übernimm die Tabelle und formuliere mit den folgenden Verbgruppen Aktivsätze und Passivsätze.

Raum dekorieren | Zauberstab kaufen | Einladungen schreiben | Tricks einüben

Aktiv	Passiv
Laura dekoriert den Raum.	*Der Raum …*

…tzglieder **8** Wähle zwei Aktivsätze aus Aufgabe 7 aus. Bestimme mithilfe der Umstellprobe die Satzglieder.

…gruppen **9** Finde im folgenden Text eine Nominalgruppe, eine Adjektivgruppe, eine Adverbgruppe und eine Präpositionalgruppe. Schreibe sie jeweils heraus.

Heute war ich schon vor der Schule sehr aufgeregt. Die Lehrerin stellte mich als Michael Polischka vor. Knapp neben mir stand ein schlaksiger Junge, der Crille hieß und mich mit Matze bekannt machte.

…erbiale **10** Erweitere die folgenden Sätze um die Wortgruppe in den Klammern. Bestimme dann jeweils die Art des Adverbials.

Der Schiffer sah die Lorelei. (während des Sonnenuntergangs)
Er wurde von seiner Rheinfahrt abgelenkt. (wegen ihres magischen Gesangs)

…elativsätze, …ichen…etzung **11** Welche Satzteile passen zueinander? Verbinde die passenden Teile und schreibe sie ab. Ergänze die fehlenden Relativpronomen und die Kommas.

a Eulen sind die einzigen Vögel …	**1** … am Meeresgrund gehen können.
b Elefanten sind die einzigen Tiere …	**2** … mehr als 24 km entfernt sind.
c Delfine können unter Wasser Geräusche hören …	**3** … die Farbe Blau sehen können.
d Australien ist der einzige Kontinent …	**4** … keine Gletscher hat.

D56 Lösungen

Das kannst du jetzt:
- Wortarten und Wortgruppen unterscheiden und klassifizieren
- alle Satzglieder bestimmen
- mithilfe von Proben die eigenen Texte verbessern
- Satzarten erkennen und bestimmen

13 Rechtschreibung

Regeln und Strategien der Rechtschreibung anwenden

A

B

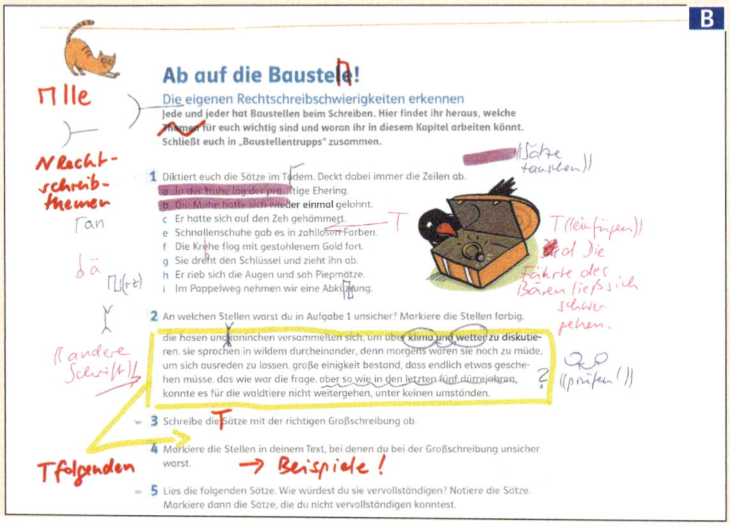

Ab auf die Baustele!

Die eigenen Rechtschreibschwierigkeiten erkennen

Jede und jeder hat Baustellen beim Schreiben. Hier findet ihr heraus, welche Themen für euch wichtig sind und woran ihr in diesem Kapitel arbeiten könnt. Schließt euch in „Baustellentrupps" zusammen.

1 Diktiert euch die Sätze im Tadem. Deckt dabei immer die Zeilen ab.
a In der Truhe lag der pra...tige Ehering.
b Die Mühe hatte sich wieder einmal gelohnt.
c Er hatte sich auf den Zeh gehämmert.
e Schnallenschuhe gab es in zahllosen Farben.
f Die Krehe flog mit gestohlenem Gold fort.
g Sie dreht den Schlüssel und zieht ihn ab.
h Er rieb sich die Augen und sah Piepmätze.
i Im Pappelweg nehmen wir eine Abkützung.

2 An welchen Stellen warst du in Aufgabe 1 unsicher? Markiere die Stellen farbig.

die hasen und kaninchen versammelten sich, um über klima und wetter zu diskutieren. sie sprachen in wildem durcheinander, denn morgens waren sie noch zu müde, um sich ausreden zu lassen. große einigkeit bestand, dass endlich etwas geschehen müsse. das wie war die frage. aber so wie in den letzten fünf dürrejahren, konnte es für die waldtiere nicht weitergehen, unter keinen umständen.

3 Schreibe die Sätze mit der richtigen Großschreibung ab.

4 Markiere die Stellen in deinem Text, bei denen du bei der Großschreibung unsicher warst.

5 Lies die folgenden Sätze. Wie würdest du sie vervollständigen? Notiere die Sätze. Markiere dann die Sätze, die du nicht vervollständigen konntest.

Das Rechtschreibgespräch

Ein Rechtschreibgespräch ist ein Gespräch über Schreibungen. Es hilft euch, wenn ihr beim Schreiben unsicher seid, wie ein Wort geschrieben wird, oder wenn ihr nach dem Schreiben Zweifel habt, ob ihr ein Wort richtig geschrieben habt. Ihr unterstützt euch gegenseitig, findet die richtige Schreibung, könnt anschließend eure Texte überarbeiten und sie für andere besser lesbar machen.

C

In der Schule werden ständig Texte geschrieben, aber wann ist ein Text eigentlich fertig? Die Antwort ist ganz einfach: Richtig fertig ist ein Text, wenn ihn andere gerne lesen möchten. Bis es so weit ist, müsst ihr Rechtschreibfehler berichtigen, den Text überarbeiten und ihn am Ende sauber aufschreiben. Der Textentwurf darf bis dahin ruhig aussehen wie eine Baustelle.

Das lernt ihr jetzt:
- ein Rechtschreibgespräch führen
- mit Strategien die Rechtschreibfehler korrigieren
- Merkschreibungen einprägen
- die Großschreibung im Satz sowie die Getrennt- und Zusammenschreibung beachten
- Zeichensetzung anwenden

1 Entwürfe, die verworfen werden, Zweifel beim Schreiben, Korrekturschleifen – das kennen auch Schriftstellerinnen und Schriftsteller. Seht euch Bild **B** an und überlegt gemeinsam:
- Welche Phasen gehören zum Schreiben dazu?
- In welcher Phase wird die Rechtschreibung kontrolliert?
- Welche Möglichkeiten kennt ihr, die Rechtschreibung zu überprüfen?

2 Maras Mutter ist Wahlhelferin. Aber Mara hat jahrelang gedacht, ihre Mutter würde Walen helfen. Irgendwann ist ihr ein Licht aufgegangen. Tauscht euch darüber aus, wann euch im Rechtschreibunterricht schon mal so richtig ein Licht aufgegangen ist (**A**)? Was hat euch dabei geholfen?

V12 **3** Nutzt den folgenden Satz **D**, um ein erstes **Rechtschreibgespräch** wie in **C** durchzuführen. Arbeitet in Gruppen. Orientiert euch an den Schritten **1–5**.

> Der Portier ist im Allgemeinen freundlich, aber wenn jemand mehrmals an der Klingel zieht, ohne abzuwarten, wird er fuchsig.
>
> **D**

1 Schreibt den Satz ab und markiert alle Stolperstellen, bei denen ihr beim Schreiben unsicher wart.
↓
2 Tauscht euch darüber aus, welche Stolperstellen ihr gefunden habt. Erklärt einander, warum ihr unsicher wart. Überlegt gemeinsam, welche Strategie oder Regel ihr kennt, um das Wort richtig zu schreiben.
↓
3 Schreibt die Stolperstellen an die Tafel oder auf ein weißes Blatt. Besprecht die passende Regel oder Strategie. Benennt die Schwierigkeit, z. B. *im Allgemeinen – Großschreibung von Nomen; ohne – stummes h; …*
↓
4 Sucht weitere Wörter zu dieser Rechtschreibschwierigkeit und legt eine Liste oder eine Tabelle an. Nutzt Übungsmaterial zu dieser Rechtschreibschwierigkeit.
↓
5 Achtet immer wieder bei Schreibaufgaben, Hausaufgaben und Berichtigungen auf diese Rechtschreibschwierigkeit. Denkt an die passende Regel oder Strategie.

Ab auf die Baustelle!

Die eigenen Rechtschreibschwierigkeiten erkennen

Jede und jeder hat Baustellen beim Schreiben. Hier findet ihr heraus, welche Rechtschreibthemen für euch wichtig sind und woran ihr in diesem Kapitel arbeiten könnt. Schließt euch in „Baustellentrupps“ zusammen.

1 Diktiert euch die Sätze im Tandem. Deckt dabei immer die Zeilen ab.
- **a** In der Truhe lag der prächtige Ehering.
- **b** Er hatte sich auf den Zeh gehämmert.
- **c** Die Fährte des Bären ließ sich schwer sehen.
- **d** Schnallenschuhe gab es in zahllosen Farben.
- **e** Die Krähe flog mit gestohlenem Gold fort.
- **f** Sie dreht den Schlüssel und zieht ihn ab.
- **g** Er rieb sich die Augen und sah Piepmätze.

2 An welchen Stellen warst du in Aufgabe 1 unsicher? Markiere die Stellen farbig.

3 Schreibe die folgenden Sätze ab. Achte auf die richtige Groß- sowie Getrennt- und Zusammenschreibung. Setze, wenn möglich oder nötig, Bindestriche. Markiere im Anschluss, wo du unsicher warst.

die hasen und kaninchen versammelten sich auf der rotepilzelichtung, um über klima und wetter zu diskutieren. sie sprachen in wildem durcheinander, denn morgens waren sie noch zu müde, um sich ausreden zu lassen. dies mal bestand große einigkeit, dass endlich irgend etwas geschehen müsse. das wie war die frage die einzige große. aber so wie in den letzten fünf dürrejahren konnte es für die waldtiere nicht weiter gehen, unter keinen umständen. das erschien allen super wichtig und selbst bewusst gingen sie an die arbeit.

4 In den folgenden Sätzen fehlen die Satzzeichen und die Zeichen der wörtlichen Rede. Schreibe sie ab und ergänze an den richtigen Stellen. Markiere, wo du unsicher warst.

Der alte Hirsch der Waldälteste eröffnete die Versammlung Waldbewohner Wir alle erinnern uns an die Trockenheit der letzten Jahre an unseren Durst an unsere Schwäche Leiser fuhr er fort Auch an die Verstorbenen erinnern wir uns die dem Feuer zum Opfer fielen Gemurmel ging durch die Tierreihen Lasst uns finden rief der Hirsch nun wieder mit lauter Stimme was unseren Lebensraum zerstört

5 Werte die Aufgaben 1, 3 und 4 mithilfe der folgenden Übersicht aus.

Du hast 4 oder mehr Stellen markiert.
- Aufgabe 1: Arbeite auf den Seiten 255–257 weiter und nutze das Training auf den Seiten 258/259.
- Aufgabe 3: Arbeite auf den Seiten 260–265 weiter und nutze das Training auf den Seiten 270/271.
- Aufgabe 4: Arbeite auf den Seiten 266–269 weiter und nutze das Training auf den Seiten 270/271.

Du hast weniger als 4 Stellen markiert.
- Arbeite auf den Seiten 272/273 weiter.

Auf Muster stoßen

Schreibsilben und Baumuster ordnen

Silben und Baumuster helfen beim Lesen. Darüber hast du schon viel gelernt. Nun sollst du dein Wissen anwenden und vertiefen – mit Fehlerwörtern, eigenen Merksätzen und Eselsbrücken.

1 Lies den folgenden Text laut.

Am Himel stet der Mond. Auf ein paar Stüken Holz in der Näe einer Lichtung sizen drei Spazen und vir Fienken. Ein Uu fligt Kreiße über dem Tanenwald. Eine Eule komt dazu. Sie trägt Lakschue und einen Schleier. Plözlich tönnt es aus allen Schnäbbeln: „Ein Voggel wolte Hochzeit machen …"

2 Tauscht euch im Tandem darüber aus, wie es war, den Text zu lesen. Vervollständigt die Sätze.

Die Sätze zu lesen, ist mir (leicht/schwer) gefallen, weil …
Mir ist aufgefallen, dass …

3 Dies sind die vier Baumuster, nach denen zweisilbige deutsche Wörter gebaut sind. Berichtige die unterstrichenen Fehlerwörter aus dem Text in Aufgabe 1 mithilfe des richtigen Baumusters und begründe, z. B.
Das i der 1. Silbe wird kurz und nicht lang gesprochen. → geschlossene Silbe → Hört man dazu nur einen Konsonanten, muss dieser verdoppelt werden. → Him mel

offene Silbe | geschlossene Silbe | Doppelkonsonant | silbentrennendes h

Tipp
In den Lerninseln kannst du die Informationen zu den Baumustern nachlesen.

4 Der Text in Aufgabe 1 enthält weitere Falschschreibungen. Schreibe ihn vollständig und richtig auf.

V13 **5** Ordne richtig zu. Gehe so vor:
- Lies die Wörter in der Wolke. Erkennst du die Baumuster der Wörter? Übernimm die Tabelle und ordne jedem Baumuster die richtigen Beispiele zu.
- Lies unten die Erklärungen zu den Baumustern. Trage sie in die Tabelle ein.

Tipp
Wenn du unsicher bist, setze die Wörter in das Haus-Garage-Modell ein.

Baumuster	Beispiele	Erklärung
offene Silbe	…	…
geschlossene Silbe	…	…
silbentrennendes h	…	…
Doppelkonsonant	…	…

oben Hüte unten nahe
(das) nasse (Fell) Hütte innen Nase
Kissen Hüfte Norden Küste Höhe
nähern Katze Krähe

h steht zwischen den Vokalen – 1. Silbe offen – 1. Vokal kurz – es ist nur ein Konsonant zu hören, dieser wird verdoppelt, um die 1. Silbe zu schließen – 1. Vokal lang – 1. Silbe geschlossen – 1. Silbe endet mit Vokal – 1. Silbe endet mit Konsonant

Zerlegen, ziehen oder merken

Rechtschreibstrategien und -regeln anwenden

Lerninsel
Seite 320/321

Unsicherheiten beim Schreiben entstehen meist bei unübersichtlichen Wörtern, Wörtern, die zu kurz, zu lang oder zu verschachtelt sind. Bei manchen Wörtern helfen Baumuster und Rechtschreibstrategien, andere musst du dir merken.

1 Schreibe die folgenden Wörter ab. Markiere die Stolperstellen farbig.

Kussmund, froh, Tiefkühltruhe, es zieht, Rasenmäher, er murrt, Aufenthaltsräume, Kassenwart, Wettbewerb, sie zuckt

2 Vergleicht im Tandem eure Stolperstellen. Was hilft, die Wörter richtig zu schreiben? Schreibt die Baumuster auf, mit denen ihr die Schreibung der Wörter besser verstehen könnt, z. B. *Kussmund → doppelter Konsonant, weil Silbe geschlossen*

3 Übernimm die Tabelle. Ergänze die folgenden Wörter in weiteren Zeilen und fülle aus. Markiere die möglichen Stolperstellen bei den Wörtern in der ersten Spalte.

Schwimmbad   Drehung   Spannbettlaken   Frühblüher   Stockbrot   Kräutertrunk

	Zerlegen	Verlängern	Ableiten	Stolperstellen
Schwimmbad	*schwimm Bad*	*schwimmen Bäder*	*–*	*Doppelkonsonant; man hört -t, schreibt -d*
...	...	...	...	...

M

4 Wörter lassen sich gut einprägen, wenn man weitere Wörter aus der Wortfamilie sucht. Übernehmt die Tabelle und notiert im Tandem so viele Wörter wie möglich mit dem gleichen Wortstamm.

Tipp
TIPP Nutzt ein Wörterbuch, um weitere Wörter zu finden.

fahr-	kühl-	fühl-	zahl-	fehl-
Fahrrad, ...	*Kühlschrank, ...*	*Gefühl, ...*	*Zähler, ...*	*fehlerhaft, ...*

5 Manchmal helfen Regeln nicht weiter. Diese Wörter mit stummem **h** musst du dir merken. Schreibe dir drei Eselsbrücken mit einigen dieser Wörter auf, z. B. *Dem Stuhl und dem Stahl darf man das h nicht stehlen.*

Stuhl   Stahl   stehlen   Strähne   Pfahl   empfehlen   prahlen   Drohne

Tipp
Denkt an Ersatz- und Bezugsprobe.

6 Lest im Tandem die folgenden Sätze und tragt **dass** oder **das** ein. Begründet.

a ▬ Lied, ▬ gewann, kam am nächsten Tag im Radio.
b Sie glaubt, ▬ ihr Lied gewinnt.
c Nicht, ▬ ▬ Konzert schon angefangen hat!

Von Silben zu Wortbausteinen

Wörter in Bausteine zerlegen

Wörter in Silben zu gliedern, hilft beim Schreiben. Mit den Rechtschreibstrategien Zerlegen, Verlängern und Ableiten nutzt ihr schon längst eine weitere Möglichkeit, Wörter zu gliedern: in Wortbausteine.

1 Teile die Wortschlange in so viele Wörter wie möglich. Schreibe alle Wörter auf.

Baustellenzufahrtsstraßenverkehrsampelschaltung

2 Schreibe alle Verbpartikeln, Präfixe und Suffixe auf, die die Wortschlange enthält.

Tipp
Es sind drei.

3 Vergleicht im Tandem eure Ergebnisse. Welche Wörter und welche Wortbausteine habt ihr gefunden? Tauscht euch darüber aus.

4 Ein Wort in seine Bausteine zu zerlegen, ist anders, als es in Schreibsilben einzuteilen. Schreibe das folgende Wort zweimal direkt untereinander auf. Zeichne im oberen Wort die Silbenbögen ein. Markiere im unteren Wort die Wortstämme und Wortbausteine.

Tipp
Achte auch auf die Verbindungsbausteine.

Schreibsilben: *Vervielfältigungsmöglichkeiten*

Wortbausteine: *Ver | viel | fält | igungsmöglichkeiten*

5 Zerlege die Wörter. Schreibe sie ab und markiere Wortstämme und Wortbausteine.

Schalentiere Katzenpfote Kaninchengatter

! Merke

Stammkonstanzschreibung

Wie ein **langes Wort** geschrieben wird, kannst du herausfinden, indem du es in **Wortstamm** und **Wortbausteine** zerlegst. → dreh|en, Koffer|bänd|er, aus|ge|schloss|en …

Wortbausteine verändern sich nicht, sie werden **immer gleich** geschrieben. → ver-, -ung, -en …

Wortstämme werden auch gleich geschrieben, das nennt man **Stammkonstanz**. Das heißt, dass auch ein Doppelkonsonant, ein silbentrennendes **h** oder ein Dehnungs-**h** im **einsilbigen Wortstamm** erhalten bleiben. → Wasser|fall, Floh|markt, Wohn|raum …

Manchmal werden die Wortstämme bei den Vokalen **ein wenig abgewandelt**, wie z. B. bei den **starken Verben**. → liegen – lag – gelegen

Beachte: Nicht mit der Gliederung in Silben verwechseln.
Wörter lassen sich in Silben gliedern → dre hen, Kof fer bän der, aus ge schlos sen

Rechtschreibstrategien und -regeln anwenden

○ **1** **Verlängern:** Suche im Text zuerst die einsilbigen **Verben**, schreibe sie in einer Liste auf und verlängere sie.

Kurt knurrt und Tim fragt sich, warum. Am Tag zuvor war Kurt noch froh, als er Tim sah. „Bleib lieb, mein Junge, komm auf meinen Arm," Kurt denkt kurz nach und hüpft dann hoch. Puh, seufzt Tim, Glück gehabt.

○ **2** **Verlängern:** Wie verlängert man **Adjektive**? Wähle sechs Adjektive aus und schreibe sie verlängert auf, z. B. *warm – der warme Tag, ...*

warm, hell, zart, gelb, schrill, blass, süß, wind, voll, schräg, platt, roh, eng, zug, schlapp, zäh, derb, faul, flott, gleich, sturm, fein, halb, kess

○ **3** **Verlängern:** In Aufgabe 2 haben sich drei Wörter reingeschummelt, die keine Adjektive sind. Welche sind es und zu welcher Wortart gehören sie? Schreibe sie verlängert auf.

○ **4** Auf der Suche nach **Baumustern**: Schreibe die folgenden Wörter ab. Markiere dabei deine Stolperstellen farbig.

Drehstrommessung | Kleinkindspielplatz | Großbaustelle

Frühstücksbrettchen | Farbsprühdose | Schuhanzieher

◒ **5** Untersuche jetzt die Wörter in Aufgabe 4. Gehe so vor:
- Zerlege die unübersichtlichen Wörter in Wortstämme und Wortbausteine.
  Dreh | strom | mess | ung
- Verlängere die Einsilber zu Zweisilbern, wenn es möglich ist.
  drehen, Ströme, messen
- Ordne die Zweisilber in Silben getrennt in die Tabelle ein.

offene Silbe	silbentrennendes h	geschlossene Silbe	Doppelkonsonanten (auch tz und ck)
Strö me, ...	*dre hen, ...*	*...*	*mes sen, ...*

◒ **6** Übernimm die einzelnen Wortreihen. Markiere die Silben. Welches Wort in der Reihe hat ein anderes Baumuster? Kennzeichne es und begründe, z. B. *A Vögel passt nicht in die Reihe, weil es nicht zum Baumuster geschlossene Silbe gehört.*

A Ferkel, Kälber, Vögel, Finken, Wölfe

B Biene, Natter, Möwe, Schnake, Taube

C Spinnen, Assel, Motte, Robben, Mäuse

D Kühe, Reiher, Krähen, Rehe, Fohlen

○ **7** **Wörter mit h**: Schreibe die folgenden Wörter ab. Markiere jedes **h**.

Flohmarkt | Mehrwertsteuer | Drehmoment | Mühlenrad | Mahlstein

Föhnaufsatz | Blähungen | Strohballen | Kahnfahrt | Ziehsohn

◒ **8** Untersuche die Wörter in Aufgabe 7. **Stummes h** oder **silbentrennendes h**? Zerlege die Wörter, verlängere sie zu Zweisilbern und schreibe sie in Silben auf, z. B.
Flohmarkt: Floh + Markt → Flö he = Wort mit silbentrennendem h

◒ **9** Finde in den Sätzen die Fehler und korrigiere sie. Notiere für drei Korrekturen eine Erklärung. Verwende dafür die Satzanfänge unten.

> Der Könik wolte die Prinzessin nicht hergeben. Er verstägte sie in den Weldern. Das Schwein.

In dem Wort … habe ich diesen Fehler gefunden: …
Das kann man herausfinden, indem …
Das Wort wird mit … geschrieben, weil …

◒ **10** Finde heraus, zu welcher Wortfamilie die folgenden Wörter gehören. Schreibe sie auf, z. B. *Gebiss → beißen, …*

das Gebiss | der Flug | die Gabe | die Grube | ausgewogen | unbeholfen

Tipp
Alle Wörter sind von Verben abgeleitet und bei allen hat sich der Stammvokal geändert.

● **11** Suche aus allen Aufgaben dieser Doppelseite vier gute Beispielwörter für die Stammkonstanzschreibung heraus. Fertige einen kleinen Spickzettel an. Erkläre darauf, was Stammkonstanzschreibung ist und wie man sie sich gut merken kann.

> **Was ist Stammkonstanzschreibung?**
> *Flohmarkt → …*
> *…*

○ **12** Wie gut hast du dir **Merkschreibungen** eingeprägt? Ergänze die Buchstaben in den Lücken.

- **a** Wenn meine Kus___ne mich W___nachten besucht, gehen wir immer ins K___no und essen Mandar___nen.
- **b** Wir liehen uns Schlittschuhe aus und liefen B___n um B___n.
- **c** Tief unten im M___r lebt der W___l. Er hat keine andere Wa___l.
- **d** Wenn man einen Eimer l___rt, ist er ganz le___r.
- **e** Sie blättert die S___te des Notenheftes um und zupft die S___te der Gitarre.

○ **13** **das oder dass**? Ordne jeweils die Erklärungen zu.

- **a** **Das** macht **das** Spiel wahnsinnig spannend.
- **b** **Das** Auto ist besser als **das**.
- **c** **Dass** ich heute hier bin, ist **das** Größte.
- **d** Dein Rad, **das** ich so schön finde, ist ziemlich teuer.

das = Artikelwort
das = Demonstrativpronomen
das = Relativpronomen
dass = Subjunktion

Nomen im Satz

Die Großschreibung von Wörtern erkennen

Du weißt, was ein Verb und was ein Adjektiv ist. Bei Nomen ist es komplizierter, denn im Satz kann aus jedem Wort ein Nomen werden. Zwei Proben und eine besondere Technik helfen dir dabei, die richtigen Wörter großzuschreiben.

○ **1** Schreibe die Sätze mit der richtigen Großschreibung der Nomen ab.

Bei herrn vieracker ist das vergessen der hausaufgaben nicht so schlimm. Bei herrn vieracker, das vergessen viele, braucht man keine hausaufgaben zu machen.

○ **2** Vergleicht eure Sätze. Tauscht euch im Tandem darüber aus, was euch dabei hilft, Nomen zu erkennen.

◒ **3** Seht euch das Wort **vergessen** in beiden Sätzen an. Welchen Unterschied stellt ihr fest? Nutzt für eine Erklärung die Artikelprobe, verwendet **das** als Artikelwort. Vervollständigt im Tandem die Sätze.

Im ersten Satz ist das Wort **v/Vergessen** ein …. Das erkennt man daran, dass …
Im zweiten Satz ist das Wort **v/Vergessen** ein …. Das erkennt man daran, dass …

○ **4** Nutze die Adjektivprobe, um den folgenden Satz zu untersuchen. Welche Wörter schreibt man groß? Setze die Adjektive **klein, lang, groß, schön, lecker** ein.

die kinder in den klassen mögen das anstehen beim essen überhaupt nicht, weil sie dann das spielen auf dem hof verpassen.

Wortarten → Seite 223

◒ **5** Tauscht euch im Tandem darüber aus, bei welchen Wörtern in Aufgabe 4 ihr unsicher wart. Überlegt, welche Wortart das Wort haben könnte und woran man das erkennt.

V14
Lerninsel → Seite 321

Tipp
Ein Artikel kann auch in einem Wort wie **am, ans, beim, durchs, fürs, im, zum** oder **zur** versteckt sein.

Arbeitstechnik

Tests zum Erkennen von Nomen

Kannst du eine oder mehrere Fragen mit „Ja" beantworten, wird das Wort **großgeschrieben**.

1. Kann man das Wort mit einem **Artikelwort** kombinieren? → der, die, das, eine, deine, dieses … **(Artikelprobe)**
2. Lässt sich direkt vor das Wort ein **Adjektiv** setzen, das dabei verändert wird? → schöne Frage **(Adjektivprobe)**
3. Endet das Wort auf einen der Suffixe **-keit, -nis, -schaft, -ung, -heit, -tum**? → Achtsamkeit, Spülung, Klugheit, …
4. Kann man vor das Wort **unbestimmte Mengenangaben** (z. B. **alles, nichts, viel, etwas, manches**) setzen? → manches Mal, das viele Sitzen, …

Achte darauf, dass am **Satzanfang alle** Wörter **großgeschrieben** werden.

6 Kombiniere die folgenden Wortbausteine mit den Suffixen im Tabellenkopf. Übernimm die Tabelle und schreibe so viele Nomen wie möglich hinein.

eigen-, wander-, bot-, ärger-, wohn-, kund-, irr-, wissen-, gleich-, frei-, öffentlich-, persönlich-, kind-, leit-, erfahr-, erzähl-, zeit-, zeug-, wag-, reich-, geheim-

-keit	-nis	-schaft	-ung	-heit	-tum
…	…	…	…	…	…

7 Schreibe einen langen Satz, in dem du so viele Nomen aus deiner Tabelle aus Aufgabe 6 wie möglich unterbringst.

8 Lest euch eure Sätze im Tandem vor. Tauscht euch darüber aus, wie Sätze mit sehr vielen Nomen auf euch wirken.

9 Übernimm die Sätze und setze passende Artikelwörter ein, sodass der Satz vollständig wird. Achte auf die Großschreibung.

ein/eine | der/die/das | diese/dieses | unser/euer | einige | jede/jeder/jedes

a drückt ▬ schuh, ist er zu klein.
b ▬ knattern ▬ motors ist besonders.
c ▬ fell ▬ meerschweinchens war weich.
d ▬ freunde waren da.
e ▬ film kennt ▬ kind.
f ▬ von uns mögen ▬ eis nicht.

10 Wähle zwei der folgenden Wortgruppen aus und schreibe mit Adjektiven jeweils ein Treppengedicht. Ergänze gut passende Adjektive vor dem Nomen.

der Morgen | das Vertrauen | das Elend | ein Murmeln

sein Anteil | das Ansehen | das Grün | ihre Jeans

Lerninsel
Seite 321

11 Die Verbindung von Adjektiven und Wörtern für unbestimmte Mengen kommt häufig vor. Das Adjektiv wird dann großgeschrieben, z. B. *viel Schönes*. Bilde selbst drei Sätze mit den folgenden Wörtern.

alles – etwas – genug – nichts – viel – wenig – manches

gut – erstaunlich – schön – salzig – hilfreich – unbekannt – ernst

Tipp
Denke dir eine Eselsbrücke aus, mit der du dir diese Schreibungen merken kannst.

12 Tauscht euch in der Klasse darüber aus, was euch am besten hilft, Nomen großzuschreiben: die Artikelprobe, die Adjektivprobe, das Beachten der Suffixe oder das Schreiben von Treppengedichten.

Lerninsel
Seite 321

Groß oder klein ist nicht egal!

Die Groß- und Kleinschreibung untersuchen und üben

Regelgeleitete Groß- und Kleinschreibung

1 **Nomen oder Präposition?** Lest im Tandem die folgenden Sätze und vergleicht sie miteinander.
- Seht euch die markierten Wörter an und bestimmt ihre Wortart.
- Vergleicht den Kasus der unterstrichenen Wortgruppen.

a Die wirkungsvolle Rede hatte ihr großen **Dank** eingebracht.
Sie schaffte es, **dank** des Angebots ihrer Freunde, ihr zu helfen.
b Ihm fehlte die **Kraft** für die letzten Meter bis zum Gipfel.
Der Priester traute das Paar **kraft** seines Amtes.
c Der **Trotz** brachte ihn dazu, sich nicht versöhnen zu wollen.
Frag ihn **trotz** seines schlechten Zustands, ob er runterkommen möchte.
d Wenn der Hund seinen **Willen** nicht bekommt, gibt es keinen Frieden im Haus.
Die Mutter hat es um des Friedens **willen** getan.

Tipp
Du kannst folgende Wörter einsetzen: groß/klein, Nomen, Artikelwort, Genitiv.

2 Tauscht euch im Tandem zu den Sätzen aus Aufgabe 1 aus. Nutzt eure Beobachtungen, um die folgenden Sätze zu ergänzen.

> Die Präpositionen **dank, kraft, trotz, willen** erkennt man daran, dass bei ihnen ein Wort im ___ steht. Sie werden ___ geschrieben.
> Wenn die Wörter **Dank, Kraft, Trotz, Willen** mit einem ___ im Satz stehen, dann handelt es sich um ___ und sie werden ___ geschrieben.

3 Lest im Tandem die folgenden Sätze und vergleicht die markierten Wörter und ihre Schreibung. Notiert drei Stichworte zu euren Beobachtungen, achtet dabei auf die unterstrichenen Wörter.

a Wenn sie Schlangen sieht, bekommt sie große **Angst**. / Wenn sie an Schlangen denkt, ist ihr **angst** und bange.
b Das Geschäft stand vor der **Pleite**. / Er war vollkommen **pleite**.
c Die 7d is/t eine sehr nette **Klasse**. / Die Party soll **klasse** werden.

4 **Nomen oder Adjektiv?** Um das herauszufinden, kannst du die Negationsprobe anwenden. Gehe so vor:

> **Nomen?**
> - Setze vor das Wort das Artikelwort **kein/keine**.
> - Wird die Aussage des Satzes damit verneint, dann ist das Wort ein Nomen und wird großgeschrieben, z. B. *Wenn sie Schlangen sieht, bekommt sie **keine** Angst.*

> **Adjektiv?**
> Kannst du das Wort mit **nicht** verneinen, dann ist es ein Adjektiv und wird kleingeschrieben, z. B. *Ihr ist **nicht** angst und bange.*

5 Bilde mit folgenden Wörtern Sätze, in welchen du sie einmal als Nomen und einmal als Adjektiv verwendest, z. B. *Die Schuld liegt bei ihr. / Der Hund ist schuld.*

Schuld/schuld | Ernst/ernst | Feind/feind | Hoch/hoch

Tipp
Nutze für die Sätze mit Adjektiven die Verben **sein, bleiben, werden**.

6 **Titel von Menschen** und **von Werken** werden großgeschrieben. Ebenso **Gedenk- und Feiertage**. Verbinde die folgenden Wörter sinnvoll und schreibe sie auf.

Christi – Internationaler – Tag der – Heiliger – Regierender – Friedliche – Heiliger

Vater – Bürgermeister – Revolution – Arbeit – Frauentag – Geist – Himmelfahrt

Tipp
Du kannst die heißt-Probe anwenden, z. B. Der 8. März heißt: „Internationaler Frauentag".

Merkschreibungen

7 Adjektive in festen Wendungen werden großgeschrieben. Löse die Bilderrätsel und schreibe die Begriffe mit der richtigen Großschreibung auf.

a 

b 

c 

d 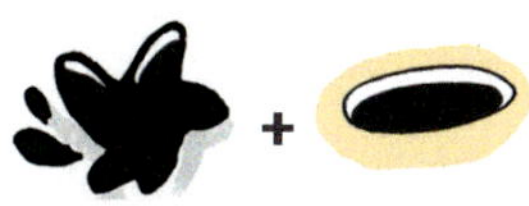

e 

f 

Bindestrichschreibung

8 Gesucht werden zusammengesetzte Nomen, die in der Mitte dreimal den gleichen Buchstaben haben. Setze folgende Wortbestandteile zu sinnvollen Nomen zusammen und trenne sie für die bessere Lesbarkeit mit Bindestrich, z. B. *See-Elefant*

Flasche – See – Schnee – Stress – Kaffee – Eule – Zoo – Ersatz – Organisation – Elefant – Sauerstoff – Symptom

9 Übernimm folgende Tabelle und ergänze sie. Kreuze an, welche Schreibweise du lesbarer findest.

Schreibung mit Bindestrich	Schreibung ohne Bindestrich
Shopping-Center	*Shoppingcenter*
Rede-Bedarf	
	Sciencefiction
Online-Shop	
Lachs-Suppe	
	Brennnessel

Verstehen wollen und klarsehen

Die Getrennt- und Zusammenschreibung wiederholen und anwenden

Die Schreibung von Wörtern wie Onlineshop, megasüß und selbstbewusst habt ihr bereits geübt und wisst, was getrennt und was zusammengeschrieben wird. Auf diesen Seiten geht es um die Getrennt- und Zusammenschreibung verschiedener Verbverbindungen.

Zusammenschreibung

○ **1** Bilde aus den Verbpartikeln und den Verben zusammengesetzte Verben. Schreibe sie untereinander auf.

durch – über – unter – hin – um	reißen – setzen – sehen – halten – gehen – fahren – holen – laufen

2 Suche aus deiner Liste aus Aufgabe 1 vier Verben aus, die jeweils zwei Lesarten[1] haben. Schreibe zu jedem Verb zwei Sätze auf, die die verschiedenen Bedeutungen deutlich machen, z. B. *Die Lehrerin will unsere Tests durchsehen. Durch Glas kann man durchsehen.*

1 Hat ein Wort mehrere Bedeutungen, nennt man das die Lesart eines Wortes. Zum Beispiel bedeutet scharf etwas anderes, wenn
- ein Messer,
- eine Soße,
- oder eine Kurve

gemeint ist.

3 Lest im Tandem die folgenden Sätze. Bestimmt die Bestandteile der markierten Wörter und welche Silbe betont ist. Besprecht, was die Wörter bedeuten.

a In der Zeitung steht, das Gericht wird sie **freisprechen**.
b Wir geben das Buch zurück und lassen uns den Betrag **gutschreiben**.
c Mein Vater wird **kürzertreten** und dann wird es schon **gutgehen**.
d Darf ich die Situation **richtigstellen**? Doch ich will euch nicht **langweilen**.
e Der Start wird uns **schwerfallen**, doch wir werden das Projekt **vollenden**.

4 Untersucht im Tandem, was passiert, wenn ihr die Bestandteile der markierten Wörter aus Aufgabe 3 getrennt schreibt. Notiert eure Beobachtung und bildet je einen Beispielsatz, z. B. *a frei sprechen → Betonung liegt auf „sprechen", Bedeutung ändert sich (ohne Hilfe/Angst sprechen), z. B. Sie ist sicher, sie kann frei sprechen.*

Tipp
Prüft, ob es einen Zusammenhang gibt zwischen der Schreibung und welcher Test funktioniert.

5 Wählt im Tandem je zwei Wörter aus Aufgabe 3 und ihre dazugehörigen getrennt geschriebenen Varianten aus und führt die folgenden zwei Tests durch. Beschreibt, was ihr jeweils bei den zusammengeschriebenen und bei den getrennt geschriebenen Wörtern feststellt.

Test **A**: Erweitert das Wort mit sehr. Test **B**: Steigert das Adjektiv sinnvoll.

○ **6** Kombiniere die folgenden Wörter miteinander und schreibe mit jedem gefundenen Wort einen Satz.

frei – gut – schön – schwarz – voll – gleich – hoch	sehen – stellen – schreiben – halten – führen

Getrenntschreibung

Lerninsel
Seite 310

○ **7** Die Verben **lernen** und **üben** und die Bewegungsverben **kommen** und **gehen** werden getrennt von anderen Verben geschrieben. Lies das Gedicht und schreibe ein Parallelgedicht. Tausche die markierten Verben aus.

Meine kleine Schwester
kommt bald in die Schule.
Bevor sie **lesen** lernt
und **rechnen** lernt,
wollen wir im Sommer
schwimmen üben,
spazieren gehen,
zählen üben,
Eis **essen** gehen
und Buchstaben in den Sand malen.

8 **Achtung Varianten: Merken!** Manche Verb-Verb-Verbindungen mit **bleiben** und **lassen** sowie **kennen lernen** können zusammen- oder getrennt geschrieben werden.

- Lest im Tandem die beiden Sätze und erklärt jeweils die Bedeutung der unterstrichenen Wörter.

Wir sollten den Tisch dort <u>stehen lassen</u>. | Sie wird dich einfach <u>stehenlassen</u>.

- Formuliert einen Merksatz, wann getrennt und wann zusammengeschrieben wird.
- Bildet mit den Verben Sätze: **sitzen + bleiben, sitzen + lassen, stehen + lassen, liegen + bleiben**

○ **9** Modalverben wie **wollen**, **sollen** und **können** werden nie mit anderen Verben zusammengeschrieben. Probiere es aus und schreibe drei Sätze auf.

○ **10** Nomen und Verben werden getrennt geschrieben. Kombiniere die Verben **fahren**, **spielen**, **hören** mit den folgenden Nomen. Schreibe auf, z. B. *Ich fahre gern Scooter.*

Schach, Skateboard, Musik, S-Bahn, Hörspiel, Gitarre, Scooter, Lärm, PC

Tipp
Zusammengeschrieben werden Nomen, die mit dem Verb verschmolzen sind. Du erkennst sie daran, dass Buchstaben weggefallen sind, z. B. erdbeerpflücken → Erdbeeren pflücken, schuhputzen → Schuhe putzen

! Merke

V15 V16

Getrennt- und Zusammenschreibung von Verben

Verben und **Verbpartikeln** werden im Infinitiv **zusammengeschrieben**.
→ durchziehen, hinhalten, umgehen
trennbare Verben: Partikel wandert im Präsenssatz ans Satzende und wird betont.
→ ùmgehen → Sie geht gut mit Enttäuschungen um.
untrennbare Verben: Präfix und Verb bleiben zusammen, Grundverb wird betont.
→ umgèhen → Geschickt umgèht sie das Thema.
Zahlreiche Kombinationen mit einem Verb werden **getrennt geschrieben**:

Verb	+	Verb	lesen lernen, rechnen üben, spazieren gehen
Modalverb			Wir sollen aufräumen. Du musst fragen.
Adjektiv			gut gehen, klar sehen, hoch springen **ABER**: Neue, übertragene Bedeutung? → zusammenschreiben!
Nomen			Rad fahren, Musik hören, Eis essen
Verbindung mit <u>sein</u>			da sein, traurig werden, zufrieden sein

Viele, viele schöne Kommas!

Sätze grammatisch untersuchen und Kommas richtig setzen

Kommas gliedern Sätze. Beim Lesen oder Vorlesen signalisieren sie Betonungen oder Sprechpausen. Aber wann müssen Kommas gesetzt werden? Ihr könnt hier die Regeln wiederholen und neue kennenlernen.

1 Lest einander den Text im Tandem vor. Ist euch das Lesen und Verstehen leicht gefallen? Tauscht euch darüber aus, begründet eure Meinung.

Ob als ein Familienausflug eine Busreise eine Klassen- oder Studienfahrt der Besuch des Geysirs Andernach wird dich verzaubern weil du niemals denkst dass es so etwas in Deutschland gibt. Es gibt sogar ein Museum in dem du dem geowissenschaftlichen Phänomen auf die Spur kommen kannst. Mit einem Schiff welches auf dem Mittelrhein unterwegs ist kommst du zur Halbinsel auf der sich der Geysir befindet. Glaubst du das ist alles? Dann lass dich überraschen und du wirst sehen dass es noch viel mehr zu entdecken gibt! Also los! Komm!

2 Schreibt den Text aus Aufgabe 1 ab und setzt alle Kommas. Vergleicht im Tandem eure Ergebnisse.

3 Sammelt in der Klasse die Regeln der Kommasetzung, die euch noch bekannt sind.

Reihendes/einstelliges Komma

4 Sieh dir die folgenden Bilder an. Bilde einen Satz, indem du die Tätigkeiten aneinanderreihst. Setze Kommas und ergänze weitere Beispiele, z. B. *Was Kinder und Jugendliche am Tag so tun? Sie …*

A

B

C

D

Paariges Komma

5 Lest die folgenden Sätze. Die unterstrichenen Satzteile sind Einschübe. Besprecht im Tandem, welche Wirkung die Einschübe auf den sie umgebenden Satz haben.
- a Wir treiben gern Sport, besonders Rad fahren und schwimmen, und bewegen uns damit ausreichend.
- b Ein warmes Wort, von Herzen kommend, tut immer gut.
- c Das Geld, hart und ehrlich erarbeitet, war im Nu ausgegeben.
- d Wir sind, ehrlich gesagt, keine guten Verlierer.
- e Die Tat, es war mitten am Tag, geschah vor aller Augen.
- f Ein guter Rat, aufbauend auf einer klaren Analyse, hilft immer.

6 Bestimme die Einschübe aus Aufgabe 5 nun genauer. Ordne sie den folgenden Erklärungen zu.

A Verbgruppe **B** ganzer Satz **C** Gruppe mit Partizip **D** Adjektivgruppe

7 Einschübe werden mit Kommas vom restlichen Satz abgetrennt. Finde heraus, an welchen Stellen du sie setzen musst. Nutze verschiedene Farben zum Unterstreichen. Gehe so vor:
- Schreibe den Satz ab und markiere die finiten Verbformen mit verschiedenen Farben.
- Unterstreiche alles, was zum finiten Verb gehört, in der gleichen Farbe.
- Setze vor und nach jeder Markierung ein Komma, z. B. *a Vor einer Woche, es war am 29. Februar, hatten wir uns zum ersten Mal getroffen.*

- a Vor einer Woche es war am 29. Februar hatten wir uns zum ersten Mal getroffen.
- b Zum Glück hatten wir meine Mutter hatte daran gedacht unsere Pässe dabei.
- c Wir fanden nachdem wir einen Umweg gefahren waren endlich den Weg.
- d Sie unternahmen eine Reise die mit Verspätung begann auf die Insel Krk.

Tipp
Gibt es in dem Satz eine **Konjunktion** oder ein **Relativpronomen**? Dann setze das 1. Komma vor Konjunktion/Relativpronomen und das 2. Komma nach dem nächsten finiten Verb.

8 Schreibe zwei eigene Sätze mit Einschüben und zeige sie einer Partnerin oder einem Partner. Lass sie oder ihn die Kommas setzen.

! Merke

Kommas setzen

Reihendes/einstelliges Komma
Gibt es in einem Satz **mehrere finite Verben**, bilden sie **Teilsätze**. Diese reihen sich aneinander und werden durch **Kommas** voneinander **abgetrennt**.
→ Ich hatte gerufen, aber er hatte mich nicht gehört, weil er Kopfhörer trug.

Paariges Komma
Eingeschobene Wortgruppen und **Teilsätze** werden mit **paarigem Komma** vom restlichen Satz **abgetrennt**.
→ Ich hatte, es war schließlich Sommer, nur ein T-Shirt an.
→ Er hatte, weil es ihm gefiel, die Wand grün gestrichen.

Muss oder kann?

Kommas bei Apposition setzen; fakultative Kommas prüfen

Die Mehrzahl der Kommas folgt klaren Regeln, d.h. sie müssen gesetzt werden, z.B. bei Appositionen. Manchmal aber kannst du entscheiden, ob du ein Komma setzt oder nicht. In diesem Fall sollte am Ende die Lesbarkeit und Verständlichkeit des Satzes entscheiden.

1 Appositionen sind besondere Einschübe. Wiederholt euer Wissen im Tandem anhand der folgenden Beispiele. Geht so vor:
- Schreibt den Satz ab und unterstreicht das Wort/die Wortgruppe, das/die etwas näher beschreibt.
- Kennzeichnet mit einem Pfeil, auf welches Nomen sich die Beschreibung bezieht. Prüft, ob sie im Kasus übereinstimmen.
- Setzt Kommas.

a Fritzi ein riesiger Fan hatte sich so auf das Konzert gefreut.
b Am Donnerstag dem 5. September rief die Managerin an.
c Sie saß neben Al dem Star der Band.

2 Übernimm die folgenden Sätze und setze die Kommas.
a Meine Begleiterin eine echte Bergsteigerin hatte an alles gedacht.
b Mit den Ziegen störrische Tiere hatte sich die Kleine gleich angefreundet.
c Zum Gipfel dem höchsten in der Gegend war es jetzt nicht mehr weit.
d Neben dem Gipfelkreuz schlicht und aus Eisen stand ein Gedenkstein.
e An wen er wohl erinnerte der traurig wirkende Stein?

Nebensätze erkennst du an der Verbletztstellung und einleitenden Subjunktionen. Du weißt, dass Kommas gesetzt werden müssen. Fehlen solche Kennzeichen für einen neuen Teilsatz aber, kannst du selbst entscheiden, ob du Kommas setzt.

3 Lest die folgenden Sätze und bestimmt im Tandem Haupt- und Nebensatz. Besprecht, wann ihr solche Nebensätze verwendet und wie sie auf euch wirken.

Sie waren wie schon gesagt immer pünktlich.

Wenn nötig melde dich!

4 Entscheidet im Tandem, ob ihr in den Sätzen Kommas setzt oder nicht. Begründet.
a Die Schwester sieht falls nötig später noch einmal bei Ihnen vorbei.
b Mutter kam wie üblich einige Zeit zu spät zu unserer Verabredung.
c Die Schüler sollten sich wenn irgendwie möglich frühzeitig auf die Prüfung vorbereiten.
d Wie schon besprochen werden wir die Arbeiten morgen abschließen.

„Herzlich willkommen"

Zeichensetzung bei wörtlicher Rede anwenden

Wenn ihr aufschreibt, was jemand gesagt hat, dann müsst ihr diesen Teil markieren. Der Doppelpunkt bedeutet: Achtung, hier kommt jetzt etwas Neues. Die Anführungszeichen kennzeichnen Anfang und Ende des Gesagten.

1 Lest das Gespräch zwischen Jonas und dem Hüter der Erinnerung aus dem Jugendbuch von Lois Lowry. Führt ein Rechtschreibgespräch im Tandem, indem ihr einander die Regeln für die Zeichensetzung bei wörtlicher Rede erklärt.

Rechtschreibgespräch
→ Seite 252/253

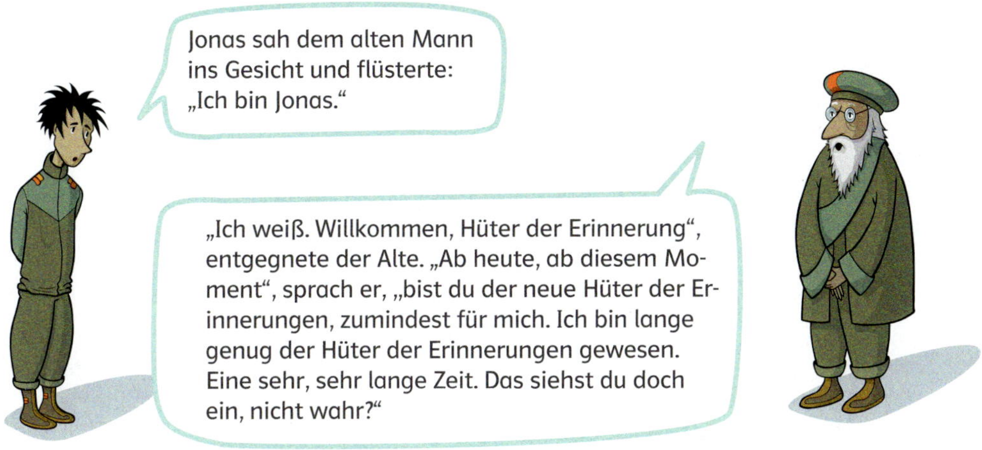

2 Jonas bekommt seine Ausbildungsregeln vom Hüter mitgeteilt. Schreibe den fiktiven Dialog ab und setze die Anführungszeichen.

Der Hüter der Erinnerungen übergab Jonas die dritte Ausbildungsregel ___ Ab sofort bist du von allen Regeln der Höflichkeit befreit. Du kannst jedem Bürger jede beliebige Frage stellen und wirst von ihm eine Antwort erhalten ___ ___ Aber ___ fragte Jonas, ___ wie soll das gehen? ___ ___ Du musst auf dich vertrauen ___, entgegnete der Geber.

3 Notiert im Tandem mindestens sieben Verben zum Wortfeld **sagen** in einem Cluster.

4 Ergänze die Redebegleitsätze und schreibe sie auf. Nutze die Verben aus Aufgabe 3.

a „Ich weiß", ___ sie mit freundlicher, wohlklingender Stimme, „dass ihr alle in Sorge seid. Dass ihr glaubt, mir sei ein Irrtum unterlaufen."
b „Ich habe euch in große Verwirrung gestürzt", ___ die Chefälteste.
c Das Publikum ___ „Wir nehmen die Entschuldigung an."
d „Jonas", ___ die Älteste und blickte ihn nun direkt an.
e Jonas ___ mit brüchiger Stimme: „Ich nehme die Entschuldigung an."

Großschreibung, Getrennt- und Zusammenschreibung, Bindestrichschreibung und Zeichensetzung üben

○ **1** Finde heraus, welche Wörter im Satz Nomen sind, indem du die Adjektivprobe durchführst. Schreibe die Sätze mit der richtigen Groß- und Kleinschreibung auf und unterstreiche die Nomen.

das herz rast ihr in der brust und dieses rasen macht sie ganz ängstlich.
der abstieg fiel ihr immer schwerer als der aufstieg.
der schuss traf nicht ins schwarze und der ball flog ins aus.
am ende der veranstaltung gab es viele verletzte.

◒ **2** Untersuche die Nomen unten. Welche gibt es nicht? Lege eine Tabelle zu den folgenden Suffixen an. Schreibe die richtigen Nomen hinein. Ersetze die falschen Nomen durch richtige.

-schaft -heit -keit -tum -nis -ung

Herzogtum, Unwissenschaft, Weisheit, Ereignung, Reichheit, Ausweglosigkeit, Kranknis, Nützlichung, Geselltum, Wirtschaft, Abhängigtum, Fähigkeit, Eigennis, Abgeschlossenschaft, Gesundheit, Anfälligung, Erzähltum

○ **3** Erweitere die Treppensätze um eigene, passende Adjektive. Schreibe die vollständigen Sätze ab und unterstreiche die Nomen.

a Das regelmäßige, ▬, ▬ Training führt zum ▬, sicheren Erfolg.
b Das ▬, ▬ Häuschen am ▬, ▬ See war eigentlich eine ▬, ▬ Villa.
c Es war ein ▬, ▬ Treffen in einem ▬, ▬ Park.

Tipp
Prüfe, ob es Satzglieder im Genitiv gibt oder Begleiter.

○ **4** Groß- oder kleingeschrieben? Schreibe die Sätze ab und entscheide dich für die richtige Schreibung.

a Jenna ist gestern **dank / Dank** seiner Hilfe schnell fertig geworden.
b Luka will jedem seinen **Willen / willen** aufzwingen.
c Fritzi konnte ihn **trotz / Trotz** seiner großen Angst beruhigen.
d Osman stimmte lachend zu und rief: „Das entscheide ich jetzt **Kraft / kraft** meiner Wassersuppe."

○ **5** Schreibe die folgenden Wörter ab. Achte auf die Großschreibung. Überlege auch, welche dieser Wörter leichter zu lesen sind, wenn man sie mit **Bindestrich** schreibt.

umsatzsteuertabelle, reisebüro, schwimmmeisterschaft, klassenzimmer, email, onlinebanking, druckerzeugnis, fahrradweg, lottoannahmestelle, fitnessstudio

6 Was ist das? Schreibe die Begriffe richtig und mit einer kurzen Erklärung auf.

a der **e** / **E**rste **m** / **M**ai 

b der **g** / **G**rüne **P** / **p**unkt 

c die **h** / **H**eiligen **d** / **D**rei **K** / **k**önige 

d der **w** / **W**eiße **t** / **T**od 

Tipp
Bei manchen Begriffen hilft die heißt-Probe.

7 **Getrennt oder zusammen?** Schreibe die unterstrichenen Wörter richtig auf.

Manche Fische können so schnell/schwimmen, dass man es mit bloßem Auge nicht wahr/nehmen kann. Andere voll/bringen waghalsige Kunststücke, in dem sie wahnsinnig hoch/springen oder weit/springen. Der Mensch wollte lange nicht wahr/haben, dass manche Lebewesen so tief/tauchen können, dass es kaum messbar ist. Sie wollten an ihrer Überzeugung fest/halten, dass der Mensch alle Lebensräume kennt.

Tipp
Prüfe:
- Welche Silben sind betont?
- Lässt sich das Adjektiv steigern?
- Lässt sich das Wort mit *sehr* erweitern?

8 Notiere vier Sätze, in denen die Verben **kommen**, **gehen**, **lernen** und **üben** sowie ein weiteres Verb vorkommen. Achte auf die richtige Getrennt- und Zusammenschreibung.

9 Schreibe den Text ab und setze Kommas.

Vulkane Geysire Wüsten Wasserfälle – das alles sind Naturgewalten die oft ganz weit weg von Deutschland erscheinen. Leider sind Naturgewalten oft mehr als nur romantisch sie können zerstörerisch und vernichtend sein. Deutschland hat in den letzten Jahren zunehmend mit dem Feuer zu kämpfen welches sich durch viele einheimische Waldgegenden frisst. Wenn Feuer einmal ausbricht wird das Löschen für die Einsatzkräfte schwierig. Viele Böden sind so trocken dass sie sich schnell entzünden und lange brennen.

10 Übernimm die Sätze. Unterstreiche die **Einschübe** und setze das **paarige Komma**.

a In ihrem kleinen Garten steil am Südhang liegend baut meine Oma immer frisches Gemüse an.

b Mein Bruder das ist neu geht täglich ins Fitness-Studio gleich um die Ecke.

c Die Schule so schön das Gebäude erscheint ist ganz schön in die Jahre gekommen.

11 Schreibe die folgenden Sätze ab. Ergänze die fehlenden Satzzeichen und die Zeichen der wörtlichen Rede.

Wer möchte heute Abend mit seinen Gefühlen anfangen fragte Jonas' Vater nach dem Abendessen
Fang du an Lily sagte er großzügig
Ich war sehr wütend heute Nachmittag begann Lily Meine Kindergartengruppe hatte Besuch von Siebenern einer anderen Gemeinschaft Wir waren auf dem Spielplatz und diese anderen haben sich einfach nicht an die Regeln gehalten

Überprüfe dich selbst

1 In jedem der Sätze herrscht ein Baumuster vor. Ordne es zu. Unterstreiche dann die Wörter, die das Baumuster verraten.

geschlossene Silben | Doppelkonsonant | silbentrennendes h

a Der Kumpel nahm den Humpen und schlug ihn mit Rumpeln auf den Tisch, übrig blieb: ein Klumpen.
b Mit einer Panne stand Hanne am Straßenrand und fand, wenigstens eine Gasse können ihr alle lassen.
c In der Frühe will Marie vor der Schule fliehen, aber je näher sie kommt, desto froher wird sie.

2 Welches Baumuster fehlt in Aufgabe 1? Notiere es und erfinde einen Satz, in dem dieses Baumuster ebenso hervorsticht wie bei den Sätzen in Aufgabe 1.

3 Diese Reimwörter sind vertrackt. Einige werden mit **h** geschrieben, andere ohne. Wähle die richtige Schreibweise aus.

Töne / Töhne | Söhne / Söne | Quahlen / Qualen | Walen / Wahlen

Wan / Wahn | Schwahn / Schwan

Lehre / Lere | Schehre / Schere

bequehm / bequem | Lehm / Lem

Jahr / Jar | Schar / Schahr

4 Schreibe den folgenden Text ab und beachte dabei die Groß- und Kleinschreibung. Nutze Proben.

am hamburger hafen saßen wir dank der limo mit flausen im kopf und luft im bauch. die luft haben wir auf die gleiche art rausgetrötet wie schiffshörner hupen. weiße möwen und damen in möwenweißen jäckchen schauten uns mit erschrecken hinterher. dem zum trotz haben wir weiter limo geschlürft und unser lachen war noch in hundert meter entfernung zu hören. das war klasse.

5 Wähle aus dem Text in Aufgabe 4 drei Nomen aus und schreib zu jedem Nomen ein Treppengedicht mit drei Adjektiven.

6 Adjektiv, Präposition oder doch Nomen? Entscheide, wie die Wörter verwendet werden, und schreibe sie in der richtigen Groß- oder Kleinschreibung auf.

a Sie war die Sache **L / l**eid. – Das **l / L**eid der Menschen war groß.
b Er allein ist **sch / Sch**uld daran. – Ihm allein konnten sie die **Sch / sch**uld nicht geben.
c Die **P / p**leite war nicht zu verhindern. – Die Firma ist endgültig **p / P**leite.
d Viel Glück und viel Segen auf all deinen **W / w**egen! – Es ist lächerlich, sich **W / w**egen einer solchen Kleinigkeit derart aufzuregen.
e Der morgige Tag soll **l / L**aut Wetter-App schön werden. – Das Tier gab keinen **l / L**aut von sich.
f Ich war **z / Z**eit meines Lebens Sportfan. – Dafür habe ich einfach nicht genügend **Z / z**eit.

7 Finde die Nomen und schreibe sie, wenn sinnvoll, mit Bindestrich und Artikel auf.

KAFFEEERSATZFLUSSSCHIFFFAHRTSCHWIMMMEISTERSCHAFTMUSIKERLEBENDRUCKERZEUGNIS

8 Getrennt oder zusammen? Schreibe die Sätze richtig ab.

a Das Besondere an Nikolaus ist das SCHUHPUTZEN.
b Können Frösche das Wetter VORHERSAGEN?
c Sie wollte ihm beim LERNENHELFEN.
d Das ist geheim. Du musst DICHTHALTEN!
e Bevor ich FUSSBALLSPIELEN darf, soll ich NÄHENLERNEN.
f Beim HAARESCHNEIDEN sollte man den Kopf STILLHALTEN.

9 Setze Kommas, vor allem bei Einschüben und Appositionen. Manchmal kann ein Komma stehen, muss aber nicht.

a Wandern mit anderen besonders guten Freunden kann großen Spaß machen.
b Einen Geysir schnell und heiß aus dem Boden kommend würde ich mir schon anschauen.
c Wenn erforderlich ziehe ich auch Schutzkleidung an.
d Das Museum zur Reise gehörig müsste ich wie schon gesagt nicht unbedingt besuchen.

10 Schreibe den Text ab und verbessere ihn dabei. Achte auf die Großschreibung. Setze an der richtigen Stelle Kommas, Punkte und Anführungsstriche.

hast du schon von den magischen fröschen gehört fragte lina aufgeregt nein was ist mit ihnen antwortete ben sie erfüllen wünsche wenn du sie küsst erklärte lina begeistert das glaube ich nicht sagte ben skeptisch lass es uns ausprobieren schlug lina vor gemeinsam machten sie sich auf die suche nach einem frosch mit einer goldenen krone

D57 Lösungen

Das kannst du jetzt:
- Rechtschreibstrategien und -regeln anwenden und Baumuster nutzen
- die Großschreibung in festen Wendungen beachten
- Bindestriche als Lesehilfe bei komplexen Wörtern nutzen
- auf die Getrennt- und Zusammenschreibung von Verben achten
- auf Teilsätze achten und Kommas entsprechend setzen

14 Sprachbetrachtung

Bildung und Bedeutung von Wörtern, Redensarten und Sprichwörtern untersuchen

A

B

C

Robert Gernhardt

Setzen, stellen, legen

Was hast du denn da angestellt
mit dem, was ich da aufgestellt?
Du hast dich nicht nur drangestellt
du hast dich auch noch draufgestellt.
Der Deckel war schon draufgemacht
ich dachte, nun sei's eingemacht
du hast es wieder aufgemacht
dich draufgestellt und reingemacht.
Ich hatte alles drangesetzt
ich hatte mich so eingesetzt
doch kaum war alles angesetzt
da hast du dich schon reingesetzt.
Was heißt das, ich sei aufgebracht?
Wer hat das Zeug denn reingebracht?
Ich selber hab es raufgebracht
und was hat mir das eingebracht?
Wie schön war alles eingelegt!
Wie hatte ich mich krummgelegt!
Einmal hast du mich reingelegt.
Nochmal – und du wirst umgelegt.

D

Die Themen zu Grammatik und Rechtschreibung vermitteln euch Wissen über die Regeln, die unsere Sprache bestimmen. Aber was ist Sprachbetrachtung? Dabei geht es um das Nachdenken über Sprache. Es geht darum, was Wörter bedeuten, wie sie in unsere heutige Sprache gekommen sind oder auch wie man Wörter bilden kann.

Das lernt ihr jetzt:
- Bildung von Wörtern untersuchen
- Herkunft von Lehn- und Fremdwörtern erkennen
- Schreibung von Fremdwörtern untersuchen
- Ober-, Unterbegriffe, Antonyme und Synonyme verwenden
- Redensarten und Sprichwörter verstehen und unterscheiden

1 Seht euch die Bilder **A–C** an und beschreibt sie. Findet zu jedem Bild einen Begriff, der zur selben Wortfamilie gehört. Um welche Wortfamilie handelt es sich?

2 Schreibt mindestens 15 weitere Wörter aus dieser Wortfamilie an die Tafel. Untersucht eure Wörter. Klärt ihre Bestandteile und die Wortart.

3 Seht euch nun eure Verben aus Aufgabe 2 genauer an. Tauscht euch darüber aus, was sie bedeuten. Klärt die Unterschiede.

4 Wählt eines der folgenden Wörter aus. Findet dazu ein Wort mit ähnlicher Bedeutung und ein Wort, das das Gegenteil ausdrückt.

hinfallen | auffällig | Durchfall

5 Lest das Gedicht in **D**. Nennt jeweils die Verben, die zu einer Wortfamilie gehören.

6 Denkt euch ein Parallelgedicht zu **D** mit einer weiteren Wortfamilie aus. Ihr könnt auch eure Wörter aus Aufgabe 2 verwenden.

7 Hier stimmt doch etwas nicht! Klärt, welche Redensarten und Sprichwörter hier vermischt sind.

Wer andern eine Grube gräbt, sollte nicht mit Steinen werfen.

Die Suppe muss ich selbst ausbaden.

Nimm das nicht auf die kalte Schulter!

8 Lest das deutsche Sprichwort und die Entsprechungen in anderen Sprachen. Übersetzt und tauscht euch über die Bedeutungsunterschiede aus.

Auf Regen folgt Sonnenschein. | The sun breaks through the darkest clouds.

Après la pluie, le beau temps. | Дождь сменяется солнечным светом.

Sonne + Schein = ?

Die Bildung von Wörtern untersuchen

Ihr wisst, dass man im Deutschen viele Wörter neu bilden kann, indem man sie zum Beispiel zusammensetzt oder ableitet. Wiederholt nun Komposition und Derivation und lernt neue Möglichkeiten der Wortbildung kennen.

Komposition (Zusammensetzung)

○ **1** Schreibe die unterstrichenen Wortzusammensetzungen heraus. Unterstreiche jeweils das Wort, welches das andere näher erklärt. Man nennt das Wort **Bestimmungswort**.

Sprache ist ein Mittel, mit dem sich die Menschen gegenseitig verstehen können. Es gibt auf der Welt viele verschiedene Sprachen, manche Fachleute sagen: 3 000 bis fast 7 000. Wir sprechen aber auch von Sprache allgemein und meinen damit, dass Menschen sprechen können – Tiere können das nicht, zumindest nicht so wie wir. US-amerikanische Sprachforscher unterrichteten Affen in der Gebärdensprache der Gehörlosen und hatten damit Erfolg. Sie konnten Schimpansen und Gorillas mehr als einhundert Gebärden beibringen. Die Unterhaltung lief dann in etwa wie mit einem zweijährigen Kind.

○ **2** Bestimmt im Tandem die Wortart der unterstrichenen Wörter aus Aufgabe 1. Markiert das Wort, das die Wortart und das Genus bestimmt. Es ist das **Grundwort**.

Tipp
Achtet jeweils auf das Grundwort und das Bestimmungswort.

◒ **3** Vergleicht im Tandem die folgenden Wortpaare. Erläutert, wie sie zusammengesetzt sind und was sie bedeuten.

Fischmarkt – Bauernmarkt

Kinderschuhe – Fußballschuhe

Kaffeebecher – Pappbecher

Vogelhaus – Hochhaus

Derivation (Ableitung)

◒ **4** Lest die Wörter in der Wolke und nennt die Wortfamilie, zu der sie gehören. Tauscht euch im Tandem über ihre Bedeutung aus. Findet das, was alle Wörter verbindet.

die Zahlen zahlen zählen die Zahlung unzählig bezahlen verzählen der Zähler die Zählung erzählen die Erzählung die Erzählerin

○ **5** Sieh dir nun an, wie die Wörter in Aufgabe 4 gebildet wurden. Übernimm die Tabelle und trage die Wörter nach folgendem Beispiel ein.

abgeleitetes Wort	Präfix	Wortstamm	Suffix
bezahlen	*be*	*zahl*	*en*
…	…	…	…

6 Verben können mithilfe von Präfixen, aber auch mit Partikeln gebildet werden. Nutze die folgenden Verbpartikeln und bilde Verben zur Wortfamilie **-zahl-**. Schreibe sie auf, z. B. *aufzählen, …*

Partikel
Seite 221

auf | mit | ein | zurück | an | ab | zusammen

7 Bildet je einen Satz zu einem Verb aus Aufgabe 5 und 6. Vergleicht im Tandem die Stellung von Präfix und Verbpartikel. Erklärt den Unterschied zwischen beiden.

8 Bilde Verben mit dem Verneinungspräfix **miss-**. Notiere jeweils die Bedeutung, z. B. *missverstehen = falsch verstehen, …*

9 Finde jeweils ein gegensätzliches Verb zu den Verben in Aufgabe 8 und schreibe es auf, z. B. *missverstehen – verstehen, …*

Konversion (Umwandlung)

10 Lest die Sätze und erklärt im Tandem, worin sich die unterstrichenen Wörter unterscheiden.

Wir essen Suppe. – Das Essen steht auf dem Tisch.

11 Bildet im Tandem Sätze mit den folgenden Wörtern. Bestimmt jeweils die Wortart der Wörter, z. B. *Er kam trotz (Präposition) des Regens. Sie stampfte aus Trotz (Nomen) auf den Boden.*

trotz – der Trotz | laut – der Laut | lernen – das Lernen | dank – der Dank | tief – das Tief | grün – das Grün

Merke

Wortbildung

- **Komposition:** Zwei oder mehr Wörter werden zu neuen Wörtern **zusammengesetzt**. Das neue Wort bezeichnet meistens eine **Eigenschaft** oder ein **Merkmal**.
  → Schokolade + Eis = Schokoladeneis, Hunde + müde = hundemüde
  Das **erste** Wort ist das **Bestimmungswort**, es erklärt das Grundwort näher.
  → Vanilleeis (= Eis, das nach Vanille schmeckt)
  Das **letzte** Wort ist das **Grundwort**. Es bestimmt die Wortart und das Genus.
  → das Vanilleeis (das Eis: Nomen, neutral)
- **Derivation:** Vom Wortstamm eines Wortes werden mithilfe von **Präfixen** und **Suffixen** Wörter **abgeleitet**. → -fahr: befahren, Verfahren, fahrbar
  Präfixe verändern die Bedeutung, sie sind fest mit dem Wortstamm verbunden.
  → versprechen, besprechen; **Suffixe** bestimmen die Wortart. → Endung (Nomen), endlich (Adjektiv), enden (Verb)
- Mit **Partikeln** gebildete Wörter (Verben) unterscheiden sich von Präfixen darin, dass sie vom Wortstamm des Verbs **abgetrennt** werden können. → Er hält das aus.
- **Konversion:** Es **ändert** sich die **Wortart** eines Wortes, **ohne** dass sich das Wort **verändert**. → grün – das Grün, ich – das Ich

Typisch Fremdwort

Aussprache und Schreibung von Fremdwörtern untersuchen

Tipp
Schlagt im Lexikon nach oder recherchiert im Internet.

1 Lest den folgenden Text. Klärt im Tandem unbekannte Begriffe.

Unterwegs in Südtirol

Im Norden Italiens, in Südtirol, wird meist die deutsche Sprache gesprochen. Das Territorium besteht aus zwei Provinzen, Bozen (ital. Bolzano) und Trient (ital. Trento). Das vor allem agrarische und subalpine Südtirol zählt zu den wohlhabenden Gebieten Italiens und der Europäischen Union. Südtirol lässt sich sprachlich differenzieren; es werden diverse Sprachen gesprochen: Italienisch, Deutsch und Ladinisch. Die Südtiroler fühlen sich mit ihrer Tradition sehr verbunden, zum Beispiel tragen die Männer häufig eine blaue Schürze, deren „Schnitt“ variiert: Im Ladinischen trägt man einen einfachen Schurz, in den Grenzregionen ein blaues Hemd. Neben der sensationellen Natur locken auch interessante kulturelle Sehenswürdigkeiten die Touristen nach Südtirol. Zum Beispiel entdeckten internationale Archäologen Relikte aus der Römerzeit sowie komplexe Konstruktionen und Kunstwerke. Einer der bekanntesten prähistorischen Funde ist die Gletschermumie „Ötzi“, die im Archäologiemuseum in Bozen zu sehen ist. Zu Forschungszwecken wurden ihr Alter, ihre Herkunft und ihre Physiologie genau untersucht.

Tipp
Du kannst eigene Beispiele ergänzen.

2 Fremdwörter erkennt man oft an bestimmten Buchstaben, Buchstabenkombinationen oder typischen Präfixen und Suffixen. Übernimm die Tabelle und trage die Fremdwörter aus dem Text in die passende Spalte ein.

typische Merkmale von Fremdwörtern	Beispiele aus dem Text
Präfixe, z. B. anti-, dis-, inter-, kom-, prä-, re-, sub-	*subalpin, …*
Suffixe, z. B. -ant, -ell, -iell, -ieren, -ion, -ment, -tät, -(e/i)um	*Territorium, …*
v gesprochen wie **w**, z. B. violett	*Provinzen, …*
ph gesprochen wie **f**, z. B. Triumph	…
i gesprochen wie **ie**, z. B. Klima	…

3 Wenn du die Bedeutung einiger Präfixe kennst, kannst du oft ableiten, was die Fremdwörter bedeuten. Sieh dir die folgenden Beispiele an.

anti- = gegen | inter- = zwischen | pro- = für | trans- = hinüber
ultra- = in höchstem Maße | para- = neben | meta- = zwischen

4 Lege eine Wortliste zu den Präfixen aus Aufgabe 3 an. Gehe so vor:
- Schreibe die Präfixe untereinander auf.
- Ermittle mithilfe eines Wörterbuches die Herkunftssprache.
- Schreibe zu jedem Präfix zwei Wörter auf, die du kennst und ergänze zwei weitere aus dem Wörterbuch.

5 Lest in der Gruppe die folgenden Wörtergruppen. Vergleicht **A** und **B** sowie **C** und **D** miteinander. Vermutet, welche Gruppe Fremdwörter sind. Begründet eure Vermutung.

A Schiene – Biene – Diele – dienen

B Maschine – Vitamine – Domizile – Krokodile – Sardine

C Melone – rumoren – Tribüne – Romane – Fanfare

D lohnen – Ohren – Bühne – mahnen – fahren

Tipp
Achtet auf die Vokale, die Konsonanten l, m, n und r sowie die Betonung der Silben.

Lerninsel
→ Seite 322

6 Was ist euch an den Wörtergruppen in Aufgabe 5 aufgefallen? Haltet eure Ergebnisse in der Gruppe fest. Ihr könnt dazu die folgenden Sätze ergänzen.

Das lange **i** wird in Fremdwörtern wie in Beispiel ___ mit ___ geschrieben. Fremdwörter haben ___ Silben und die Betonung liegt auf der ___ Silbe. Die Schreibung des langen **i** als **ie** kommt also nur bei ___ Wörtern wie in Beispiel ___ vor.

Bei Fremdwörtern wie in Beispiel ___ wird die ___ Silbe betont. Die ___ Silbe endet auf einen ___ , doch man schreibt kein ___ wie bei manchen deutschen Wörtern, wenn **l**, **m**, **n** oder **r** folgen wie in Beispiel ___ .

7 Bildet Gruppen und verteilt die folgenden zehn Fremdwortgruppen.

- a Baby, Party, Recycling, Copyright, Hobby
- b Rhythmus, Teenager, Beat, Trikot
- c Power, Sound, Niveau, Journalist
- d Atelier, Café, Budget, Etat
- e Restaurant, Chance, engagiert, Refrain
- f Champion, Shop, Chance, Cello, Action
- g Devise, Virus, passiv, Cevapcici
- h Teenager, Dschungel, Jeans, Genie
- i circa, Container, City, Charakter, Skizze
- j Metapher, Physik, Thema, Rhythmus

8 Jede Gruppe legt zu ihren Wörtern aus Aufgabe 7 eine Wortliste an und untersucht die Wörter. Notiert:
1. das Wort und den Plural
2. die Aussprache der markierten Buchstaben
3. die Bedeutung
4. die Herkunftssprache

1. das Baby, die Babys
2. bebi; Baby: a wie e gesprochen; Baby: y wie i gesprochen
3. Säugling, Kind im ersten Lebensjahr
4. aus dem Englischen

Tipp
Nutzt das digitale wörterbuch www.dwds.de. Legt die Listen digital an, dann könnt ihr die Wörter alphabetisch ordnen.

9 Vergleicht eure Ergebnisse in der Klasse. Notiert die Aussprachen der Vokale und Konsonanten in den Fremdwörtern an der Tafel.

Gleich und doch anders

Wortbedeutungen untersuchen

Ihr kennt die verschiedenen Wortarten, habt die Wörter auf ihre Form und Funktion hin sowie ihre Beziehungen zueinander untersucht. Hier geht es darum, zu erkunden, was ein Wort bedeutet. Ihr untersucht also den sprachlichen Inhalt eines Wortes.

○ **1** Ordne die Wörter unten den folgenden Oberbegriffen zu.

Sportgeräte | Gefühle | Milchprodukte | Berufe

Wut – Quark – Fußball – Glück – Butter – Trainer – Ski – Diskus – Sportarzt – Trauer – Frisbee – Joghurt – Physiotherapeut – Begeisterung – Sportjournalist – Käse

○ **2** Ordne die folgenden Wörter nach Ober- und Unterbegriffen, z. B. *Getränke: Tee …*

Traktor – Rose – Getränke – Motorrad – Tee – Tulpe – Limonade – Fahrzeuge – Blumen – Sekt – Formel-1-Wagen – Lilie – E-Scooter – Wasser – Aster

◒ **3** Wähle aus Aufgabe 2 fünf Begriffe aus und schreibe dazu Begriffserklärungen. Markiere Ober- und Unterbegriff verschiedenfarbig, z. B. *Die Rose (Unterbegriff) ist eine Blume (Oberbegriff), die vor allem in Gärten blüht.*

◒ **4** Gewichtet im Tandem die folgenden Verben, beginnt mit dem schwächsten Verb. Tauscht euch dann über die verschiedenen Bedeutungen aus.
- **a** verabscheuen – verurteilen – hassen – ablehnen
- **b** bewundern – anbeten – lieben – mögen

○ **5** Sammle Wörter zum Wortfeld **essen** und schreibe sie auf.

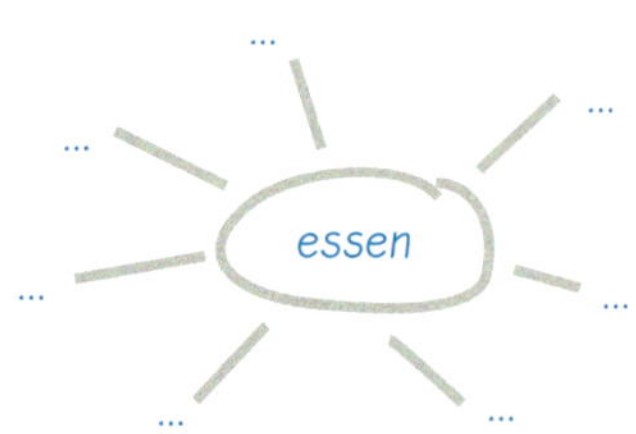

◒ **6** Lest im Tandem eure Wörter aus Aufgabe 5 vor und tauscht euch darüber aus, was sie genau bedeuten. Besprecht die Unterschiede.

◒ **7** Übernehmt die Tabelle. Sammelt in der Gruppe Begriffe, die Lob und Tadel ausdrücken, also für „gut" oder „schlecht" stehen können. Vergleicht sie.

Synonyme für **gut**	Synonyme für **schlecht**
einwandfrei, …	*misslungen, …*

8 Mit der Thesaurusfunktion[1] eines Textverarbeitungsprogramms kann man sich ähnliche Wörter anzeigen lassen. Findet in der Gruppe im abgebildeten Thesaurus die Wörter, die am besten zu den folgenden Situationen passen. Begründet eure Wahl.

1 **Thesaurus**: Wortnetz, Wortschatzsammlung

Ihr erzählt Freunden von einer Achterbahnfahrt.

Eure Trainerin möchte euch beim Sport motivieren.

Recherchieren
Suchen nach:

Gruppe

Thesaurus: Deutsch (Deutschland)

► **schnell (Adj.)**
eilig
flink
mit Karacho
flott
geschwind
umgehend
hopphopp
mit Schmackes
zügig

9 Finde zu den folgenden Begriffen die Gegenteile und schreibe sie auf, z. B. *klein – groß, ...*

klein – die Siegerin – traurig – schnell – Frieden – kalt – der Fleiß – das Ende – schweigen – schlafen – das Glück

10 Wähle aus Aufgabe 9 fünf Begriffe aus und notiere dazu jeweils ein Synonym, also einen Begriff mit ähnlicher Bedeutung, z. B. *klein – winzig, ...*

11 Im folgenden Text findet ihr viele Wortwiederholungen. Verbessert den Text im Tandem, indem ihr die unterstrichenen Wörter durch Synonyme ersetzt.

Am 25. September wird in jedem Jahr der Gegenteil-Tag gefeiert – oder eben nicht. Der Ursprung dieses verrückten Gegenteil-Tages ist nicht klar. Man geht davon aus, dass der Gegenteil-Tag 1872 von einem US-amerikanischen Politiker ausgedacht wurde. Was macht man aber an diesem Gegenteil-Tag? Man macht das Gegenteil dessen, was man sonst an einem normalen Tag machen würde. Es wird also dazu aufgerufen, am Gegenteil-Tag einfach mal alles anders zu machen.

12 Seht euch im Tandem die sprachlichen Bilder an und erläutert sie. Gebt an, welches eine **Metapher**, welches ein **Vergleich** und welches eine **Personifikation** ist. Begründet.

Wolken wie Türme | ein riesiges Häusermeer | vor Wut kochen

die schlafende Natur | glänzender als Silber | Der Himmel weint.

! Merke

V17

Bedeutung von Wörtern

Antonyme sind Wörter mit **gegenteiliger** Bedeutung. → groß – klein
Synonyme sind Wörter mit **gleicher oder ähnlicher** Bedeutung. → Lift – Aufzug
Personifikation: Dinge, Begriffe, Naturerscheinungen handeln **wie Menschen**. → Der Herbst steht auf der Leiter.
Metapher: Neu verbundene Wörter erhalten eine **übertragene Bedeutung** (bildhafter Ausdruck). → Wüstenschiff
Vergleich: zwei Bereiche werden miteinander verbunden, auf **gleicher** Ebene mit wie, auf **unterschiedlicher** Ebene mit als → Augen leuchten wie Sterne, heller als die Sonne

So gesagt, so gemeint

Redensarten und Sprichwörter untersuchen und verwenden

Sprichwörter und Redewendungen gibt es in vielen Sprachen, sie stammen meist aus der Vergangenheit und bringen die Erfahrungen der Menschen zum Ausdruck. Die häufig bildhaften Ausdrücke sind manchmal auch witzig oder spöttisch gemeint.

○ **1** Was bedeuten die folgenden Redensarten? Entscheidet euch im Tandem für eine der Möglichkeiten. Findet mithilfe der Buchstaben hinter den Erklärungen ein Lösungswort.

die Nase voll haben	→ sich in eine Sache einmischen → S → von einer Sache genug haben → W
Blut und Wasser schwitzen	→ sich sehr anstrengen → E → zu viel Sport treiben → A
Feuer und Flamme sein	→ sehr unvorsichtig sein → T → sich für etwas begeistern → I
nicht übers Herz bringen	→ aus Mitleid etwas nicht tun → S → etwas nicht verschenken wollen → O
aus der Haut fahren	→ etwas Neues beginnen → L → sehr wütend werden → H
Farbe bekennen	→ seine Meinung offen sagen → E → eine Farbe beim Kartenspiel wählen → L
Luftschlösser bauen	→ Schlösser auf Bergspitzen bauen → H → unrealistische Pläne machen → I
ins Fettnäpfchen treten	→ auf glatter Fläche ausrutschen → A → durch eine Bemerkung kränken → T
sich in die Wolle kriegen	→ sich streiten → E → einen Pullover anziehen → M
fünfe gerade sein lassen	→ es nicht so ganz genau nehmen → N → schwach in Mathematik sein → D

◒ **2** Bilde nun mit den Redensarten aus Aufgabe 1 Sätze. Überlege dir dazu passende Situationen, z. B. *die Nase voll haben: Der Junge hatte die Nase voll, weil der Getränkeautomat schon wieder kaputt war.*

○ **3** Wählt im Tandem zwei Redensarten aus Aufgabe 1 aus. Stellt sie als kleine Szenen dar. Lasst die anderen Schülerinnen und Schüler die Redensart erraten.

4 Was gehört zusammen? Verbindet im Tandem beide Satzteile zu Sprichwörtern.

a Wer nicht wagt,
b Geteiltes Leid ist
c Viele Köche

A verderben den Brei.
B halbes Leid.
C der nicht gewinnt.

5 Verbinde die Satzteile. Ordne die Erklärungen den Sprichwörtern aus Aufgabe 4 zu.

a Wer nichts riskiert,
b Wenn zu viele mitreden,
c Gemeinsam erlittene Erfahrungen

A sind leichter zu ertragen.
B der hat auch keinen Erfolg.
C kommt nichts Gutes heraus.

6 Findet im Tandem heraus, welche Sprichwörter hier dargestellt sind.

A

B

C

7 Verbindet im Tandem die folgenden Wörter und Wortgruppen zu sinnvollen Sätzen. Ordnet die Formulierungen den Bildern zu.

a Fliegen – in – der Teufel – Not – der – frisst

b Wald – es – man – schallt – wie – heraus – wieder – in den – hineinruft – so

c Hand – auf – besser – die Taube – dem – in der – den Spatz – als – Dach

8 Schreibe die Sprichwörter aus Aufgabe 7 auf. Wähle die passende Erklärung.

1 So wie man sich anderen gegenüber verhält, so reagieren diese auch.
2 Es ist besser, sich mit etwas Kleinerem und Sicherem zufriedenzugeben, als nach etwas Großem und Unsicherem zu verlangen.
3 In einer Notsituation tut man Dinge, die man sonst nicht tun würde.

9 Erläutert in der Klasse mithilfe von Beispielen den Unterschied zwischen Redensarten und Sprichwörtern.

! Merke

Redensarten und Sprichwörter

Redensarten (auch Redewendungen) sind feststehende Formulierungen, die meist etwas **bildhaft** ausdrücken. → Schwein haben → Jemand hat Schwein gehabt. → Jemand hat Glück gehabt.
Sprichwörter bestehen aus vollständigen Sätzen und geben **Weisheiten** wieder. → Was du heute kannst besorgen, das verschiebe nicht auf morgen.

Wortbildung und Wortbedeutung untersuchen

1 Untersucht und erklärt im Tandem, wie die folgenden Wörter gebildet wurden.

Fruchtsaft · besuchen · Mückenstich · unschuldig · Kindheit

Fußballtor · auffallen · untersuchen · Hoch · Laufen

Tipp Wenn du die Fremdwörter nicht kennst, suche nach Bildern dazu im Internet.

2 Ordnet im Tandem den folgenden Fremdwörtern die passende Bedeutung zu.

Shorts · Jogging · Sound · Boots · Pyjama · chillen · Minestrone

Chili · Trenchcoat · Sushi · Computer · Sneakers · Grapefruit · Top

Show · shoppen · Kebab · Croissant

Pampelmuse – ausruhen – orientalisches Hammelfleischgericht – Datenverarbeitungsanlage – Schlafanzug – Vorführung – Hörnchen – enges Oberteil mit Trägern – Lauftraining – Regenmantel – Klang – kurze Hose – italienische Gemüsesuppe – Stiefel – Cayennepfeffer – Sportschuhe – japanische Reisrollen – einkaufen

3 Ordne die Fremdwörter aus Aufgabe 2 folgenden Oberbegriffen zu. Übernimm die Tabelle und schreibe die Fremdwörter auf.

Kleidung	Essen	Freizeit
Shorts, ...	*Sushi, ...*	*Jogging, ...*

4 Aus welcher Sprache stammen die meisten Wörter in der Tabelle? Besprecht es in der Gruppe.

5 Finde die vier Oberbegriffe. Schreibe sie zusammen mit den Unterbegriffen auf, z. B. *Sportarten: Rudern, ...*

Sportarten – Tennisplatz – Sportmediziner – Wettbewerbe – Chirurg – Rudern – Sportstätten – Olympische Spiele – Fußballstadion – Turnen – Europameisterschaft – Fachärzte – Weltcup – Orthopäde – Surfen – Schwimmhalle – Biathlon – Zahnarzt – Eislaufhalle – Landesmeisterschaft

6 Schreibe zu folgenden Wörtern alle Synonyme (bedeutungsähnliche Wörter) auf, die du kennst.

sagen · schön · essen · Geld · leise sprechen

7 Schreibe die folgenden Wörter auf und ergänze das Gegenteil, z. B.
sportlich – unsportlich, …

sportlich – spät – Liebe – allein – verärgern – Freund – einmischen – aufregen – beliebt – schnell – Ferne – dunkel – anspielen – mutig – planvoll – Tag – weiß – fleißig – zunehmen – verlängern – langweilig – Abbau – häufig – Ruhe – ländlich

○ **8** Besprecht im Tandem, was die Bildfolgen **A–C** ausdrücken.

A

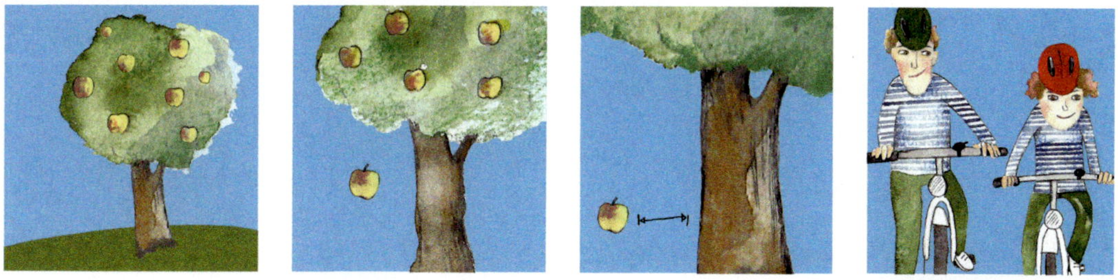

B

C

○ **9** Wie heißen die Sprichwörter zu den Bildfolgen? Verbinde die Wörter zu ganzen Sätzen. Schreibe dann jeweils das passende Sprichwort auf.

a fängt, der, Wurm, frühe, den, Vogel
b dem, die, Tisch, tanzen, ist, aus, Katze, Haus, auf, die, Mäuse, dem
c vom, fällt, Stamm, Apfel, nicht, der, weit

◒ **10** Wählt im Tandem die passende Erklärung zu den Sprichwörtern in Aufgabe 9 aus. Erklärt einander im Tandem das Sprichwort mithilfe von Beispielen aus euren eigenen Erfahrungen.

1 Wer sich frühzeitig um eine Sache bemüht, hat eher Erfolg.
2 Ist der Chef weg, entsteht Freude und jeder macht, was er will.
3 Kinder und Eltern sind sich oft in Charakter und Verhalten sehr ähnlich.

Mit dem Leseschlüssel einen Sachtext lesen und verstehen

V18 ▷ **Um einen Sachtext gut lesen und verstehen zu können, kannst du den Leseschlüssel nutzen. Dies ist eine Technik des erschließenden Lesens.**

Schritt 1

Vor dem Lesen
- Sieh dir die Bilder an.
- Lies die Überschrift.
- Vermute, worum es in dem Text gehen könnte.

Schritt 2

Beim Lesen – erstes Lesen
- Lies den Text.
- Verschaffe dir einen ersten Überblick.

Beim Lesen – zweites Lesen
- Lies den Text genauer.
- Gliedere den Text in Sinnabschnitte.
- Erfasse die wichtigsten Informationen in jedem Abschnitt.
- Schreibe die wichtigsten Wörter oder Wortgruppen aus jedem Abschnitt heraus.
- Kläre unbekannte Begriffe mithilfe eines Lexikons oder des Internets.
- Finde zu jedem Abschnitt eine Überschrift.

So geht's

Vor dem Lesen/Beim Lesen

Wasserkraft – zum Nutzen der Menschheit

Schon vor Jahrhunderten nutzten die Menschen Wasserräder, um ihre Arbeit zu erleichtern. Flüsse oder Bäche trieben die Wasserräder an. Das fließende Wasser bewirkte die Rotation des Rades. Die Drehbewegung wurde dann zum Beispiel auf einen Mühlstein übertragen, um Getreide zu mahlen. Später erfand man eine Vorrichtung, um die Drehung in eine Hin- und Herbewegung umzuwandeln. So konnte man die Wasserräder als Antriebsmaschine für eine kompliziertere Technik einsetzen, zum Beispiel um ein Sägewerk zu betreiben. Erst Ende des 19. Jahrhunderts lösten Dampfmaschinen die Wasserräder ab.

Gezeitenkraftwerke nutzen die Meeresströmung, die durch Ebbe und Flut entsteht. Der Tidenhub, das ist die Differenz zwischen Höchst- und Tiefststand, muss jedoch mindestens fünf Meter betragen, sonst ist die Strömung nicht stark genug.

Bei Gezeitenkraftwerken wird eine schmale Meeresbucht oder eine Flussmündung durch einen Staudamm vom Meer abgetrennt. In diesem Staudamm befinden sich Röhren mit Turbinen. Ist der Wasserstand zwischen Meer und abgetrenntem Bereich gleich hoch, werden die Öffnungen geschlossen. Bei einsetzender Ebbe bzw. Flut werden sie wieder geöffnet. Die Turbinen werden also durch auffließendes Wasser während der Flut und abfließendes Wasser bei Ebbe angetrieben.

Das erste Gezeitenkraftwerk entstand 1966 an der französischen Atlantikküste bei Saint-Malo und staut den Fluss La Rance. 24 Öffnungen befinden sich im Staudamm. Der Tidenhub ist mit zwölf Metern recht groß.

Die Überschrift und das Bild zeigen das Thema an.

1 wichtig: Wasser nutzbar machen mit Wasserrädern

2 wichtig: Gezeitenkraftwerke nutzen den Tidenhub

3 wichtig: so funktioniert ein Gezeitenkraftwerk

4 wichtig: das erste Gezeitenkraftwerk

Beim Lesen

Wasserkraft – zum Nutzen der Menschheit

Schon vor Jahrhunderten nutzten die Menschen Wasserräder, um ihre Arbeit zu erleichtern. Flüsse oder Bäche trieben die Wasserräder an. Das fließende Wasser bewirkte die Rotation des Rades. Die Drehbewegung wurde dann zum Beispiel auf einen Mühlstein übertragen, um Getreide zu mahlen. Später erfand man eine Vorrichtung, um die Drehung in eine Hin- und Herbewegung umzuwandeln. So konnte man die Wasserräder als Antriebsmaschine für eine kompliziertere Technik einsetzen, zum Beispiel um ein Sägewerk zu betreiben. Erst Ende des 19. Jahrhunderts lösten Dampfmaschinen die Wasserräder ab.

Gezeitenkraftwerke nutzen die Meeresströmung, die durch Ebbe und Flut entsteht. Der Tidenhub, das ist die Differenz zwischen Höchst- und Tiefststand, muss jedoch mindestens fünf Meter betragen, sonst ist die Strömung nicht stark genug.

Bei Gezeitenkraftwerken wird eine schmale Meeresbucht oder eine Flussmündung durch einen Staudamm vom Meer abgetrennt. In diesem Staudamm befinden sich Röhren mit Turbinen. Ist der Wasserstand zwischen Meer und abgetrenntem Bereich gleich hoch, werden die Öffnungen geschlossen. Bei einsetzender Ebbe bzw. Flut werden sie wieder geöffnet. Die Turbinen werden also durch auffließendes Wasser während der Flut und abfließendes Wasser bei Ebbe angetrieben.

Das erste Gezeitenkraftwerk entstand 1966 an der französischen Atlantikküste bei Saint-Malo und staut den Fluss La Rance. 24 Öffnungen befinden sich im Staudamm. Der Tidenhub ist mit zwölf Metern recht groß.

So geht's

unbekannte Wörter:
Rotation → Drehung um eine Achse
Gezeiten → Ebbe und Flut, periodische Schwankungen des Meeresspiegels
Turbine → Maschine, die, durch Wasser angetrieben, Energie erzeugt

1 Überschrift des ersten Abschnitts: Wasserkraft durch Wasserräder nutzen

2 Überschrift des zweiten Abschnitts: Die Gezeiten nutzen

3 Überschrift des dritten Abschnitts: Funktionsweise eines Gezeitenkraftwerks

4 Überschrift des vierten Abschnitts: Das erste Gezeitenkraftwerk

Schritt 3

Nach dem Lesen
- Fasse den Inhalt zusammen.
- Prüfe, ob deine Vermutungen zutreffend waren.

Zusammenfassung

- **Wasserkraft durch Wasserräder nutzen:** Wasser von Flüssen und Bächen wird nutzbar gemacht. Es treibt Wasserräder an, die die Bewegung auf Mühlsteine zum Getreidemahlen übertragen. Dampfmaschinen im 19. Jahrhundert ersetzten Wasserräder.
- **Die Gezeiten nutzen:** Gezeitenkraftwerke nutzen den Tidenhub zur Energiegewinnung, er muss aber mindestens 5 m betragen.
- **Funktionsweise eines Gezeitenkraftwerks:** Ein Staudamm mit Öffnungen trennt eine Meeresbucht oder Flussmündung ab und gewinnt durch die Meeresströmung, also auffließendes Wasser bei Flut und abfließendes Wasser bei Ebbe, Energie.
- **Das erste Gezeitenkraftwerk:** Das erste Gezeitenkraftwerk steht, 1966 erbaut, bei Saint-Malo an der französischen Atlantikküste.

Lesestrategien und Lesetechniken

Orientierendes/diagonales Lesen

Um herauszufinden, ob ein Text für die weitere Arbeit geeignet ist, kannst du dir mit dem orientierenden oder diagonalen Lesen **einen ersten Überblick verschaffen**. Du überfliegst den ganzen Text mit den Augen und konzentrierst dich dabei auf folgende **Orientierungspunkte**:

- Titel des Textes
- Aufbau des Textes
- Überschriften der Absätze
- besonders Hervorgehobenes, Schlüsselbegriffe
- Abbildungen und Bildunterschriften
- die ersten Sätze der Einleitung und der Absätze

Willst du herausfinden, ob ein ganzes Buch geeignete Texte enthält, orientiere dich am besten an Klappentext, Vorwort und Einleitung sowie am Inhaltsverzeichnis.

Selektives Lesen

Selektiv bedeutet „auswählend" oder „zielgerichtet". Selektives Lesen meint also die **gezielte Suche nach bestimmten Informationen** in einem oder mehreren Texten. Das selektive Lesen erfolgt in den meisten Fällen nach dem orientierenden Lesen, wenn du entschieden hast, dass der Text für deine Zwecke infrage kommt. Entscheidend ist, dass du eine **konkrete Fragestellung** hast und beim Lesen nach Antworten darauf suchst.

Erschließendes Lesen

Um einen Text verstehen und nutzen zu können, musst du **durch gründliches Lesen den Inhalt erschließen und Textzusammenhänge erkennen**. Dabei helfen dir verschiedene Lesetechniken, z. B. der Leseschlüssel. Du kannst

- den Text in Sinnabschnitte einteilen und Überschriften formulieren.
- wichtige Wörter und Wortgruppen markieren.
- wichtige Aussagen notieren.
- unbekannte Wörter klären: ableiten, in den Textzusammenhang einordnen, Bedeutung nachschlagen.
- Fragen an den Text stellen.
- den Sachtext zusammenfassen.

Ein Diagramm beschreiben

Diagramme findest du in Sachbüchern, Zeitungsartikeln oder im Internet. Sie stellen Daten, Sachverhalte und Zusammenhänge grafisch dar. Du kannst sie untersuchen und beschreiben.

So geht's

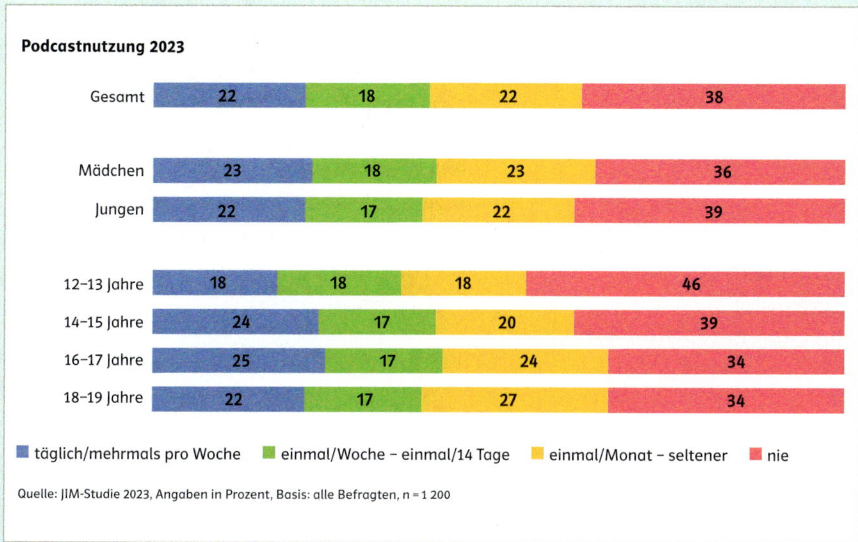

allgemeiner Überblick
- Lies die Überschrift. Nenne das Thema und die Quelle.
- Nenne die Diagrammform und woran man die Ergebnisse ablesen kann (Höhe der Säulen, Länge der Balken, Größe der Abschnitte).

genauere Beschreibung
- Nenne die Angaben, die gemacht werden.
- Beschreibe auffällige Angaben (höchste, kleinste Werte).
- Vergleiche Angaben.
- Fasse zusammen, was das Diagramm zeigt.

So geht's

Ein Diagramm beschreiben

Das Diagramm aus der JIM-Studie 2023 informiert über die Nutzung von Podcasts. Es wurden 1200 Jugendliche zwischen 12 und 19 Jahren im Jahr 2023 befragt.
Im Balkendiagramm wird in Altersklassen, in Gesamt sowie Mädchen und Jungen insgesamt unterschieden. Es wird die Häufigkeit, mit der Podcasts genutzt werden, verglichen. Dabei wird unterschieden in täglich/mehrmals pro Woche, einmal pro Woche bis einmal in 14 Tagen, einmal im Monat/seltener und nie.
Auffällig ist, dass etwa zwei Drittel der Befragten Podcasts hört, mehr als ein Drittel der Jungen und Mädchen das Angebot aber überhaupt nicht nutzt.
Außerdem lässt sich erkennen, dass Mädchen Podcasts etwas häufiger hören als Jungen und dass die Nutzung ab dem 14. Lebensjahr steigt.
Häufig nutzen die Podcast-Hörerinnen und -Hörer das Angebot entweder täglich/mehrmals pro Woche oder einmal im Monat und seltener.

Thema und Quelle nennen

Diagrammform

Angaben

auffällige Angaben/ Vergleiche

Mit dem Leseschlüssel einen erzählenden Text lesen und verstehen

V19

Schritt 1

Vor dem Lesen
- Sieh dir die Bilder an.
- Lies die Überschrift.
- Vermute, worum es in dem Text gehen könnte.

Schritt 2

Beim Lesen
- Lies den Text.
- Notiere unbekannte Begriffe und kläre sie.
- Formuliere W-Fragen zum Text.
- Lies den Text ein weiteres Mal.
- Markiere die Textstellen, die Antworten auf die W-Fragen geben.

Schritt 3

Nach dem Lesen
- Beantworte die W-Fragen.
- Fasse den Inhalt zusammen.
- Prüfe, ob deine Vermutungen zutreffend waren.

So geht's

Beim Lesen

Mord im Büro

Die Journalistin Tanya Lyndeman war am letzten Dienstag in ihrem Kölner Büro erdrosselt aufgefunden worden, und zwar von ihrem Kollegen Bernhard Kubis, der sofort die Polizei verständigt hatte. „Durch ihre schonungslose Aufklärung im Bankenskandal hat sie sich nicht nur Freunde gemacht“, meinten die Kollegen. Kriminalkommissar Elferberg hatte in ihren Computermaterialien u. a. eine Liste von Personen gefunden, die in ihrer nächsten Enthüllungsreportage genannt werden sollten. „Sagen Ihnen diese Namen etwas?“, fragte der Kommissar die Kollegen von Tanya Lyndeman. Nein, nur von Dr. Dieter Cherms, dem Direktor einer Privatbank, habe sie in letzter Zeit mehrfach gesprochen. Direktor Herr Dr. Cherms sei zurzeit für niemanden zu sprechen, gab die Sekretärin Auskunft, als sich der Kommissar telefonisch erkundigen wollte. „Dann fragen Sie ihn doch bitte demnächst, ob er etwas zum Tod einer gewissen Tanya Lyndeman aussagen kann.“ Die schriftliche Antwort kam eine Woche später. Es hieß dort: „Eine Tanya Lyndeman kenne ich nicht. Nicht einmal den Namen ‚Tanya Lyndeman‘ habe ich jemals gehört. Dr. Dieter Cherms, Direktor“. Der Kommissar ließ den Bankdirektor noch am selben Tag verhaften – wegen des dringenden Verdachts, den Mord an der Journalistin begangen oder beauftragt zu haben.

Die Überschrift zeigt das Thema an.

W-Fragen:
Wer?
Wann?
Wo?
Was?

Textart: Krimi

unbekannte Wörter:
erdrosselt: mit einer Schlinge erwürgt
schonungslos: offen, ohne Rücksicht

Einen erzählenden Text untersuchen

Du kennst viele Texte, in denen eine Geschichte erzählt wird: Jugendbücher oder Kriminalgeschichten. Die Geschichten erzählen Erlebtes, Erdachtes, Gehörtes oder Geträumtes.

Einen erzählenden Text untersuchen

Inhalt
- Ort (Wo?)
- Zeit (Wann?)
- Figuren (Wer?)
- Eigenschaften, Beziehungen der Figuren
- Handlung (Was? und Warum?)

Erzählerin/Erzähler
- Wer erzählt? (Perspektive)
- Erzählform: Er-/Sie-Form oder Ich-Form

Textart
- Erzählung
- Märchen
- Jugendbuch
- Sage
- Fabel
- Krimi

Ein Buch vorstellen

Einleitung
- Titel, Autorin/Autor und Textart nennen
- Auswahl begründen

Material
- Bilder, Filmszenen auswählen
- Bilder an passenden Stellen einbauen und präsentieren

Inhalt
- über Ort, Zeit, Figuren und Handlung informieren

Textausschnitt
- geeigneten Ausschnitt auswählen
- Ausschnitt vorlesen

eigene Meinung
- zum Buch formulieren und begründen
- Empfehlung aussprechen

So geht's

Ein Dorf schweigt. Ribberow – Grausiger Fund im Weiher

Am Wochenende machten Jugendliche beim Angeln eine schauerliche Entdeckung: In dem Gewässer kam ein Skelett zum Vorschein. Dabei handelt es sich um die Überreste von Frank Schelk. Der Tote war an Teile eines Ackerpflugs gefesselt und lag offenbar bereits fünf Jahre im Weiher. Die Polizei geht von Mord aus. Für Angaben aus der Bevölkerung, wer Schelk zuletzt gesehen hat, oder für Hinweise, wo sich der Rest des Ackerpflugs befindet, ist die Polizei dankbar. Schockiert lässt Jannek die Zeitung sinken. Der Pflug steht in der Scheune seiner Oma ... Präzise und ungeheuer fesselnd, offenbart sich nach und nach das Ausmaß eines erschreckenden Geheimnisses, in das die Dorfbewohner verstrickt sind.

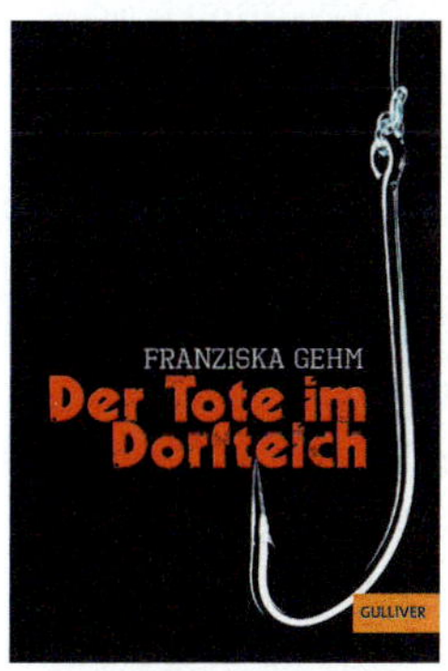

Cover/Klappentext
Titel: Der Tote im Dorfteich

Autorin: Franziska Gehm

Textart: Jugendbuch

Inhalt
Wo? Dorf Ribberow, im Weiher
Was? Skelett im Weiher gefunden, an Ackerpflug gefesselt; vermutlich ein Mord, Pflug in Scheune von Janneks Oma, Geheimnis aller Dorfbewohner
Wer? Jugendliche, Frank Schelk, Jannek, Janneks Oma, alle Dorfbewohner
Wann? heute, vor fünf Jahren

Einen Jugendbuchauszug untersuchen

So geht's

Franziska Gehm: Der Tote im Dorfteich (2008, Ausschnitt)

Der 16-jährige Jannek Jensen verbringt die Herbstferien bei seiner verwitweten Großmutter Hanne in Ribberow.

1 Das Dorf hatte sich in all der Zeit kaum verändert. Zehn Jahre waren vergangen, seit Jannek mit seiner Mutter weggezogen war. Er war damals sechs gewesen, und für ihn fing in der Stadt ein neues Leben an. [...] Erst hatte Jannek Ribberow vermisst, doch je älter er wurde, desto fremder fühlte er sich bei den Besuchen im Dorf.

2 Jannek bog aus der kleinen Seitengasse auf die Hauptstraße. Das Kopfsteinpflaster glänzte in der Abendsonne. [...] Die meisten Häuser [...] hatten ihre alte Fassade behalten. Graue und backsteinrote Häuser wechselten sich ab. Bei manchen waren die Gardinen hinter den Fenstern so grau und die Zäune und Briefkästen so verrostet, dass sich Jannek fragte, ob dort überhaupt noch jemand wohnte. [...]

3 *Jannek besucht zunächst seine Großmutter Hanne und geht dann mit Till, einem Freund von früher, angeln.*

4 Till reichte Jannek den Brötchenteig, aus dem sie kleine Klümpchen formten, die sie zum Anfüttern ins Wasser warfen. Dann fädelten sie jeweils einen Regenwurm auf den Haken und warfen die Angeln aus. Tills Schwimmer landete beinahe in der Mitte des Weihers. Janneks Schwimmer dagegen traf nur ein paar Meter vom Ufer entfernt auf das grünbraune Wasser.

Eine Weile sagte keiner der beiden etwas. Jannek spürte, wie Till ihn von der Seite musterte. „Was ist?"

5 „Ach, nichts. Du hast dich nur ziemlich verändert. So äußerlich, meine ich. Siehst gar nicht mehr wie der kleine Jensen aus."

„Sag bloß!" Wenigstens Till war es aufgefallen, dass Jannek nicht mehr der blasse Dreikäsehoch mit den Zahnlücken war, als der er das Dorf verlassen hatte. „Tja wenn sogar Hanne mich einen Prachtkerl nennt, muss wohl was dran sein."

„Wahnsinn, ein Kompliment von Hanne! Das musst du in die Dorfchronik eintragen lassen."

Jannek wiegte den Kopf. Er bezweifelte, dass Hanne den Prachtkerl als Kompliment gemeint hatte. So wie sie es gesagt hatte, klang es bitter und verächtlich. Er wusste nicht, was für ein Problem Hanne mit ihm hatte. Er wusste nur, dass Hanne ihn als Enkel tolerierte – mehr nicht.

1 ersten Eindruck formulieren

- *eher gedämpfte Stimmung bei Janneks Besuch in seinem Heimatdorf*

2 Inhalt wiedergeben

- Ort: *das Dorf Ribberow, Dorfteich*
- äußere Handlung:
1 Jannek kehrt zu Besuch in sein Heimatdorf zurück; 2 läuft durch die Straßen; 3 geht mit seinem Freund Till angeln; 4 sie bereiten die Köder vor und legen die Angeln aus; 5 die beiden unterhalten sich
- innere Handlung:
Gefühl der Fremdheit; detaillierte Wahrnehmung der Häuser und Frage, ob sie noch bewohnt sind; Erleichterung, dass wenigstens Till in ihm nicht mehr nur den kleinen Jungen von damals sieht; Nachdenken über ablehnende Haltung der Großmutter ihm gegenüber

3 Text untersuchen

- Figuren:
Jannek: nachdenklich, humorvoll
Till: verbindlich, humorvoll
Hanne: abweisend, kritisch
- Beziehung der Figuren:
Jannek und Till nähern sich wieder an; Janneks Beziehung zu seiner Großmutter scheint belastet
- Erzählform:
Er-Form
- Sprache:
Gedanken und Gefühle Janneks; relativ wenig wörtliche Rede; detaillierte Beschreibungen; bildhafte Formulierungen

4 Deutung formulieren

- *Der Besuch in seinem Heimatdorf löst bei Jannek gemischte Gefühle aus. Unklar ist, was die Großmutter gegen ihren Enkel hat.*

Eine Ballade untersuchen

Balladen sind Texte, in denen ein dramatisches Ereignis in Gedichtform erzählt wird. Sie enthalten daher Elemente aus allen drei literarischen Gattungen: Lyrik, Epik und Dramatik.

Ein Gedicht untersuchen

Inhalt
- Überschrift
- Atmosphäre (Stimmung)
- Handlung
- Figuren

Form
- Strophe
- Vers
- Reimform
- Metrum

Sprache
- sprachliche Bilder
- auffällige Wortwahl
- Wiederholungen, Zeitangaben, wörtliche Rede

Sprecher
- Erzähler
- Figurenrede

So geht's

Gottfried August Bürger: Die Schatzgräber

Ein Winzer[1], der am Tode lag,
Rief seine Kinder an und sprach:
„In unserm Weinberg liegt ein Schatz,
Grabt nur darnach!“ – „An welchem Platz?“ –
Schrie alles laut den Vater an.
„Grabt nur!“ – O weh! da starb der Mann.

Kaum war der Alte beigeschafft[2],
So grub man nach aus Leibeskraft.
Mit Hacke, Karst[3] und Spaten ward
Der Weinberg um und um gescharrt.
Da war kein Kloß[4], der ruhig[5] blieb;
Man warf die Erde gar durch's Sieb,
Und zog die Harken kreuz und quer
Nach jedem Steinchen hin und her.
Allein, da ward kein Schatz verspürt[6]
Und jeder hielt sich angeführt[7].

Doch kaum erschien das nächste Jahr,
So nahm man mit Erstaunen wahr,
Dass jede Rebe dreifach trug.
Da wurden erst die Söhne klug,
Und gruben nun Jahr ein Jahr aus
Des Schatzes immer mehr heraus.
(zw. 1763 und 1794)

1 Winzer: Weingärtner; **2 beischaffen:** begraben; **3 Karst:** Erdhacke; **4 Kloß:** Erdklumpen; **5 ruhig:** (gemeint) in Ruhe gelassen; **6 verspürt:** aufgespürt, gefunden; **7 angeführt:** hereingelegt

Inhalt untersuchen
- Überschrift beachten
- Handlung erfassen

Form untersuchen
- drei Strophen, erste Strophe hat sechs, zweite Strophe zehn, dritte Strophe sechs Verse; Paarreim

1 Stimmung erfassen
- *Ballade wirkt wie eine anekdotische Erzählung in Reimform.*
- *Spannung wird bei der Suche nach dem Schatz erzeugt.*

2 Inhalt wiedergeben
Auf dem Sterbebett weist ein Winzer seine Kinder auf einen Schatz im Weinberg hin und fordert sie auf, überall danach zu graben. Das tun die Kinder, finden aber nichts. Der Weinberg ist nun ordentlich umgegraben, die Ernte ist dadurch überreichlich. Die Söhne verstehen die Botschaft des Vaters und setzen ihre tägliche Arbeit, die ihnen Früchte (den Schatz) bringt, fort.

3 Ballade untersuchen
- *drei Strophen, Paarreim*
- *Erzählerin/Erzähler berichtet die Geschichte*
- *Verwendung von altertümlicher Sprache, wörtlicher Rede und Zeilensprung (wirkt dadurch erzählerisch)*

4 Deutung formulieren
Die Ballade vermittelt die Lehre, dass man durch eifrige Arbeit selbst einen wahren Schatz (die ertragreiche Weinernte) erschaffen kann.

Einen szenischen Text untersuchen

Texte, die im Theater aufgeführt werden, heißen szenische Texte. Die Handlung ist in Szenen aufgeteilt, in denen die Figuren aufeinandertreffen und miteinander sprechen.

Einen szenischen Text untersuchen

Inhalt
- Handlung
- Ort und Zeit
- Konflikte
- Figuren
  - Eigenschaften
  - Beziehung der Figuren zueinander

Sprache
- auffällige Wortwahl
- sprachliche Bilder

Regieanweisung
- zu Ort, Bühnenbild
- zu Sprechweise, Verhalten der Figuren

Inhalt, Sprache und Regieanweisungen untersuchen

Begriff	Erklärung	Beispiele
Akt (= Aufzug)	größerer Handlungsabschnitt mit mehreren Szenen, viele Theaterstücke habe drei oder fünf Akte	*berühmte Theaterstücke mit fünf Akten: Romeo und Julia (Shakespeare), Nathan der Weise (Lessing), Wilhelm Tell (Schiller)*
Dialog	Gespräch in Rede und Gegenrede von mindestens zwei Figuren	**Lukas:** Ist da drin ein Verbrecher? **Jule:** Woher soll ich denn das wissen? **Lukas:** Ich denk, du beschattest den. **Jule:** Ja, aber noch nicht so lange.
Monolog	eine Figur spricht eine längere Zeit allein, oft direkt zum Publikum, manchmal eine ganze Szene lang	**Jule:** Gar nichts erklär ich dir. Interessiert dich doch eh nicht. Ich bin doch egal. Du hast doch nur dich im Kopf, dich und deine beschissene Arbeit. Kommst rein, wirfst eine Tiefkühlpizza hin und sagst (macht sie nach) „Macht euch die mal warm, ich muss gleich wieder weg ...“ Ich hab die Schule geschwänzt. [...]
Nebentext	Textteile, die nicht gesprochen werden und vor allem der Steuerung der Aufführung dienen	*Titel, Untertitel, Figurenliste, Regieanweisungen, Akt- und Szenennummern*
Regieanweisung	Empfehlungen für die szenische Umsetzung, meist kursiv gedruckt	**Tim:** (nimmt ihr das Telefon aus der Hand) Ach, du warst das. Hast du mir nachspioniert? **Jule:** Nein, ich ... ich schwöre. **Tim:** (packt sie) Und woher weißt du das dann?
Sprechweise	Art und Weise des Sprechens, z. B. Lautstärke, Betonung, Aussprache, Tempo	*schreit auf, leise, singen, flüstert, schluchzt, nachdenklich*
Szene (= Auftritt)	kleinerer Handlungsabschnitt, in der Regel an einem bestimmten Ort	*„Ohne Moos nix los“ besteht aus 22 Szenen.*

So geht's

Einen szenischen Text untersuchen

Jörg Isermeyer: Ohne Moos nix los (Szene 13)

Straße. Jule kommt an, einen Zombie spielend.

Jule: Schule ... Schule ... Komm zur Schule! *(wechselt die Richtung)* Fahrräder ... Fahrräder ... Gebt mir Fahrräder! Denn ich brauch Kohle! ... Kohle ... Kohle! *(wechselt wieder die Richtung)* Schule ... Schule ... Komm zur Schule! *(steigt aus der Zombierolle aus)* Scheiße, scheiße, scheiße! Das ist ein Scheiß-Spiel. Das soll aufhören. Hört ihr? Ihr Scheiß-Zombies! Das soll aufhören. Lasst mich in Ruhe! Lasst mich allein! Das macht ihr doch sonst auch immer. *(Sie bemerkt etwas im Off[1] und versteckt sich. Sie schaut aus ihrem Versteck heraus und flüstert.)* Ganz Berlin ist von Zombies beherrscht. Kein Mensch hat überlebt. Keiner? Nein, ein Mädchen ist entkommen. Bisher. Aber jetzt machen die Untoten Jagd auf sie ... *(Sie versteckt sich.)*

Tim: *(taucht mit Fahrrad suchend auf)* Scheiße, wo steckt das kleine Biest nur? *(ab)*

Jule: *(taucht wieder auf)* Besonders einer ist ihr unerbittlich auf den Fersen. Aber warum gerade er? *(Sie hat eine Idee.)* Vielleicht gibt es einen Jungen, der auch überlebt hat. Vielleicht kann er dem Mädchen helfen? Vielleicht finden beide zusammen sogar einen Weg, die Welt vor dem Untergang zu retten? Aber das Mädchen darf auf keinen Fall die Zombies zu ihm führen. Es muss sehr vorsichtig sein. *(Sie versteckt sich.)*

Tim: *(taucht suchend auf)* Ich krieg dich schon, du Miststück. *(ab)*

Jule: *(taucht wieder auf)* Seeeehr vorsichtig! *(heimlich ab. Tim folgt ihr.)*

1 das Off: Bereich außerhalb der Bühne, der für die Zuschauer nicht zu sehen ist

Inhalt untersuchen

- den Zusammenhang verstehen:
  Jule hat ihren Bruder Tim auf die Fahrraddiebstähle angesprochen. Er ist sauer geworden. Sie ist weggelaufen.
- die Beziehung der Figuren zueinander klären:
  Jule ist verzweifelt, weil ihr Bruder in Verbrechen verwickelt ist. Sie möchte ihm gern helfen, hat aber auch Angst vor ihm. Sie denkt an Lukas und hofft auf seine Hilfe, seine Unterstützung als Freund.
  Tim hat Angst, dass Jule ihn bei der Polizei anzeigt. Er sucht Jule.

Regieanweisungen untersuchen

Jule spielt teilweise einen Zombie. Dann wechselt sie in ihre eigene Rolle und fühlt sich von ihrem Bruder verfolgt.

Sprache untersuchen

- auffällige Wortwahl:
  Die Wortwahl zeigt Verzweiflung:
  „Scheiße, scheiße, scheiße!" Z. 11
  „Das soll aufhören." Z. 12–13
  „Lasst mich in Ruhe!" Z. 13,
  aber auch Hoffnung:
  „Vielleicht finden beide zusammen sogar einen Weg ..." Z. 25–26

Ergebnisse zusammenführen

Nach ihrem Streit sind Jule und Tim verzweifelt.
Jule hat einerseits Angst um ihren Bruder, der auf die schiefe Bahn geraten ist. Andererseits hat sie auch Angst vor ihm und versteckt sich. An ihrer Wortwahl und dem Zombie-Spiel – die Welt wird von Zombies beherrscht, nur sie ist übrig – merkt man, wie verzweifelt sie ist. Aber der Gedanke an Lukas gibt ihr Hoffnung.
Tim sucht seine Schwester, weil er Angst hat, dass sie ihn bei der Polizei anzeigt. Seine Wut zeigt sich in der Wortwahl.

Im Internet recherchieren

V20 **Das Internet nutzt du in der Schule vor allem, um Informationen zu recherchieren. Es bietet dir zum Beispiel vielfältige Möglichkeiten, ein Referat interessant zu gestalten.**

1 Vorwissen sammeln und Fragen formulieren
- Notiere alles, was du zum Thema bereits weißt.
- Formuliere Fragen, die du noch klären möchtest.

Thema: Trendsportarten im Sommer
1. Slacklining: Laufen auf Leine …
Was sind Trendsportarten?
Welche gibt es seit wenigen Jahren?

2 Suchbegriffe auswählen
- Überlege dir einen oder mehrere Begriffe, die zu deinem Thema passen.
- Wähle wenige Wörter aus und erweitere die Suche, wenn du nichts oder zu viel findest.

1. Trendsportarten
→ 2. Sommertrendsportarten
→ 3. neue Sommertrendsportarten 2024

3 Suchmaschine wählen
- Wähle eine Suchmaschine aus.
- Gib Begriffe ins Suchfeld ein.

Kindersuchmaschinen: fragFINN, Helles Köpfchen, Kindex

4 Suchergebnis eingrenzen
- Wenn du ein Leerzeichen zwischen Begriffen lässt und vor auszuschließenden Begriffen direkt ein Minuszeichen setzt, grenzt das die Suche ein.
- Wenn du Begriffe mit *OR* kombinierst, erhältst du für beide Begriffe Informationen.

Trendsportarten -Extremsport -Winter

Trendsport OR Funsport

5 Suchergebnisse bewerten und auswählen
- Passen die Stichwörter zum Thema?
- Wähle durch **orientierendes Lesen** Geeignetes aus: Überfliege die Texte. Prüfe, ob Teilüberschriften, Anfang und Ende zum Thema passen. Lasse deine Augen über die Seite gleiten und lies nicht Wort für Wort.
- Sind die Inhalte zuverlässig, die Informationen gehaltvoll, verständlich, aktuell?

Interesse an Discgolf?
Dieser Wurfsport auf Körbe wurde in den 1970er-Jahren in den USA entwickelt. Mit der Frisbeescheibe …

Wikipedia: Online-Lexikon, in dem jeder Artikel schreiben und bearbeiten kann. Prüfe die Informationen durch weitere Rechercheergebnisse. Notiere die Quellen.

6 Geeignete Texte selektiv lesen
- Suche nach Schlüsselwörtern bzw. Informationen, die zu deiner Aufgabe passen.
- Vergleiche die Texte: Suche nach Gemeinsamkeiten. Überlege, welche abweichenden Angaben du nutzen kannst und welche nicht.

Das Thema „Trendsportarten – Sportarten von kurzer Dauer?“ verlangt a) aktuelle Trends zu erfassen und b) zu prüfen, ob sich diese halten können. Suche also a) nach neuen Sportarten und b) prüfe die Bedingungen für diese.

Ein Textverarbeitungsprogramm nutzen

V21 ▷ **Wenn du Präsentationen, Geschichtenbücher, Beiträge für Schulzeitungen oder Briefe schreiben und gestalten möchtest, kannst du ein Textverarbeitungsprogramm, z. B. Word, nutzen. Du kannst die vielen Möglichkeiten der Textgestaltung, des Layouts, nutzen, um die Leserinnen und Leser besonders neugierig zu machen. Du kannst aber auch mit einer klaren Gestaltung erreichen, dass schwierige Inhalte besser zu verstehen sind.**

So geht's

1 Seite einrichten
- ohne Seitenränder / mit Seitenrändern
- Hochformat / Querformat

2 Text und Bild einfügen
- Text mit Tastatur schreiben
- Bild einfügen (rechts, links, oben, unten): Einfügen → ClipArt → Suchwort eingeben → Bild oder Grafik auswählen

3 Text formatieren
- Schriftart und Schriftgröße festlegen
- Effekte festlegen (Unterstreichung, fett, kursiv) Farben (Schrift, Hintergrund)
- Schriftausrichtung (zentriert, Blocksatz, linksbündig, rechtsbündig)
- Zeilenumbruch (1 × Enter), Absatz (2 × Enter)

4 Rechtschreibprüfung nutzen
- Wörter mit roten Wellenlinien prüfen
- rechte Maustaste auf das Wort klicken → aus Angeboten das richtige Wort auswählen

Checkliste

1. Den Text gestalten

- ☑ Ich habe eine gut lesbare Schriftgröße (11 oder 12) verwendet.
- ☑ Ich habe durchgängig dieselbe Schriftart genutzt.
- ☑ Ich habe Schrifteffekte (**fett**, *kursiv*, unterstrichen, andere Textfarbe) sparsam und nur da eingesetzt, wo ich etwas hervorheben möchte.
- ☑ Ich habe einen längeren Text durch Absätze unterteilt.

2. Den Text überarbeiten

- ☑ Ich habe die von der automatischen Rechtschreibprüfung rot unterstrichenen Wörter überprüft.
- ☑ Ich weiß, dass die automatische Rechtschreibprüfung nicht alle Fehler erkennt, und kontrolliere meinen Text daraufhin.
- ☑ Ich habe alle Fehler korrigiert.

Die Gestaltungsmittel eines Films untersuchen

Filme erzählen Geschichten mit Bildern und Tönen, die von der Kamera aufgenommen werden. Die Kamera hat viele Möglichkeiten, das Geschehen zu zeigen und dadurch eine besondere Wirkung zu erzielen.

Die Kameraperspektive untersuchen

Die Kameraperspektive bestimmt, aus **welcher Position** man im Film eine Figur oder einen Gegenstand sieht.

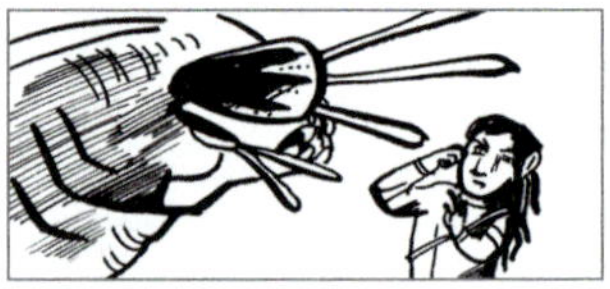

1 Aufsicht (Vogelperspektive)
Figuren wirken oft klein und schutzbedürftig.

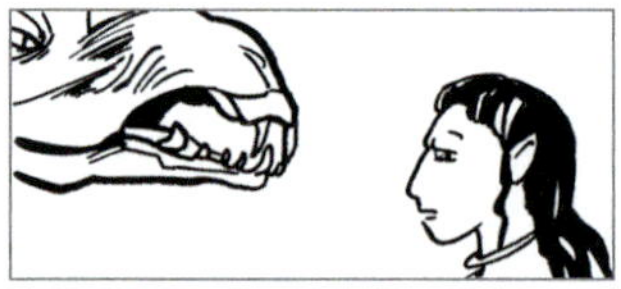

2 Normalsicht
Figuren wirken natürlich.

3 Untersicht (Froschperspektive)
Figuren wirken oft groß und mächtig.

Die Kameraeinstellung untersuchen

Die Kameraeinstellung bestimmt, **wie groß der Ausschnitt** ist, den man im Film von einer Figur oder einem Gegenstand sieht.

Totale

Halbtotale

Halbnah

Nah

Großaufnahme

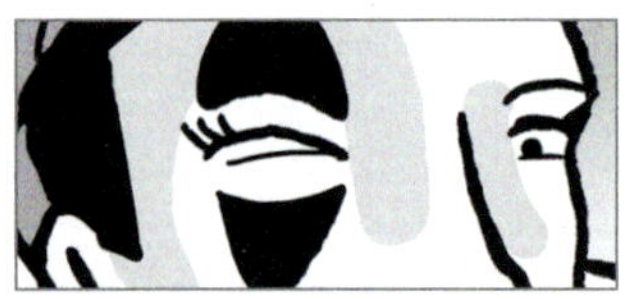

Detail

So geht's

Bild betrachten → Standort der Kamera bestimmen → Wirkung beschreiben

Szene aus „Avatar", USA 2009,
Regie: James Cameron

Die Kamera befindet sich über den Figuren und zeigt als Handlungsort ein Gebirge in der Aufsicht. Durch die Perspektive wirken die Figuren klein gegenüber der Tiefe der Felsformation. Gezeigt wird in der Totale, wie Jakes Avatar auf einem Drachen fliegt. Man erkennt nur den Körper von oben, sieht keine Details. Weit unterhalb von Jake befindet sich ein weiterer Drachen.

Einen Film drehen

Mit Smartphone und Videokamera kannst du kleine Filme gestalten, Szenen aus einem literarischen Text verfilmen, Präsentationen in der Klasse oder Fernsehbeiträge aufnehmen.

Drehbuch, Storyboard und Regie

Technik (Kamera, Ton, Licht, Schnitt)

Darstellerinnen und Darsteller

Szenenbildner (Requisite)

Moderation (Sprecherinnen/Sprecher)

Ort/Zeit/ Requisiten	Figuren	Verhalten der Figuren	Handlung	Dialog
am Gartenzaun, am Morgen, Rasenmäher	*Herr Schröder, Frau Müller*	*unterhalten sich*	*Schröder hält Rasenmäher, entspannt; Müller verärgert*	*Müller: Gut, dass ich Sie treffe …*

TIPP A

Wenn eine Figur sich in eine Richtung bewegen soll, so muss die Bewegungsrichtung in zwei aufeinander folgenden Einstellungen dieselbe sein (z. B. von links nach rechts).

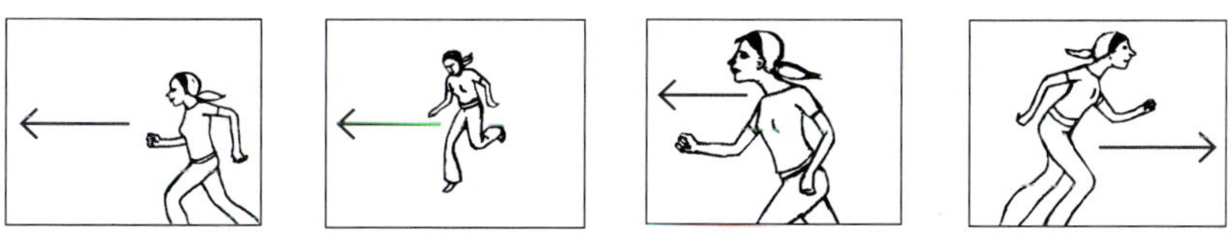

richtig falsch

TIPP B

Wenn zwei Figuren einen Dialog sprechen, müssen ihre Blickrichtungen immer gegenläufig sein.

TIPP C

Bei einem Interview muss der Interviewpartner so positioniert sein, dass er in das Bild blickt und nicht aus dem Bild heraus.

So geht's

1 Vorbereitung
- Gruppen bilden und Aufgaben verteilen
- **Drehbuch** schreiben → Dialoge, Handlungen, Umgebung
- **Storyboard** anlegen → Skizzen mit Angaben zu Kameraeinstellungen, -perspektiven, Filmmusik

2 Aufnahme
- ruhigen Ort mit guter Beleuchtung suchen
- Film in einzelnen Szenen aufnehmen
- Aufnahmen abspeichern

3 Nachbearbeitung
- Aufnahmen prüfen, eventuell wiederholt drehen
- Szenen zu einem Film zusammenfügen
- Lautstärke der Tonspuren anpassen
- Hintergrundmusik ergänzen

Ein Referat vorbereiten und halten

Mit einem Referat kannst du deinen Mitschülerinnen und Mitschülern Informationen zu einem Thema, mit dem du dich beschäftigt hast, weitergeben. In der Schule wirst du häufig Referate halten. Dabei ist es wichtig, dass du auf bestimmte Dinge achtest.

1 Vorbereitung

- **Informationen sammeln:** Nutze verschiedene und verlässliche Quellen. Mache dir Notizen.
- **Informationen auswerten und ordnen:** Sichte dein Material. Fasse die wichtigsten Informationen zusammen und ordne sie, z. B. nach Stichworten.
- **Das Referat gliedern:**
  - Einleitung: Wecke Interesse beim Publikum. Nenne Thema und Ziel deines Referats.
  - Hauptteil: Überlege dir Unterpunkte. Trage die Informationen vor.
  - Schluss: Fasse das Wichtigste zusammen. Du kannst auch deine Meinung wiedergeben.
- **Das Referat ausgestalten:** Lege einen Stichwortzettel oder eine Karteikarte für jeden Unterpunkt an. Ergänze Anschauungsmaterial, z. B. Karten, Abbildungen, Präsentationsfolien.

So geht's

Einleitung ①

Polarlichter
→ Folie 1: Foto Polarlichter

- **Thema + Ziel** nennen
- Interesse wecken

Hauptteil ②
→ Folie 2: Gliederung

1. Was sind Polarlichter?
– wissenschaftliche Erklärung
→ Folie 3: Erklärung Polarlichter
– Entstehung
→ Folie 4: Schaubild Entstehung

2. …

3. Farben
→ Folie 6: Foto Farben

- **Stichwortzettel** übersichtlich und gut lesbar gestalten, keine ganzen Sätze
- **Karteikarten** nur einseitig beschriften und nummerieren
- **Materialien** mit anderer Farbe notieren
- **Stichworte** groß notieren
- **wichtige Stellen** mit Unterstreichungen oder Textmarkern hervorheben

Schluss ③

– besonderes Erlebnis in der Natur
– Fragen?
→ Folie: Quellen

- **Wichtiges** zusammenfassen, Anregungen geben
- **Quellen** nennen
- nach Fragen erkundigen

2 Durchführung

- Übe deinen Vortrag mehrmals. Nutze deine Stichwortzettel.
- Trage möglichst frei vor. Halte Blickkontakt zum Publikum.
- Sprich deutlich, langsam und laut.

Ein Präsentationsprogramm nutzen

V22 ▷ **Eine Bildschirmpräsentation hilft dir, dein Referat anschaulicher zu machen. So bleibt das Publikum aufmerksam und kann das Gesagte besser verstehen. Mit einem Präsentationsprogramm, z. B. PowerPoint, kannst du Präsentationsfolien mit verschiedenen Gestaltungsoptionen erstellen.**

Mache dich zuerst mit dem Programm vertraut:
- Wie kannst du eine Folie anlegen?
- Wo kannst du ein Layout wählen?
- Wie kannst du Text eingeben und formatieren?
- Wie werden Abbildungen eingefügt?
- Wie kannst du die Übergänge gestalten?

So geht's

Gestaltung der Präsentationsfolien

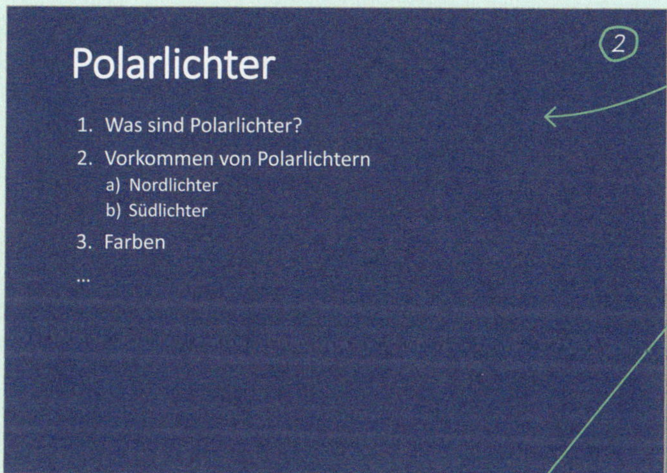

1 Folien einrichten
- einheitliches Design festlegen
- schlicht und übersichtlich
- wenige Farben
- Folien nummerieren
- Übergänge festlegen

2 Text einfügen
- gut lesbare Schriftgröße (mind. 22) und Schriftart
- erste Folie gibt Überblick (Thema, Gliederung)
- wenige Stichpunkte (max. sieben Zeilen), keine ganzen Sätze
- eine Überschrift je Folie
- Effekte festlegen (Unterstreichung, fett, kursiv)
- Folie mit Quellenangaben am Ende

3 Abbildungen einfügen
- aussagekräftige Abbildungen zur Veranschaulichung
- ca. zwei Abbildungen pro Folie, Folien nicht überladen
- auch Ton-/Videomaterial möglich

4 Rechtschreibprüfung nutzen
- Wörter mit roten Wellenlinien prüfen
- rechte Maustaste auf das Wort klicken → richtiges Wort auswählen

Einen Standpunkt in einer Diskussion vertreten

V01 ▷ **Wenn du in einer Diskussion willst, dass andere deine Meinung ernst nehmen oder sich sogar von ihr überzeugen lassen, genügt es nicht, deine Meinung nur laut zu äußern. Du musst sie auch begründen.**

Drei Grundregeln

1. Allgemeine Gesprächsregeln beachten
- aktiv zuhören, wenn andere reden
  - den anderen genau zuhören
  - andere ausreden lassen
  - nachfragen, wenn etwas unklar ist
- wenn ich rede
  - laut und deutlich sprechen
  - freundlich und höflich sein
  - beim Thema bleiben

2. Die eigene Meinung begründet darstellen
- eigene Meinung klar formulieren
- verschiedene Argumente vorbringen
- Beispiele geben

3. Auf andere Beiträge eingehen
- andere Meinungen ernst nehmen
- andere Argumente aufgreifen
- Gemeinsamkeiten benennen

So geht's

Einen Standpunkt in einer Diskussion vertreten

Diskussion um die Abschaffung der FSK[1]-Kennzeichnung

Maxim: … deshalb bin ich der Meinung, dass ich selbst entscheiden sollte, ob ein Film für mich geeignet ist oder nicht.

Jana: Natürlich hört es sich gut an, das selbst entscheiden zu können. Es nervt uns doch alle mal, dass unsere Eltern so viel bestimmen. Aber ich bin trotzdem der Meinung, dass die FSK-Kennzeichnung für Filme wichtig ist. Du weißt einfach erst im Nachhinein, ob ein Film geeignet ist oder nicht, aber dann ist es zu spät und die Bilder bleiben in deinem Kopf. Außerdem würde es noch viel mehr Diskussionen darum geben, welchen Film man anschaut. In unserem Kino laufen zum Beispiel acht verschiedene Filme. Wenn die alle infrage kommen, diskutiere ich ja ewig mit meinen Freundinnen. Ich finde auch, dass die Altersfreigabe Vorteile hat, wenn wir zu Hause mit der Familie Filme anschauen. Wenn wir zum Beispiel mit meiner kleinen Schwester fernsehen wollen, können wir beruhigt einen Film mit FSK ab 0 anschalten, ohne ihn unbedingt vorher kennen zu müssen.

andere Meinung aufgreifen

eigene Meinung klar benennen

Entkräftung von Gegenargumenten

verschiedene Argumente nennen

Beispiele zur Veranschaulichung

1 **FSK**: Freiwillige Selbstkontrolle der Filmwirtschaft, prüft die Altersfreigabe von Medien in Deutschland

Eine schriftliche Argumentation verfassen

Du kannst in einer E-Mail deinen Standpunkt äußern und andere Menschen davon überzeugen. Begründe deine Meinung mit Argumenten und stütze diese durch Beispiele.

1. Schriftliche Argumentation planen
- die Streitfrage erfassen
- Argumente dafür oder dagegen mit passenden Beispielen sammeln
- den eigenen Standpunkt bestimmen
- **Einleitung:** Streitfrage nennen
- **Hauptteil:** Argumente für den eigenen Standpunkt aufführen und mit passenden Beispielen stützen, Gegenargumente entkräften
- **Schluss:** den eigenen Standpunkt verdeutlichen, eine Forderung formulieren oder Bezug zur Einleitung herstellen

2. Schriftliche Argumentation verfassen
- Einleitung, Hauptteil und Schluss schreiben
- sachlich und im Präsens schreiben
- Zusammenhänge verdeutlichen, indem Wörter und Sätze durch Junktionen und Adverbien verknüpft werden

3. Schriftliche Argumentation überarbeiten
- Inhalt überprüfen: Überzeugungskraft und Reihenfolge der Argumente
- sprachliche Gestaltung prüfen: sachlicher Stil, Präsens, Verknüpfung der Sätze
- sprachliche Korrektheit prüfen: Rechtschreibung und Zeichensetzung

So geht's

An: j.jacobi@schiller_schule_neustadt.de
Betreff: Projekt „Blühstreifen“ der Umwelt-AG
Senden

Sehr geehrte Frau Jacobi,
wir, die Schülerinnen und Schüler der Umwelt-AG unserer Schule, haben einen Projektvorschlag entwickelt, für dessen gemeinsame Umsetzung wir Sie gewinnen möchten. Unsere beiden Schulhöfe sollen umweltfreundlicher werden. Daher möchten wir dort Blütenstreifen – Beete mit mehrjährigen Blühmischungen – schaffen.
Dies würde zu einer Verschönerung der Schulhöfe beitragen. Der Hauptgrund für unser Vorhaben ist jedoch, den Insekten Nahrung und Schutz zu geben. Das Insektensterben schreitet stark voran. Eine gerade veröffentlichte Auswertung von 73 verschiedenen Studien belegt, dass fast die Hälfte aller Insektenarten stark zurückgeht. Jedes Jahr schrumpft die Biomasse der Insekten. Besonders dramatisch ist der Schwund bei den Schmetterlingen und den Hautflüglern. Für unser Ökosystem sind Insekten fundamental wichtig, beispielsweise für die Bestäubung von Pflanzen, darunter auch Nutzpflanzen. Auch spielen Insekten bei der Wasserqualität in Flüssen und Bächen eine wichtige Rolle. Durch Blühstreifen kann mehr Regenwasser versickern, mehr Wasser verdunsten und Flächen heizen sich im Sommer nicht so stark auf.
Auch nach Anlegen der Blühstreifen würde es ausreichend Platz auf den Schulhöfen geben, um sich in den Pausen frei zu bewegen. Dies können Sie den der E-Mail angehängten Plänen, die wir ausgearbeitet haben, entnehmen. Selbstverständlich erklärt sich die Umwelt-AG dazu bereit, die Blühstreifen zu pflegen.
Über eine Unterstützung Ihrerseits würden wir uns sehr freuen. Gerne stehen wir Ihnen für ein Gespräch zur Verfügung, um Ihnen unsere Umsetzungsideen zu erläutern.
Mit freundlichen Grüßen
Cora Friedrich und Deniz Özdemir

Randbemerkungen:
- im Betreff Anlass des Schreibens nennen
- höfliche Anrede
- Anliegen vorbringen
- über Beweggründe und Hintergründe informieren
- mit Beispielen die Position untermauern
- Gegenargument entkräften
- um Antwort bitten
- höfliche Grußformel mit Unterschrift

Eine Inhaltsangabe zu einer Ballade schreiben

MIt einer Inhaltsangabe kannst du informieren. Du benennst darin das Thema eines literarischen Textes und gibst die wichtigsten Handlungsschritte knapp und sachlich wieder.

So geht's

Eine Inhaltsangabe zur Ballade „Die Schatzgräber" (S. 297) schreiben

Vorbereitung

• W-Fragen an den Text stellen	• Wer? Vater (Winzer) und seine Kinder • Wann? vor und nach dem Tode des Vaters • Wo? in Weinanbaugegend • Was? Vater stirbt, erzählt vom Schatz im Weinberg, löst Suche danach aus, Kinder graben Weinberg um, dadurch ertragreiche Ernten, Lehre des Vaters verstanden
• Inhalt in einer Übersicht zusammenfassen	• Übersicht der Strophen
• Gedanken und Gefühle der Figuren notieren	• Strophe 1: Aufregung, Neugier (angekündigter Schatz) • Strophe 2: unermüdliches Arbeiten (Graben nach dem Schatz), Hoffnung und Enttäuschung • Strophe 3: Erstaunen (gute Ernte) und Verstehen
• Thema und wichtigste Aussage notieren	• was ein Vater seinen Kindern weitergibt • Lehre, dass man durch eifrige Arbeit selbst einen Schatz schaffen kann

Inhaltsangabe zur Ballade „Die Schatzgräber"

Die Ballade „Die Schatzgräber" von Gottfried August Bürger handelt von dem Erbe eines Winzers, das er an seine Kinder weitergibt.

Auf dem Sterbebett weist ein Winzer seine Kinder auf einen Schatz im Weinberg hin und fordert sie auf, überall danach zu graben. Die Kinder sind aufgeregt und erwartungsvoll, später enttäuscht, weil sie nichts finden. Der Weinberg ist nun ordentlich umgegraben, die Ernte ist dadurch überreichlich. Dies erstaunt die Söhne. Sie verstehen bald die Botschaft des Vaters und setzen ihre tägliche Arbeit, die ihnen einen Schatz erbringt, fort. Als Schatz erweist sich nämlich die gute Ernte der Weintrauben bzw. des Weins.

Die Ballade ist aus dem 18. Jahrhundert, die Botschaft heute noch verständlich und nachvollziehbar.

Schreiben

1 **Gliederung:** Einleitung, Hauptteil, Schluss

2 **Einleitung:** Autorin/Autor, Titel, Textart, Thema

3 **Hauptteil:** Handlung, wichtigste Gedanken und Gefühle der Figuren

4 **Schluss:** Wirkung

Beachte:
- sachlich und im Präsens schreiben
- Zusammenhänge durch Junktionen und Adverbien verdeutlichen

Literarische Figuren erkunden

Du kannst eine Geschichte besser verstehen, wenn du eine Figur genau beschreibst oder dich in sie hineinversetzt und sie dir deutlich vorstellst.

So geht's

Eine literarische Figur beschreiben

Max Minsky, eine der Hauptfiguren in dem Roman „Max Minsky und ich“ von Holly-Jane Rahlens, ist ein 15-jähriger Junge, der mit seiner Mutter aus New York nach Berlin gezogen ist und in Nelly Edelmeisters Klasse kommt. Zufällig sind die beiden auch Nachbarn. Er ist nicht gut in der Schule, besitzt aber als Basketballspieler ein besonderes Talent.

Szene aus „Max Minsky und ich“, Deutschland 2007, Regie: Anna Justice

Max will cool wirken, trägt in der Schule und auf der Straße meistens Sportkleidung und hat eine heimliche Vorliebe für Vampire und andere dunkle Dinge. Er kleidet und schminkt sich zu Hause wie ein Vampir. Er trägt dabei schwarze, spitze Schuhe, hat das Gesicht weiß geschminkt und ein Spinnennetz darauf gemalt und die Haare mit Gel zu schwarzen Stacheln geformt. Max zeigt Nelly, wie das Basketballspielen funktioniert, während sie ihm Deutsch beibringt. Obwohl er sich erst mehr für Yvonne und die anderen Mädchen interessiert, beeindruckt ihn Nelly, beide kommen sich näher und werden ein Paar. Max ist am Anfang sehr ablehnend und aggressiv, mag weder die Stadt noch die Schule, sein Umfeld oder Nelly. Durch den Kontakt zu Nelly wird er hilfsbereiter und freundlicher.

Beschreibe:

- Alter und Aussehen
- Lebensumstände
- Beziehungen zu anderen Figuren
- Verhalten und typische Eigenschaften
- Gedanken und Gefühle

So geht's

Eine Rollenbiografie schreiben

Mein Name ist Max Minsky, ich bin 15 Jahre alt und gerade von New York nach Berlin gezogen. Das nervt mich, weil ich hier neu bin und niemanden verstehe. Warum musste meine Mutter sich unbedingt einen neuen Job suchen? Und nun auch noch hier, wo Deutsch gesprochen wird. Ich vermisse meine Freunde in New York. Ich hasse diese Stadt, die Sprache, die Menschen. Jetzt soll ich auch noch von diesem Mädchen Deutsch lernen. Was will die? Was soll ich nur mit so einem nerdigen Bücherwurm anfangen. Cool ist sie nicht, Basketball kann und kennt sie nicht, hat eine Brille auf der Nase und spricht eine völlig unverständliche Sprache.

- in die Figur hineinversetzen
- die Figur vorstellen
- Ich-Form
- Gedanken und Gefühle wiedergeben

Literarische Texte fortsetzen und umformen

So geht's

Einen literarischen Text weiterschreiben

Jannek fährt mit dem Zug zu seiner Großmutter Hanne aufs Land. Seine Vorfreude ist mäßig. Eine langweilige Woche, sieben langweilige Tage. Nicht, dass Jannek wichtige andere Pläne gehabt hätte – aber was gab es Hirneinschläfernderes, als auf einem Dorf zu hocken, in dem es weder ein Kino noch eine Bibliothek, geschweige denn einen Supermarkt gab? Was war deprimierender, als bei Hanne rumzusitzen, die keinen Fernseher oder Computer hatte und den ganzen Tag mit den Hühnern redete?

Fortsetzung

Die Zugfahrt dauerte vier geschlagene Stunden. Vom winzigen Bahnhof aus trottete Jannek zum Haus seiner Großmutter. Gleich nachdem er das Gartentor geöffnet hatte, sah er Hanne, wie sie leicht gekrümmt im Türrahmen stand. „Moin", war seine knappe Begrüßung. Im Haus stieg ihm der Geruch von Kartoffelpuffern in die Nase. Sein Leibgericht, immerhin. Er verdrückte sieben Stück und Hanne sah zufrieden aus. Als er das Geschirr abräumte, meinte Hanne lächelnd: „Ach, übrigens, hier ist noch so einer wie du gestrandet. Der Enkel von Schneiders. Er bleibt auch über die Ferien." „Eric?" „Ja, Eric. Na los, zisch schon ab!" Drei Minuten später stand Jannek vor dem Haus der Schneiders und läutete. Er hörte, wie jemand die Treppen hinunterpolterte. Das konnte nur Eric sein. Die Tür wurde aufgerissen und Eric stürmte heraus. Nur ein kurzer Gruß und schon zog er Jannek mit sich ...

Hinweise zur Ausgangssituation berücksichtigen

Erzählweise und Tempus übernehmen:
Er-Form, Präteritum

Sprache angleichen:
- Alltagssprache, teils umgangssprachlich
- anschauliche Beschreibungen
- unvollständige Sätze

So geht's

Ein Parallelgedicht schreiben

Ein Parallelgedicht ist eine neue Fassung eines vorhandenen Gedichts. Es dient dazu, die Machart des Ausgangsgedichts besser zu verstehen.

- Form des Gedichts (Verszahl, Reimform, Metrum) wird beibehalten
- Textstellen werden ausgetauscht (Igel statt Walrösser, auf Eigenart der Igel eingehen)

Mira Lobe: Die Walrosse

Wenn sich zwei Walrosse küssen,
wie die sich in Acht nehmen müssen!
Mit so einem Zahn
ist schnell was getan!
Drum haben sie neulich beschlossen:
Wir schütteln uns lieber die Flossen
und beschnuppern uns zart
mit dem Walross-Bart.

Parallelgedicht: Die Igel

Wenn sich zwei Igel küssen,
wie die sich in Acht nehmen müssen!
Die Stacheln oh je,
die tun so weh!
Drum nehmen wir weise
die Nase ganz leise
und reiben sie sanft
völlig unverkrampft.

Einen Krimi schreiben

So geht's

1 Lege einen **Schreibplan** an.

Gliederung	Zeit	Ort	Handlung
Einleitung (Tat wird entdeckt)	6:30 Uhr am Montag	Sportlerheim des TV Eintracht Boisheim	Kommissarin Bundschuh und zwei uniformierte Polizisten sehen sich den Tatort genau an und sammeln Spuren.
Hauptteil (Suche nach der Täterin/dem Täter)	10:15 Uhr am gleichen Tag	Kommissariat	Frau Bundschuh geht die Spuren durch, sie achtet auf das Bonbonpapier und den Schuhabdruck. Sie vernimmt die verdächtigen Mitglieder des gegnerischen Vereins.
Schluss (die Täterin/der Täter wird überführt)	18:40 Uhr	Haus von Tim Wasenax	Frau Bundschuh zeigt Luca und Tim das Bonbonpapier und das Schuhprofil am Tatort und überführt beide. Tim und Luca gestehen die Tat.

2 Schreibe den Krimi mithilfe des Schreibplans. Achte auf die **typischen Krimimerkmale**: Tat, Opfer, Tatverdächtige, Täterin/Täter, Ermittlerin/Ermittler, Tatmotiv, Tatwaffe, Tatort, Spuren, Tatzeit.

Einbruch ins Sportlerheim

Am frühen Morgen gegen 6:15 Uhr hörten die Nachbarn ein lautes Klirren. „Das kommt von drüben, vom Sportlerheim." Erwin schaute vom Balkon aus Richtung Sportlerheim. „Ich glaube, da bricht jemand ein. Lass uns die Polizei rufen." Kurze Zeit später kam Kommissarin Bundschuh und zwei uniformierte Kollegen. Die drei Beamten stellten rund um das Sportlerheim und im Inneren die Spuren sicher.

Einleitung

Im Kommissariat war es richtig voll. Nicht nur die Mitglieder des TV Boisheim waren gekommen, auch die Mitglieder der gegnerischen Mannschaft vom letzten Spiel saßen im Flur. Immer beschimpften sie sich. Frau Bundschuh hatte Mühe, die Menge zu beruhigen. „Der Schiedsrichter wurde bestochen. Der Pokal gehört uns!", hörte sie Tim Wasenax rufen, den gegnerischen Stürmer. Dann bot sie Tim einen Platz am Schreibtisch an. Er setzte sich auf die Stuhlkante und meinte: „Ich weiß gar nicht, was Sie von mir wollen. Ich war das nicht." Frau Bundschuh fragte scharf: „Warum haben Sie den Pokal gestohlen?" Tims Gesicht lief rot an, er schrie. „Den Diebstahl müssen Sie mir erst einmal beweisen!!". Dann sackte er zurück. Die Kommissarin entließ ihn vorerst.

Hauptteil

Am Abend klingelte es bei Tim und Luca. Als Tim die Tür öffnete und die Kriminalbeamten hereinbat, meinte Frau Bundschuh: „Schön, dass Sie auch hier sind, Frau Tiersch." Sie berichtete „Wir haben am Tatort einen Sohlenabdruck gefunden, der ein außergewöhnliches Muster zeigt. Dürfte ich mir einmal Ihre Schuhsohlen anschauen?" Luca sprang plötzlich auf und versuchte zu flüchten. Tim wollte seiner Freundin beistehen und beschimpfte die Kommissare. „Ruhe!", brüllte da auf einmal Frau Bundschuh. Augenblicklich kehrte Stille ein. „Und nun zu Ihnen, Herr Wasenax. Mir ist aufgefallen, dass Sie immer diese Bonbons: Waku extrastark lutschen. Diese Bonbons sind schwer zu bekommen und Sie sind der einzige Verdächtige, der sie lutscht. Wir haben so ein Bonbonpapier im Sportlerheim gefunden. Die Beweise sind erdrückend. Also: Wo haben Sie den Pokal versteckt?" Tim schaute nur einen Sekundenbruchteil zur Truhe an der Wand, aber Frau Bundschuh hatte es gesehen. Sie öffnete die Truhe und entnahm ihr den Pokal. Tim und Luca blieb nur noch ein Geständnis.

Schluss

Tat
Täterin/Täter
Ermittlerin/Ermittler
Tatmotiv
Tatzeit
Tatort
Spuren

Wortarten unterscheiden und verwenden

Nomen

Sie bezeichnen Lebewesen und Dinge (Konkreta) sowie Gefühle, Gedanken, Vorstellungen und Zustände (Abstrakta). Sie können von Artikelwörtern und Adjektiven begleitet werden.

Trainer, Ball, Rasen
Freude, Ehrgeiz, Gemeinschaft
die erfolgreiche Mannschaft

Kasus (Fall)
Die Veränderung des Kasus heißt **Deklination**. Den Kasus des Nomens kannst du erfragen.

Nominativ (1. Fall)	*Der Stürmer wird ausgewechselt.*	**Wer** (oder **Was**) wird ausgewechselt?
Genitiv (2. Fall)	*Er beschuldigt ihn eines Fouls.*	**Wessen** beschuldigt er ihn?
Dativ (3. Fall)	*Sie gratuliert ihm.*	**Wem** gratuliert sie?
Akkusativ (4. Fall)	*Sie erhält die Urkunde.*	**Wen** (oder **Was**) erhält sie?

Numerus (Zahl)
Nomen stehen im **Singular** oder **Plural**.
das Tor, die Tore
die Mannschaft, die Mannschaften
der Schuss, die Schüsse

Genus (grammatisches Geschlecht)
Nomen sind **maskulin**, **feminin** oder **neutral**.
der Spieler (m), die Trainerin (f), das Trikot (n)
Das Genus muss nicht mit dem biologischen Geschlecht übereinstimmen.
das Mädchen

Begleiter von Nomen: Artikelwörter

Sie begleiten Nomen und bilden mit ihnen eine Einheit.
Kasus, **N**umerus und **G**enus (**KNG**) stimmen mit dem Nomen überein, das sie begleiten.

Artikel

bestimmte	**unbestimmte**
der, die, das	*ein, eine, ein*

Possessivartikel
mein, dein, sein, ihr, unser, euer
Sie geben an, wem oder zu wem das Nomen gehört.
ihr Erfolg, das Tor deiner Mannschaft

Demonstrativartikel
dieser, diese, dieses, jener, jene, ...
Sie weisen auf ein Nomen hin.
Jener Spieler schoss das Tor.

Stellvertreter von Nomen: Pronomen

Sie ersetzen Nomen/Nominalgruppen und stimmen in Genus und Numerus mit dem Nomen/der Nominalgruppe überein, aber nicht unbedingt im Kasus. Nach ihrer Bedeutung unterscheidet man folgende Pronomen:

- **Personalpronomen** *ich, du er/sie/es, wir, ihr, sie → Sie hält ihn.*
- **Demonstrativpronomen** *der/die/das, dieser/diese/dieses, jener ... → Der steht da hinten.*
- **Possessivpronomen** *meine ..., deine ..., seine ..., ihres ..., unserer ..., euer ... → Ihre sind gelb.*
- **Reflexivpronomen** *mich, dich, sich, uns, euch, sich → Wir freuen uns.*
- **Interrogativpronomen** *wer, was, welcher ..., was für ein ...? → Wer war das?*
- **Relativpronomen** *der/die/das, welcher/welche/welches → Sie hörte den Hund, der bellte.*
- **Negationspronomen** *niemand, keiner/keine/keines → Keiner hatte hingesehen.*
- **Indefinitpronomen** *jemand, irgendeiner ..., man, etwas → Etwas leuchtete.*

Adjektive

Sie bezeichnen Eigenschaften und Merkmale von Lebewesen, Dingen, Geschehen oder Umständen. *schnell, laut, hoch, gefährlich, witzig, launisch*

Sie können ein Nomen begleiten.

Kasus, **N**umerus und **G**enus (**KNG**) stimmen mit dem Nomen überein, das sie begleiten. *der laute Schlusspfiff, den lauten Schlusspfiff*

Sie können gesteigert werden: **Positiv** (Grundform), **Komparativ** (Vergleichsform), **Superlativ** (Höchstform). *weit, weiter, am weitesten* *klein, kleiner, am kleinsten*

Präpositionen

Sie geben die Beziehung zwischen Personen, Dingen und Erscheinungen an. Präpositionen sind unveränderbare Wörter.

Arten von Präpositionen

- Beziehungen des **Ortes** und der **Richtung**:
  auf dem Spielfeld, in der Halle
- Beziehungen der **Zeit**:
  während des Spiels, nach dem Sieg
- Beziehungen der **Art und Weise**:
  mit anderen Spielern, ohne den Ball
- Beziehungen des **Grundes**:
  wegen eines Fouls, aufgrund des Tors

Präpositionen bestimmen den Kasus

- Präpositionen, die den **Akkusativ** fordern:
  für, durch, ohne, wider, gegen, ohne, um
- Präpositionen, die den **Dativ** fordern:
  aus, außer, bei, gegenüber, mit, nach, seit, von, zu
- Präpositionen, die den **Genitiv** fordern:
  außerhalb, abseits, statt, während, wegen, trotz, dank
- Präpositionen, die den **Akkusativ oder** den **Dativ** fordern:
  in, an, auf, hinter, neben, über, unter, vor, zwischen

Junktionen

Sie verknüpfen Wörter, Wortgruppen oder ganze Sätze und stellen gedankliche Zusammenhänge her. Junktionen sind unveränderbare Wörter.

Konjunktionen

Sie verbinden gleichrangige Wörter, Wortgruppen oder Sätze.

und, oder, denn, sowie, aber, sondern, jedoch, sowohl ... als auch

Subjunktionen

Sie ordnen einen Nebensatz einem anderen Teilsatz unter.

weil, da, während, als, nachdem, damit, dass, wenn, falls, obwohl, sofern

V04 ## Adverbien

Sie informieren über die genaueren Umstände. Adverbien sind unveränderbare Wörter.

- **Temporaladverbien:** *heute, jetzt, immer*
- **Modaladverbien:** *gern, besonders, so*
- **Lokaladverbien:** *dort, hier, oben, überall*
- **Interrogativadverbien:** *wo, warum, wann, was, wie lang*

Verben

Sie bezeichnen Tätigkeiten, Vorgänge und Zustände.
Man unterscheidet **Vollverben** (Verb mit einer Bedeutung) und **Hilfsverben**.

Vollverben: *z. B. gewinnen, rufen*
Hilfsverben: *haben, sein, werden*

Schwache (regelmäßige) Verben bilden das Präteritum durch die Endung **-te.**
Starke (unregelmäßige) Verben bilden das Präteritum durch die Änderung des Verbstamms.

schwache Verben: *sie jagte, du verfehltest*
starke Verben: *ich rief, er trat*

Es gibt **infinite** (unveränderbare) und **finite** (veränderbare) Verbformen.
Infinite Formen: **Infinitiv**, **Partizip I** und **Partizip II**.
Das **finite Verb** passt sich bei der **Konjugation** (Beugung) in **Person** und **Numerus** an das Subjekt an.

infinit: *springen (Infinitiv), springend* (Partizip I), *gesprungen* (Partizip II)
finit: *ich springe, du springst*

Tempus

Das Tempus wird mit **einfachen** oder **zusammengesetzten** Formen gebildet. Einfache Formen bestehen nur aus dem **Vollverb**. Bei zusammengesetzten Formen kommen die **Hilfsverben** *haben*, *sein* und *werden* dazu.

Präsens
- Bilden: Präsensstamm + Personalendung
- Verwenden: für Gegenwärtiges, allgemein Gültiges, für Zukünftiges in Verbindung mit einer zeitlichen Angabe

Er hält den Ball.
Wir spielen morgen ein Turnier.

Perfekt
- Bilden: Personalform von den Hilfsverben *haben* oder *sein* im Präsens + Partizip II des Vollverbs
- Verwenden: für Vergangenes, im Mündlichen

Er hat den Ball gehalten.
Gestern im Turnier hat er den Ball gehalten.

Präteritum
- Bilden: Präteritumstamm + Personalendung
- Verwenden: für Vergangenes

Er hielt den Ball.

Plusquamperfekt
- Bilden: Personalform von den Hilfsverben *haben* oder *sein* im Präteritum + Partizip II des Vollverbs
- Verwenden: etwas erzählen, das noch vor dem stattgefunden hat, was im Präteritum oder Perfekt erzählt wird (Vorvergangenheit)

Er hatte den Ball gehalten.
Nachdem er den Ball gehalten hatte, sprang er vor Freude in die Luft.

Futur I
- Bilden: Personalform vom Hilfsverb *werden* im Präsens + Infinitiv des Vollverbs
- Verwenden: für Zukünftiges

Er wird den Ball halten.

Passivformen

Derjenige oder dasjenige, mit dem etwas passiert, steht im Vordergrund und bildet das Subjekt des Satzes. Die Handelnden können als Präpositionalobjekt erwähnt werden. Sie können auch weggelassen werden.

Aktiv:	*Die Zuschauenden* Subjekt	*verfolgen* Prädikat	*das Spiel.* Akkusativobjekt	
Passiv:	*Das Spiel* Subjekt	*wird* Prädikat	*(von den Zuschauenden)* Präpositionalobjekt	*verfolgt.* Prädikat

Das werden-Passiv wird durch eine Personalform von *werden* und das Partizip II des Vollverbs gebildet. Es kann in allen Tempusformen vorkommen.

	Aktiv	**Passiv**
Präsens	*Die Fans feiern den Sieg.*	*Der Sieg wird (von den Fans) gefeiert.*
Präteritum	*Die Fans feierten den Sieg.*	*Der Sieg wurde (von den Fans) gefeiert.*
Perfekt	*Die Fans haben den Sieg gefeiert.*	*Der Sieg ist (von den Fans) gefeiert worden.*
Plusquam-perfekt	*Die Fans hatten den Sieg gefeiert.*	*Der Sieg war (von den Fans) gefeiert worden.*
Futur I	*Die Fans werden den Sieg feiern.*	*Der Sieg wird (von den Fans) gefeiert werden.*

So geht's

Aktiv in Passiv umformen

Ein Ausnahmetalent (Aktiv)

Nicht nur seine Fangemeinde bezeichnet Dirk Nowitzki als Ausnahmesportler. Auch viele Größen des Basketballsports haben ihn schon als einen der besten Spieler in der Geschichte des Ballsports gerühmt. Nowitzki kam 1978 in Würzburg zur Welt und begann im Alter von 13 Jahren mit dem Sport. Nach frühen Erfolgen nahm ihn die National Basketball Assocation ins Visier. Nachdem ihn die Dallas Mavericks verpflichtet hatten, handelte man ihn schon bald als „German Wunderkind“. Im Laufe seiner Karriere hat man Nowitzki alle wichtigen sportlichen Auszeichnungen verliehen.

Ein Ausnahmetalent (Passiv)

Dirk Nowitzki wird nicht nur von seiner Fangemeinde als Ausnahmesportler bezeichnet. Er ist auch schon von vielen Größen des Basketballsports als einer der besten Spieler in der Geschichte des Ballsports gerühmt worden. Nowitzki kam 1978 in Würzburg zur Welt und begann im Alter von 13 Jahren mit dem Sport. Nach frühen Erfolgen wurde er von der National Basketball Assocation ins Visier genommen. Nachdem er als Spieler von den Dallas Mavericks verpflichtet worden war, wurde er schon bald als „German Wunderkind“ gehandelt. Im Laufe seiner Karriere sind Nowitzki alle wichtigen sportlichen Auszeichnungen verliehen worden.

V06 Wortgruppen erkennen und verwenden

Wörter verbinden sich häufig mit anderen Wörtern zu **Wortgruppen**.
→ *der Hund, dieses Kind, mit dem Hund, das fröhliche Kind, den Hund streicheln*

Die **Wörter** einer Wortgruppe gehören **inhaltlich** und **grammatisch** zusammen. Eine **Wortart** spielt die wichtigste Rolle, sie bildet den **Kern**.

Man unterscheidet:

Verbgruppen	*den Hund streicheln, das Kind rufen*
Nominalgruppen	*der Hund, der muntere Hund*
Adjektivgruppen	*der muntere Hund, das sehr fröhliche Kind*
Präpositionalgruppen	*mit dem Hund, zu dem fröhlichen Kind*
Adverbgruppen	*knapp daneben, nur heute, sehr oft*
Adjunktorgruppen	*Der Hund ist größer als die Katze. Er ist so groß wie ein Fuchs.*

Wortgruppen können im Satz Satzglieder oder Satzgliedteile sein und damit verschiedene Funktionen übernehmen, z. B.

Nominalgruppe	Präpositionalgruppe	Adjektivgruppe
• **Subjekt** (Wer oder Was?) *Mein neues Rad ist rot.* • **Objekt** (Wen oder was?) *Ich bekomme ein neues Rad.* • **Adverbial** (Wie lange?) *Wir warteten einen ganzen Tag.* • **Attribut** (Wessen?) *das Rad meiner Schwester*	• **Adverbial** (Wo?) *Wir warten auf dem Bahnhof auf unsere Freunde.* • **Präpositionalobjekt** (Auf wen oder was?) *Wir warten auf unsere Freunde.* • **Prädikativ** (Was sind wir?) *Wir sind in Bewegung.* • **Attribut** (Welches?) *das Haus am Waldrand*	• **Adverbial** (Wie?) → *Meine Eltern müssen sehr hart arbeiten.* • **Prädikativ** (Wie waren …?) *Der Frühling war sehr schön.* *Diese Ferien waren am schönsten.* • **Attribut** (Welcher?) *der sehr schöne Frühling*

V07 Das Feldermodell

Man kann die **Struktur von Sätzen** mithilfe des Feldermodells untersuchen und beschreiben. Das Modell zeigt die Position des **Prädikats** und der verschiedenen **Satzglieder**. Bei mehrteiligen Prädikaten steht in der **linken Verbklammer** die finite (konjugierte) Verbform, sie bildet zusammen mit dem Rest des Prädikats in der **rechten Verbklammer** die **Satzklammer**.

	Satzklammer			
Vorfeld	linke Verbklammer	Mittelfeld	rechte Verbklammer	Nachfeld
Er	*holt*	*seine Schwester*	*ab.*	-
Der Hund	*hat*	*das Futter*	*gefressen,*	*weil …*

Satzglieder und Attribute erkennen und verwenden

Umstellprobe, Ersatzprobe, Weglassprobe und Erweiterungsprobe

Bei der **Umstellprobe** stellst du die Wörter im Satz um. Wörter, die bei Umstellungen immer zusammenbleiben, bilden gemeinsam ein Satzglied.

Sherlock Holmes' Erfolge	beruhen	stets	auf genauer Beobachtung und Schlussfolgerung.
Stets	beruhen	Sherlock Holmes' Erfolge	auf genauer Beobachtung und Schlussfolgerung.

Bei der **Ersatzprobe** ersetzt du mehrere Wörter durch ein einziges Wort, etwa durch ein Pronomen.

Die erdrückenden Beweise	überführten	den Täter.
Sie	überführten	ihn.

Bei der **Weglassprobe** (A → B) lässt du Wörter oder Wortgruppen weg. So kannst du feststellen, welche Satzglieder oder Teile von Satzgliedern unbedingt notwendig sind. In der Umkehrung ergänzt die **Erweiterungsprobe** (B → A) hilfreiche Informationen, damit du durch Attribute oder Adverbiale genauer oder anschaulicher schreibst.

A	Der erfolgreiche Detektiv	erlangte	mit der Verbrecherjagd	weltweit	Berühmtheit.
B	Der Detektiv	erlangte			Berühmtheit.

Das Prädikat als Kern des Satzes

Ohne Prädikat gibt es keinen Satz.
Du erfragst es mit: *Was tut jemand? Was geschieht?* — *Der Kommissar ermittelt.*
Das Prädikat besteht aus mindestens einem **Verb**.
Es kann **einteilig** oder **mehrteilig** sein. — *Er hat den Fall erfolgreich gelöst.*

Satzglieder erfragen

• **Subjekt**	*Wer oder Was?*	*Der Verdächtige ist auf der Flucht.*
• **Objekte**		
– Akkusativobjekt	*Wen oder Was?*	*Die Polizei verfolgt den Dieb.*
– Dativobjekt	*Wem?*	*Der Richter vertraut der Zeugin.*
– Genitivobjekt	*Wessen?*	*Er wird des Diebstahls beschuldigt.*
– Präpositionalobjekt	*Präposition + wem oder wen?*	*Die Polizei fahndet nach ihm.*
	Wo + Präposition?	*Die Bestohlene hofft auf Hilfe.*
• **Adverbiale**		
– Temporaladverbiale: Zeit	*Wann? Wie lange? Seit wann? Wie oft?*	*Zwei Stunden später* *konnte die Polizei den Dieb*
– Kausaladverbiale: Grund	*Warum? Weshalb?*	*wegen der Täterbeschreibung*
– Modaladverbiale: Art und Weise	*Wie? Auf welche Art und Weise?*	*auf frischer Tat*
– Lokaladverbiale: Ort	*Wo? Wohin? Woher?*	*in der Nähe des Wohnhauses* *fassen.*

Teile von Satzgliedern: Attribute

Attribute sind **keine Satzglieder**, sie sind **Teile von Satzgliedern**. Sie bleiben bei der Umstellprobe mit den anderen Wörtern des Satzglieds zusammen.
Sie bestimmen ein Nomen näher.
Es gibt verschiedene Arten von Attributen:

- Adjektivattribut — *ein spektakulärer Fall*
- Präpositionalattribut — *die Geheimnisvollste von ihnen*
- Genitivattribut — *der berühmteste Detektiv der Welt*
- Nebensatz, z. B. Relativsatz — *Er war derjenige, der alle Spuren zusammenführte.*

So geht's

Adverbiale und Attribute unterscheiden

Harry Voß: 13 Wochen

„13 Wochen" ist ein fesselnder Roman für Jugendliche. Während eines extremen Gewitters erlebt Simon, die Hauptfigur des Romans, etwas sehr Merkwürdiges: Er sieht nachts sein Spiegelbild im Fenster, doch plötzlich teilt sich dieses und er sieht hinter der Fensterscheibe sein Ebenbild. Der einzige Unterschied ist, dass sein Doppelgänger wegen des strömenden Regens klatschnass ist. Schritt für Schritt entfernt sich Simon vom Fenster, ohne seinen Blick von der Gestalt zu lösen. Nach einigen Schrecksekunden krabbelt Simon auf allen Vieren zum Lichtschalter, schaltet das Licht aus und späht nach draußen. Nichts ist zu sehen, rein gar nichts. Alles nur die Einbildung eines Teenagers, könnte man denken. Doch am nächsten Tag auf dem Schulweg beobachtet Simon ungläubig, wie sein Doppelgänger dem überfüllten Bus hinterherläuft. Von da an kommt es zu vielen sonderbaren Vorfällen. 13 Wochen lang ist Simon dazu gezwungen, in die Haut seines Doppelgängers zu schlüpfen. Er muss etwas Schlimmes verhindern. Dazu braucht er Nerven aus Stahl und lernt viel über sich selbst.

Adjektivattribut
präpositionales Attribut
Temporaladverbial,
Adjektivattribut

Genitivattribut

Temporaladverbial
Lokaladverbial
Modaladverbial

Lokaladverbial

Adjektivattribut
Modaladverbial
Lokaladverbial
Temporaladverbial
Modaladverbial
Lokaladverbial
Lokaladverbial

Temporaladverbial, Lokaladverbial
Modaladverbial
Adjektivattribut

Temporaladverbial, Adjektivattribut
Temporaladverbial
Genitivattribut
präpositionales Attribut

temporal = zeitlich, lokal = örtlich,
modal = Art und Weise

Nebensätze unterscheiden

V09–V11

Adverbialsätze unterscheiden und verwenden

Adverbialsätze informieren über nähere Umstände und Zusammenhänge von Handlungen. Du kannst nach der Art der Information verschiedene Adverbialsätze unterscheiden.

Adverbialsatz	Fragen	Eingeleitet durch	Beispiel
Temporalsatz: Zeit	Wann? Wie lange? Seit wann? Bis wann?	als, während, bis, bevor, ehe, nachdem, sobald	*Sobald der Mond hinter Wolken verschwunden war, kamen sie aus ihrem Versteck.*
Kausalsatz: Grund, Ursache	Warum? Weshalb? Wieso? Weswegen?	weil, da, zumal	*Weil er abgelenkt war, nahm das Unheil seinen Lauf.*
Finalsatz: Zweck, Absicht	Wozu?	damit, auf dass	*Halte die Augen offen, damit dir nichts entgeht.*
Lokalsatz: Ort, Richtung	Wo? Wohin? Woher?	wo, wohin, woher	*Woher die Biester kamen, wusste keiner.*
Modalsatz: Art und Weise	Wie? Auf welche Art und Weise?	indem, (so) wie, (anders) als, ohne dass, als ob	*Ohne dass irgendjemand etwas bemerkt hätte, war der Gastgeber spurlos verschwunden.*

Subjekt- und Objektsätze unterscheiden und verwenden

Subjekte und Objekte können auch Nebensätze sein. Du kannst sie erfragen.

Subjektsatz

Wer oder was?

Wer ein exzellenter Beobachter ist, kann mysteriöse Fälle lösen.

→ Wer oder was kann mysteriöse Fälle lösen?
ein exzellenter Beobachter

Objektsatz

Wen oder was?

Die Detektivin bemerkt, dass die Bühnenanlage manipuliert worden ist.

→ Wen oder was bemerkt die Detektivin?
die Manipulation der Anlage

Relativsätze oder Attributsätze erkennen und verwenden

Ein Relativsatz ist eine Form des Attributs.
Er gibt Informationen zu dem Nomen, auf das er sich bezieht, und steht meist dahinter.
Eingeleitet wird ein Relativsatz durch ein Relativpronomen.

Das Geständnis, das der Verhaftete ablegte, war unwahr.

Das Relativpronomen bezieht sich auf das vorausgehende Nomen.

Der Dieb flüchtete durch den Kellereingang, der nicht abgeschlossen war.

Regeln und Strategien der Rechtschreibung

Du musst die Schreibung der meisten Wörter nicht auswendig lernen. Bei vielen Wörtern kannst du die Schreibweise mithilfe der Strategien Zerlegen, Ableiten und Verlängern sowie den Regeln für die Großschreibung erkennen.

Strategie Zerlegen – Wörter in Silben zerlegen

V13 Das Zerlegen von zweisilbigen Wörtern hilft dir, viele Wörter richtig zu schreiben, da sie meist einen typischen Aufbau haben:

- Jede Silbe enthält einen Vokal.
- Die zweite Silbe beginnt immer mit einem Konsonanten und enthält ein **e**.

Wichtig für Wörter
- mit **i** und **ie** → *fin|den, Tie|re*
- mit silbentrennendem **h** → *frü|her*
- mit Doppelkonsonanten → *Affen*
- mit **tz** oder **ck** → *Katze, Brücke*

So kannst du Wörter in Silben zerlegen:

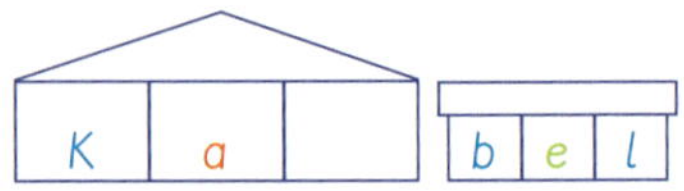

- Im Haus-Garage-Modell ist bei **offenen Silben** das dritte Zimmer im Haus unbesetzt und der **Vokal wird lang gesprochen.**

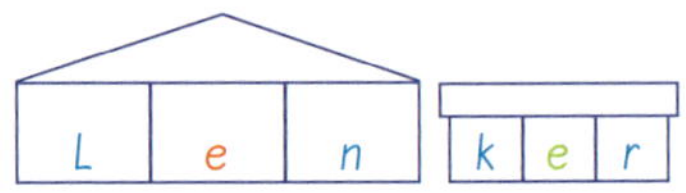

- Im Haus-Garage-Modell ist bei **geschlossenen Silben** das dritte Zimmer im Haus besetzt und der **Vokal wird kurz gesprochen.**

Strategie Verlängern

V23 Das Verlängern von Wörtern hilft dir, die Schreibung am Wortende zu klären.

Wichtig für Wörter
- mit **s**, **ss** und **ß** am Wortende → *Kreis, Biss, Gruß*
- mit **b**, **d** und **g** am Wortende → *gelb, Feld, Weg*
- mit **p**, **t** und **k** am Wortende → *Typ, weit, Bank*

So kannst du Wörter verlängern:
Am **Ende von Wörtern** klingen **s**, **ss** und **ß**, **b** und **p**, **d** und **t**, **g** und **k** gleich. Willst du wissen, wie das Wort am Ende geschrieben wird, musst du es verlängern:

- Bei **Nomen** bildest du den Plural.
  → *Kreis – Kreise, Biss – Bisse, Gruß – Grüße, Erfolg – Erfolge*
- Bei **Verben** bildest du den Infinitiv oder die wir-Form.
  → *er schob – (wir) schoben*
- Bei **Adjektiven** hilft dir die Steigerung.
  → *rund – runder*

Strategie Ableiten

V24 Das Ableiten hilft dir, bei ähnlich klingenden Lauten die richtige Schreibung zu finden.

Wichtig für Wörter
- mit **ä** oder **e** → *Wälder*
- mit **äu** oder **eu** → *Bäume*

So kannst du Wörter ableiten:
In vielen Wörtern klingen **ä** und **e**, aber auch **äu** und **eu** gleich.

- Findest du ein verwandtes Wort mit **a** und **au**, schreibst du **ä** oder **äu**.
  → *Wälder – Wald, Bäume – Baum*
- Gibt es kein **verwandtes Wort** mit **a** oder **au**, schreibst du **e** oder **eu**. → *Schere, Heu*

Regeln der Großschreibung

V14, V25

Die Großschreibung von Wörtern hilft dir beim Lesen. Nomen werden immer großgeschrieben.

Wichtig für Wörter
bei denen dir nicht klar ist, ob sie großgeschrieben werden.

Da oben fliegen
große Luftballons!
große, rote Luftballons!
große, rote, leuchtende Luftballons!

So kannst du überprüfen, ob Wörter großgeschrieben werden:
- mit dem Wissen über die Begleiter von Nomen (bestimmte und unbestimmte Artikel und weitere Artikelwörter)
- mit Adjektiven, die man davorsetzen kann (Treppensätze)
- wenn die Wörter auf **-heit**, **-keit**, **-ung**, **-nis**, **-schaft** enden
- mit Merkwissen: immer großgeschrieben werden **Satzanfänge**, **Eigennamen** (Personen-, Orts-, Straßennamen), **Titel** von Menschen und Werken, **Feiertage** und **feste Wendungen**

Merken

Für einige Wörter gibt es keine Regeln. Du musst dir die Schreibung der sogenannten Merkwörter einprägen.

Wichtig für Wörter
- mit **v/V** → *von, vergessen, vielleicht, Vater*
- mit stummem **h** → *Fehler, nehmen, Gewohnheit, fahren*
- mit **ks**-Laut → *Wachs, Axt*
- mit Doppelvokal und **ai** → *Boot, Haar, Fee, Kaiser*
- und Fremdwörter: → *Atmosphäre, explodieren, Cousin*

So kannst du dir Wörter merken:
- Merkstellen markieren
- Merkwörter mehrfach schreiben
- Wortkarten anlegen
- Wörterlisten mit Merkwörtern erstellen
- Sätze mit den Merkwörtern bilden
- Merkverse erfinden und lernen
- Wörter aus der Wortfamilie suchen
  › *fahren, Fahrrad, Fähre …*
- im Wörterbuch nachschlagen
  → *Wachs, Axt*

Wörter mit s-Laut schreiben

V26

Für **s**-Laute gibt es drei Schreibungen: **s**, **ss** und **ß**.
Schreibe **s**, wenn der **s**-Laut weich und summend (stimmhaft) gesprochen wird.
→ *Hase, sauber*
Schreibe **ss** oder **ß**, wenn der **s**-Laut scharf und zischend (stimmlos) gesprochen wird.
→ *Schüssel, Soße*
! Einsilber müssen verlängert werden. → *Spaß – Späße, Kuss – Küsse, Gras – Gräser*

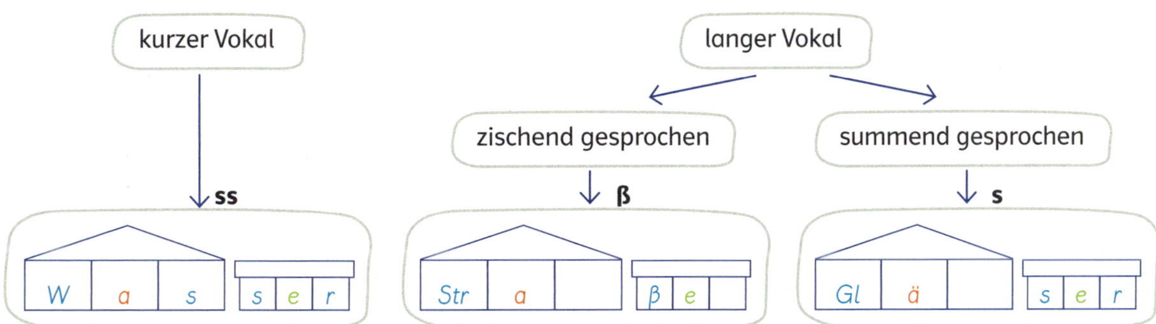

Wörter mit i-Laut schreiben

Schreibe **i**, wenn die erste **Silbe geschlossen** ist. → *K i n | d e r*

Schreibe **ie**, wenn die erste **Silbe offen** ist. → *R ie | s e*

! Merke dir die **i**-Schreibung bei Ausnahmen → *Igel, ihr, ihnen* und Fremdwörtern → *Benzin, Kilo, minus*.

V27 ▷

Fremdwörter schreiben

Häufige Fremdwortbestandteile beachten
Gehört zu dem Wort ein typisches Suffix oder Präfix?

informativ
Innovation
Management
Strategie
Transport
Geografie
multikulturell
prähistorisch

Typische Buchstaben und Buchstabenverbindungen beachten
Gibt es typische Buchstabenverbindungen aus der Herkunftssprache?

ou: Sound, Souvenir
y: System, Party
ai: Saison, Taille
at/et/ot: Etat, Budget, Trikot
th: Thermik, Thermometer
ph: Phänomen, Phase
rh: Rhythmus, Rhetorik
ch: Chance, Champion

So geht's

Fremdwörter schreiben

Viele Reiseveranstalter bieten den Touristen sportliche Aktivitäten an. So gibt es in Hotels oft Animationen, die im Pool mit Gymnastik beginnen, aber auch Attraktionen wie waghalsiges Paragliding können auf dem Programm stehen. Natürlich gibt es dafür Spezialisten, die genügend Wissen über die nötige Thermik mitbringen, damit alles funtioniert. Für sie gibt es keine Routine, jedes Detail am Fallschirm wird vor dem Sprung exakt überprüft. Gleiches gilt auch für das Canyoning, das Flusswandern mit Klettereinsätzen und Wasserfallsprüngen. Solange nichts passiert, macht dies alles viel Spaß, aber etwas Kondition sollte man schon mitbringen.

typische Buchstaben und Buchstaben-verbindungen

typische Prä- und Suffixe

Verben getrennt schreiben und zusammenschreiben

Die Getrennt- und Zusammenschreibung von Verben hängt sowohl von der **Bedeutung** und **Betonung** der Wörter ab als auch von der **Wortart des Wortes**, mit der das Verb eine Verbindung eingeht.

Betonung

Betonst du beim Sprechen nur **einen Bestandteil**, wird das Verb **zusammengeschrieben**. *auffallen, dableiben, zusammentragen*

Sprichst du **beide Bestandteile** betont, schreibst du **getrennt**. *da bleiben, zusammen tragen*

Bedeutung
Entsteht eine **neue Gesamtbedeutung**, indem die Bedeutung der einzelnen Bestandteile verblasst, schreibst du die Verbindung **zusammen**.

Lass uns die Kiste zusammen tragen. (gemeinsam heben) → Er will alle Rekorde zusammentragen. (sammeln)

Verbindungen mit dem Verb **sein** schreibt man getrennt, wenn sie nicht nominalisiert werden. *dabei sein, vorhanden sein, aber: das Vorhandensein*

Adjektiv-Verb-Verbindungen

Auch bei Verbindungen aus Adjektiv und Verb kannst du die Betonungs- und Bedeutungsregeln anwenden.

Adjektiv-Verb-Verbindungen werden **zusammengeschrieben**, wenn

- eine **neue Gesamtbedeutung** entsteht. Beachte: Kannst du nicht genau entscheiden, ob die Gesamtbedeutung neu ist, sind beide Schreibweisen erlaubt. — *Den Rekord zu halten, wird ihm schwerfallen. aber: klar werden/ klarwerden*
- du das Adjektiv **nicht sinnvoll steigern** kannst. — *den PC hochfahren, nicht: höher fahren*
- du das Adjektiv **nicht mit *sehr* erweitern** kannst. — *den Angeklagten freisprechen, nicht: sehr freisprechen*

So geht's

Verben getrennt und zusammenschreiben

Taucher, Ballkünstler und Sänger im Reich der Tiere

In vielen Bereichen halten Tiere Rekorde. So können Schnabelwale besonders tief tauchen und auf diese Weise Höchstleistungen vollbringen. Die meisten Hunde können besser hören und feiner riechen als Menschen. Geparden können unfassbar schnell sprinten, sodass ihre Beute kaum davonkommt. Es gibt aber auch fragwürdige „Rekorde" bei Tieren. In Zirkussen oder Tierparks sieht man schon einmal einen Kakadu Inlineskater fahren oder Robben Ball spielen. Diese Kunststücke sollen die Gäste auf Fotos festhalten. Den Tieren zuliebe sollte man solche Tricks lieber bleiben lassen/bleibenlassen. In der freien Natur muss man Geduld haben, will man Tiere beobachten. Vogelfans sollten ganz besonders gut achtgeben/Acht geben und ihre Ferngläser scharf stellen/scharfstellen, denn die meisten Vögel sind scheu und können sehr weit sehen. Ohnehin sind es die Stimmen der gefiederten Tiere, die einen zuerst aufhorchen lassen. Der lauteste Vogel der Welt lebt übrigens im brasilianischen Regenwald. Mit bis zu 113 Dezibel will der männliche Zapfenglöckner sein Interesse an einem Weibchen kundtun und kann damit locker mit der Lautstärke einer Motorsäge mithalten. Hierzulande wetteifern Zaunkönig und Amsel um den lautesten Gesang.

- Das Adjektiv in der Verbindung ist steigerbar und mit *sehr* erweiterbar. → getrennt schreiben
- Die Verbindung hat eine neue Gesamtbedeutung. → zusammenschreiben
- Nomen-Verb-Verbindung → getrennt schreiben
- Es sind beide Schreibweisen gültig.
- Verb-Verb-Verbindung → getrennt schreiben
- In der Verbindung ist die Bedeutung des Nomens nicht mehr erkennbar. → zusammenschreiben

Nomen-Verb-Verbindungen und Verb-Verb-Verbindungen

Nomen-Verb-Verbindungen und Verb-Verb-Verbindungen schreibt man **in der Regel getrennt**.

Rad fahren, Ski laufen, laufen lernen, lesen üben

Nomen-Verb-Verbindungen, bei denen die Bedeutung des Nomens nicht mehr erkennbar ist, schreibt man zusammen.

teilhaben, nicht: (einen) Teil haben

Beide Schreibweisen sind erlaubt bei

- Verbindungen mit **bleiben** oder **lassen**, wenn die Verbindung im übertragenen Sinn gebraucht wird.
  den Schirm liegen lassen/liegenlassen (vergessen)
- der Verbindung aus **kennen** und **lernen**.
  kennen lernen/kennenlernen

Einen Text überarbeiten

Einen Text zu überarbeiten heißt, die sprachliche Richtigkeit zu überprüfen. In dieser Korrekturschleife kannst du nicht nur Rechtschreibfehler, sondern auch grammatikalisch Falsches und Flüchtigkeitsfehler finden.

1 Schritt 1
Lies den Text einmal und überprüfe ihn **inhaltlich**, z. B. *Sind die Zusammenhänge klar? Ist der Aufbau logisch?*

2 Schritt 2
Lies den Text ein zweites Mal und überprüfe deine **Wortwahl**, z. B. *Sind die Wörter treffend? Drücken sie aus, was du sagen willst? Passen sie zum restlichen Text?*

3 Schritt 3
Korrigiere die **Rechtschreibfehler**. Achte z. B. auf *Doppelkonsonanten, Einzelbuchstaben wie h, ie/i und s/ss/ß, Trennungen am Zeilenende, dass/das, Zeitformen, Endungen.*

weitere Tipps

- Lass eine **andere Person** deinen Text lesen und bitte sie um Feedback.
- Bei getippten Texten: Verändere die **Schriftart**, dann fallen Fehler wieder auf.
- Lass deinen Text **einen Tag liegen**. Mit frischem Blick findest du wieder Fehler.

Satzzeichen richtig setzen

Kommasetzung bei Reihungen

- **bei Wörtern:** *Zeugenaussagen, Telefonmitschnitte und Fingerabdrücke überführten sie.*
- **bei Wortgruppen:** *Seine Aufgabe bestand im Führen des Protokolls, der Betreuung der Zeugen und der Koordination der Termine.*

Kommasetzung bei Satzgefügen

Jeder Hauptsatz und Nebensatz besitzt in der Regel ein **Subjekt** und ein **finites Verb**.
Satzgefüge bestehen aus mindestens einem **Hauptsatz (HS)** und mindestens einem **Nebensatz (NS)**.
Haupt- und Nebensatz werden durch **Komma** voneinander getrennt.

- **Hauptsatz, Nebensatz:** *Die Täter flüchteten, bevor die Polizei eintraf.*
- **Nebensatz, Hauptsatz:** *Als die Polizei eintraf, hatten die Täter schon die Flucht ergriffen.*
- **eingeschobener Nebensatz:** *Die Täter, die von einer Bewohnerin überrascht wurden, ergriffen die Flucht.*

Hauptsatz (HS)
Im Hauptsatz steht das finite Verb in der Regel **nach dem ersten Satzglied.**
Die Täter flüchteten, bevor die Polizei eintraf.
Wenn der **Nebensatz vor dem Hauptsatz** steht, steht das finite Verb **nach dem Komma am Anfang** des Hauptsatzes.
Als die Polizei eintraf, flüchteten die Täter.

Nebensatz (NS)
Im Nebensatz steht das finite Verb an **letzter Stelle**. Nebensätze werden häufig durch Subjunktionen eingeleitet.
Die Täter flüchteten, bevor die Polizei eintraf.

Kommasetzung bei Satzreihen (Satzverbindungen)

Satzreihen bestehen aus **mindestens zwei Hauptsätzen**. Sie können **ohne Konjunktion** stehen, dann muss man ein Komma setzen.

Der Einbruch blieb zum Glück erfolglos, die Täter flohen ohne Beute.

Das Komma fällt weg, wenn sie mit den folgenden Konjunktionen verknüpft werden: *und, sowie, oder, sowohl … als auch, entweder … oder*

Die Fensterscheibe hatten die Einbrecher eingeschlagen, der Boden war mit Scherben übersät und auf dem Parkett zeichneten sich Fußabdrücke ab.

Satzgefüge und Satzreihe kannst du an bestimmten Merkmalen **unterscheiden**.

Beispiel	*Die Polizei fasste die Täter, weil der Nachbar eine genaue Beschreibung lieferte.*	*Die Polizei fasste die Täter, denn der Nachbar lieferte eine genaue Beschreibung.*
Merkmale	finites Verb im Nebensatz an letzter Stelle und Subjunktion	finites Verb in beiden Teilsätzen nach dem ersten Satzglied und Konjunktion
Bestimmung	Satzgefüge (HS, NS)	Satzreihe (HS, HS)

Kommasetzung bei Einschüben und Ergänzungen

Ergänzungen trennst du vom übrigen Satz durch ein Komma. Sind sie eingeschoben (z. B. Apposition), trennst du sie mit zwei Kommas (paariges Komma).

Einschübe werden häufig mit diesen Wörtern eingeleitet: *und zwar, zum Beispiel, vor allem, nämlich …*

Die Spurensuche gestaltete sich, vor allem wegen des Regens, schwierig.

Apposition
Die Apposition bestimmt ein Nomen näher und steht im selben Kasus wie dieses.

Die Zeugin, eine Joggerin, konnte nur eine vage Personenbeschreibung abgeben.

Sich auf Klassenarbeiten vorbereiten

1 Langfristig planen

- Was sollst du wissen/können?
- Bis wann?
- Wann hast du Zeit?

2 Lernen

für einen ungestörten Arbeitsplatz sorgen

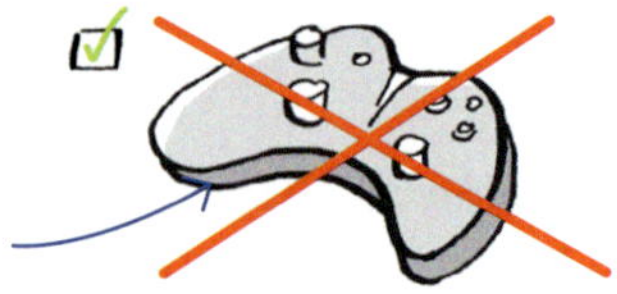

das Buch nutzen

So geht's

Arbeitstechnik- und Merkekästen

Checklisten

Gelerntes verstehen

mit eigenen Worten wiedergeben

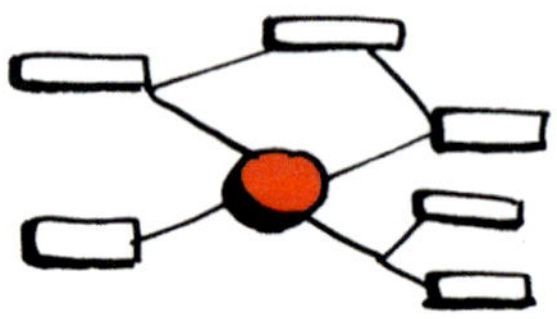

Mindmap erstellen

Eselsbrücken bauen

3 Üben

das Buch nutzen

Trainingsseiten

Abschlussseiten

Beispiellösung

Üben gestalten

mit anderen lernen

Pause machen

sich bewegen

Feedback

V28 Beim Feedback geben dir andere Personen eine Rückmeldung zu deinen Ergebnissen. Sie sagen dir, was du gut gemacht hast oder woran du vielleicht noch arbeiten musst. Du kannst selbst anderen ein Feedback geben.

Feedback geben

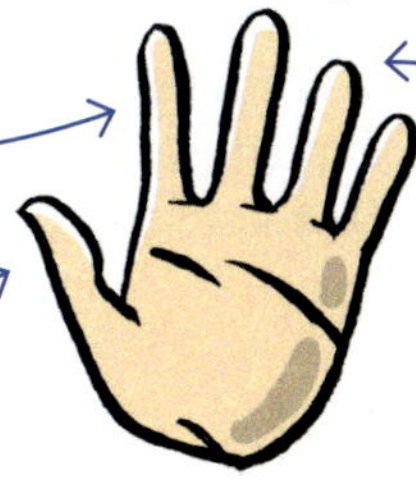

Feedback nehmen

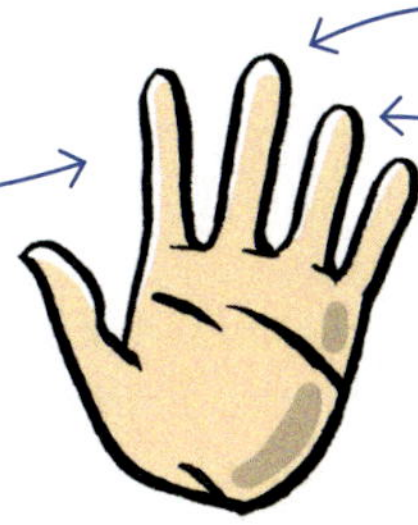

Interview

V29 In einem Interview ermittelt man mithilfe gut ausgewählter Fragen wichtige Informationen.

Vorbereitung:

1. Überlege, was du über ein Thema wissen willst und was daran interessant ist.
2. Wähle Themenbereiche und formuliere Fragen dazu. Nutze Karteikarten.
3. Bringe die Fragen in eine sinnvolle Reihenfolge.

Durchführung:

1. Stelle dich zu Beginn des Interviews vor und nenne das Thema.
2. Stelle deine Fragen und notiere dir Stichworte zu den Antworten.
3. Bedanke dich bei der interviewten Person.

Kugellager

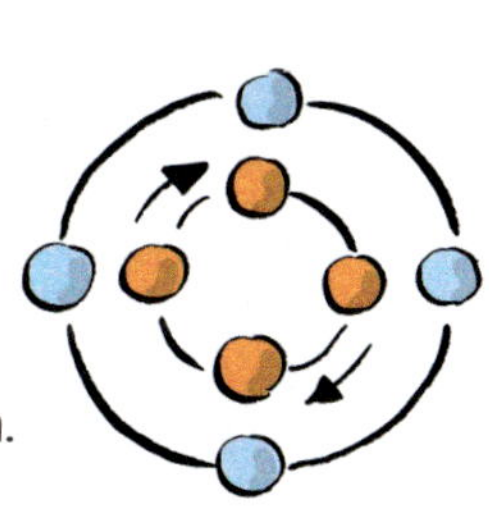

Mit der Kugellager-Methode kann man innerhalb von Gruppen Meinungen austauschen.

1. Bildet zwei Gruppen und setzt euch in einen Innen- und einen Außenkreis, sodass sich die gegenübersitzenden Personen anschauen.
2. Die Personen, die sich gegenübersitzen, sprechen miteinander über ein Thema oder tauschen ihre Meinungen aus.
3. Nach einer festgelegten Zeit rutscht die Person im Innenkreis einen Platz weiter und tauscht sich mit der nächsten Person aus.
4. Der Vorgang kann mehrfach wiederholt werden.

Placemat

V30 Die Placemat-Methode hilft euch, komplexe Fragestellungen gemeinsam zu beantworten.

1. Zeichnet auf ein Blatt Papier einen Kasten in die Mitte und teilt gleich große Teile am Rand ab.
2. Jeder schreibt Antworten zur Fragestellung in sein Feld.
3. Lest alle Antworten und besprecht sie.
4. Notiert das Ergebnis eurer Diskussion im Kasten in der Mitte.

für eine Vierergruppe

Portfolio/E-Portfolio

V31 In einem Portfolio oder auch einem digitalen E-Portfolio kannst du alle Notizen, Bilder und Beiträge zu einem Thema sammeln.

1. Lege ein Inhaltsverzeichnis an und vervollständige es am Ende.
2. Hefte deine bisher gesammelten Informationen dazu ab oder speichere sie ab.
3. Ergänze auch Materialien, die du selbst gefunden oder erstellt hast.
4. Gestalte die erste Seite (oder den Einband).
5. Ergänze dein Portfolio fortlaufend.

Rollen spielen

1. Mache dir die Zusammenhänge, in denen dein Text steht, deutlich.
2. Erfasse die Stimmung in dem Text und lege deine Sprechweise fest.
3. Notiere in deinem Textabschnitt Lautstärke, Betonung und Pausen.
4. Lerne deine Textstellen auswendig.
5. Lege fest, wie du die Eigenschaften deiner Figur umsetzen kannst.
6. Probiere verschiedene Darstellungsformen. Verändere jeweils Körperhaltung, Mimik und Gestik.
7. Übe so lange, bis du mit deiner Darstellung zufrieden bist.

Schreibgespräch

In einem Schreibgespräch kann man Ideen und Beiträge zu einem Thema finden und austauschen oder auch schriftlich diskutieren.

1. Einigt euch auf ein Thema und einen Standpunkt, zu dem ihr Argumente sammelt. Nehmt einen großen Bogen Papier.
2. Eine Person beginnt und notiert ein Argument zum Thema.
3. Das Papier wird weitergegeben, die nächste Person in der Reihe reagiert auf das vorher Geschriebene. Dann schreibt sie ein weiteres Argument auf.
4. Das Papier wird so lange weitergegeben, bis alle ihre Meinungen zu den Argumenten und ihre eigenen Argumente aufgeschrieben haben.
   Beachtet, dass nicht gesprochen werden darf.

Schreibkonferenz

Die Schreibkonferenz haltet ihr in der Gruppe ab. Sie hilft euch, eigene Texte zu besprechen und anschließend zu überarbeiten.

1. Lest einen Text vor und gebt Rückmeldung, was euch besonders gut gefallen hat.
2. Werdet zu Spezialistinnen und Spezialisten. Verteilt die Aufgaben für:

Aufbau | wörtliche Rede | Gedanken und Empfindungen | abwechslungsreiche Wortwahl | Rechtschreibung

3. Jeder liest nun jeden Text noch einmal aufmerksam und notiert an den Rand, was gelungen ist und was weniger gelungen ist.
4. Besprecht den Text Abschnitt für Abschnitt in der Gruppe. Gebt Tipps für die Überarbeitung und macht Verbesserungsvorschläge.
5. Jeder erhält seinen Text zurück und kann seine Geschichte überarbeiten.

Aufbau

- Gibt es eine Einleitung, einen Hauptteil und einen Schluss?
- Werden in der Einleitung die wichtigsten W-Fragen beantwortet?
- Wird in der richtigen Reihenfolge erzählt?
- Gibt es einen Höhepunkt?
- Werden am Schluss alle Fragen geklärt?

wörtliche Rede

- Kommt die wörtliche Rede vor?
- Wird die wörtliche Rede richtig mit Anführungszeichen gekennzeichnet?

abwechslungsreiche Wortwahl

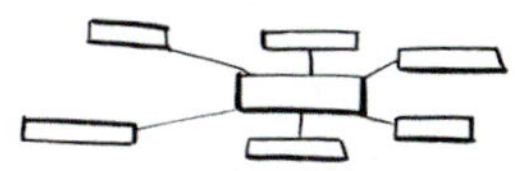

- Werden treffende Verben verwendet?
- Gibt es abwechslungsreiche Verben in den Redebegleitsätzen?
- Werden abwechslungsreiche Adjektive verwendet?
- Gibt es unterschiedliche Satzanfänge?

Rechtschreibung

- Sind alle Wörter korrekt geschrieben?
- Sind die Satzzeichen richtig?

Gedanken und Empfindungen

- Werden möglichst alle Sinne angesprochen: Sehen, Riechen, Hören, Schmecken, Fühlen?
- Werden Gedanken und Gefühle angesprochen?

Think-Pair-Share

Mit der Think-Pair-Share-Methode erarbeitet man in drei Phasen allein und gemeinsam konkrete Aufgaben und Fragestellungen.

1. **Think** (ich): Löse die Aufgabe zuerst allein. Mache dir Notizen, damit du dein Ergebnis einer anderen Person vorstellen kannst.
2. **Pair** (ich und du): Stellt einander im Tandem eure Ergebnisse vor. Macht euch Notizen. Vergleicht und ergänzt eure Ergebnisse.
3. **Share** (wir): Stellt die Ergebnisse aus den Tandems in der Gruppe vor. Bereitet eine gemeinsame Präsentation in der Klasse vor.

Verzeichnis der Textarten

Krimis (Ausschnitte)

Lexikoneinträge

Rezensionen

Romanausschnitte

Sachtexte

Theaterstücke/szenische Texte (Ausschnitte)

Zeitungsberichte

Register

Textquellenverzeichnis

25 Heike Schaumburg: Chancen und Risiken digitaler Medien in der Schule. Medienpädagogische und -didaktische Perspektiven. (2015) Unter: https://www.bertelsmann-stiftung.de/fileadmin/files/BSt/Publikationen/GrauePublikationen/Studie_IB_Chancen_Risiken_digitale_Medien_2015.pdf (Zugriff 03.01.2022, bearb.); Zur besseren altersgemäßen Verständlichkeit wurde der Originaltext verändert, ohne den Inhalt und/oder Sinn zu verändern.; **30** Ulrich Hub: An der Arche um acht. Nathans Kinder. Zwei Theaterstücke für Kinder. Verlag der Autoren, Frankfurt/M. 2009, S. 12; **30.f.** Ulrich Hub: An der Arche um acht. Nathans Kinder. Zwei Theaterstücke für Kinder. Verlag der Autoren Frankfurt/M. 2009, S. 12, 14, 16f., 34f., 35f.; **31.1** ebd., S. 14; **31.2** ebd., S. 16; **33.f.** ebd., S. 34f.; **40** ebd., S. 16; **41** ebd, S. 27; **42.f.** ebd., S. 26–28; **44.f.** ebd., S. 10f.; **47** Katrin Lange: Freund Till, genannt Eulenspiegel. In: Spielplatz 25. Nah dran! Autoren im Kindertheater. Verlag der Autoren Frankfurt/M. 2012, S. 74; **52.1/2** Frauenanteil in der technischen Forschung und Entwicklung binnen zehn Jahren von 11 % auf 18 % gestiegen. Geschlechterunterschiede in einigen klassischen Frauen- und Männerberufen nehmen ab. Unter: https://www.destatis.de/DE/Presse/Pressemitteilungen/Zahl-der-Woche/2024/PD24_17_p002.html (Zugriff 05.11.2024, gek.); Zur besseren altersgemäßen Verständlichkeit wurde der Originaltext verändert, ohne den Inhalt und/oder Sinn zu verändern.; **52.3** Was ist der Girls'Day? Unter: https://www.girls-day.de/fakten-zum-girls-day/das-ist-der-girls-day/ein-zukunftstag-fuer-maedchen/deutsch (Zugriff 05.01.2023, bearb.); **52.4** Warum gibt es einen Boys'Day?. Unter: https://www.boys-day.de/ueber-den-boys-day/warum-gibt-es-einen-boys-day (Zugriff 03.01.2023, gek.); **63** Entgeltatlas Bundesagentur für Arbeit Bruttoverdienst. Unter https://web.arbeitsagentur.de/entgeltatlas/beruf/9907 (Zugriff 05.11.2024, bearb.); Zur besseren altersgemäßen Verständlichkeit wurde der Originaltext verändert, ohne den Inhalt und/oder Sinn zu verändern.; **80.1** Fredrik Vahle: Ich und du und der Drache Fu. Geschichten und Gedichte. Beltz & Gelberg Weinheim 2012, S. 106–110; **80.2** Fredrik Vahle: Gedicht vom Ich. Unter: http://www.fredrikvahle.de/pdf/Fredrik%20Vahle%20-%20Gedicht%20vom%20Ich.pdf (Zugriff 21.06.2021, gek.); **81** Hans Manz: Ich. In: Was für ein Glück. Hrsg. v. Hans-Joachim Gelberg. 9. Jahrbuch der Kinderliteratur. Beltz & Gelberg, Weinheim 1993, S. 216; **82** Karlhans Frank: Du und ich. Aus: Brücken bauen. Geschichten für Kinder zum Lesen und Weiterdenken. Hrsg. v. Jutta Modler. Herder Freiburg 1987, S. 96; **83.1** Lois Lowry: Hüter der Erinnerung. Roman. Übers. v. Anne Braun. Loewe Bindlach 1994, S. 81f.; **83.2** ebd., S. 86, 91/92; **84** ebd., S. 81f., 86, 91f. 102–106, 109f.; **86.1** Roswitha Fröhlich: Sieben Seelen. In: Was ich mit dem Gesicht machen kann. In: Hans Joachim Gelberg (Hrsg.): Das achte Weltwunder. Beltz & Gelberg Weinheim 1979, S. 133; **86.2** Jürg Schubiger: Wir passen zusammen. In: Jürg Schubiger: Der Wind hat Geburtstag. Peter Hammer Wuppertal 2010, S. 36; **87** Lois Lowry: Hüter der Erinnerung. Roman. Übers. v. Anne Braun. Loewe Bindlach 1994, S. 113–115; **88** Hans Manz: Wunder des Alltags. In: Überall und neben dir. Gedichte für Kinder in 7 Abteilungen. Hrsg v. Hans-Joachim Gelberg. Beltz & Gelberg Weinheim 1986, S. 55; **89** Lois Lowry: Hüter der Erinnerung. Roman. Übers. v. Anne Braun. Loewe Bindlach 1994, S. 119–122; **90** Josef Reding: Eine Brücke lasst uns bauen. In: Brücken bauen. Geschichten für Kinder zum Lesen und Weiterdenken. Hrsg. v. Jutta Modler. Herder Wien 1987, S. 143; **91** Lois Lowry: Hüter der Erinnerung. Roman. Übers. v. Anne Braun. Loewe Bindlach 1994, S. 152–154; **93.1** Heike Czech: Im Inneren. Unter: https://www.aphorismen.de/gedicht/97179 (Zugriff 03.01.2023, gek.); **93.2** Jason Segel, Kirsten Miller: Nightmares!, Bd. 3: Die Stunde der Ungeheuer. Übers. v. Nadine Mannchen. Cecilie Dressler Hamburg 2017, S. 11f.; **100.f.** Sandra Grimm: Ferien mit einer Leiche. In: Sandra Grimm: Der Tod kam durch die Hintertür. Loewe Bindlach 2009, S. 80–85; **102** Frank M. Reifenberg, Gina Mayer: Die Schattenbande legt los! bloomoon München 2014; **104 f.** Ingvar Ambjørnsen: Die Gangster von Steinsund. Ein Fall für Fillip Moberg. Übers. v. Gabriele Haefs. Sauerländer Düsseldorf 2007, S. 5, 8, 18, 19, 33, 59, 60, 109, 118,119; **107** Edgar Allan Poe: Das verräterische Herz. In: Ders.: Werke in 10 Bänden, Bd. 3: Kriminalgeschichten. Übers. v. Hedda Eulenberg. J. C. C. Brun's Minden 1901; **110.f.** Theodor Fontane: John Maynard. In: Unser Balladenbuch. Deutsche Balladen aus zwei Jahrhunderten. Hrsg. v. Ernst Stein. Kinderbuchverlag, Berlin 1959, S. 114–117; **116.f.** Otto Ernst: Nis Randers. In: Unser Balladenbuch. Deutsche Balladen aus zwei Jahrhunderten. Hrsg. v. Ernst Stein. Kinderbuchverlag, Berlin 1959, S. 117–119; **118.f.** Johann Wolfgang von Goethe: Der Zauberlehrling. In: Unser Balladenbuch. Deutsche Balladen aus zwei Jahrhunderten. Hrsg. v. Ernst Stein. Kinderbuchverlag, Berlin 1959, S. 54–58; **120.f.** Theodor Fontane: Gedichte. Hertz, Berlin 1898; **123** Eduard Mörike: Gedichte. S. Fischer Berlin 1906; **126** Anthony Horowitz: Stormbreaker. Übers. v. Karlheinz Dürr. Ravensburger Buchverlag, Ravensburg 2009 (Klappentext); **127** Martin Scholz: Anthony Horowitz. Der Mann, der James Bond und Sherlock Holmes ist. (22.08.2015) Unter: https://www.welt.de/kultur/literarischewelt/article145509877/Der-Mann-der-James-Bond-und-Sherlock-Holmes-ist.html (Zugriff 03.01.2022, gek.); **128** Anthony Horowitz: Stormbreaker. Übers. v. Karlheinz Dürr. Ravensburger Buchverlag Ravensburg 2009, S. 59-61; **130.1** ebd. S. 7; **130.2** ebd. S. 101f.; **130.3.f** ebd., S. 41f.; **134** Holly-Jane Rahlens: Max Minsky und ich. Übers. v. Ulrike Thiesmeyer. Rowohlt Taschenbuch Verlag, Reinbek bei Hamburg 2007 (Klappentext); **135** ebd., S. 173–176; **136** Holly-Jane Rahlens: Max Minsky und ich. Übers. v. Ulrike Thiesmeyer. Rowohlt Taschenbuch Reinbek b. Hamburg 2007, S.142, 35, 36, 194, 195, 154; **137** ebd., S. 94; **138.1** James Krüss: Timm Thaler oder Das verkaufte Lachen. Hamburg. Verlag Friedrich Oetinger 2021, © 1962; **138.2** ebd., S. 20–21; **139.1** James Krüss: Timm Thaler oder Das verkaufte Lachen. Friedrich Oetinger Hamburg 2021, S. 27; **139.2** ebd., S. 40; **142.1** Otfried Preußler: Krabat. Thienemann Stuttgart 1991 (Klappentext); **142.2** Otfried Preußler: Krabat. Thienemann Stuttgart 1991, S. 254f.; **147.1** Roswitha Budeus-Budde: Nachruf: Leonie Ossowski gestorben. (05.02.2019) Unter: https://www.sueddeutsche.de/kultur/nachruf-leonie-ossowski-gestorben-1.4317243 (Zugriff 03.01.2023, gek.); **147.2** Leonie Ossowski: Die große Flatter. Fischer TB Frankfurt/M. 1980; **156.1** Marc Szeglat: Vulkane für Schüler. Unter: http://www.vulkane.net/lernwelten/schueler/aktiv1.html (Zugriff 12.11.2019, gek.); **156.2** Vulkane: Womit uns die Feuerspucker beschenken. (17.01.2018) Unter: https://www.br.de/themen/wissen/vulkan-vulkanismus-nutzen-100.html (Zugriff 12.11.2019, bearb.); Zur besseren altersgemäßen Verständlichkeit wurde der Originaltext verändert, ohne den Inhalt und/oder Sinn zu verändern; **157** Susanne Stockmann: Sechster Sinn: Warnen Ziegen vor Vulkanausbrüchen? (09.10.2014) Unter: https://www.tz.de/leben/tiere/sechster-sinn-warnen-ziegen-vulkanausbruechen-4082382.html (Zugriff 12.11.2019, bearb.); Zur besseren altersgemäßen Verständlichkeit wurde der Originaltext verändert, ohne den Inhalt und/oder Sinn zu verändern.; **158** Alexander Stahr: Energie aus der Erde. (21.05.2001) Unter: https://www.wasistwas.de/archiv-wissenschaft-details/energie-aus-der-erde.html (Zugriff 11.11.2019, gek.); **159** Jochen Zielke, Wolfgang Richter: Erdwärme. (12.10.2018) Unter: https://www.planet-wissen.de/technik/energie/erdwaerme/index.html (Zugriff 12.11.2019, gek.); **163** Guido Kleinhubbert: Donnerschlag unter Wasser. (23.05.2022) Unter: https://www.spiegel.de/wissenschaft/natur/solomonen-ausbruch-von-unterwasservulkan-hinterlaesst-spuren-im-meer-a-14f3acf4-9608-412f-9448-bf6d8533e3ba (Zugriff 12.01.2023, gek.); **166.1** Leonie Proscurcin: Entdecke die Beuteltiere. Natur und Tier Verlag Münster 2016 (Klappentext); **166.2** Bill Bryson: Frühstück mit Kängurus. Australische Abenteuer. Übers. v. Sigrid Ruschmeier. Goldmann München 2002 (Klappentext); **168.1** Gabi Warnke: Die Arme der Beuteltiere haben Vorsprung. (05.11.2011) Unter: https://www.spektrum.de/alias/entwicklungsbiologie/die-arme-der-beuteltiere-haben-vorsprung/1058177 (Zugriff 13.11.2019, gek.); **168.2** Barbara Kiesewetter: Känguru. Unter: https://www.kindernetz.de/oli/tierlexikon/-/id=74994/vv=verhalten/nid=74994/did=82856/ende6x/ (Zugriff 13.11.2019, gek.); **173** David Frogier de Ponlevoy: Vietnam 151. Portrait eines Landes in ständiger Bewegung in 151 Momentaufnahmen. Conbook-Verlag Meerbusch 2013 (Klappentext); **176.1** Nancy Allmrodt: Infoblatt Tuareg. (2007) Unter: https://www.klett.de/alias/1004284 (Zugriff 11.11.2019); **176.2** Tuareg. In: OUTDOOR EQUIPMENT SCOUTDOOR GMBH 96/04, S. 7. Unter: http://www.scoutdoor.de/tuareg.html (letzter Zugriff 16.6.2016, gek.); **177.1** Anja Fischer: Mobile Architektur. Unter: http://imuhar.eu/site/de/imuhar-tuareg/zelte.php?searchresult=1&sstring=mobile+architektur (Zugriff 12.11.2019, gek.); **177.2** Holger Stiebritz: Die Völker der zentralen Sahara. Unter: http://www.voelker-der-erde.de/voelker/sahara.htm (letzter Zugriff 2016, gek.); **178.f.** Annina-Kim: Tuareg – Das von Gott verlassene Wüstenvolk. (27.07.2006) Unter: http://www.helles-koepfchen.de/artikel/1785.html (Zugriff 12.01.2023, gek.); **180.1** Jens Glüsing: Machu Picchu Weltwunder in Gefahr. (27.04.2014) Unter: https://www.spiegel.de/spiegelgeschichte/machu-picchu-dem-ansturm-der-touristen-nicht-gewachsen-a-963951.html (Zugriff 12.11.2019, gek.); **180.2** Machu Picchu: Ruinenstadt der Inka. (19.07.2015) Unter: https://www.swr.de/schaetze-der-welt/machu-picchu/-/id=5355190/did=5977666/nid=5355190/4md2rn/index.html (Zugriff 13.11.2019, bearb.); **181.1** ebd.; **181.2** Söhnke Callsen: Machu Picchu: Die geheimnisvolle Ruinen-Stadt in den Bergen. (15.11.2015) © dpa Deutsche Presse-Agentur GmbH; **182.1** Nicole Potthoff: Azteken, Maya und Inka – Goldene Zeiten und ihr schlimmes Ende. Unter: http://www.kidsweb.de/schule/kidsweb_spezial/indianer_spezial/azteken_maya_inka.htm (Zugriff 12.11.2019, gek.); **185.1** Rainer Link: Sinti und Roma in Deutschland. (16.09.2018) Unter: https://www.deutschlandfunk.de/sinti-und-roma-in-deutschland-zwischen-integration-und-100.html (Zugriff 12.01.2023, gek.); **185.2** Ernst Eisenbichler: Zur Geschichte der Sinti und Roma. Der lange Weg von Indien nach Deutschland. (14.03.2018) Unter: https://www.br.de/themen/bayern/inhalt/geschichte/sinti-roma-geschichte100.html (Zugriff 12.01.2023, gek.); **190** JIM-Studie 2023. Jugend, Information, Medien. Basisuntersuchung zum Medienumgang 12- bis 19-jähriger. Unter: https://www.mpfs.de/fileadmin/files/Studien/JIM/2022/JIM_2023_web_final_kor.pdf, S. 36/37 (Zugriff 05.11.2024, bearb.); Zur besseren altersgemäßen Verständlichkeit wurde der Originaltext verändert, ohne den Inhalt und/oder Sinn zu verändern.; **196** Penny und die Physiker (Staffel 1 Folge 1). Unter: https://www.prosieben.de/tv/the-big-bang-theory/episoden/staffel-1/penny-und-die-physiker-staffel-1-folge-1 (Zugriff 21.06.2021, gek.); **234** Frank M. Reifenberg, Gina Mayer: Die Schattenbande legt los! bloomoon München 2014; **237** Jonas Erlenkämper: Jetzt gibt es die „Goldene Handschelle“ für dumme Verbrecher. (13.12.2017) Unter: https://www.abendzeitung-muenchen.de/muenchen/polizei-muenchen-ehrt-daemlichen-einbrecher-mit-der-goldenen-handschelle-art-430644 (Zugriff 12.01.2023, bearb.); Zur besseren altersgemäßen Verständlichkeit wurde der Originaltext verändert, ohne den Inhalt und/oder Sinn zu verändern.; **238.1** Anthony Horowitz: Stormbreaker. Übers. v. Karlheinz Dürr. Ravensburger Buchverlag Ravensburg 2009, S. 101f.; Zur besseren altersgemäßen Verständlichkeit wurde der Originaltext verändert, ohne den Inhalt und/oder Sinn zu verändern.; **238.2** Anthony Horowitz: Stormbreaker. Übers. v. Karlheinz Dürr. Ravensburger Buchverlag Ravensburg 2009, S. 101f.; **259** Jana: Der Könik wolte die Prinzessin nicht hergeben. Er verstegte sie in den Weldern. Das Schwain. Unter: https://www.buchkinderladen.de/p/und-der-koenig-wollte-die-prinzessin-nicht-hergeben-das-schwein (Zugriff 20.01.2023); **271** Lois Lowry: Hüter der Erinnerung. Übers. v. Anne L. Braun. dtv München 2008, S. 12f.; S. 84f., S. 97, S. 106f.; 193f.; **276** Robert Gernhardt: Gesammelte Gedichte 1954–2004. S. Fischer Frankfurt/M. 2005, S. 163f.; **278** Sprache: Unter: https://klexikon.zum.de/wiki/Sprache (Zugriff 17.01.2023, bearb.); Zur besseren altersgemäßen Verständlichkeit wurde der Originaltext verändert, ohne den Inhalt und/oder Sinn zu verändern.; **295** Franziska Gehm: Der Tote im Dorfteich. Sauerländer Düsseldorf 2008, Klappentext; **296** Franziska Gehm: Der Tote im Dorfteich. Sauerländer, Düsseldorf 2008; **297** Gottfried August Bürger: Die Schatzgräber. Unter: https://www.projekt-gutenberg.org/buerger/gedichte/chap043.html (Zugriff 17.01.2023); **298** Jörg Isermeyer: Ohne Moos nix los. Verlag für Bühne, Film und Funk, Berlin 2011, S. 1, 34, 40, **299** ebd., S. 44 ; **310** Franziska Gehm: Der Tote im Dorfteich. Sauerländer, Düsseldorf 2008; **310** Mira Lobe: Zwei Elefanten, die sich gut kannten. Jungbrunnen Wien 2014

Bildquellenverzeichnis

Cover.1 stock.adobe.com, Dublin (fStop); **Cover.2** Getty Images RF, München (Travelpix Ltd); **2.1** Goedelt, Marion, Berlin; **2.2** Picture-Alliance, Frankfurt/M. (dpa/Horst Ossinger); **2.3** Mauritius Images, Mittenwald (Robert Kneschke / Alamy); **3.1** Getty Images Plus, München (iStock/Kateryna Kukota); **3.2** ShutterStock.com RF, New York (Zurijeta); **4.1/2** Goedelt, Marion, Berlin; **4.2** Bohn, Maja, Berlin; **5.1** Krabat, Deutschland 2008, Regie: Marco Kreuzpaintner, Produktion: Claussen+Wöbke+Putz Filmprod./Krabat Filmprod./Seven Pictures, Verleih: Twentieth Century Fox, Hauptdarsteller: David Kross, Daniel Brühl, Christian Redl, Robert Stadlober, Paula Kalenberg © ddp images GmbH, Hamburg (©20thCentFox/Courtesy Everett Co); **5.2** iStockphoto, Calgary, Alberta (DanielPrudek); **6.1** know idea, Uli Weidner, Freiburg; **6.2** Picture-Alliance, Frankfurt/M. (Photopress Müller/Ralf Müller); **7** Goedelt, Marion, Berlin; **8** Wiemers, Sabine, Düsseldorf; **9.1** stock.adobe.com, Dublin (SkyLine); **9.2** Wieland, Tobias, Celle; **10/11.1** Goedelt, Marion, Berlin; **11.2** Wieland, Tobias, Celle; **12** Picture-Alliance, Frankfurt/M. (dpa-Report); **13** Oser, Liliane, Hamburg; **14.1** Getty Images Plus, München (iStock/fatihhoca); **14.2** Grigo, Pe, Bielefeld; **15.1** Wieland, Tobias, Celle; **15.2** Oser, Liliane, Hamburg; **16** stock.adobe.com, Dublin (JackF); **17.1** Wieland, Tobias, Celle; **17.2** Ernst Klett Verlag GmbH, Stuttgart; **17.3** Oser, Liliane, Hamburg; **18.1** iStockphoto, Calgary, Alberta (omgimages); **18.2** Alamy stock photo, Abingdon (Steve Skjold); **18.3** iStockphoto, Calgary, Alberta (Juanmonino); **19** Oser, Liliane, Hamburg; **21.1** stock.adobe.com, Dublin (Woodapple); **21.2** Ernst Klett Verlag GmbH, Stuttgart; **22.1** Alamy stock photo, Abingdon (De Visu); **22.2** Alamy stock photo, Abingdon (Hero Images Inc.); **24** stock.adobe.com, Dublin (Monkey Business); **25** IMAGO, Berlin; **26** stock.adobe.com, Dublin (Monkey Business); **27** Oser, Liliane, Hamburg; **28.1** Getty Images Plus, München (E+/sinopics); **28.2** akg-images, Berlin (Bildarchiv Monheim/Jochen Helle); **28.3** DeutschesSchauSpielHaus Hamburg / Foto © Sinje Hasheider; **28.4** Getty Images Plus, München (iStock/andyross); **28.5** IMAGO, Berlin (DRAMA-Berlin.de); **28.6** Picture-Alliance, Frankfurt/M. (dpa/Horst Ossinger); **29** Ernst Klett Verlag GmbH, Stuttgart; **30** Ernst Klett Verlag GmbH, Stuttgart; **31/33/34/36** DeutschesSchauSpielHaus Hamburg / Foto © Sinje Hasheider; **37/38/39.1-3/40** Wiemers, Sabine, Düsseldorf; **42** Ulrich Hub: An der Arche um Acht. © 2017 S.Fischer Verlag GmbH, Frankfurt am Main; **45** DeutschesSchauSpielHaus Hamburg / Foto © Sinje Hasheider; **47** Wiemers, Sabine, Düsseldorf; **48** Mauritius Images, Mittenwald (Robert Kneschke / Alamy); **49.1** stock.adobe.com, Dublin (auremar); **49.2** Mauritius Images, Mittenwald (Iakov Filimonov / Alamy); **49.3** Picture-Alliance, Frankfurt/M. (reality / Frank May); **49.4** ShutterStock.com RF, New York (ALPA PROD); **50.1** Oser, Liliane, Hamburg; **50.2** stock.adobe.com, Dublin (Drazen); **50.3** F1online digitale Bildagentur, Frankfurt; **50.4** Alamy stock photo, Abingdon (Adrian Sherratt); **50.5** Alamy stock photo, Abingdon (Hero Images Inc.); **50.6** Alamy stock photo, Abingdon (Adrian Sherratt); **51** Oser, Liliane, Hamburg; **52.1** Kompetenzzentrum Technik-Diversity-Chancengleichheit e.V., Bielefeld - Girls' Day; **52.1** Fotosatz_Buck, Kumhausen/Hachelstuhl nach Statistisches Bundesamt (Destatis), 2025, https://www.destatis.de/DE/Presse/Pressemitteilungen/Zahl-der-Woche/2024/PD24_17_p002.html (Zugriff 05.11.2024, gek.); **52.2** Kompetenzzentrum Technik-Diversity-Chancengleichheit e.V., Bielefeld - Boys' Day; **52.2** Fotosatz_Buck, Kumhausen/Hachelstuhl nach Statistisches Bundesamt (Destatis), 2025, https://www.destatis.de/DE/Presse/Pressemitteilungen/Zahl-der-Woche/2024/PD24_17_p002.html (Zugriff 05.11.2024, gek.); **53.1** F1online digitale Bildagentur, Frankfurt; **53.2** Alamy stock photo, Abingdon (Maskot); **54.1-2** Bohn, Maja, Berlin; **56.1** Alamy stock photo, Abingdon (FORGET Patrick); **56.2** 123rf Germany, c/o Inmagine GmbH, Nidderau (Gyula Gyukli); **56.3** 123rf Germany, c/o Inmagine GmbH, Nidderau (Ozgur Coskun); **56.4** Alamy stock photo, Abingdon (Frank Paul); **56.5** Alamy stock photo, Abingdon (Colin Utz Photography); **56.6** 123rf Germany, c/o Inmagine GmbH, Nidderau (delcreations); **56.7** plainpicture GmbH & Co. KG, Hamburg (Sigrid Gombert); **56.8** 123rf Germany, c/o Inmagine GmbH, Nidderau (Katarzyna BiaÅ‚asiewicz); **56.9** 123rf Germany, c/o Inmagine GmbH, Nidderau (Susanne Bauernfeind); **56.10** Alamy stock photo, Abingdon (Randy Duchaine); **57** Oser, Liliane, Hamburg; **58** Alamy stock photo, Abingdon (DR53KX); **59** Getty Images Plus, München (Cecilie_Arcurs/E+); **60.1** Oser, Liliane, Hamburg; **60.2** Alamy stock photo, Abingdon (Wavebreak Media ltd); **61** Mauritius Images, Mittenwald (John Fryer/Alamy Stock Foto); **62** Mauritius Images, Mittenwald (John Fryer/Alamy Stock Foto); **63.1** Getty Images Plus, München (Mikael Vaisanen); **63.2** Getty Images Plus, München (Morsa Images/E+); **63.3** Getty Images Plus, München (SolStock); **63.4** Getty Images Plus, München (andresr); **63.5** Fotosatz_Buck, Kumhausen/Hachelstuhl nach Entgeltatlas Bundesagentur für Arbeit Bruttoverdienst. Unter https://web.arbeitsagentur.de/entgeltatlas/beruf/9907 (Zugriff 05.11.2024, bearb.); **64** Getty Images Plus, München (iStock/Kateryna Kukota); **65.1** ShutterStock.com RF, New York (Tobias Arhelger); **65.2** Picture-Alliance, Frankfurt/M. (empics/Steven Paston); **65.3** stock.adobe.com, Dublin (Ron Alvey); **65.4** Wieland, Tobias, Celle; **66.1-6** Mantel, Michael, Bad Bevensen; **67** Oser, Liliane, Hamburg; **70.1-4/73/74** Mantel, Michael, Bad Bevensen; **75.1-2** Ernst Klett Verlag GmbH, Stuttgart; **77.1** Alamy stock photo, Abingdon (Niels Quist); **77.2** Getty Images Plus, München (iStock/AlexSava); **77.3** IMAGO, Berlin (YAY Images); **77.4** Getty Images Plus, München (Solskin/DigitalVision); **78** ShutterStock.com RF, New York (Zurijeta); **79.1** Alamy stock photo, Abingdon (Catchlight Visual Services); **79.2** Alamy stock photo, Abingdon (RubberBall/Mike Kemp); **79.3** Alamy stock photo, Abingdon (Design Pics Inc); **80/81.1** Wiemers, Sabine, Düsseldorf; **81.2** Oser, Liliane, Hamburg; **82** Wiemers, Sabine, Düsseldorf; **84/85** Oser, Liliane, Hamburg; **86/88/90/93** Wiemers, Sabine, Düsseldorf; **94.1** Patrick Hertweck: Der letzte Rabe des Empire. © 2021 Thienemann in der Thienemann-Esslinger Verlag GmbH, Stuttgart; **94.2** Carl Hiaasen: Einäugige Echse © 2017 Gulliver in der Verlagsgruppe Beltz, Weinheim & Basel; **94.3** Die drei ??? Die Yacht des Verrats © 2022 Franckh-Kosmos Verlags-GmbH & Co. KG, Stuttgart. Coverillustration von Andreas Ruch; **94.4** Robin Stevens: Teestunde mit Todesfall, Der zweite Fall für Wells & Wong © 2017 Robin Stevens, Knesebeck Verlag; **94.5** Davide Morosinotto: Der Ruf des Schamanen. © 2021 Thienemann in der Thienemann-Esslinger Verlag GmbH, Stuttgart; **95/96/97.1** Goedelt, Marion, Berlin; **97.2** Oser, Liliane, Hamburg; **99.1** Goedelt, Marion, Berlin; **99.2** Oser, Liliane, Hamburg; **100** Goedelt, Marion, Berlin; **102.1** Frank M. Reifenberg, Gina Mayer, Gerda Raidt (Illustrationen): Die Schattenbande legt los! © 2014 bloomoon ein Imprint der arsEdition, München; **102.2-3/103/104/105/107** Goedelt, Marion, Berlin; **108.1-4/111** Bohn, Maja, Berlin; **113.1-2** Oser, Liliane, Hamburg; **114** Ernst Klett Verlag GmbH, Stuttgart; **115** Oser, Liliane, Hamburg; **116/118/120/123** Bohn, Maja, Berlin; **124.1** Filmplakat: Krabat, R: Marco Kreuzpaintner, 2008 © ddp images GmbH, Hamburg (©20thCentFox/Courtesy Everett Co); **124.2** Filmplakat: Max Minsky und ich, Deutschland 2007, Regie: Anna Justice © ddp media GmbH, Hamburg (Jadis); **124.3** Cover Anthony Horowitz: Alex Rider, Band 1: Stormbreaker © Ravensburger Verlag GmbH, Ravensburg; **124.4** Filmplakat: Stormbreaker mit Alex Pettyfer, Mickey Rourke, Sophie Okonedo u.a., Großbritannien 2006, Regie: Geoffrey Sax © Action Press GmbH, Hamburg (SIPA); **124.5** James Krüss: Timm Thaler oder Das verkaufte Lachen © 2021 Verlag Friedrich Oetinger GmbH,

Hamburg; **124.6** Otfried Preußler: Krabat: Roman. Mit Illustrationen von Herbert Holzing. © Thienemann in der Thienemann-Esslinger Verlag GmbH, Stuttgart; **125** jani lunablau, Barcelona; **126** Cover Anthony Horowitz: Alex Rider, Band 1: Stormbreaker © Ravensburger Verlag GmbH, Ravensburg; **127.1** Picture-Alliance, Frankfurt/M. (Photoshot); **127.2** Oser, Liliane, Hamburg; **128** Stormbreaker, Großbritannien 2006, Regie: Geoffrey Sax © ddp media GmbH, Hamburg; **129** iStockphoto, Calgary, Alberta (georgeclerk); **130** Stormbreaker, Großbritannien 2006, Regie: Geoffrey Sax © Mauritius Images, Mittenwald (Entertainment Pictures/Alamy/Alamy Stock Photos); **131** Oser, Liliane, Hamburg; **132** Filmplakat: Stormbreaker mit Alex Pettyfer, Mickey Rourke, Sophie Okonedo u.a., Großbritannien 2006, Regie: Geoffrey Sax © Action Press GmbH, Hamburg (SIPA); **133** Oser, Liliane, Hamburg; **134** Filmplakat: Max Minsky und ich, Deutschland 2007, Regie: Anna Justice © ddp media GmbH, Hamburg (Jadis); **135** Max Minsky und ich, Deutschland 2007, Regie: Anna Justice © ddp media GmbH, Hamburg (Jadis); **136.1-4** Max Minsky und ich, Deutschland 2007, Regie: Anna Justice © ddp media GmbH, Hamburg (Jadis); **138** James Krüss: Timm Thaler oder Das verkaufte Lachen © 2021 Verlag Friedrich Oetinger GmbH, Hamburg; **139** laif, Köln © Movie Production Company, Image supplied by Entertainment Pictures/ eyevine; **140.1–2** laif, Köln © Movie Production Company, Image supplied by Entertainment Pictures/eyevine; **142** Otfried Preußler: Krabat: Roman. Mit Illustrationen von Herbert Holzing. © Thienemann in der Thienemann-Esslinger Verlag GmbH, Stuttgart; **143** Oser, Liliane, Hamburg; **143** Krabat, Deutschland 2008, Regie: Marco Kreuzpainter, Produzenten: Uli Putz, Thomas Wöbke, Jakob Claussen, Stefan Gärtner, Bernd Wintersperger, Verleih: Twentieth Century Fox, Hauptdarsteller: David Kross, Daniel Brühl, Christian Redl, Robert Stadlober, Paula Kalenberg © akg-images, Berlin (Album/Castel Film Romania); **144.1–2/145.1–2** Standbild aus: Krabat, R: Marco Kreuzpaintner © Claussen+Putz Filmproduktion GmbH, München; **146** James Krüss: Timm Thaler oder Das verkaufte Lachen © 2021 Verlag Friedrich Oetinger GmbH, Hamburg; **147** ullstein bild, Berlin (Lengemann/WELT); **148** iStockphoto, Calgary, Alberta (DanielPrudek); **149.1** Getty Images, München (Tim Graham); **149.2** iStockphoto, Calgary, Alberta (vicnt); **149.3** iStockphoto, Calgary, Alberta (ZambeziShark); **149.4** Getty Images Plus, München (Pascal Boegli / pbO0g.com); **149.5** iStockphoto, Calgary, Alberta (etvulc); **150** Alamy stock photo, Abingdon (Peter de Clercq); **151** Picture-Alliance, Frankfurt/M. (AP Images); **152.1-2** Ernst Klett Verlag GmbH, Stuttgart; **153.1** Avenue Images GmbH, Hamburg (Corbis RF); **153.2** Ernst Klett Verlag GmbH, Stuttgart; **153.3** Oser, Liliane, Hamburg; **154** iStockphoto, Calgary, Alberta (babumani); **155** Oser, Liliane, Hamburg; **156** Mauritius Images, Mittenwald (ARCTIC IMAGES / Alamy); **157** Ernst Klett Verlag GmbH, Stuttgart; **158** Alamy stock photo, Abingdon (Design Pics Inc); **160** iStockphoto, Calgary, Alberta (cinoby); **162** iStockphoto, Calgary, Alberta (cinoby); **163** IMAGO, Berlin (Cover-Images); **164.1** know idea, Uli Weidner, Freiburg; **164.2** Alamy stock photo, Abingdon (Jason Langley); **164.3** ShutterStock.com RF, New York (sunsinger); **164.4** Thinkstock, München (PocholoCalapre); **164.5** iStockphoto, Calgary, Alberta (treetstreet); **165** iStockphoto, Calgary, Alberta (boonsom); **166.1** stock.adobe.com, Dublin (kjuuurs); **166.2** Leonie Proscurcin: Entdecke die Beuteltiere © 2022 Natur und Tier-Verlag GmbH, Münster; **166.3** Bill Bryson, Frühstück mit Kängurus © 2002 Goldmann Verlag; **167.1** Google und das Google-Logo sind eingetragene Marken von Google Inc., Verwendung mit Genehmigung.; **167.2** Google und das Google-Logo sind eingetragene Marken von Google Inc., Verwendung mit Genehmigung.; **167.3** Google und das Google-Logo sind eingetragene Marken von Google Inc., Verwendung mit Genehmigung.; **167.4** Oser, Liliane, Hamburg; **168** stock.adobe.com, Dublin (electra kay-smith); **169.1** Ernst Klett Verlag GmbH, Stuttgart; **169.2/170** Oser, Liliane, Hamburg; **171.1** stock.adobe.com, Dublin (electra kay-smith); **171.2** stock.adobe.com, Dublin (electra kay-smith); **171.3** Oser, Liliane, Hamburg; **172.1** Schaar, Wolfgang, Grafing; **172.2** Mauritius Images, Mittenwald (Alamy / robertharding); **172.3** Alamy stock photo, Abingdon (David Noton Photography); **172.4** Alamy stock photo, Abingdon (Tommy Trenchard); **173.1** © Text aus Reiseführer Vietnam von Hella Kothmann, Wolf-Eckart Bühler, Anemi Wick. 13., neu bearbeitete und aktualisierte Auflage 2019. Reise Know-How Verlag | Peter Rump GmbH | www.reise-know-how.de; **173.2-3** Google und das Google-Logo sind eingetragene Marken von Google Inc., Verwendung mit Genehmigung.; **174** Alamy stock photo, Abingdon (robertharding); **176.1** Schaar, Wolfgang, Grafing; **176.2** Alamy stock photo, Abingdon (Ariadne Van Zandbergen); **176.3** Alamy stock photo, Abingdon (imageBROKER); **178** Getty Images, München (Gamma-Rapho / Alain Benainous); **180.1** akg-images, Berlin; **180.2** Alamy stock photo, Abingdon (Giulio Ercolani); **180.3** Schaar, Wolfgang, Grafing; **182** Alamy stock photo, Abingdon (robertharding); **183** Mauritius Images, Mittenwald (Alamy / Mark Green); **184** Alamy stock photo, Abingdon (Ariadne Van Zandbergen); **186** Wer wird Millionär? Das Prominenten-Zocker-Special, 29.04.2021, TVNOW/RTL+, www.tvnow.de © Action Press GmbH, Hamburg (Thomas Burg); **187.1** Picture-Alliance, Frankfurt/M. (Photopress Müller/Ralf Müller); **187.2** Picture-Alliance, Frankfurt/M. (dpa/Roberto Pfeil); **187.3** Picture-Alliance, Frankfurt/M. (dpa/Rolf Vennenbernd); **187.4** Getty Images, München (Harold M. Lambert / Kontributor); **188.1** ZDF/[F] Jana Kay, Klaus Weddig; [M] Meike Wittenstein; **188.2** Picture-Alliance, Frankfurt/M. (AP Photo/Nickelodeon); **188.3** Picture-Alliance, Frankfurt/M. (augenklick/firo Sportphoto/Ralf Ibing); **189** Oser, Liliane, Hamburg; **190.1** Ernst Klett Verlag GmbH, Stuttgart; **190.2** Fotosatz_Buck, Kumhausen/Hachelstuhl nach JIM-Studie 2023. Jugend, Information, Medien. Basisuntersuchung zum Medienumgang 12- bis 19-jähriger. Unter: https://www.mpfs.de/fileadmin/files/Studien/JIM/2022/JIM_2023_web_final_kor.pdf, S. 36/37 (Zugriff 05.11.2024, bearb.); **191** The Simpsons, USA 2007, Regie: David Silverman © 20th Century Fox / Mauritius Images, Mittenwald (Entertainment Pictures/ Alamy/Alamy Stock Photos); **192** Bohn, Maja, Berlin; **193.1** Wieland, Tobias, Celle; **193.2** Oser, Liliane, Hamburg; **194/195.1–2** Bohn, Maja, Berlin; **196** laif, Köln (Cineliz/Allpix); **197** Bohn, Maja, Berlin; **198** Fotosatz_Buck, Kumhausen/ Hachelstuhl nach KIM-Studie 2022, S. 37; **199** Bohn, Maja, Berlin; **201.1** Norddeutscher Rundfunk 2023; **201.2** ARD, WER WEISS DENN SOWAS? FOLGE 978, Bild: ARD/Morris Mac Matzen; **201.3** Mauritius Images, Mittenwald (Jurgen & Christine Sohns/FLPA/imageBROKER); **201.4** ARD, GROSSSTADTREVIER, 36. Staffel, Drehstart zu 12 neuen Folgen der 36. Staffel. Bild: ARD/Thorsten Jander; **201.5** Fotosatz_Buck, Kumhausen/Hachelstuhl nach Institut für Demoskopie Allensbach; **202.1** Wieland, Tobias, Celle; **202.2** Goedelt, Marion, Berlin; **202.3** Goedelt, Marion, Berlin; **202.4–5/204.1–3** Goedelt, Marion, Berlin; **205** Thomas Weccard Fotodesign BFF, Ludwigsburg (Weccard); **206** Goedelt, Marion, Berlin; **208** Picture-Alliance, Frankfurt/M. (dpa Themendienst/Magdalena Rodziewicz); **211.1-3** Goedelt, Marion, Berlin; **212** Ernst Klett Verlag GmbH, Stuttgart; **213** dodotes illustrations, Berlin; **214** ShutterStock.com RF, New York (meunierd); **215** Oser, Liliane, Hamburg; **216** ShutterStock.com RF, New York (Mark Green); **217.1–2/218/219.1–3** Schwarwel, Leipzig; **220** Getty Images Plus, München (iStock/Wassiliy); **222** Schwarwel, Leipzig; **223** Ernst Klett Verlag GmbH, Stuttgart; **225** Goedelt, Marion, Berlin; **226/227** Oser, Liliane, Hamburg; **228** Mauritius Images, Mittenwald (Paul Brough/Alamy/Alamy Stock Photos); **229** Oser, Liliane, Hamburg; **230/232/233/234/237** Goedelt, Marion, Berlin; **238/241** jani lunablau, Barcelona; **243** Getty Images Plus, München (Moment/Nick Brundle Photography); **244/245/246/248** jani lunablau, Barcelona; **250** Goedelt, Marion, Berlin; **252.1** Wieland, Tobias, Celle; **252.2** Ernst Klett Verlag GmbH, Stuttgart; **253/254/255/256** Oser, Liliane, Hamburg; **257.1** Sailer, Jutta, Stuttgart; **257.2** Ernst Klett Verlag GmbH, Stuttgart; **258/259/260/261/263/265** Oser, Liliane, Hamburg; **266.1** Getty Images Plus, München (iStock/Norbert Hentges); **266.2** Getty Images Plus, München (iStock/ Mehmet Hilmi Barcin); **266.3** Getty Images Plus, München (Photodisc/Christian Dauphin); **266.4** ShutterStock.com RF, New York (WeAre); **266.5** Getty Images Plus, München (DigitalVision/Klaus Vedfelt); **268** jani lunablau, Barcelona; **269.1–2** jani lunablau, Barcelona; **269.3** Ernst Klett Verlag GmbH, Stuttgart; **271.1–5** Oser, Liliane, Hamburg; **272** Getty Images Plus, München (iStock/Dana Ignatenko); **273/274.1–2/275.1–2** Oser, Liliane, Hamburg; **276.1** Mauritius Images, Mittenwald (Andia/Alamy Stock Foto); **276.2** stock.adobe.com, Dublin (SkyLine); **276.3** stock.adobe.com, Dublin (Paolese); **277** jani lunablau, Barcelona; **278** Oser, Liliane, Hamburg; **280** iStockphoto, Calgary, Alberta (joannawnuk); **281** Oser, Liliane, Hamburg; **282** Alamy stock photo, Abingdon (Danita Delimont); **283.1-2** Oser, Liliane, Hamburg; **284.1** jani lunablau, Barcelona; **284.2** Ernst Klett Verlag GmbH, Stuttgart; **284.3** jani lunablau, Barcelona; **285.1** Ernst Klett Verlag GmbH, Stuttgart; **285.2** jani lunablau, Barcelona; **286/287.1–3/289.1–3** Goedelt, Marion, Berlin; **290.1** Oser, Liliane, Hamburg; **290** Mauritius Images, Mittenwald (Javier LARREA/Alamy/Alamy Stock Photos); **291** Mauritius Images, Mittenwald (Javier LARREA/Alamy/Alamy Stock Photos); **292.1–3** Oser, Liliane, Hamburg; **293** Fotosatz Buck, Kumhausen/Hachelstuhl nach JIM-Studie 2023, S.22; **294.1–2** Oser, Liliane, Hamburg; **295** Franziska Gehm: Der Tote im Dorfteich © 2010 Gulliver von Beltz & Gelberg in der Verlagsgruppe Beltz, Weinheim, Basel; **297/299/300** Oser, Liliane, Hamburg; **301** Ernst Klett Verlag GmbH, Stuttgart; Fremdmaterial: Fuhrmann, Gisela, Hannover; **302.1–9** Oser, Liliane, Hamburg; **302.10** Avatar – Aufbruch nach Pandora, USA 2009, Regie: James Cameron © Alamy stock photo, Abingdon (Prod DB © Twentieth Century-Fox Film Corporation-Giant Studios-Lightstorm Entertainment); **303.1-2** Oser, Liliane, Hamburg; **303.3-6** Bohn, Maja, Berlin; **304.1-3** Ernst Klett Verlag GmbH, Stuttgart; **305** Ernst Klett Verlag GmbH, Stuttgart; Abbildung: Getty Images, München (Tim Graham); **305** Ernst Klett Verlag GmbH, Stuttgart; **309** Max Minsky und ich, Deutschland 2007, Regie: Anna Justice © ddp media GmbH, Hamburg (Jadis); **310/312.1–3** Oser, Liliane, Hamburg; **313** Ablang, Friederike, Berlin; **315.1** Ernst Klett Verlag GmbH, Stuttgart; **315.2** Picture-Alliance, Frankfurt/M. (dpa/EPA/Georgi Licovski); **316** Oser, Liliane, Hamburg; **318** Cover Harry Voß: 13 Wochen © 2014/2021 SCM R.Brockhaus in der SCM Verlagsgruppe GmbH, 71088 Holzgerlingen; **319** Ernst Klett Verlag GmbH, Stuttgart; **319** Oser, Liliane, Hamburg; **319** Ernst Klett Verlag GmbH, Stuttgart; **320.1-6** Ernst Klett Verlag GmbH, Stuttgart; **320.7** Goedelt, Marion, Berlin; **321.1** Brüggemann, Vera, Bielefeld; **321.2–3** Ernst Klett Verlag GmbH, Stuttgart; **322** Ernst Klett Verlag GmbH, Stuttgart; **323** Getty Images Plus, München (Moment/A.Töfke Cologne Germay); **324/326.1–16/327.1–3/328.1–4/329.1–6/337/338.1–9/339.1–9** Oser, Liliane, Hamburg

Finde deinen Weg mit dem Einschätzungstest

Name: Klasse: Datum:

Finde deinen Weg

Trendsport – wir sind dabei!

In diesem Kapitel lernst du, einen sachlichen Bericht über ein Ereignis zu schreiben. Außerdem erfährst du, wie du einen Bericht untersuchen und überarbeiten kannst. Mit dem Test kannst du dein Wissen überprüfen. Löse die folgenden Aufgaben und überprüfe deine Ergebnisse mit dem Lösungsblatt. Die Auswertung kannst du selbst anhand deiner erreichten Punkte vornehmen.

1 Mithilfe der W-Fragen kannst du einen Text besser erschließen. Schreibe alle W-Fragen auf, die dir bei einem Bericht helfen.

2 In der Schülerzeitung soll ein Bericht über das Sportfest in der Fischer-Schule erscheinen. Leider wurden wichtige Regeln für das sachliche Berichten missachtet. Korrigiere die folgenden Sätze und benenne die Regel.

Am 16. Juni laden die Schülerinnen und Schüler der Fischer-Schule dazu ein, auf dem Sportfest Trendsportarten auszuprobieren.	Das Balancieren auf der Slackline war meiner Meinung nach viel zu schwierig.
Es wurden Wettkämpfe in den einzelnen Sportarten durchgeführt. Vor den Wettkämpfen gab es Testläufe.	Überschrift: Auf 100 verschiedene Arten von der Leine fallen

3 Schreibe aus den folgenden Stichworten einen Einleitungssatz für einen Bericht. Bringe dafür die Informationen in eine sinnvolle Reihenfolge.

der Notarzt musste kommen	Sportfest der Fischer-Schule	16. Juni
Özgür fiel unglücklich von der Slackline und brach sich den Knöchel		Sportplatz

____

____

____

Überprüfe deine Ergebnisse mit dem Lösungsblatt. Wie viele Punkte hast du in den Aufgaben erreicht? Wie viele Punkte hast du insgesamt erreicht?

Aufg. 1: ______________ Punkte **Aufg. 2:** ______________ Punkte

Aufg. 3: ______________ Punkte **insgesamt:** ______________ Punkte

Auswertung
Du hast insgesamt bis zu 6 Punkte erreicht, dann arbeite auf Weg A weiter.
Du hast insgesamt bis zu 12 Punkte erreicht, dann arbeite auf Weg B weiter.
Du hast insgesamt bis zu 19 Punkte erreicht, dann arbeite auf Weg C weiter.

Name: Klasse: Datum:

Finde deinen Weg – Lösungen

Trendsport – wir sind dabei!

Aufgabe 1
Kreuze an, was du richtig aufgeschrieben hast. Gib dir für jedes Kreuz einen Punkt.

Was? ☐
Wer? ☐
Wann? ☐
Wo? ☐
Wie? ☐
Warum? ☐
Welche Folgen? ☐

Du hast ______ von 7 Punkten erreicht.

Aufgabe 2
Kreuze an, was du richtig gelöst hast. Gib dir für jedes Kreuz einen Punkt.

Am 16. Juni laden die Schülerinnen und Schüler der Fischer-Schule dazu ein, auf dem Sportfest Trendsportarten auszuprobieren.
Ein Bericht muss im *Präteritum* verfasst werden. ☐
Korrektur: Am 16. Juni luden die Schülerinnen und Schüler der Fischer-Schule dazu ein, auf dem Sportfest Trendsportarten auszuprobieren. ☐

Das Balancieren auf der Slackline war meiner Meinung nach viel zu schwierig.
In einem Bericht sollen *keine Ausdrücke von Meinungen, Vermutungen und persönlichen Eindrücken* vorkommen. ☐
Korrektur: Das Balancieren auf der Slackline war für viele Schüler anfangs sehr schwierig. ☐

Es wurde Wettkämpfen in den einzelnen Sportarten durchgeführt. Vor den Wettkämpfen gab es Testläufe.
In einem Bericht muss die *richtige Reihenfolge* der Ereignisse eingehalten werden. ☐
Korrektur: Zuerst gab es Testläufe in den einzelnen Sportarten. Danach kamen die Wettkämpfe. ☐

Überschrift: Auf 100 verschiedene Arten von der Leine fallen
Ein Bericht sollte eine *passende und sachliche* Überschrift haben. ☐
Korrektur: Sportfest mit Trendsportarten an der Fischer-Schule ☐

Du hast ______ von 8 Punkten erreicht.

Aufgabe 3
Wenn du deinen Einleitungssatz so oder so ähnlich formuliert hast, erhältst du vier Punkte.

Am 16. Juni, während des Sportfests der Fischer Schule, fiel Özgür auf dem Sportplatz unglücklich von der Slackline und brach sich dabei den Knöchel, sodass ein Notarzt kommen musste. ☐

Du hast ______ von 4 Punkten erreicht.

START **Drei Wege – ein Ziel!** Finde deinen Weg mit diesem Einschätzungstest. **D16**

A

B

C

- **Was?** Mit dem Einschätzungstest überprüfst du dein Wissen und deine Kompetenzen nach der gemeinsamen Erarbeitung in der Klasse.
- **Wie?** Du kannst den Test selbst durchführen, deine Ergebnisse mit dem Lösungsblatt überprüfen und anschließend auswerten. Du erhältst einen Hinweis, auf welcher Seite (Weg A, B oder C) du weiterarbeiten kannst.
- **Wo?** Die Tests und Lösungen findest du in den Medien zum Schulbuch, auf dem eBook oder du erhältst sie von deiner Lehrkraft.

Mit Operatoren arbeiten

Operatoren sind Verben, die dir signalisieren, wie du eine Aufgabe bearbeiten sollst. Achte auf inhaltliche und sprachliche Anforderungen. Die Operatoren sind in drei Anforderungsbereiche gegliedert.

Anforderungsbereich I
Informationen erfassen, Inhalte wiedergeben

Informationen erfassen und richtig benennen

nenne, benenne, gib an, zeige	• Entnimm dem Text oder dem Material (z.B. Bild, Karte, Tabelle) die gesuchten Begriffe oder Informationen. • Führe sie nacheinander auf. • Verwende, wenn möglich, Fachbegriffe. – *Folgende Punkte kann ich nennen: ...* – *... heißt ...* – *... wird ... genannt.*
bestimme, definiere	• Formuliere kurz und genau (ohne Beispiele), was der Begriff, die Situation oder ein Problem bedeuten. – *Mit ... bezeichnet man ...* – *... bedeutet: ...*

Prozesse, Ereignisse und Sachverhalte widerspiegeln

beschreibe	• Gib wieder, was du auf der Darstellung oder im Text wahrnimmst. • Achte auf wesentliche Merkmale (d.h., erfasse den Kern einer Sache). • Verwende, wenn möglich, Fachbegriffe. • Beachte bei Vorgängen die zeitliche Reihenfolge. – *Ich sehe/erkenne ...* – *Das Material/Bild zeigt ...* – *Man erkennt ...* – *Im Text wird ... genannt ...* – *Zuerst ..., dann ..., danach ...*
berichte	• Beschreibe sachlich und in der zeitlichen Reihenfolge den Ablauf eines Ereignisses. • Beantworte die W-Fragen. • Gib das Ereignis knapp und im Präteritum wieder. – *Am Montagmorgen geschah ...* – *Daraufhin passierte ...* – *Das hatte zur Folge, dass ...*
gib wieder	• Lies den Text oder betrachte das Material unter einer bestimmten Fragestellung. • Gib die wichtigsten Gedanken dazu mit deinen Worten wieder. – *In dem Text/Bild geht es um ...* – *Es wird dargestellt, wie ...* – *Die Autorin ist der Ansicht, dass ...*

Anforderungsbereich II
Wissen verarbeiten und anwenden

Prozesse, Ereignisse oder Strukturen erklären und erläutern

erkläre, werte aus	• Setze dich vertieft mit den Einzelheiten einer Sache auseinander. • Formuliere Ursachen bzw. Gründe, Folgen und Gesetzmäßigkeiten. • Stelle die Sache so dar, dass ein anderer sie versteht. – *Dies kann man erklären mit ...* – *Es bedeutet, dass ... / Das heißt, ...* – *Da/weil/aufgrund ...* – *Infolgedessen ...*
begründe	• Gib den Grund / die Ursache für etwas, z.B. deine Meinung, an. • Stütze eigene oder fremde Aussagen durch Begründungen. – *Da ... / weil ... / denn ...* – *Deshalb ... / dadurch ...* – *Aufgrund ... / Aus diesem Grund ...*
erläutere	• Stelle Prozesse oder Ereignisse ausführlich dar. • Wie beim Erklären sollst du Ursachen, Folgen und Gesetzmäßigkeiten deutlich machen. • Gib zusätzliche Informationen, Belege und Beispiele an. – *Aufgrund von ...* – *Das ist darauf zurückzuführen, dass ...* – *Infolge von ..., sodass ...* – *Deshalb/dadurch ...* – *Zum Beispiel ...*
untersuche, erschließe, analysiere	• Werte ein Material (z.B. einen Text oder eine Abbildung) gezielt aus. • Stelle (in Gedanken) Fragen an das Material nach festgelegten oder eigenen Kriterien. • Suche nach wichtigen Merkmalen bzw. Antworten. • Stelle diese Merkmale und Aspekte des Textes strukturiert bzw. übersichtlich dar. – *Betrachtet man ..., dann ...* – *Folgende Merkmale kann ich ablesen: ...* – *Daraus geht hervor, dass ...* – *Besonders wichtig ist ...*